普通高等教育"十一五"国家级规划教材

北京高等教育精品教材

普通高等教育经济管理类专业规划教材

管 理 学

主　编　乔　忠

副主编　马　威　张英奎　周毕文

参　编　金春华　张　新　席爱华

　　　　李应博　张新娟　李晓红

主　审　曾凤章　谭忠富

机械工业出版社

本书充分考虑了我国经济管理类专业本科学生的特点和教学要求，在保留管理学主要传统内容的基础上，尽可能地吸纳近年来管理领域发展起来的新理论、新方法，以引导学生掌握本学科的前沿理论，如学习型组织、虚拟企业、管理伦理、知识管理和文化管理等。全书包括管理的基本概念、管理思想发展史、计划、组织、领导、激励、协调、控制、比较管理、管理与伦理、21 世纪管理的发展趋势共 11 章内容，重点突出，深入浅出。每章章末安排了案例分析，通过讨论题的形式加强学生理论联系实际、独立分析问题和解决问题能力的培养与训练。

本书可作为经济管理类各专业本科教材，也可供经济管理类各专业的研究生、从事管理工作的人员阅读和参考。

图书在版编目（CIP）数据

管理学/乔忠主编 . —4 版 . —北京：机械工业出版社，2018.2（2025.1 重印）

北京高等教育精品教材　普通高等教育经济管理类专业规划教材　普通高等教育"十一五"国家级规划教材

ISBN 978-7-111-58885-6

Ⅰ.①管…　Ⅱ.①乔…　Ⅲ.①管理学–高等学校–教材　Ⅳ.①C93

中国版本图书馆 CIP 数据核字（2018）第 000470 号

机械工业出版社（北京市百万庄大街 22 号　邮政编码 100037）
策划编辑：曹俊玲　责任编辑：曹俊玲　何　洋
责任校对：刘　丹　封面设计：张　静
责任印制：单爱军
北京虎彩文化传播有限公司印刷
2025 年 1 月第 4 版第 4 次印刷
184mm×260mm · 18.5 印张 · 440 千字
标准书号：ISBN 978-7-111-58885-6
定价：48.00 元

电话服务　　　　　　　　　　网络服务
客服电话：010-88361066　　机 工 官 网：www.cmpbook.com
　　　　　010-88379833　　机 工 官 博：weibo.com/cmp1952
　　　　　010-68326294　　金 书 网：www.golden-book.com
封底无防伪标均为盗版　　机工教育服务网：www.cmpedu.com

普通高等教育经济管理类专业
规划教材编审委员会

编者的话

21世纪伊始，北京地区部分高等院校联合成立了经济管理类专业规划教材编审委员会，组织编写、出版一套适合各校情况、满足本科层次教学需要的普通高等教育经济管理类专业规划教材。

改革开放以来，我国管理学科的发展极其迅猛。在这种形势下，各高等院校普遍设置了管理类专业，其发展速度之快、规模之大，是前所未有的，而教材建设一直是专业建设和教学改革的瓶颈。

编委会认为，集中各校优势，通过合作方式实现教学资源优化配置，编出一套适合各校情况的教材，对加强各校的合作交流，推动师资培养，促进相关课程的教学改革，是一件一举多得的好事。

"质量第一，开拓创新"是我们编写这套教材的指导思想，出版精品是我们的奋斗目标。现阶段应该从教材特色做起，有特色才能有市场，才能为各校师生所接受和欢迎。这套教材具有以下特点：一是内容上有创新，在继承的基础上，反映了当代管理学科的新发展；二是适用、好用，教材编写精练，并留有余地，各教材每章章末都附有配套的作业题；三是有理工科特色，合作院校的教学对象多数是理工科学生。

为了确保教材质量，经过编委会遴选，各门课程教材都由资深的教授担任主编，同时各教材编写组成员相对稳定，会根据使用情况及时修订教材，使其常用常新，不断提高。

为了配合各校开展多媒体教学，某些教材编写组合作制作了与教材配套的电子课件，以方便广大师生使用。

机械工业出版社是我国于20世纪50年代初成立的国家级出版社，数十年来，出版了许多在国内外有重大影响的科技类和经济管理类图书；改革开放以来，曾经负责全国理工科院校管理工程专业全国统编教材的出版发行，为我国经济管理类专业的建设和发展做出了重大贡献。本系列教材的出版得到了机械工业出版社的大力支持，在此表示衷心的感谢！

普通高等教育经济管理类专业规划教材编审委员会

第4版前言

根据教学需要，编者对本书进行了第3次修订。本次修订在保持原有框架和主体内容的基础上进行了如下修改：

（1）更新了部分章节的内容。

（2）更新了每章的案例分析和相应的讨论题。

中国农业大学的乔忠、马威、席爱华、李晓红参加了修订；中国农业大学的研究生金瑶瑶、段思思、陈庆元、杨锋、朴慧容、杨升选编了书中的部分案例。

此次修订听取了部分高等院校师生的建议，参考和借鉴了其他学者的论著、教材和论文等文献，在此对他们表示诚挚的谢意。

本书第4版适合本科教学时数在40~60学时范围内使用，40学时建议选用第一章至第九章的内容，50学时建议选用除第十章之外的其他10章内容。

为方便教学，由出版社为选用本书作为教材的教师提供全书复习题、作业题的参考答案和教学课件，索取方式详见书末的"信息反馈表"，或者登录机械工业出版社教育服务网（www. cmpedu. com）注册后免费下载。

编　者

第3版前言

根据使用本书的各高等院校的教学要求，编者对本书进行了第2次修订。本次修订在保持原有框架和大部分主体内容的基础上进行了如下修改：

（1）更新了部分章节的内容。

（2）更新了每章的案例分析和相应的讨论题。

（3）更新了部分复习题和作业题。

按章排序，第一章和第四章由中国农业大学的乔忠修订，第二章和第十一章由中国农业大学的马威修订，第三章由北京理工大学的周毕文修订，第五章由北京化工大学的张新修订，第六章由中国农业大学的席爱华修订，第七章由清华大学的李应博修订，第八章由北京信息科技大学的金春华修订，第九章由北京化工大学的张英奎修订，第十章由中国农业大学的李晓红修订。中国农业大学的研究生刘磊、靳肖肖选编了书中的部分案例。北京理工大学的曾凤章教授、华北电力大学的谭忠富教授审阅了全稿。另外，此次修订听取了部分高等院校师生的建议，参考和借鉴了其他学者的论著、教材和论文等文献，在此对他们表示诚挚的感谢。

本书修订版适合本科教学时数在40～60学时范围内使用，40学时建议选用第一章至第九章的内容，50学时建议选用除第十章之外的其他10章内容。

为方便教学，由出版社为选用本书作为教材的教师提供全书复习题、作业题的参考答案和教学课件，索取方式详见书末的"信息反馈表"，或者登录机械工业出版社教育服务网（www.cmpedu.com）注册后免费下载。

编　者

第2版前言

本书自 2002 年出版以来，很多高等院校将其作为本科生教材或硕士研究生入学考试指定参考书，同时也受到了社会各界的关注、肯定和鼓励。大家在使用过程中提出了很多宝贵的建议。为了使本书常用常新，不断完善和提高，便于教学，我们对本书进行了修订。本次修订仍然保持了原有的框架和大部分主体内容，主要变动如下：

（1）更新了每章的案例和相应的讨论题。

（2）更新了部分复习题和作业题。

（3）调整了章次，将原来的第五章控制移至第八章，其他章次也做了相应调整。

（4）增加了非营利组织、决策、目标管理、企业文化与 CI 策划等内容，更新了管理沟通、亚洲新兴经济体的管理等内容。

本次修订，仍然由中国农业大学的乔忠教授负责全书的统稿和修改。按章排序，本书的第一章和第四章由乔忠修订，第二章和第十一章由中国农业大学的马威修订，第三章由北京理工大学的周毕文修订，第五章和第九章由北京化工大学的张英奎、张新修订，第六章由中国农业大学的席爱华修订，第七章由华北电力大学的张新娟修订，第八章由北京机械工业学院的金春华修订；第十章由中国农业大学的李晓红修订。中国农业大学的研究生杨彦波、刘慧选编了书中的部分案例。北京理工大学的曾凤章教授、华北电力大学的谭忠富教授审阅了全稿，并提出了许多宝贵的意见和建议，在此表示衷心的感谢。

本书修订后仍然适合本科教学时数在 40～60 学时的范围内使用，50 学时建议选用除第十章之外的其他 10 章内容，40 学时建议选用第一章至第九章的内容。

为方便教学，本次修订后为教师提供复习题、作业题的参考答案以及与本书配套的教学课件，索取方式详见书末的"信息反馈表"，或登录机械工业出版社教育服务网（www.cmpedu.com）注册后免费下载。

此次修订听取了部分高等院校师生的建议，参考和借鉴了其他学者的论著、教材和论文等文献，在此对他们表示诚挚的谢意。

编　者

第1版前言

管理学是一门研究各类组织管理活动基本规律和管理方法的科学，它是管理类、经济类学生的一门重要的专业基础课程。

在本书的编写过程中，我们充分考虑了我国管理类、经济类专业本科生的教学要求和特点，内容选择上在保留管理学主要传统内容的基础上，尽可能地吸纳近几年来管理领域发展起来的新理论、新方法，以引导学生捕捉本学科的前沿理论，如学习型组织、虚拟企业、管理伦理、知识管理、文化管理等。

我们力图将西方的管理理论与中国的管理理论和实践有机地结合起来，既注意西方理论的介绍，又注意中国人文、社会和管理方面素材的阐述，本书在吸收西方理论精华的同时融入中国特色，便于我国大学生的学习和在管理实践中的应用。

考虑到本科生教学的需要，书中引入了案例和实践的内容，每章章末安排一个管理案例，通过讨论题的形式加强学生理论联系实际、独立分析问题和解决问题能力的培养和训练。

全书共11章。主要内容有：管理的基本概念、中外管理思想发展史和各种管理理论、管理的计划职能、管理的组织职能、管理的控制职能、管理的领导职能、管理的激励职能、管理的协调职能、中外典型国家和地区的管理形式和特点、管理中的伦理道德问题以及21世纪管理的发展趋势。这些内容的介绍尽可能地做到深入浅出、重点突出，便于本科学生理解与掌握。

本书适合管理科学与工程类、工商管理类、经济学类、公共管理类、农林经济管理类本科学生作为教材使用，也可供管理类、经济类专业的研究生，从事管理工作的人员阅读和参考。

本书适合本科教学时数在40~60学时范围内使用，60学时可以讲完全部内容；50学时建议选用除第十章之外的其他10章内容；40学时建议选用第一章至第九章的内容，其余内容学生可以自学。

本书由中国农业大学的乔忠教授担任主编，中国农业大学的马威副教授和北京化工大学的张英奎教授担任副主编，北京理工大学的曾凤章教授担任主审。乔忠和马威组织设计了编写大纲，乔忠负责全书的统稿和修改，并最后定稿。本书的第一章和第四章由乔忠编写，第二章和第十一章由马威编写，第三章由北京理工大学的周毕文编写，第五章由北京机械工业学院的金春华编写，第六章和第九章由北京化工大学的张英奎、张新编写，第七章由中国农业大学的席爱华编写，第八章由华北电力大学的张新娟编写，第十章由中国农业大学的李晓红编写。马威、李晓红阅读了部分书稿并提出了修改意见。

北京机械工业学院的孙义敏教授和北京理工大学的曾凤章教授参加了本书编写大纲的审定，北京化工大学的王路宽和邹月华帮助编辑了部分章节的内容，编者对他们的热情支持表示感谢。

本书的编写得到了中国农业大学"精品教材建设工程"的资助，中国农业大学教务处和经济管理学院、北京化工大学、北京机械工业学院、华北电力大学、北京理工大学为本书的编写提供了良好的条件，机械工业出版社对本书的出版给予了积极的支持，特此致谢。

在本书的写作过程中直接或间接地参阅和借鉴了国内外大量的论著、教材、论文等文献素材，书中引用的地方没有一一标注，采用书后列出参考文献的方式予以处理，在此一并致谢。

高等学校教材的编写是教育界广泛关注、十分重要的工作，一部好教材必须经过多次修改和完善。尽管我们做了不懈的努力，但由于水平所限，书中一定会存在不少错误和疏漏，恳请广大读者不吝赐教。

编　者

目　录

第一章

管理的基本概念

本章内容要点

- 管理的含义、职能、管理者与管理对象；
- 管理学的特性；
- 管理的应用范围与作用；
- 企业的含义、分类及公司制企业。

管理学是一门研究各类组织管理活动的基本规律和管理方法的科学。它以一般组织为研究对象，探讨和研究管理的基本概念、原理、方法和程序。这里的组织可以是企业，也可以是学校、医院、行政部门、军队等任意实体。当然，管理有许多特殊领域，如企业管理、行政管理、经济管理、行业与部门管理等，而管理学研究探讨的则是这些领域共性的内容。

第一节　管理的含义

本节在分析比较国内外学者对管理含义描述的基础上，引入管理的概念，并对管理的基本职能、管理者与管理对象进行简要的介绍。

一、什么是管理

若从字面上来解释，管理即管辖、治理的意思。大到国家，小到企业，几乎任何组织都离不开管理。可以说，管理伴随着人类生存、发展的各种活动。随着管理学的产生与发展，在不同时期，不同学者对管理进行了不同描述，这些定义从不同侧面客观地反映了管理的特性。

1911 年，古典管理学家、科学管理的奠基人泰勒（Frederick W. Taylor）对管理进行了最朴实的描述。他认为："管理就是确切地了解你希望工人干些什么，然后设法使他们用最好、最节约的方法完成它。" 1916 年，古典管理学家法约尔（Henri Fayol）在他的著作《工业管理与一般管理》中指出："管理，就是实行计划、组织、指挥、协调和控制。"他第一次提出了计划、组织、指挥、协调和控制等管理的五项职能，意义深远。1955 年，管理学家孔茨（Harold Koontz）在与奥唐奈（Cyril O'Donnell）合著的《管理学》一书中指出：
"管理就是设计并保持一种良好的环境，使人在群体里高效率地完成既定目标的过程。这个
定义需要展开为：作为管理人员，需完成计划、组织、人事、领导、控制等管理职能；管理
适合任何一个组织机构；管理适用于各级组织的管理人员……"1960 年，著名的管理学家
西蒙（Herbert A. Simon）在他的著作《管理决策的新科学》中指出"管理就是决策"。我国
学者徐国华等人在所著的《管理学》一书中指出："管理是通过计划、组织、控制、激励和
领导等环节来协调人力、物力和财力资源，以期更好地达成组织目标的过程。"

从上面的叙述可以看出，随着人们对管理的认识不断加深，关于管理概念的含义逐渐形
成了比较一致的看法。归纳起来有以下几点：

（1）管理是由组织的管理者在一定环境下实施的。

（2）管理是一个过程。

（3）管理由若干个职能构成，即计划、组织、领导、激励、协调和控制等。

（4）管理的工作内容是优化调配组织的人力、物力和财力资源。

（5）管理的目的是使组织高效地达成组织目标。

据此，可以给出如下关于管理的定义：管理是由组织的管理者在一定环境下，通过计
划、组织、领导和控制等职能来协调组织的人力、物力和财力等资源，以期更好地达成组织
目标的过程。

二、管理的职能

上面给出的管理定义中，提到了管理的几个重要环节，即计划、组织、领导、激励、协
调、控制等。这些活动是一个组织实施管理所采取的措施，它们被称为管理的职能。所谓职
能，是指人、机构或事物所起的作用。组织里的每一个管理者都是在执行或实施这些职能中
的一个或几个。下面对管理的职能做进一步的说明：

（一）计划职能

计划职能的主要任务是在收集大量基础资料的前提下，对组织环境的未来发展趋势做出
预测；根据预测的结果和组织拥有的资源设立组织目标；然后制订出各种达成目标的方案、
措施和具体步骤，为组织目标的实现做出完整的谋划。例如，我国关于国民经济和社会发展
的五年规划纲要、企业的中长期发展计划、行政机关的工作计划等都是计划的例子。毫无疑
问，计划在管理的几个职能中居首要地位，它是组织进行管理的前提，其发挥得好坏将直接
关系到组织的生存与发展。

（二）组织职能

组织职能有两层含义：一是为了实施计划而进行组织结构的设计，如成立某些机构或对
现有机构进行调整；二是为了达成计划目标所进行的必要的组织过程，如进行人员、设备、
技术、物资等的调配，并组织和监督计划的实施等。例如，随着经济的全球化，在企业间逐
步形成了各种供应链。企业为了实现自身的经营目标，增强竞争力并发挥自身的优势，便加
入了某一个供应链。为了适应供应链管理的新要求，企业往往需要设立或去掉一些部门，对
企业结构做出调整，这就是组织职能在发挥作用。当企业制订了某个项目的计划后，便需要
组织人力、财力和物力去实施该项目计划。项目完成的整个组织过程，其实也是组织职能在
发挥作用。

（三）领导职能

领导职能是指组织的各级管理者利用各自的职位权力和个人影响力，指挥与影响下属为实现组织目标而努力工作的过程。职位权力是指由于管理者所处的位置而由上级和组织赋予的权力；个人影响力是指由管理者的自身素质所产生的影响力。有效的领导要求管理者在合理的制度环境下，采用适当的方式，针对成员的需求和行为特点，采取有效措施，来提高和维持组织成员的工作积极性。由此可见，领导职能主要涉及组织中人的问题，它往往与激励职能、协调职能一起发挥作用。

（四）激励职能

激励职能是指创造员工所需要的各种满意的条件，激发员工的工作动机，使之产生实现组织目标的特定行为的过程。一个人可能同时有许多需要和动机，但是人的行为是由最强烈的动机引发和决定的。因此，要使员工产生组织所期望的行为，可根据员工的需要来设置某些目标，并通过导向使员工产生有利于组织目标的优势动机，按组织所需要的方式行动。由此可见，激励职能与领导职能是密切相关的，它是一个组织及其管理者调动员工工作积极性的重要手段，也可看作领导职能的一部分。一个组织若建立起一套合理的激励与约束机制，将会大大增强该组织的活力和凝聚力。

（五）协调职能

协调职能对组织来说是不可缺少的，它包括对内协调和对外协调两个方面。对内协调主要是沟通，即部门与部门、部门与个人、团队与个人、个人与个人之间的信息交流，以形成良好的内部人际关系；对外协调主要是处理公共关系，即处理组织与政府、传媒、客户、公众的关系，以树立良好的组织形象。

（六）控制职能

控制职能所起的作用是检查工作是否按既定的计划、标准和方法进行，发现偏差，分析原因并进行纠正，以确保组织目标的实现。由此可见，控制职能与计划职能具有密切的关系，计划是控制的标准和前提；控制是为了计划的实现，有时控制也会引起计划或组织的调整。例如财务控制，一是防止错误地分配资源；二是提供经济信息反馈，以便更正错误的行为。又如产品的质量控制，就是按照质量标准检查产品的质量是否合格，若发现问题便及时分析原因并予以纠正。

不同学者对管理的职能有不同的划分。从管理的理论演化和发展来看，计划、组织和控制是各管理学派公认的管理职能。后来，鉴于在管理中领导的作用日益突出，领导被列为一个管理职能。有的学者认为，协调是管理的核心，其他各项职能均是为了促进协调，因而不把协调列为单独的职能。20世纪30年代以后，由于出现了人际关系学说，人们在管理中从重视技术转向重视人的因素，因而有人将人事、激励、沟通等作为管理职能。后来，由于决策理论的创立，有的学者为了强调决策在管理中的作用，又把决策从计划职能中分离出来作为一个单独的管理职能。以后，伴随着经济的发展，为了突出创新在管理中的作用，有的学者又将创新列为一个管理职能。将管理划分为若干职能，主要是为研究管理问题的方便，并为叙述管理的概念、理论、原则、方法和程序提供一个系统的理论框架，这并不意味着这些管理的职能是彼此孤立的。本书以后的章节将按照计划、组织、领导、激励、协调、控制的顺序来介绍管理的若干职能。

三、管理者与管理对象

管理是由组织的管理者实施的，那么管理者与管理对象的具体含义是什么呢？下面对此做一些简单的说明。

（一）管理者

管理者是指从事管理活动的人，即在组织中担负计划、组织、领导、激励、协调、控制等工作以期实现组织目标的人。可以将一个组织的管理者分为高层、中层和基层三个层次，不同层次的管理者工作的重点不同。

高层管理者对整个组织的管理负有全面责任，主要任务是制定组织的总目标、总战略，把握发展方向，如企业的总经理和副总经理等。企业中的高层管理者一般是指 CEO（首席执行官）、CFO（首席财务官）、COO（首席运营官）等和包括副总裁等在内的高级管理人员。

中层管理者的主要职责是贯彻执行高层管理者所制定的重大决策，监督和协调基层管理者的工作，或对某一方面的工作进行具体的规划和参谋，在管理中起着上传下达的桥梁和纽带作用，负责协调和控制基层生产、业务活动，保证本部门任务的完成和目标的实现。例如，企业中的计划、生产、财务等部门的负责人，公司的部门经理、分公司（事业部）经理等，都属于中层管理者。

基层管理者即一线管理人员，其主要职责是给下属作业人员分派具体工作任务，直接指挥和监督现场作业活动。例如，企业的班组长、饭店的领班等。

（二）管理对象

管理对象也称管理的客体，是指管理者实施管理活动的对象。在一个组织中，管理对象主要是指人、财、物、信息、技术、时间等资源，其中最重要的是对人的管理。对人的管理主要涉及人员调配、工作评价、人力开发、组织发展等；对财的管理主要涉及财务管理、预算控制、成本控制、成本效益分析等；对物的管理主要涉及物料的采购、存储与使用，设备的保养与更新等；对信息的管理主要涉及组织外部和内部信息的快速收集、传递、反馈、处理与利用，对发展趋势的准确预测等；对技术的管理主要涉及新技术的研发、引进与使用，各种技术标准、方法的制定与执行等；对时间的管理主要涉及合理安排工作时间并提高工作效率等。

四、管理者的角色与技能

（一）管理者的角色

管理者要执行多种管理职能，因此在管理工作中常常扮演多种角色。有的国外学者提出管理者扮演着 10 种角色，可以简单地归纳为三大类，即人际关系角色、信息角色和决策角色。

（1）人际关系角色。管理者的人际关系角色又可划分为三种角色：代表人、领导者和联络者。管理者要经常代表组织出席一些礼仪活动，如工程剪彩、社会捐助、宴请宾客等，这时其扮演组织代表人的角色。进一步来说，管理者要领导和激励员工实现组织的目标，对组织的生存和发展负有重大责任，此时管理者是组织的导航者，扮演着领导者的角色。此外，管理者在组织的内外还扮演着联络者的角色，在内部要联络各部门和个人，营造融洽的人际关系和工作氛围；在外部要与利益相关者和社会各界经常保持联系，树立企业良好的形象，建立外部关系网络。

（2）信息角色。管理者的信息角色也可分为三种不同的角色：洞察者、传播者和发言人。作为组织的管理者，需具有敏锐的洞察力，时刻关注内外部环境的变化，善于挖掘和利用对组织有价值的信息，此时管理者扮演着洞察者的角色。管理者还要保证信息在组织内外部双向顺畅地传播，将组织的目标、计划、任务、政策和环境等信息清晰地传递给中下层人员，促使中下层参与组织管理；同时，还要将组织的内部信息及时地向组织外部进行传递，以建立良好的社会关系和信誉，即扮演着传播者的角色。组织的管理者还扮演着发言人的角色，如定期向董事会、股东说明企业的经营和财务状况，向消费者和政府说明企业的行为和承担的社会义务。

（3）决策角色。管理者的决策角色又分为企业家、混乱驾驭者、资源分配者和谈判者等。企业家是相对于企业管理者而言的，企业的管理者需要关注环境的变化，审时度势，抓住机遇，正确决策，推动企业不断开发新的产品和创新服务，以满足市场需求。当组织面临重大的、意外的混乱时，管理者就要扮演混乱驾驭者的角色，采取应对混乱和制定危机战略等行动。管理者还常常扮演着资源分配者的角色，决定组织的人、财、物等资源的合理分配和使用。管理者的另一个角色是谈判者，谈判对象包括组织内部的员工，外部的顾客、供应商、竞争对手或其他经济组织。通过谈判，可以消除分歧，达成共识或某种程度的妥协，以保证组织目标的顺利实现。

（二）管理者的技能

1974年，罗伯特·卡茨（Robert L. Katz）在《哈佛管理评论》上发表了《管理者应具备的管理技能》一文，提出了管理者应具备三类技能，即技术技能、人际技能和概念技能。

（1）技术技能。技术技能是指从事一定的业务工作所需要的专业技术和能力。例如，软件部门的经理要懂软件开发流程和开发手段，会计科的科长要懂会计操作。技术技能对基层管理者最重要，对中层管理者较重要，对高层管理者则不太重要。

（2）人际技能。人际技能是指与组织的内外部、上下层的部门、单位和人员打交道的能力，或称为人际沟通和人际交往能力。管理工作主要是与人打交道，无论是高层管理者，还是中、基层管理者，都要与组织中的下属、其他部门以及组织外部的各种机构、人员打交道，因此，人际技能对所有管理者都同等重要。

（3）概念技能。概念技能是指对事物的整体和相关关系进行分析、判断、抽象和概括的能力。管理者要能够在混乱而复杂的环境中进行有效的管理，洞察事物的发展和变化趋势，去粗取精，去伪存真，抓住问题的关键，找出解决方法。概念技能对高层管理者最重要，对中层管理者较重要，对基层管理者不太重要。

图 1-1 显示了上述三种管理技能与管理层次之间的关系。还有学者提出，管理者还应具备理解技能、分析技能、决策技能、创新技能等。其实这些技能都可以包括在上述三种基本管理技能之中。

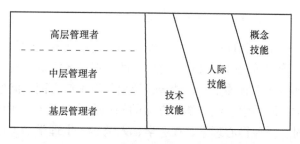

图 1-1　管理层次与管理技能的关系

第二节　管理学的特性

管理学以一般组织为研究对象，研究管理的基本概念、原理、方法和程序，探讨人、财、物、信息、技术、时间的计划与控制问题、组织的结构设计问题、对组织中人员的领导与激励问题等。它作为一门学科，具有以下特性：

一、管理学的实践性

管理理论与方法是人们通过对各种管理实践活动（特别是企业的管理活动）的深入分析、总结、升华而得到的，反过来，它又被用来指导人们的管理实践活动。管理学是一门应用性很强的学科，它不能脱离管理实践。所以，要真正掌握管理学，仅靠书本是不行的，必须通过大量的管理实践活动去体会和磨炼，要理论联系实际。

二、管理学的发展性

科学技术的发展，特别是计算机和网络技术的广泛应用，对企业的组织形式、运营方式和管理手段产生了巨大的影响。例如，信息高速传递的实现，使企业的许多中间结构失去了存在的必要，因而出现了企业组织的扁平化；网络技术的广泛应用，促成了虚拟企业的出现；企业为了充分发挥自身的优势并增强市场竞争力，由供求关系而形成企业供应链结构；电子商务的出现，对企业的营销模式产生了巨大的影响。由此也产生了许多新的管理问题，需要人们去研究、解决，而所产生的新的管理理论和方法将会大大推动管理学理论体系的更新和扩展。因此，管理学是一门不断发展的学科。

三、管理学的科学性与艺术性

管理学揭示了一系列具有普遍应用价值的管理规律，总结出了许多科学的管理原则，已形成了一套反映客观规律、合乎逻辑的管理理论和知识体系，这是管理学的科学性；同时，管理的目的是高效率地达成组织目标，为此要求管理者必须灵活、熟练地应用相关的知识和技能，创造性地对管理对象进行管理协调，因此，管理学又具有明显的艺术性。需要注意的是，管理艺术必须建立在管理科学的基础上，不具有科学性的管理也不可能具有真正的艺术性。管理的艺术性是对管理科学理论的合理发挥，而管理艺术性的结果在普遍适用之后也会成为科学的理论。因此，管理的科学性和艺术性是相互作用、相互影响的。只有既懂得科学的管理理论和方法又掌握高超管理艺术的人，才能成为有效的管理者。

四、管理学的综合性

由于管理活动的复杂性，必然会形成管理学的综合性。作为管理活动主体的管理者在进行管理活动时，只有具有广博的知识，才能进行有效的管理。例如，企业的高级管理者在处理企业中有关生产、销售、计划和组织等方面的问题时，需要熟悉工艺、预测、统计学、数学、政治学、经济学等方面的知识；在处理企业中的人员调配、工资、培训和激励等问题时，需懂得心理学、社会学、人类学、生理学等方面的知识。管理学充分吸收了对其有用的东西并加以拓展，因此，它具有很强的综合性。

五、管理学的不确定性

管理学具有不确定性，即在给定可控的条件下，用同样的管理手段可能得到完全不同的结果。这种不确定性主要是由组织环境中具有许多无法预知的复杂因素引起的。例如，在企业投入资源一定的情况下，国家的政策或组织环境的突然变化，都会对企业的经营效果产生严重影响。因此，管理学与诸如数学等精确学科具有很大的不同，它具有很强的不确定性。

六、管理学的软科学性

若将组织中的人力、财力、物力、技术等看成硬件，则可以把管理看成软件。管理的主要任务是充分调动人员的积极性，发挥人员的内在潜力，有效地利用财力、物力和技术，用最少的消耗达到组织目标。这是将管理学看作软科学的第一层含义。此外，管理者必须借助管理对象及其他各种条件来创造价值，在这种价值中很难区分出有多少是由管理而得到的。这是将管理学看作软科学的第二层含义。某些管理措施是否有效，往往需要很长一段时间才能看出来，而很难在事前准确地评价。这是将管理学看作软科学的第三层含义。

七、管理的二重性

管理的二重性是指管理的自然属性和社会属性。管理是由人们的相互协作劳动、社会化生产而产生的，为了保证这种社会化生产持续、稳定地进行，需要按照要求合理地进行计划、组织、领导和控制，以有效地利用有限的资源，提高组织效益，这样便在管理学中形成了一部分属于生产力范畴的内容，如管理的数量模型、库存管理、成本控制、财务管理等。这些管理理论、技术和方法是人类长期从事生产实践的产物，可以在不同社会制度下、不同国家中使用，这就是管理的自然属性或生产力属性。此外，管理是在一定的生产关系条件下进行的，必然会体现管理者的管理意志，这样在管理学中便形成了另一部分属于生产关系和社会关系范畴的内容，如组织目标、组织道德、领导作风、激励方式、管理理念、群体价值观、组织文化等。这些涉及对人的管理的内容具有明显的意识形态色彩，在不同的社会制度下，不同国家、不同民族中具有较大的差异，这就是管理的社会属性。应该指出，管理的二重性具有辩证统一关系。正确地认识管理的二重性是非常重要的，这将有利于我们正确地评价西方的管理理论和思想，去其糟粕，取其精华，结合我国国情建立和发展具有中国特色的管理理论体系，提高管理水平，从而健康、快速地发展我国经济。

第三节　管理的应用范围与作用

随着人类的进步和经济的发展，人们越来越认识到管理的重要性，正像孔茨等人所称"管理适合任何一个组织机构。管理适用于各级组织的管理人员。管理关系到生产率……"因此，任何组织都需要管理，管理能够提高组织效率，管理可以被看作现代生产力的要素之一。

一、管理的应用范围

管理适合任何类型的组织。换句话说，任何需要两个人以上共同配合达成目标的团队或组织都需要管理，任何需要支配人力、物力、财力、信息、技术或时间的地方都需要管理。

（1）营利性组织中的管理。获得利润是营利性组织存在的首要目标，管理工作的好坏对营利性组织能否生存并实现获利目标起着重要的作用。那些成功的、大型的营利性组织之所以能够长期生存并不断发展，靠的就是管理的效率和效能，人们的管理知识也大都来源于这些组织的管理实践。

（2）非营利性组织中的管理。非营利性组织的目标具有很强的公益性，如教育、社会服务、公共安全等。尽管这些组织的目标不是为了赚钱，但组织的正常运转和组织目标的实现仍然需要有效的管理。例如，政府需要管理好税收和行政支出，提高资金使用效率，以保证政府的正常运转和政府职能的实现。

当然，由于组织性质和目标的不同，管理方式会有所差异，但其中存在许多共性的东西。本书重点以营利性组织中的企业为例介绍管理活动的基本规律和管理方法，所得结论也适用于其他类型的组织。

二、管理的作用

（1）对于企业来说，管理是竞争力。随着市场竞争的日趋激烈，一个企业是否具有较强的竞争力是其能否生存和不断发展的关键。一个企业的竞争力取决于许多因素，如产品质量、生产效率、创新能力、售后服务等，这些因素均与企业的管理水平有关。可以说，管理水平的高低决定了企业竞争力的强弱。据调查，在中国有80%以上的亏损企业都是由于管理不善所致。因此，必须充分认识到管理的重要性，提高企业的管理水平。

（2）对于社会来说，管理是生产力。过去，人们一直认为生产力的构成要素只包括像劳动力和劳动资料这类"硬"要素。然而，在以社会化大生产为基础的社会里，人们发现集体劳动因分工协作会产生一种协作力，使集体劳动的效率大大高于成员单独劳动效率的叠加，这种协作力的来源就是管理。管理使劳动者、劳动资料和劳动对象有机地结合起来而构成现实的生产力。可以说，社会生产力的发展为管理学的发展创造了条件和提供了机会，而管理的发展又进一步推动了社会生产力的发展。

（3）对于国家来说，管理是发展的推动力。国家也是一个组织，对于国家来说，能否管理好各个行业和经济部门，是经济能否实现稳定、协调、持续和快速发展的重要因素。因此，管理是国家发展的推动力之一。第二次世界大战结束之后，日本的经济在短短几十年间经历了恢复并高速发展的阶段，这一经济奇迹引起了管理学界的兴趣。研究的结果是日本人在自己民族文化和历史的基础上形成了一套有效的管理方法。他们提出了生产的第四要素理论，即与土地、劳动和资本一样，管理也是生产要素之一。在我国，也有人提出生产力的"四要素理论"，即生产力是由劳动者、劳动对象、劳动工具以及管理活动这四大要素组成的。有的美国学者认为，美国经济的领先地位，三分靠技术，七分靠管理。因此，对于一个国家来说，不仅要重视技术等硬实力的提高，也要注重管理等软实力的提高，发挥管理对国家发展的推动作用。

第四节　企　　业

本书重点结合企业介绍管理学的基本概念、原理、方法和程序，为此本节将简要地介绍企业的含义、企业的分类、公司制企业等内容。

一、企业的含义

企业是从事生产、流通、服务等经济活动，以生产或服务满足社会需要，实行自主经营、独立核算，依法设立的一种营利性的经济组织。企业可进一步分为公司和非公司企业，前者如有限责任公司和股份有限公司，后者如合伙制企业、个人独资企业、个体工商户等。

所谓自主经营，是指企业能够独立自主地对自己的经营活动做出决策和经营管理的权利。

实行独立核算的单位称为独立核算单位，是指对自己的经营活动的成果与消耗能够独立进行考核并负责任的组织。

所谓依法设立，是指企业的设立必须符合法律规定的条件和程序。例如，在中国境内设立有限责任公司和股份有限公司要符合《中华人民共和国公司法》的规定，设立合伙企业则要符合《中华人民共和国合伙企业法》的规定。

按照企业法律属性的不同，企业可以分为法人与非法人。按照《中华人民共和国民法通则》的规定，法人是具有民事权利能力和民事行为能力，依法独立享有民事权利和承担民事义务的组织。具有法人资格的企业称为企业法人。企业法人和企业法定代表人是不同的，法人是一个组织，而法定代表人是自然人。

二、企业的分类

（一）按所属经济部门划分

按所属经济部门，企业可以划分为工业企业、农业企业、建筑企业、运输企业、商业企业、金融企业、邮政企业、通信企业等。

工业企业是指从事工业性生产和劳务等生产经营活动的企业；农业企业是指从事农、林、牧、副、渔等生产经营活动的企业；建筑企业是指从事土木建筑工程施工的企业；运输企业是指利用运输工具从事运输生产和服务的企业；商业企业是指从事商品交换活动的企业；金融企业是指经营货币或信用业务的企业；邮政企业是指从事信函、包裹、报刊等服务的企业；通信企业是指从事移动、固网通信业务和互联网业务的企业。

（二）按生产力要素所占的比重划分

按生产力要素所占的比重大小，企业可以分为劳动密集型企业、技术密集型企业和知识密集型企业。

劳动密集型企业是指用人较多，技术装备程度较低，产品成本中活劳动消耗所占比重较大的企业；技术密集型企业是指所需投资较多，技术装备程度较高，用人较少的企业；知识密集型企业是指拥有较多的中高级技术人员，综合运用先进的科学技术成就进行高精尖产品研究与开发的企业。

（三）按生产资料所有制形式划分

按生产资料所有制形式，可以将企业分为公有制企业、合资经营企业和私营企业。

公有制企业又可以分为国有企业和集体所有制企业。国有企业又称为全民所有制企业，其特点是生产资料属于全民所有，企业作为独立的经济单位具有法人财产权。中央企业和由地方政府投资控股的企业都属于国有企业。集体所有制企业是指劳动群众集体占有生产资料的企业。我国的很多乡镇企业即属于此类企业。

合资经营企业是指由两个以上不同单位或个人共同投入资金、设备、技术等资源，并共同经营的企业。其特点是共同投资，共同经营，共分利润，共担风险。例如，中外合资企业、国内不同单位或个人合资经营的企业等。

私营企业是指由私人单独拥有生产资料和产品的企业。例如，由国外私人投资创办的企业、国内个体户自办的企业等。

三、公司制企业

公司是现代企业制度中最为活跃的一种企业组织形式，一般由若干人共同出资，依照法定程序组成，它具有法人资格并以营利为目的。公司的财产均来自股东的投资，股东们把自己的投资交给公司后便丧失了对该财产的所有权，这样，公司的财产是完全独立的，股东的投资换取的是公司的股权。

（一）各类公司制企业

按法定标准，公司可以分为无限公司、有限责任公司、股份有限公司和两合公司。

1. 无限公司

无限公司是指由两个以上的股东组成，其全体股东对公司的债务负连带无限清偿责任的公司。所谓连带无限清偿责任，是指股东无论其出资种类、数额及盈亏分派的比例如何，都对公司债务承担着向债权人全部给付的责任。在公司资产不足以清偿债务时，债权人还可直接要求全体或任何一个股东予以清偿，而股东则不得以其出资或盈利分配的多少为由拒绝清偿。

2. 有限责任公司

有限责任公司是指由法定数量的股东出资组成，全体股东仅以其各自的出资额或出资额以外另加的担保额为限对公司承担责任，公司以全部资产对公司债务负责的公司。在这种公司中，股东除缴足所认购的法定股金外，对公司的债务不负连带清偿责任。有限责任公司股东的数额是根据法律规定来确定的，各国对股东数额的限定不尽相同，有的规定了上限，有的上、下限均有规定。我国于 2013 年 12 月 28 日第十二届全国人民代表大会常务委员会第六次会议通过对 1994 年 7 月颁布的《中华人民共和国公司法》（以下简称《公司法》）进行第三次修订。该法规定，有限责任公司由 50 个以下股东共同出资设立，国家授权投资的机构或部门可以单独设立国有独资的有限责任公司。注册资本最低限额达到人民币 10 万元的自然人，也可以设立一人有限责任公司。有限责任公司不能在社会上公开募股，不能发行股票。

3. 股份有限公司

股份有限公司也称为股份公司，由有限责任的股东组成，全部资本分为等额股份，股东仅以其所认购股份额对公司承担责任并享有相应的权力。这种公司可以向社会公开募股筹资，即公开发行股票，股东认定股份的多少表明其在公司中权力的大小，股东的股份可以自由转让。

4. 两合公司

两合公司是指由两类股东共同出资组成，其中一类股东对公司的债务负无限责任，而另一类股东仅对公司的债务负有限责任的公司。

（二）有限责任公司的主要机构和职权

有限责任公司的主要机构包括股东会、董事会和监事会。

1. 股东会

我国《公司法》规定，有限责任公司的股东会由全体股东组成，为公司的权力机构，股东会会议由董事会召集，董事长主持（首次股东会会议由出资最多的股东召集和主持）。有限责任公司的股东会行使下列职权：

（1）决定公司的经营方针和投资计划。

（2）选举和更换非由职工代表担任的董事、监事，决定有关董事、监事的报酬事项。

（3）审议批准董事会的报告。

（4）审议批准监事会或者监事的报告。

（5）审议批准公司的年度财务预算方案和决算方案。

（6）审议批准公司的利润分配方案和弥补亏损方案。

（7）对公司增加或者减少注册资本做出决议。

（8）对发行公司债券做出决议。

（9）对公司合并、分立、解散、清算或者变更公司形式做出决议。

（10）修改公司章程。

（11）公司章程规定的其他职权。

2. 董事会

有限责任公司的董事会是公司的业务执行机关，一般由 3～13 人组成，董事会会议由董事长召集和主持。我国《公司法》规定，董事会对股东会负责，行使下列职权：

（1）召集股东会会议，并向股东会报告工作。

（2）执行股东会的决议。

（3）制订公司的经营计划和投资方案。

（4）制订公司的年度财务预算方案和决算方案。

（5）制订公司的利润分配方案和弥补亏损方案。

（6）制订公司增加或者减少注册资本以及发行公司债券的方案。

（7）制订公司合并、分立、解散或者变更公司形式的方案。

（8）决定公司内部管理机构的设置。

（9）决定聘任或者解聘公司经理及其报酬事项，并根据经理的提名决定聘任或者解聘公司副经理、财务负责人及其报酬事项。

（10）制定公司的基本管理制度。

（11）公司章程规定的其他职权。

3. 监事会

有限责任公司的监事会是公司的监督机构，一般由若干名成员组成。我国《公司法》规定，监事会由股东代表和适当比例的公司职工代表组成，其中职工代表的比例不得低于1/3；董事、高级管理人员不得兼任监事。监事会、不设监事会的公司的监事行使下列职权：

（1）检查公司财务。

（2）对董事、高级管理人员执行公司职务的行为进行监督，对违反法律、行政法规、公司章程或者股东会决议的董事、高级管理人员提出罢免的建议。

（3）当董事、高级管理人员的行为损害公司的利益时，要求董事、高级管理人员予以纠正。

（4）提议召开临时股东会会议，在董事会不履行法定的召集和主持股东会会议职责时，召集和主持股东会会议。

（5）向股东会会议提出提案。

（6）依照相关法律条款，对董事、高级管理人员提起诉讼。

（7）公司章程规定的其他职权。

监事可以列席董事会会议，并对董事会决议事项提出质询或者建议。监事会、不设监事会的公司的监事发现公司经营情况异常，可以进行调查；必要时，可以聘请会计师事务所等协助其工作。

（三）股份有限公司的主要机构和职权

股份有限公司由于可以向社会公开募股筹资，即公开发行股票，因而股东的数量较多，企业的产权与企业的经营权分离，在组织结构和运行体制上较有限责任公司更严格，形成股东大会、董事会和监事会的法人治理结构，这三种机构的权力相互制衡，为公司的盈利创造了良好的组织运行机制。

由于历史、文化和社会制度的不同，各国的公司组织制度也有所不同。英美公司模式以美国为代表，其主要特点是在股东会下只设董事会，不设监事会，而由董事会兼任公司的监督职能，经理也可由董事长兼任。显然，这种经营与监督机构合一的模式有很大的缺陷。我国的公司组织制度借鉴了西方发达国家改革公司制度的成功经验，又结合了我国的国情，采取了股东会、董事会、监事会的分权制。按照我国《公司法》的规定，股份有限公司的股东大会、董事会、监事会的职权与有限责任公司的基本相同。

上市公司是股份有限公司的一种，其所发行的股票经过有关主管部门批准，可以在证券交易所公开上市交易。上市公司是一种公众性公司，因此，它的信息披露最为公开、完整和透明，受到的监管也最为严格，既要受证券监督管理部门、证券交易所等部门的监督，又要受到各类证券中介机构、新闻媒体以及社会公众的监督。

有限责任公司与股份有限公司作为两种不同的企业组织形式，存在一定的区别，如表1-1所示。

表1-1 有限责任公司与股份有限公司的区别

项目 ＼ 类型	有限责任公司	股份有限公司
设立方式	只能以发起方式设立，公司资本只能由发起人认缴，不得向社会公开募集	既可以发起设立，也可以公开募集设立
股东人数	50人以下	发起人为2人以上200人以下，其中须有过半数的发起人在中国境内有住所
出资证明形式	出资证明书	股票

（续）

项目＼类型	有限责任公司	股份有限公司
股权转让方式	除公司章程另有规定外，在股东之间可以自由转让股权；股东向股东以外的人转让股权，应当经过其他股东过半数同意。公司章程对股权转让另有规定的，从其规定	股票以自由转让为原则，法律和公司有特殊规定的除外
注册资本最低限额和体现方式	3 万元（1 人有限公司最低注册资本为 10 万元），不划分等额股份	500 万元（上市公司最低注册资本为 3000 万元），划分为等额股份
组织机构	股东会、董事会或董事、监事会或监事，机构设置和运作较灵活	股东大会、董事会、监事会，依法规范运作
企业所有权与经营权分离程度	较低	较高
信息披露义务	其财务状况、经营状况无须披露	负有法定信息披露义务

复　习　题

1. 管理的含义是什么？试列出几个有代表性的定义。
2. 管理有哪些主要的职能？简述其含义。
3. 管理者与管理对象的含义是什么？
4. 管理者有哪些角色？
5. 简述管理者的技能。
6. 什么是管理学？
7. 如何理解管理学的实践性？
8. 如何理解管理学的发展性？
9. 如何理解管理学的科学性和艺术性？两者之间的关系是什么？
10. 为什么说管理学是一门综合性学科？
11. 为什么说管理学具有不确定性？
12. 为什么说管理学具有软科学性？
13. 如何理解管理的二重性？
14. 简述管理的应用范围及其作用。
15. 什么是企业？
16. 什么是法人？
17. 什么是公司？
18. 什么是无限公司？
19. 什么是有限责任公司？
20. 什么是股份有限公司？
21. 什么是两合公司？

22. 简述有限责任公司的主要机构和职权。

23. 简述有限责任公司和股份有限公司的区别。

作 业 题

一、判断题

1. 管理学是一门研究各类组织管理活动基本规律和管理方法的科学。 （ ）

2. 计划职能的主要任务是选配组织中各管理层的管理者。 （ ）

3. 组织职能有两层含义：一是为了实施计划而进行组织结构的设计，二是为了实现计划目标所进行的必要的组织过程。 （ ）

4. 对内协调主要是沟通，以形成良好的内部人际关系；对外协调主要是公关，以树立良好的组织形象。 （ ）

5. 仅靠书本就可以掌握管理学。 （ ）

6. 管理学既具有科学性又具有艺术性。 （ ）

7. 管理学具有确定性。 （ ）

8. 管理学被称为软科学是因为它不像技术那样对生产有用。 （ ）

二、单项选择题

1. 管理者是指（ ）。

A. 组织的高层领导 B. 组织的中层领导

C. 从事管理活动的人 D. 组织的员工

2. 管理对象是指（ ）。

A. 组织中的人 B. 组织中的财、物

C. 组织中的技术 D. 组织中的人、财、物、信息、技术、时间等资源

3. 下面正确的陈述为（ ）。

A. 只有企业才需要管理 B. 任何类型的组织都需要管理

C. 宗教团体不需要管理 D. 个体企业不需要管理

4. 有限责任公司（ ）。

A. 可以发行股票 B. 对股东的数量没有限制

C. 股东以其出资额对公司承担责任 D. 公司对债务负无限清偿责任

5. 股份有限公司（ ）。

A. 可以发行股票 B. 对股东的数量有限制

C. 股东以其所认购股份额对公司承担责任 D. 公司对债务负无限清偿责任

三、填空题

1. 管理是由组织的管理者在一定环境下，通过_____、_____、_____和_____等职能来协调组织的_____、_____和_____，以期更好地达成组织目标的过程。

2. 领导职能是指组织的各级管理者利用各自的_____权力和_____，指挥和影响下属为实现组织目标而努力工作的过程。

3. 控制职能所起的作用是检查_____是否按既定的计划、标准和方法进行，发现_____、分析原因并进行纠正，以确保组织目标的实现。

4. 激励职能是指创造员工所需要的_____，激发员工的工作动机，使之产生_____特定行为的过程。

5. 管理的二重性是指管理的_____和_____。

6. 企业是从事_____、_____、服务等经济活动，以生产或服务满足社会需要，实行_____、_____，依法设立的一种_____的经济组织。

7. 按生产力要素所占的比重划分，企业可以分为_____、_____和_____。

8. 有限责任公司的主要机构包括_____、_____和_____。

案例分析

案例一　不断奋进的小米公司

小米科技有限责任公司（北京小米科技有限责任公司）（以下简称小米）成立于2010年4月，是一家专注于高端智能手机、互联网电视以及智能家居生态链建设的创新型移动互联网科技企业。这家新型的明星企业，成立仅几年时间就曾站到中国手机行业市场份额第一位的位置。

"为发烧而生"是小米的产品理念。小米的市场定位、目标客户、产品结构、营销策略等各环节之间环环相扣，起到了极具效果的化学反应，造就了企业不断创新发展之路。

一、市场定位

曾经的中国手机市场上，充斥着国外的诸如苹果、三星等高价格手机，国内品牌的手机一直处于弱势状态。小米手机的横空出世打破了这一局面。小米初期的智能手机"为发烧而生"，高性价比的产品市场定位被众多消费者所接受，丰富的产品种类满足了不同层次客户的需求。

二、目标客户

小米的每一种产品都有各自的目标客户群。例如，小米手机主要瞄准18～35岁的年轻人，以及追求新时尚的"发烧友"。其中学生大约占总体的六成，其次是白领工作者。小米手机开放的、不断更新的操作系统深受年轻人群体的欢迎。而小米电视机强调了老人小孩都会用的人工智能语音电视。小米笔记本采用大内存、快速固态硬盘、轻薄设计，有不同档次配置，很适合学生白领日常使用。

三、产品结构

小米已经形成了小米手机、小米笔记本、平板电脑、小米电视、小米路由器、小米电视盒子、移动电源等产品系列。在手机方面有以下产品：

小米手机系列：小米1、小米1S、小米2、小米2S、小米3、小米3S、小米4、小米4S、小米5、小米5S、小米5S Plus、小米6、小米Note、小米Note 2、小米Note 3、小米MIX、小米Max等。

红米手机系列：红米1、红米2、红米3、红米4、红米5、红米5 Plus、红米Note、红米Note 2、红米Note 3、红米Note 4等。

从CPU、内存、显示屏尺寸、屏幕分辨率、前置和后置摄像头像素、支持无线连接、双卡双待、电池容量等方面设计出不同配置的手机，每个新品都体现了不同程度的创新。

2017年2月，小米推出了首款自主研发SoC（系统级芯片）——澎湃S1手机CPU芯片，并同时发布了搭载该芯片的智能手机小米5C。正如小米公司CEO雷军所说："目前世界前三大手机公司（三星、苹果和华为）都掌握了芯片技术，小米要想跻身全球前几大手机厂商，也要拥有自己的核心技术。"掌握了"核心科技"的小米，不仅能够缓解来自供应链的压力，在产品自主权把控、拓展海外市场等方面都有着相当重要的意义。

四、营销策略

小米采用了独具特色的产品营销策略。

1. 网络营销

（1）微博。小米手机在每次推出新产品之前，都会在微博上提前放出风声，吸引大量消费者关注，短时间内聚集大量"粉丝"。此外，小米还经常在微博上举行"转发送手机"活动，使得原本对小米手机可能并不感兴趣的用户也参与到转发的大潮中，极大地拓展了小米手机的信息传播范围。

（2）论坛。相对于微博，论坛可以承载更大的信息量。借助论坛这个平台，小米和用户可以直线交流，拉近企业与消费者之间的距离，获得更多消费者的意见和建议，从而有效改进新产品的不足。

（3）电子商务销售。利用电商平台进行销售，可以减少中间销售环节，节约大量的人力、物力、财力，将节约下来的资源用于提高产品配置，使产品更具竞争力。

（4）通过 IT 网站测评来吸引消费者。消费者在购买一款手机之前会进行大量的了解，最常采用的方式就是到网站上查询价格和手机配置参数。小米手机抓住消费者的这个特点，在新产品尚未上市前，在中关村在线、IT168 等网站上发布关于小米手机的测评文章，从外观、功能、使用效果到内部元件，用专业的口吻对小米手机进行描述和介绍。

2. 饥饿营销

手机产品的行业特点是在新产品刚上市阶段的产品成本很高，但是随着时间的推移，产品销量逐渐增加，成本随之逐渐下降。新品上市的价格往往要高出成本 30% 左右，随后价格逐渐降低直至退出市场，即手机产品一般是先盈利、后亏损。但是，小米手机的营销思路别具一格：先以一个较低的价格进入市场，占领市场份额，通过极高的性价比获得消费者的喜好和认可，快速形成规模效应，随着产品成本下降再开始盈利，采用了先亏后盈的营销模式。当然，小米的饥饿营销也受到很多消费者的抱怨，之后小米为了弥补线下渠道的不足，开始大规模进行"小米之家"建设，以实现线下体验式直营客户服务中心的布局。

五、未来竞争

由于高科技产品的更新换代速度很快，加上国内其他手机厂商，如华为、OPPO、VIVO 的竞争，无论是在国内市场还是国际市场上，小米都面临巨大压力。2016 年，小米没有完成销量目标。针对中国手机市场，市场研究公司 Counterpoint Research 曾发布了一份研究报告，显示 2016 年前三个季度，OPPO、VIVO 双双超越了华为，分别成为中国第一和第二大智能机制造商，而小米仅排名第四，市场份额为 10.6%。2017 年，小米手机重返世界排名第五名。

面对竞争压力，小米除了在国内市场下足功夫之外，还努力开拓国外市场。例如，在印度小米手机深受消费者喜爱，销量一直很高。IDC 的数据显示，2016 年 7 月和 8 月，小米连续两个月成为印度电商市场第一大智能手机品牌；9 月在印度前三十大城市中占 8.4% 的市场份额，成为印度第三大智能手机厂商。未来，小米还会继续开拓美国、俄罗斯、土耳其、巴西、墨西哥等海外市场，使小米手机不断成长为国际知名品牌。

（资料来源：本案例根据 http://www.mi.com/about/；http://blog.sina.com.cn/s/blog_a9b79f7f0102whyj.html#_Toc403492685；http://www.cnbeta.com/articles/tech/562603.htm 的资料改编而成。）

讨论题：

1. 小米手机快速占领手机市场的成功因素有哪些？

2. 面对苹果、三星、华为等优秀手机品牌，小米手机仍然保持竞争优势，其核心竞争力有哪些？

3. 你能预测一下未来小米科技有限责任公司的发展前景吗？

案例二 ZARA 快速供应链系统

ZARA 创立于 1974 年，是西班牙排名第一、世界排名第三服装零售商 Inditex 集团旗下的一个子公司，它既是服装品牌，也是连锁零售品牌。ZARA 是服装行业的一个奇迹，它在传统的顶级服装品牌和大众服装品牌中独辟蹊径，追求快速时尚。ZARA 成功的原因很多，如顾客导向，高效的组织管理，强调生产的速度和灵活性，不做广告、不打折的独特营销策略等，而最重要的一个原因是其独特快速的供应链系统，大大缩短了从设计到成衣上柜的时间。

ZARA 为顾客提供"买得起的快速时装"，竞争优势主要基于以下三点：

（1）前导时间短暂。前导时间是从设计到把成衣摆在柜台上出售的时间。中国服装业一般为 6~9 个月，国际名牌一般可到 120 天。而 ZARA 从形成设计理念到产品上架的时间最短为 7 天，一般为 10~15 天。短暂的前导时间保证了公司的设计随时以顾客需求为导向。

（2）时装少量多款。ZARA 一年中大约推出 12 万款时装，而且每一款时装的数量很有限，通常一个专卖店中一款时装只有两件，售完也不补货。"少量、多款"培养了一大批忠诚的满意顾客。

（3）低价策略。ZARA 并不设计新款时装，而仅仅是模仿顶级品牌时装的设计。因此，相似的产品可以以低于顶级品牌服装的价格出售。

为了保持竞争优势，ZARA 对供应链的快速反应提出了近乎苛刻的高要求，一直坚持快速设计、快速生产、快速出售、快速更新。其供应链系统主要特点如下：

（1）跨部门设计团队。ZARA 的设计团队是由设计师、市场专家和采购专家组成的。门店经理直接与顾客进行交流，收集第一手资料，将其快速反馈到总部的数据库中，为设计师提供参考素材。设计师每天穿梭于米兰、巴黎等各大时装秀场，观察最前沿的设计理念与设计元素，并初步绘出草图。设计师与采购专家和市场专家一起确定设计终稿、生产成本及产量等方面的问题。正是由于这种"三位一体"的团队设计方式，大大缩短了产品的前导时间，同时也能够以低价满足顾客的需求。

（2）全球采购与延时染色。ZARA 主要依靠母公司旗下的服装生产、采购及布料处理部门提供支持。Inditex 集团从西班牙、远东、印度和摩洛哥买来原坯布，ZARA 从母公司购买染料和 40% 的布料，其余原材料均由自己的工厂加工生产，通过保持对染色和加工领域的控制，ZARA 具有按照需求来生产的能力，能为新的款式提供所需布料。此外，ZARA 通过延时策略来获取更多的灵活性，在不增加库存成本的情况下为顾客提供各种款式与颜色的时装。例如，通过购买超过50%的未染色的织布来更加灵活地应对不同季节中颜色的变化。

（3）一体化生产。ZARA供应链中很大一部分都是在自有工厂完成的，包括产品设计、50%的产品生产、物流管理和零售等。ZARA独一无二的生产模式有四方面优势：①ZARA能够更加快速地对顾客需求变化做出反应。它拥有自有工厂，可以在不与外包商进行沟通的情况下，根据顾客的真实需求增加或减少某些特殊物品的产能，以此来调节整个供应链的节奏。②通过增加对整条供应链不同节点计划、产能和决策的控制权，改善了整条供应链的效率。③能够更加高效地在整条供应链中进行沟通与信息共享。④供应链上的所有节点都能够朝着共同的目标努力，即缩短前导时间和为顾客提供低价产品。

（4）快速分拣与配送。为了避免人工挑选浪费时间，ZARA采用光学读取工具分拣产品，分拣设备每小时能够处理60000件服装。分拣后，产品就会被发运到分别位于拉科鲁尼亚（西班牙西北部港口）和萨拉戈萨（西班牙第五大城市）的两个配送中心，再由第三方物流用货车或飞机将产品运送到目的地。所有的货车和飞机必须遵循固定的时刻表，所有的门店经理也必须按照严格的时刻表下订单。ZARA对时间期限管理十分严格，所有的货品必须在24h之内到达欧洲各门店，48h之内到达美国各门店，72h之内到达日本各门店。快速的配送系统确保其产品能够在全球各门店同一时间上市。

凭借独一无二的快速供应链系统，ZARA完全打破了传统服装企业的运作模式，创造了行业奇迹。

（资料来源：根据王攀. ZARA供应链研究［J］. 中国管理信息化, 2014（17）：65-65的资料改编而成。）

讨论题：

1. ZARA是如何保证在短时间内完成从设计到柜台销售的？ZARA的核心竞争力有哪些？

2. 管理升级带来商业模式变革，你如何看待供应链管理在企业经营中的作用？

第二章

管理思想发展史

本章内容要点

- 管理阶段的划分；
- 泰勒科学管理的主要内容及贡献；
- 法约尔一般管理的主要内容及贡献；
- 霍桑试验、梅奥人群关系理论的主要内容及贡献；
- 现代管理理论的主要流派。

管理是人类的一种活动，自从有了人类就有了管理。有史料记载的管理观念和实践已经存在了数千年，但直到19世纪末，管理才开始形成一门学科。纵观管理思想发展的全部历史，大致可以划分为以下三个阶段：

第一阶段为古代的管理思想，产生于19世纪末以前。

第二阶段为近代管理思想，产生于19世纪末到1945年之间。这一阶段的管理思想主要以泰勒的科学管理、法约尔的职能管理、梅奥（Elton Mayo）的人群关系理论及巴纳德（Chester I. Barnard）的组织理论等思想为代表。

第三阶段为现代管理思想，产生于1945年以后。这一时期从第二次世界大战结束到现在，管理思想蓬勃发展、百家争鸣，出现了众多的管理思想和管理学派，每一学派都有自己的代表人物。

应该注意，对管理思想发展阶段的划分方法很多，在此按时间顺序划分为三个阶段，是因为这样划分既简单又便于研究讨论。这三个阶段只是产生的时间有先后，而不能将其理论截然分开。事实上，即使在后一阶段的理论产生和盛行后，前一阶段的理论也并未过时和消失，有的仍然在不断发展。因此，各个阶段管理思想之间的关系不是相互替代的关系，而是相互影响、相互补充，向纵深发展的关系。例如，产生于近代管理思想阶段的泰勒的科学管理理论，虽然自产生至今已有一百多年，但其影响依然很大。不但作为其直接继承者的管理科学学派发展得非常繁荣，其他许多管理学派的产生和发展也深受其影响。当前一些发展中国家，由于经济发展阶段与西方科学管理产生时的情况相似，科学管理的许多理论和方法在这些国家中与当地具体情况相结合被作为主要的管理理论在应用，而且在发达国家中也有人提出不要忘记科学管理思想的精髓，表明其依然具有生命力。又如，行为科学理论是从 20 世纪 30 年代产生的人际关系学说发展而来的，在其他各种管理学派形成以后，行为科学理论仍然在发展，组织行为学、人力资源管理等已成为许多国家高等院校广泛开设的课程，并有大量管理学家从事这方面的研究和实验，并且其理论已渗入权变管理理论、系统管理理论等多种理论之中。可见，现代的管理思想不是空中楼阁，而是建立在过去丰富的管理思想基础之上的，应该全面、辩证地看待管理学的发展过程。

第一节　古代的管理思想

本书的古代管理思想是指泰勒的科学管理产生之前的管理思想。管理是人类的一种活动，因此，自从有了人类也就有了管理。在原始社会，人们以狩猎为生，但他们并不是单个人去狩猎，而往往是一群人去捕杀猎物。人是具有高等智慧的生物，人们为了生存而进行的这种集体活动或社会活动一部分是出于本能，一部分也是为了提高做事的效率。原始人狩猎时相互配合的活动或有意识的选择行动实际上就是管理，只不过当时还没有"管理"一词。伴随着人类社会的进步，有意识和无意识的管理活动也在不断发展，历史学家、社会学家和管理学家通过大量的历史研究，深刻地揭示了古代丰富的管理思想。

一、国外古代管理思想

世界四大文明古国古埃及、中国、古印度和古巴比伦有着悠久的历史和灿烂的文化，在其古代的建筑、史书和兵书之中蕴涵着非常丰富的管理思想。

埃及金字塔建于公元前 5000 年左右，是世界七大奇迹之一。金字塔规模宏伟、壮丽，建筑技艺精湛，建造技术的难度难以想象。据考证，建造大金字塔耗用上万斤重的石块 230 多万块，动用了 10 万人力，用了 20 多年的时间才得以建成。金字塔的底边分别正对东、南、西、北，误差仅 0.05%。在遥远的古代，没有现代化的建筑机械及测量计算技术和方法，完全靠人工的力量完成这样巨大的工程，令人不可思议。这样巨大的工程离不开组织管理工作，如组织人力进行规划与设计，在没有良好运输工具的条件下组织搬运，进行人力的合理分工等。金字塔的建造不仅是建筑史上的奇迹，也是人类管理活动的典范。

古希腊是欧洲的文明古国，其建筑和文化艺术的历史都非常辉煌，并留下了一些宝贵的管理思想。例如，公元前 370 年，该国学者瑟诺芬（Xenophon）曾对劳动分工有过详细的论述："在制鞋工厂中，一个人只以缝鞋底为生，另一个人进行剪裁，还有一个人制造鞋帮，再由一个人专门把各种部件组装起来。这里所遵循的原则是：一个从事高度专业化工作的人一定能工作得最好。"瑟诺芬的这一管理思想与 2000 年后产业革命时期经济学家亚当·斯密（Adam Smith）及科学管理的创始人泰勒的思想非常接近。

15 世纪，意大利的著名思想家和历史学家马基雅维利（Niccolo Machiavelli）在管理思想方面的贡献更是让人瞩目。他对管理思想的阐述很多，其中最有影响的是四项领导原理：

（1）领导者必须得到群众的拥护。这有两层含义：其一，群众要拥护他作为领导者；其二，领导者做事要征得群众的同意。

（2）领导者必须维持组织的内聚力。领导者必须有能力把组织的成员团结在一起，使自己和组织具有很强的吸引力。

（3）领导者必须具备坚强的精神意志。领导者要有坚韧不拔、百折不挠的精神，能为组织和自己的生存不断努力奋斗。

（4）领导者必须具有崇高的品德和非凡的能力。领导者要具备坚定的理想信念、优秀的道德品质和高尚的情操；领导者非凡能力的本质是能得到大众支持，并具备对大众的非凡引导能力和权威。

这些原理阐明了领导与群众的关系、领导者权威的来源以及领导者的素质条件，将其与现代管理中的领导理论比较，会发现如此相似。由此可见，500 多年前人们对管理的认识就已经达到了很高的水平。

二、中国古代管理思想

中国是世界文明古国之一，有着悠久灿烂的文化，以四大发明、丝绸之路、万里长城、兵马俑等著称。中国古代的管理思想也极其丰富，在世界古代管理思想发展史上占有重要的地位。

中国古代的管理思想博大精深，其内容可以鲜明地划分为两类：一类是儒家的管理思想；另一类是兵家的管理思想。儒家的管理思想着重于国家及社会的宏观管理，其核心思想是"重在治国，以人为本，以和为贵，知人善任"，管理的中心问题是对人的管理。这些中国古代的统治者和思想家非常清楚，只有"以人为本，以和为贵，知人善任"，才能达到治理国家和社会的目的。以儒家思想为代表的中国传统文化向人们灌输了知足常乐、随遇而安、见好就收的价值观念，让人们学会了清净无为、听天由命、万事随大流、不冒尖、中庸的处世方式。这些思想至今仍影响着中国企业的管理模式和行为。事物都是一分为二的，虽然儒家思想有封闭、保守、僵化的一面，但其思想中也有合理的成分，以人为本、知人善任的思想在知识经济的今天，对中外企业的人力资源管理都有着非常重要的借鉴和启示作用。汉高祖刘邦任用韩信等将才夺天下、刘备三顾茅庐等事例都是中国古代任人唯贤思想的典型反映。《周礼》是写于战国时期的一部论述国家政权职能的专著，是封建国家宏观管理体制的理想化设计。它的内容包括政治、经济、财政、教育、军事、司法和工程等各个方面，是反映中国古代管理思想的一部重要文献。

兵家的管理思想侧重于管理的战略和战术，其核心思想可以归纳为"深谋远虑，雄才大略，随机应变，速战速决"。最典型的例子是春秋战国时期杰出的军事家孙武所著的《孙子兵法》，古时又称"十三篇"，是我国古代著名的兵书。"知己知彼，百战不殆""兵无常势，水无常形""以正合，以奇胜""不战而屈人之兵，善之善者也"，这些闪耀着无穷智慧的名句就是兵家管理思想的集中反映。它强调了在军事战争中，要了解敌我双方的情况，并要分析客观规律，才能克敌制胜；没有常胜的军队，胜败要以平常心对待；要克敌制胜，就要在战略、战术上出奇制胜等辩证的策略思想。这种思想不仅在军事上，而且在经济管理方面都有重要的参考价值。商场如战场，在第二次世界大战后日本的经济发展和企业竞争中，日本的企业家们创造性地将《孙子兵法》的军事战略思想应用到商战之中，在日本和美国掀起了学习《孙子兵法》的热潮，一直持续至今。在日本、新加坡等国家，一些大公司甚至把《孙子兵法》列为培训经理的必读书籍；美国的管理学家斯图尔特·克雷纳（Stuart Crainer）还将《孙子兵法》收录到其著作《管理必读 50 种》之中。这充分反映了中国古代军事管理思想的博大精深。

春秋战国时期的故事"田忌赛马"流传至今，讲的是孙膑帮助大臣田忌与齐王赛马，比赛规定两人各自从自己的马中选出上、中、下三匹马进行比赛，每匹马出场一次，共赛三场，胜的次数多者取得最后胜利。但田忌的马和齐王同级别的马相比都较弱，难以赢得比赛的胜利。谋士孙膑给田忌出了个主意，让田忌用下马对齐王的上马，用上马对齐王的中马，用中马对齐王的下马，这样田忌变劣势为优势，结果以二比一赢得了这场比赛的胜利。这个故事包含的思想与当代管理科学中的对策论相吻合，也是系统原理中整体性原则的很好体现。

此外，我国古代许多宏大的建筑工程的管理实践也提供了丰富的管理思想和方法。如万里长城，东起河北省的山海关，西至甘肃省的嘉峪关，横跨河北、北京、山西、内蒙古、陕西、宁夏、甘肃七个省、市、自治区；绵延起伏，长达 6700 多千米，堪称世界奇迹。长城的建造曾经动用数十万人力，历时多年，它的施工管理制度比较完善，工程质量也相当不错。据历史记载，当时的工作计划很周密，不仅计算了城墙的土石方总量，而且连所需人力和材料，以及应从何地调拨人力、往返的路程、人员所需口粮、各地区负担的任务等，都分配得十分明确，如此周密的计划令人赞叹。

又如，北宋宋真宗时期，皇宫因遭雷击而起火，宏伟的昭应宫被烧毁。宋真宗命丁渭用25 年时间进行修复。丁渭经仔细分析研究，提出了一个非常绝妙的修复方案：先把皇宫前的大街挖成沟渠，利用挖出的土做原材料，烧制砖瓦；再把京城附近的汴河水引入宫前的沟渠中，利用这一运河把大批所需建材运到宫前；新皇宫建成后，用废墟杂土填平沟渠，就地处理废墟瓦砾，再修复原来的大街。丁渭的修复方案一举解决了工程中三个很棘手的问题：取土烧砖、建材运输和废墟处理。既节约了大量的人力、物力、财力，又提高了工作效率，只用了 18 年时间就修复了皇宫。这不仅是纯粹的工程技术问题，而且包含了如何优化配置资源、提高工作效率的管理问题。

三、早期管理思想

早期管理思想主要是指西方产业革命之后到泰勒的科学管理产生之前这段时间的管理思想。18 世纪 60 年代以后，英国等欧洲国家开始进行产业革命，这场革命是人类工业文明的开始，是手工业为基础的资本主义工场向以机器为主的资本主义工厂制度转变的革命。1769年，英国的瓦特发明了蒸汽机，从此以后，以蒸汽机为动力的各种大机器纷纷产生，手工业生产转变为机器生产。产业革命使生产力有了较大的发展，但也对生产组织提出了更高的要求，过去对手工作坊的管理主要依靠资本家个人的主观经验进行，随意而盲目，这显然不能适应对以机器为主的大规模工厂的管理。因此，人们开始了对管理的积极探索。

对早期的管理思想做出过贡献的代表人物有三位：英国的亚当·斯密（Adam Smith）、查尔斯·巴贝奇（Charles Babbage）和詹姆士·斯图亚特（James Denham Steuart）。

英国的政治经济学家与哲学家亚当·斯密是古典政治经济学的杰出代表人物。他在1776 年出版了其代表作《国富论》。该著作不仅对经济和政治理论的发展有着重要影响，对管理思想的发展也有重要的贡献。他在《国富论》中以制针业为例，说明了劳动分工给制造业带来的变化，并分析了使劳动生产率提高的三个主要原因。他认为，专业分工增加了每个工人的技术熟练程度；一个人专门做一种工作（分工），节省了转换工作所需要的时间；以专业分工为基础，发明许多高效率的机器，不仅大大提高了生产效率，而且还可以使一个人能够做许多人的工作。

劳动分工是生产组织和生产管理最重要的思想和方法。资本主义大工业就是在劳动分工的基础上发展起来的，没有劳动分工，人类社会和世界经济就不会发展到今天的程度。

查尔斯·巴贝奇是英国科学家，他1832年出版了《机器与制造业经济学》一书，该书是管理史上的一部重要文献。他在亚当·斯密理论的基础上，对劳动分工和专业化问题进行了更为系统的研究。他认为，劳动分工之所以能大大提高劳动效率，有五个重要的原因：①可以缩短胜任工作所需要的学习时间。把工作分成许多不同的工序，工人只专门做一道或少数几道工序，能很快掌握并熟练这道工序，不仅工作效率大大提高，还能节约大量学习掌握工作技能所用的时间。②有利于减少学习期间的材料浪费。因为工人只会在学习一道或少数几道工序时浪费材料。③能够节省转换工序所需要的时间。在许多工序中，工具极为精密，在每一次使用时，都要准确地给予调整，有时调整工具所需的时间占去了工序所需时间的很大一部分。一个工人只做一道或少数几道工序，使工具调整的准确性提高，因而节省了转换工序所需要的时间。④有利于劳动工具的改进。当一个人只从事一道工序时，他的全部精力都会放在一个简单的操作上，这样他就有机会考虑改进工具或工作方法。⑤有利于人与工作的合理配合。

巴贝奇还论述了体力劳动和脑力劳动的分工、机器工具的使用、时间研究、均衡生产等诸多问题，提出了以专业技能作为工资与奖金的基础，对人们的有益的建议应给予不同的奖励的管理方法。他走访了英国和欧洲其他国家，亲身了解生产实践及有关制造业各方面的各种问题，并研究了经理人员解决这类问题的办法。巴贝奇认为，当时的经理人员应尽量采用劳动分工，它是提高生产效率的重要方法和手段。除劳动分工外，巴贝奇还研究企业的分配制度。他认为，工人除了拿工资外，还应按所创利润的百分比额外地得到一部分报酬，以此来调动劳动者工作的积极性。他对管理问题的研究几乎涵盖了企业的各个方面，在深度和广度上都比前人有较大的进步，为资本主义早期的管理做出了重要的贡献。

詹姆士·斯图亚特是英国经济学家，他在著作《政治经济学原理研究》中提出了许多重要的管理思想。其中，最引人注目的是他对工资与工作效率的研究："如果给一个人每天的劳动定额规定一个固定的量，他就会只去完成这些工作，而永远不想怎样改进他的工作；如果采用计件工资，他就会想出1000种办法来改进他的工作，以增加自己的产量……"在产业革命的早期，英国等资本主义国家的工厂中大部分实行计时工资制度，而在产业革命浪潮中，这种等时不等量、效率低下的单一工资制度已阻碍了企业生产力的提高，因此，工资制度和分配制度也成为许多早期管理思想家研究的重点。

第二节　泰勒的科学管理

泰勒的科学管理在管理发展史上占有极其重要的位置，它使管理从此脱离蒙昧，走上了科学和快速发展之路，在管理的发展史上具有划时代的意义。科学管理的提出是管理的第一次革命，因此人们将泰勒称为"科学管理之父"。

一、泰勒科学管理产生的背景

产业革命后一直到19世纪末之前这段时间，虽然西方资本主义国家的生产力已经有了较大的发展，但在管理方面相对滞后，工厂管理主要依靠资本家个人的经验和主观臆断。不仅管理凭经验，生产方法、工艺制定以及人员培训也都是凭个人经验，管理缺乏科学的依据，工作效率很低。资本家为了赚取更多的利润，采用的手段不外乎是延长劳动时间或增加劳动强度。因此，工人的消极怠工和抵抗情绪都很强烈，劳资矛盾尖锐，伴随着资本主义周期性的经济危机，失业现象非常严重。工人阶级为了加强同企业主的斗争，组织起来成立工会，要求缩短工时、降低劳动强度、增加工资。这就迫使企业主不得不放弃单靠解雇工人、延长劳动时间、提高劳动强度来获得超额利润的做法。另一方面，当时生产力的发展水平也急需一套系统的管理理论和科学的管理方法与之相适应。实际上，劳资矛盾也是由于生产力的发展带来的。尽管早期的管理思想有其科学的一面，但数量较少又很不成熟，没有形成理论体系。企业主不可能完全认识到怎样进行管理才能既解决劳资关系问题，又不减少所获取的剩余价值。因此，如何改进工厂和车间的管理成了迫切需要解决的问题。为了适应生产力发展的要求，在美国、英国、法国、德国等西方国家都出现了管理研究的热潮，很多理论相继产生，近代管理理论开始形成。泰勒的科学管理理论就是这一时期最有影响力的理论之一。

泰勒 1856 年出生于美国费城一个富裕的律师家庭。他从幼年起就对学习和科学兴趣浓厚，19 岁时考上了哈佛大学，但因眼睛不好而被迫辍学，于是进入了一家小机械厂当学徒工。泰勒 22 岁时进入费城米德维尔钢铁公司（Midvale Steel Works），开始当技工，后来迅速被提升为工长、总技师，28 岁时任钢铁公司的总工程师。1898 年他进入伯利恒钢铁公司（Bethlehem Steel Company），继续从事管理方面的研究。1901 年以后，他用大部分时间从事写作、讲演，宣传他的企业管理理论，后人将他的管理理论称为"科学管理"或"泰勒制"。他一生的研究硕果累累，著作很多，主要著作有《科学管理原理》《车间管理》《计件工资制》等，其代表作是 1911 年出版的《科学管理原理》。

二、泰勒科学管理的主要内容

泰勒科学管理的研究内容涉及范围很广，其主要内容可以概括为工作效率和工作定额、科学选人、标准化、差别计件工资制、工作职能研究、例外管理六个方面。

（一）工作效率和工作定额

泰勒在实验过程中发现，提高劳动生产率的潜力非常大。工人们之所以不愿意加快工作速度，有意拖延工作，即"磨洋工"，是由于他们相信，如果加快完成生产任务的速度，就会造成其他工人失业或者自己被解雇。因为在当时流行一种"劳动总额"说，认为劳动的总量是有限的，多干或快干会使其他人没有工作。以经验为主的管理制度和工人们对劳动的认识，使工人不得不通过"磨洋工"来保护他们自身的利益。泰勒认为，工作的低效率是以经验为主的低效率的管理方式造成的，并且这种低效率使人力、财力浪费惊人。为了提高生产效率和工作效率，首先应制定出有科学依据的工作定额。泰勒在制定科学的工作定额方面做了大量的研究，首先从时间研究和动作研究入手。

生产低效率的表现之一是时间浪费严重。为了提高时间的利用率，必须进行时间研究，其主要方法是进行工作日活动写实和测时。

工作日活动写实，就是将工人上班一天的活动按照时间顺序记录下来，然后进行逐一分析。这样可以比较准确地了解工人在一天中对时间的利用情况，哪些活动是必需的，这些活动应占多少时间才合理，哪些活动是不必要的，哪些时间被浪费了，等等。泰勒通过长期的研究和实验，提出了改进措施，即根据工作日活动写实，保留必要时间，去掉不必要时间，从而达到提高劳动生产率的目的。

测时是以工序为对象，按操作步骤进行实地测量并研究工时消耗的方式。泰勒研究总结了先进工人的操作经验，并推广先进的操作方法，确定合理的工作结构，为制定工作定额提供参考。

动作研究是研究工人在工作时各种动作的合理性。泰勒认为，具体工序的作业效率除了与时间有关之外，还与工人在干活时身体各部位的动作有关。合理的动作不仅会提高作业的效率，还能大大节省工人的体力消耗，避免对身体的损害。通过动作分析，去掉多余动作，保留和改善必要的动作，使生产率得到了提高。

泰勒在动作研究中进行了一项搬生铁的实验。他在伯利恒钢铁公司从事管理研究时发现，公司搬铁块的工作量非常大，由75名搬运工人负责这项工作，把铁块搬上火车运走。每个铁块重40多千克，搬运距离为30m。尽管每个工人都十分努力，但工作效率并不高，每人每天平均只能搬运12.5t铁块。泰勒经过认真的观察分析，最后测算出，一个好的搬运工每天应该能够搬运47t铁块，而且不会危害健康。他精心地挑选了一名工人并进行了培训。泰勒的一位助手按照泰勒事先设计好的时间表和动作对这位工人发出指令，如搬起铁块、开步走、放下铁块、坐下休息等。实验结束，这名工人将每天的铁块搬运量从12.5t增加到了47.5t。从这以后，搬运工作的定额就提高到了47.5t。泰勒的这项研究把工作定额一下提高了将近三倍，工人的工资也有所提高。其间，泰勒几乎完成了每一项重要工作的动作研究，为制定合理的工作定额打下了良好的基础。

（二）科学选人

过去工厂招聘工人、分配工作只考虑数量问题，哪些岗位缺人，缺多少，补充上即可，很少考虑一个工作岗位究竟需要什么样的人，因而造成了人与工作不协调的问题。这种盲目分配工作的方法，既造成人的能力浪费，又会降低工作效率。泰勒认为，人的天赋与才能各不相同，所适合做的工作也有所不同，为了提高劳动生产率，必须为工作挑选最合适的工人。泰勒把工人分成头等工人和二等工人两类，头等工人是指那些能干而又愿意干的工人，二等工人是指那些在身体条件上完全能够胜任但十分懒惰的工人。泰勒认为，应该为工作挑选头等工人，要在能力上适合工作。例如，身强力壮的人干体力活可能是合适的，但干算账、统计、质量检验这些精细的活可能并不一定合适；而心灵手巧的人干精细的活可能是一流的，但干体力活并不一定合适。除了能力外，还要考虑人的态度问题。一个人的能力与工作再适合，但如果他本人不愿意干，也不会提高工作效率。泰勒的做法使人的能力、态度与工作得到了科学、合理的配合，并对上岗的工人进行教育和培训，教会他们科学的工作方法，从而使工作效率大大提高。

（三）标准化

劳动定额的制定是科学管理的基础，实际上也是劳动时间和操作动作的标准化。泰勒认为，在工作中还要建立各种标准化的操作方法、规定和条例，使用标准化的机器、工具和材料，"要为人们工作的每一个环节制定一种科学方法，以代替旧有的只凭经验的工作方法"。科学管理是以工作效率的提高为中心的，而标准化能大幅度地提高生产效率和工作效率，因此，标准化是泰勒研究的一个重要方面。

泰勒在伯利恒钢铁公司曾做过一项铲运标准化的实验。钢铁公司有很多铲运工作，炼钢、炼铁所需的铁矿石都靠工人人工铲运，冶炼时工人还要将煤或焦炭一锹锹铲进高炉里，铲运量非常大，工人也非常辛苦。所用的铲子是工人自己从家里带来的，这些铲子大小各异、参差不齐，铲运工作的效率较低。因为工人每天所铲运的物料不一样，有铁矿石、煤、焦炭等，当铲子体积相同时，铲运材料不同，重量相差很大。泰勒认为，铲运工作的效率取决于两个方面：重量和频率。铲子的形状大小不一，每铲的载荷相差很大，直接影响工人铲运的频率。泰勒首先让铲运速度保持一致，然后研究每铲究竟多大载荷生产效率才能最高。为了找到理想的答案，他选择了几个头等工人做试验，根据所得到的结论，泰勒建议由工厂统一制作标准化的铲子，按照使每铲的载荷保持相同的原则设计了几种规格的铲子：小铲用于铲运重物料，如铁矿石、煤等；大铲用于铲运轻物料，如焦炭等，使公司铲运工作的效率大大提高。

（四）差别计件工资制

泰勒认为，工资制度不合理是引发劳资矛盾的重要原因。计时工资制不能体现多劳多得，弊病很大；计件工资制表面上将报酬与完成的工作数量挂钩，但随着工人完成数量的增加，资本家可以降低单件的报酬，最后并不能使工人的总报酬有实质性的提高，因此，工人只好"磨洋工"。为此，泰勒提出了一种差别计件工资制，以鼓励工人超额完成定额。该方法是，如果工人完成或超额完成定额，按比正常单价高出 25% 计酬；如果工人完不成定额，按比正常单价低 20% 计酬。泰勒指出，这样做能够体现多劳多得，大大提高工人的劳动积极性。资本家的支出虽然会有所增加，但由于产量增加，利润提高的幅度会超过工资提高的幅度，对资本家还是有利的，况且这种工资制还会缓和劳资矛盾，达到"和谐的合作关系"。他还奉劝资本家要严格按照规定的准则办事，保证工资的增长是永久性的，否则工人不会更卖力地干活。

（五）工作职能研究

泰勒认为，应该对企业中的各项工作的性质进行认真仔细研究、科学分析，用科学的工作方法取代传统的经验工作方法。当时的企业没有专门的管理部门，许多管理工作，如计划、统计、质量检验、控制等都混杂在执行工作之中。泰勒主张将管理工作与执行工作分开，并建立专门的管理部门，配备专门的管理人员，其职能是进行时间研究和动作研究、制定劳动定额和标准、选用标准工具和操作方法等。管理工作与执行工作的分离在管理发展史上具有重要意义，它促进了劳动分工的发展，实现了管理工作的专业化，也为科学管理理论的形成奠定了坚实的组织基础。

（六）例外原则

泰勒主张在管理工作中实行例外原则。他将管理工作分成两类，即一般事务管理和例外事务管理。企业的高级主管人员应把处理一般事务的权限下放给下级管理人员，自己只负责对下级管理人员的监督和处理例外事务。这种原则的实质是实行分权管理，在当时集权化管理的背景下，它的提出无疑具有非常积极的现实意义。

三、对泰勒科学管理的分析

泰勒的科学管理是以提高生产效率和工作效率为中心展开的，但他本人认为科学管理的实质是工人和资本家双方进行的一场心理革命。

泰勒曾在一次国会举行的听证会上指出，科学管理不是任何一种提高效率的措施，不是一种新的成本计算方法，不是付给工人的一种新的奖金制度和工资制度，不是时间研究和动作研究，不是职能工长制，也不是普通工人在提到科学管理时想到的管理措施。上述这些只是科学管理的附件，科学管理的实质是在一切企业或机构中雇主和工人双方在思想上的一次完全的革命。这种完全的思想革命使双方不再把注意力放在利润如何分配上，而是将注意力放在如何增加利润的数量上，使利润增加到无论如何分配都不会引起双方争论的程度。这样他们将会停止对抗，转为向一个方向并肩前进。这时他们自然会懂得友谊与合作，用相互帮助来代替相互对抗。

泰勒的阐述描绘了企业劳资双方相互配合、共创未来的美好前景，但他所期望的劳资双方齐心协力的理想局面一直也没有出现。由于资本家关心的是如何增加超额利润，而工人关心的是如何保护自己的权益，这使得工人对科学管理、劳动方法和工作标准并不太感兴趣。

实际上，在当时，"心理革命"只能是科学管理实行的一个前提条件，因为"心理革命"的提出超越了当时生产力的发展水平，缺乏实现的基础。由于生产力和经济发展水平较低，资本家和管理者最关心的问题是企业内部的生产问题，即如何提高生产效率、解决生产的数量问题，对人的研究很少，也没有那么迫切；而工人工作的目的也主要是养家糊口、满足生存的需要，精神需要虽然也存在，但还没有那么强烈。

现代管理理论将人看成是企业的第一资源要素，这与泰勒时代对人的本质及人在企业中的作用的认识有着天壤之别，而这恰恰是管理理论的巨大进步。

科学管理在实践中的效果并不太理想。采用科学管理的企业中，管理者对工人的管理方法往往非常苛刻，使劳资关系更加紧张，因此，科学管理也受到了来自各方面的质疑。1911年10月，美国的沃特敦兵工厂由于实行科学管理制度，引发了大规模的工人罢工，在当时的美国引起很大的轰动，国会还为此举行了专门的听证会。

（一）泰勒科学管理的局限性

（1）科学管理最明显的局限性是认为工人是"经济人"。"经济人"假设是管理学家麦格雷戈（Douglas M. McGregor）根据泰勒科学管理的思想提出来的，概括了科学管理对人的本性的基本认识。尽管科学管理的研究重点集中在生产领域，但管理的根本问题是人，一系列想法和主张最终还是要靠人去实现。只可惜泰勒对工人的认识存在错误，他认为工人之所以工作，是因为工人只追求物质利益，没有金钱和物质的诱惑，人们是不会好好工作的，大部分工人是懒惰的、无知的、没有责任心的。因此，对工人的管理方法和手段就是制定严格的规章制度，将工人管起来，而工人只能被动地服从管理者的命令。泰勒在做搬铁块试验时，要求工人完全按照管理人员的命令，让你走你就走，让你搬你就搬，让你休息你就休息，不许自己乱动，也不许随便说话提问。泰勒还反对工人集体工作，理由是"工人在班组里工作时，他的工作效率要比作为个人干活时的效率低"。伯利恒钢铁公司甚至发布命令，在一个班组里工作的工人不得超过四人，特殊情况要经工厂总指挥批准，但不得超过一周。最理想的是工人都不在一起干活，各干各的，这样工人就只能按命令高效率地工作，而不会受低效率工人的影响。

（2）泰勒的科学管理重视物质技术因素，忽视人及社会因素。他将工人看成机器的附属品，是提高劳动生产率的工具，因此在生产过程中强调严格的服从。他没有看到工人的主观能动性及心理社会因素在生产中的作用，认为人们只看重经济利益，根本没有责任心和进取心。"心理革命"的提出也是强调工人的服从，服从生产效率、服从雇主，做"一流工人"或"头等工人"。由于泰勒对工人的错误认识，必然导致科学管理理论在实践中的局限性。

当然，泰勒对人性本质的错误认识和对工人在生产中的作用的认识是由于时代的局限性造成的，并不影响科学管理在管理理论中的重要地位。

（二）泰勒科学管理的贡献

（1）泰勒科学管理的最大贡献是提倡用科学的管理方法代替传统的经验管理方法。他在《科学管理原理》中曾明确指出："在科学管理中，劳资双方在思想上要发生大的革命……这只不过是科学管理伟大思想革命的一部分而已……另一个思想转变对科学管理的存在是绝对重要的。那就是：无论工人还是工长，双方都必须承认，对工厂内的一切事情，要用准确的科学研究和知识来代替旧式的个人经验……否则，就谈不上科学管理。"由于科学管理方法的逐步普及和发展，极大地促进了企业生产效率的提高，也促进了当时工厂管理的根本变革，其意义是历史性的。科学管理是管理发展史上的一次伟大的革命，它的提出也标志着管理学作为一门科学开始形成。

（2）泰勒对科学百折不挠追求的勇气也是他留给后人的巨大精神财富。泰勒本来是一名工程师，他研究管理，当时有很多人不理解，管理部门当局对他的研究有时也不支持，但这些丝毫没有动摇泰勒对科学管理探索的决心和勇气。他几乎将一生献给了科学管理事业，一直到晚年还在宣传、推广他的科学管理。泰勒科学管理的提出不仅是管理方法的革命，也是管理思想的革命，不仅在当时的社会生产中发挥了重要的作用，也对以后的管理理论发展产生了深远的影响，其贡献是巨大的、历史性的。

第三节　法约尔的一般管理

法约尔与泰勒是同时代的人，当泰勒在美国研究倡导科学管理的时候，法约尔在欧洲也积极地从事着管理理论的研究，他的研究为管理理论的发展做出了杰出贡献。后人将他的管理理论称为一般管理理论或职能管理理论。尽管当时他的理论和思想被笼罩在泰勒的科学管理的光环之下而没有得到人们的充分重视，但他的管理思想对以后管理理论的影响却是极为重大的。西方有学者曾指出："为数众多的理论之父与为数不多的理论之母共创了管理理论，然而集20世纪管理者之大成者，首推亨利·法约尔。管理者是职能活动的综合者，这一观点牢牢把握了管理的本质。通信事业在现代科技的推动下，取得了令人瞩目的发展，组织之间天涯咫尺，这意味着大型组织的运营所需管理人员的数量较法约尔的年代大大减少了。但事实证明，他提出的管理的一般原则生生不息，人们惊叹它有如此强大的生命力。法约尔是欧洲第一位管理大师，遗憾的是，在他辞世后的年代里，欧洲没有培养出第二位法约尔似的伟人。"

亨利·法约尔1841年出生于法国，1860年从法国圣艾蒂安国立矿业学院毕业，作为一名采矿工程师进入法国的一家矿冶公司工作，从1866年开始一直担任公司的高级管理职务，直到退休。他首次提出了著名的管理职能理论。他的代表作是1916年出版的《工业管理与一般管理》。伊戈尔·安索夫（H. Igor Ansoff）曾这样评价法约尔："大多数现代经营实践的分析，都被他在想象的天地里正确地一语道中""当远在大西洋彼岸的泰勒潜心研究钢铁工人的工作任务时，法国的法约尔已创立了一套管理系统，压缩在《工业管理与一般管理》一书中。法约尔视管理为组织的核心，这确实非泰勒所思"。

由于法约尔和泰勒的经历不同，对管理研究着眼点也有所不同。泰勒进入工厂是从学徒工做起的，因此，他研究的重点内容是企业内部具体工作的作业效率，即企业微观的生产组织问题；而法约尔一入企业就从事高级管理工作，所以他的视野能够覆盖整个企业，把企业作为一个整体，研究如何提高企业整体的工作效率问题。

一、法约尔一般管理的主要内容

（一）管理的五个基本职能

法约尔一般管理思想的一个重要内容就是首次把管理活动划分为计划、组织、指挥、协调与控制五个基本职能，揭示了管理的本质，并对这五大管理职能进行了详细的分析和讨论。

法约尔认为："计划就是探索未来和制订行动方案；组织就是建立企业的物质和社会的双重结构；指挥就是使其人员发挥作用；协调就是连接、联合、调和所有的活动及力量；控制就是注意一切是否按已制定的规章和下达的命令进行。"

另外，法约尔还认为，管理的这五大职能并不是企业经理或领导人个人的责任，而是同企业的其他工作一样，是一种分配于领导人与整个组织成员之间的职能。他对管理言简意赅的概括影响了整个 20 世纪。后来许多管理学者按照法约尔的研究思路对管理理论继续进行研究，逐渐形成了管理程序学派，也有人称之为管理职能学派，法约尔被视为这个学派的创始人。另外，法约尔还特别强调，不要把管理同领导混同起来。领导是寻求从企业拥有的资源中获得尽可能大的利益，引导企业达到目标，保证各类工作顺利进行的高层次工作。

（二）企业的工作与人员能力结构

法约尔认为，企业里发生的所有行为都可以概括为以下六类：
(1) 技术性的工作——生产、制造。
(2) 商业性的工作——采购、销售和交换。
(3) 财务性的工作——资金的取得与控制。
(4) 会计性的工作——盘点、会计、成本及统计。
(5) 安全性的工作——商品及人员的保护。
(6) 管理性的工作——计划、组织、指挥、协调与控制。

法约尔对这六大类工作分析之后发现，基层工人或其他人员主要要求具有技术能力，随着组织层次中职位的提高，人员的技术能力的相对重要性在降低，而管理能力的要求逐步提高；企业规模越大，管理就显得越重要，而技术能力的重要性相对减少。对国家总统管理能力的要求最高，权数为 60%，部长和总经理次之，为 50%（见表 2-1）。在这一点上，法约尔与泰勒的观念是不一样的，泰勒极为重视作业阶层和技术能力，而法约尔更为重视一般性的管理工作和管理职能。

（三）管理的 14 条原则

为了使管理者能够更好地履行管理的职能，通过观察，法约尔总结出管理的 14 条原则。这些原则是任何一个管理者在管理过程中都会遇到的，既具有普遍性又很重要，直到今天仍然被管理者们在实践中所遵循，也是管理学家们极为关注和不断进行研究的内容。

表2-1　不同人员类别必要能力的相对重要性比较

人员类别	能　力（%）						
	管理	技术	商业	财务	安全	会计	总计
大型企业							
工人	5	85	—	—	5	5	100
工长	15	60	5	—	10	10	100
车间主任	25	45	5	—	10	15	100
分厂长	30	30	5	5	10	20	100
部门领导	35	30	10	5	10	10	100
经理	40	15	15	10	10	10	100
联合企业							
总经理	50	10	10	10	10	10	100
国家							
部长	50	10	10	10	10	10	100
总统	60	8	8	8	8	8	100

这14条管理原则是：

（1）劳动分工原则。法约尔认为，实行劳动的专业化分工可以提高人们的工作效率。劳动分工不仅适用于技术工作，而且也适用于管理工作。但要注意，专业化分工要有一定的限度，不能超过这个限度，如不能分得过粗或过细，否则效果也不好。

（2）权力与责任原则。法约尔认为，在一个企业中一个人的权力与其所承担的责任应当相符。权力是指"指挥他人的权以及使他人服从的力"。领导者的权力可分为两类：一类是由领导者的职务和职位所决定的职位权力；另一类是由领导者的智慧、学识、经验、精神、道德等个人的品质和素质所决定的个人权力。一个优秀的领导者应该把个人权力作为职位权力的必要补充。他还认为，一个人在组织阶梯上的位置越高，明确其责任范围就越困难。避免滥用权力的最好办法是提高个人素质，尤其是要提高其道德方面的素质。同时，有权力的地方就要有责任，权力与责任应相符合、相对应。为了贯彻权力与责任相符的原则，应该建立有效的奖惩制度，以鼓励好的行为，制止不好的行为。

（3）纪律原则。法约尔认为，纪律是企业领导者同下属之间在服从、勤勉、积极、举止和尊敬方面所达成的一种协议。纪律应包括两个方面，即纪律协定和人们对纪律协定的态度及遵守情况。纪律是一个企业兴旺发达、取得成功的关键所在。一个企业要有良好的纪律，做到以下三点非常重要：第一，各级要有好的领导；第二，要有尽可能明确而公平的纪律协定；第三，要合理地执行奖惩。纪律是领导者制定的，组织的纪律状况取决于领导者的道德状况。不良的纪律往往来自不良的领导。高层领导者和下属一样，必须接受纪律的约束。领导者应注意选择维持纪律的合适的惩罚办法，是指责、警告，还是停职、降级或开除，应针对不同的情况而定。

（4）统一指挥原则。法约尔的统一指挥原则是指无论什么时候、无论对什么工作，一个下属都应接受而且只应接受一个上级的命令。这是一项既普遍又非常必要的管理原则，如果这条原则遭到破坏，那么权力将遭到损害，纪律也会受到破坏，秩序和稳定将会受到威胁。如果组织中有两个领导者向同一个人或同一件事发布不同的命令，将会使得下属无所适从，组织活动就会出现混乱。因此，必须避免出现多重指挥的情况。

（5）统一领导原则。法约尔认为，统一领导原则是指凡是具有同一目标的全部活动，仅应有一个领导者和一套计划。他比喻："人类社会和动物一样，如果一个身体有两个脑袋，就是个怪物。"

统一指挥与统一领导这两个原则之间既有区别又有联系。统一指挥原则讲的是一个下级只能接受一个上级的指令，而统一领导原则是指组织机构设置的问题。法约尔举例说，泰勒提出的职能工长制，规定一个下级可以同时接受多个工长的指挥，这在组织机构的设置上就违反了统一领导的原则，时间一长，必然带来混乱。违反了统一领导的原则，就必然会违反统一指挥的原则。法约尔认为，人们可以通过建立完善的组织机构来实现一个社会团体的统一领导，而统一指挥则取决于人员如何发挥作用。统一指挥必须在统一领导下才能实现，但并不来源于统一领导。

（6）个人利益服从集体利益的原则。法约尔认为，在一个企业中，个人或个人利益不能置于企业利益之上。为了很好地贯彻这个原则，企业的目标应尽可能多地包含个人的目标，使企业目标实现的同时满足个人的合理需求；企业领导者要以身作则，做出榜样，以集体利益为重；对员工进行教育和约束，努力做到当个人利益与集体利益发生冲突时，优先考虑集体利益。

（7）合理报酬原则。法约尔认为，报酬制度应当首先考虑能够维持员工的最低生活消费，其次要考虑企业的基本经营状况，在此基础上结合员工劳动贡献的多少，确定一个公平合理的报酬制度。对工作成绩与工作效率优良者应有奖励，但奖励不应超过某一适当的限度，以能激起员工的热情又不会出现副作用为宜。报酬制度要公平、合理，并且要与良好的管理结合起来，这样才能收到好的效果。

（8）适当集权与分权原则。法约尔认为，在管理上应保持适当的集权与分权，即掌握好集权与分权的尺度。认为下属的工作很重要就分权，认为下属的工作不重要就集权。一个组织机构必须有某种程度的集权，但问题是集权到何种程度才为合适。恰当的集权程度是由领导者的能力、员工的素质、企业领导对发挥下属工作积极性的态度等因素决定的，而这些因素总是变化的。因此，一个机构的最优的集权化程度也是变化的，要根据组织的实际情况而定。

（9）等级制度与跳板原则。法约尔认为，为了进行有效的管理，需要在组织中建立等级制度原则，等级制度就是从最高权力机构层层延伸直至最基层管理人员的领导系列。等级制度一方面表明组织中各个环节之间的权力关系，另一方面可以表明组织中信息传递的渠道。在一个正式组织中，信息是按照组织的等级系列来传递的，贯彻等级制度原则有利于组织加强统一指挥原则。但是，有时候可能由于信息沟通的线路太长而延误了信息传递的时间，还可能出现信息在传递过程中的失真现象。为了既能维护统一指挥原则，又能避免这种信息的延误和失真问题，法约尔提出了一种"跳板"原则，该原则可以使两个部门的沟通更便利。跳板原则即在需要沟通的两个部门之间建立一座"法约尔桥"，以这座桥做跳板，就可以建立沟通的渠道。

用图 2-1 来解释跳板原则。在一个等级制度表现为 I—A—S 双梯形式的企业里，假设 F 部门与 P 部门需要发生联系，以常规就需要沿着等级路线攀登从 F 到 A 的阶梯，再从 A 下降到 P，这个过程中每一级都要停顿；然后再反向从 P 经过 A 回到原出发点 F。显然，如果通过 F—P 这一"跳板",直接从 F 到 P,问题就简单多了。当领导者 E 与 O 允许他们各自的下属 F 与 P 直接联系,F 与 P 及时向各自的领导者汇报他们所共同商定的事情,沟通既迅速又便捷,而且维持了等级制度原则。

图 2-1 跳板原则示意

(10) 秩序原则。法约尔指出,秩序是指"凡事各有其位"。秩序原则既适用于物的管理,也适用于人的管理。任何物品都要排列有序,人员也要有自己确定的位置,这个位置是根据每个人的能力和意愿来确定的,每个人都应被安排在其最能发挥作用的工作岗位上。他强调指出,贯彻秩序原则时,要注意防止表面上整齐而实际上混乱的现象发生。他认为要使人们做到这一点,就要对企业的社会需要与资源有确切的了解,还要注意审慎地选人,消除任人唯亲与无知等问题。

(11) 公平原则。法约尔认为,公平原则就是"善意"加"公道"。什么是公道?公道是执行已订立的协定。但协定订立以后,情况会经常发生变化,而人们不可能预测到将来所发生的一切事情,因此,要经常对它进行说明和补充。领导者为了激励其下属全心全意地做好工作及对组织忠诚,应该善意地对待他们。在实际工作过程中,由于各种因素不断变化,原来的"公道"协定可能会变成"不公道"的协定,会使员工的努力得不到公平的体现,如果不及时改变这种情况,就会打击员工的工作积极性。"公平"就是公道原则加上善意对待员工。领导者要特别注意员工在工作中追求公平和平等的愿望,如果不公平,往往会导致他们积极性的下降并造成思想上的混乱。

(12) 保持人员稳定原则。法约尔认为,一个人要熟练、有效地从事某个岗位的工作,需要相当长的时间。假如一个员工刚刚开始熟悉自己的工作就被调离,那么他就没有办法为组织提供良好的服务。领导者的工作更是如此,熟悉工作需要较长时间。所以,一个成功企业的员工和管理人员必须是相对稳定的,人员变动频繁的组织很难取得成功。当然,人员的稳定是相对的,由于员工生病、退休、死亡或其他原因也会造成人员的流动,对于企业来说,关键是要掌握好人员流动的合适尺度,保持企业中人员工作的稳定性与适应性。

(13) 首创精神原则。在工作中发挥自己的才智,提出具有创造性的想法或发明就是首创精神,它会给人们带来极大的快乐,也是刺激人们努力工作的最大动力之一。企业的领导者应该肯定和鼓励员工的首创精神,同时自己也要具有首创精神。

(14) 人员团结原则。法约尔认为,不团结对企业的发展是致命的,但人们往往由于管理能力的缺乏、有私心、追求个人利益等而忽视或忘记了组织的团结。组织集体精神的强弱取决于机构内部员工之间的和谐和团结情况。为了加强组织的团结、培养员工的集体精神,最有效的方法是严格遵守统一指挥原则并加强企业内部的交流,少用书面联系、多用口头沟通。这样沟通更迅速、更清楚也更融洽。一个企业全体成员的和谐与团结是这个企业发展的巨大力量,领导者有责任尽一切可能保持和巩固企业内部人员的团结。

以上是法约尔提出的管理的 14 条基本原则。法约尔认为,原则是灵活的,可以适应一切需要,关键在于懂得如何使用这些原则,这是一门很难掌握的管理艺术。领导者要充分运用自己的智慧、经验与判断力去运用这些原则。

二、对法约尔一般管理的分析

法约尔的一般管理理论在他生前的很长一段时间里，都没有引起人们的足够重视。当时在美国和欧洲，泰勒的科学管理理论非常盛行，在法国还成立了一个专门宣传"泰勒主义"的组织，使人们更多地接触的是泰勒的科学管理理论。直到法约尔去世后，他的思想才逐渐被人们所认识。

（一）法约尔一般管理的贡献

法约尔对管理理论和管理思想的主要贡献有以下几个方面：

（1）法约尔研究了管理的一般性（普遍性），为管理理论的形成构筑了一个科学的理论框架。

泰勒的科学管理使管理从经验阶段上升为科学阶段，为管理的发展做出了巨大的贡献。但由于科学管理的研究主要集中在微观的生产作业领域，提出的是具体的管理方式、方法，因缺乏宏观思考而无法形成理论体系。法约尔一般管理理论的提出对管理理论的发展做出了重大贡献，他的管理思想系统性和理论性更强，对管理五大职能的分析不仅揭示了管理的本质，还为管理科学提供了一套科学的理论框架。一般管理理论使人们认识到管理是一种普遍存在于各种组织中的具有共性的活动，人们可以在工作中摸索管理的规律性，并把这种规律性提炼上升为管理理论，再反过来指导人们的管理实践活动。他的理论虽然是以企业为研究对象建立起来的，但由于抓住了管理的一般性，使得他的理论不仅适用于企业的管理，还适用于政治、军事及其他部门的管理。

（2）提出了管理教育的必要性。法约尔认为，对管理知识的需要是普遍的，尤其是企业的中上层领导者。他大力提倡在大学和专科学校中开设管理方面的课程，传授管理知识。后人根据这种设想创立了管理学，并把它引入了课堂。管理学的教科书一般也都是按照法约尔的一般管理的框架来撰写的。现在管理教育已经非常普遍且专业化了，国内外一般的大学中都设有管理课程或管理专业，培养了大批各种层次的管理人才，这些都与法约尔的贡献密不可分。法约尔提出的管理原则经受住了实践的检验，总的说来仍然是正确的，一直指导着人们的管理研究和实践活动。

（二）法约尔一般管理的不足之处

法约尔一般管理理论的不足之处有以下两点：

（1）法约尔的管理理论研究的是静止状态下组织的管理与结构设计，没有从动态发展的角度来研究。例如，对于跳板原则，当组织的沟通出现问题时，法约尔仅考虑在原有组织层次的框架下考虑如何弥补，而不是去考虑是否要从根本上改变组织结构来解决问题。

（2）法约尔的一些管理原则过于僵硬、教条，在实践中有时会使管理人员无所适从。例如，统一指挥原则要求不论做什么工作，一个下属只能接受唯一上级的命令，并把这一原则当成一条定律去执行。实践中，这会与劳动分工原则产生矛盾。例如，企业除在总厂设立财务职能部门外，各个分厂也可能设立相应的财务会计部门，但按照统一指挥原则，总厂财务部门是无权指挥分厂财务部门的，这样会阻断财务会计职能部门上下之间的必然业务联系，降低财务会计工作的效率。

但无论如何，法约尔对管理理论的贡献和影响是巨大的，他的一般管理理论揭示了管理的本质和管理活动的规律性，为近代管理科学的发展做出了卓越的贡献。

第四节　梅奥的人群关系理论

在近代的管理理论中，最具影响力的管理理论除了泰勒的科学管理理论和法约尔的一般管理理论之外，还有梅奥的人群关系理论，后来发展成为早期的行为科学。梅奥的人群关系理论研究的重点是以前的管理理论中所忽视或是处于次要地位的资源要素——人。该理论的起源可以追溯到在美国西方电器公司的霍桑工厂所进行的霍桑试验。

尽管泰勒的科学管理理论和方法在 20 世纪初对提高企业的劳动生产率起了重要作用，但想通过该理论和方法彻底解决劳动生产率问题是不大可能的。因为，一方面，泰勒的"精神革命"在当时并不切实际；另一方面，工人也并非是纯粹的"经济人"，除了金钱之外，他们还有精神需要。随着科学的进步，生产规模不断扩大，有着较高文化水平和技术水平的工人逐渐占据了企业的主导地位，体力劳动也逐渐让位于脑力劳动，这就使得金钱刺激和严格控制失去了原有的作用。为了满足实际需要，很多学者和管理者展开了对人的因素的研究，逐渐形成了人群关系学派，为行为科学学派的形成奠定了基础。

一、霍桑试验

霍桑试验是美国国家研究委员会于 1924—1932 年在美国芝加哥西方电器公司的霍桑工厂进行的。曾学过逻辑学、哲学和医学的梅奥参加并指导了这项试验。该试验的目的是解释出现在西方电器公司管理实践中的一系列矛盾和问题，主要研究外界因素与工人劳动生产率之间的关系。但试验结果大大出乎人们的意料：影响工人劳动生产率的因素并非物质的，而是在工作中发展起来的人群关系。这个结果极大地推动了管理理论的发展进程。

霍桑工厂有较完善的娱乐设施、医疗制度和养老金制度，但工人们的生产效率并不高，并且还有很强烈的不满情绪。这是什么原因造成的呢？研究小组聘请了社会学、心理学、管理学等多方面的专家进驻霍桑工厂，开始进行大规模的试验。试验分为四个阶段：照明试验、继电器装配工人小组试验、大规模访谈和对接线板接线工作室的研究。

（一）照明试验

照明试验的目的是研究照明情况对生产效率的影响。专家们选择了两个工作小组，一个为试验组，另一个为控制组。在试验中，试验组的照明度不断变化，而控制组的照明度始终不变。专家们发现，照明度的改变不是效率变化的决定性因素，而另有未被掌握的因素在起作用，于是他们决定继续进行研究。

（二）继电器装配工人小组试验

为了探寻影响生产效率的其他因素，研究小组选择了五位女装配工和一位画线工，单独安置在一间工作室内工作，并指派了一位观察员加入这个工人小组，负责记录室内发生的情况。小组成员被告知，这项试验的目的并不是提高产量，而是研究不同工作环境对生产的影响，一切工作按平时那样进行。试验中，研究小组分期改善工作条件，如增加工间休息、免费供应午餐、缩短工作时间、实行每周五天工作制、团体计件工资制等；女工们工作时可以自由交谈；观察员对她们态度和蔼。条件的变化使产量不断上升。一年半后，取消了工间休息和免费午餐，工作日恢复为六天制，结果产量仍然保持高水平。

是什么原因使这些工人提高了生产效率呢？通过仔细分析，专家们提出了以下五种假设：

（1）改善了材料供应情况和工作方法。

（2）改善了休息时间，减少了工作天数和劳动强度。

（3）改善了时间节奏，提高了工作的兴趣。

（4）产量增加后，奖金增加了。

（5）监督和指导方式的变化引起了工人工作态度的改变。

通过对上述五个假设逐个试验后，前四项假设都被排除了，大家的注意力集中到了第五项假设。产量之所以提高，是由于监督和指导方式的改善而引起的，工人们觉得受到了重视和尊重，心情愉快，乐意努力工作。这个发现是霍桑试验的转折点，研究小组觉得有必要进一步研究工人的工作态度以及可能影响工人工作态度的其他因素，试验进入了新的阶段。

（三）大规模访谈

研究小组对工厂的员工展开了大规模的访问交谈。他们先后用了两年多时间，走访了近两万名员工，了解他们对工作及其环境、监工方式、公司状况和使他们不满意问题的看法，了解他们的工作态度，鼓励他们对公司的运营发表任何有益的建议。通过交谈，工人们大大消除了心中的不满，感觉到了公司对他们的重视和尊重，工作态度有了很大的转变，生产效率有了明显的提高。

研究发现，影响生产效率最重要的因素是工作中发展起来的人群关系，而不是待遇和工作环境。每个工人的工作效率不仅取决于自身的情况，还与小组中的其他同事有关，即小组中成员的工作效率是相互影响的。

（四）对接线板接线工作室的研究

试验进入了第四阶段，研究小组决定选择接线板接线工作室作为研究对象。该工作室有9位接线工、3位焊接工和2位检查员，共14人。研究小组对他们持续观察了6个月之久，结果有了重要发现。

（1）大部分成员都故意自行限制产量。他们自己确定了非正式标准，一旦完成这个数量，即使还有时间，也会自动停工，不再多干。他们认为，如果多完成产量，那么公司就会提高工作定额，或者让一部分人失业。还有的工人说："工作不要太快，才能保护那些工作速度较慢的同事，免得他们受到管理层的斥责。"

（2）工人们对待不同层次的上级持不同态度。大部分工人认为小组长是小组的成员之一，因此不反对小组长的表现。每当领班出现时，大家都规规矩矩、表现良好。一个人在组织中的职位越高，就越受到更高程度的尊敬，大家对他的顾忌心理也就越强。

（3）成员中存在着一些小派系。每一派系都有自己的一套行为规范，谁要加入某个派系，就必须遵守这些规范。派系内成员如果违反这些规范，就要受到惩罚。例如，不能工作太多，不能工作太少，不能在主管面前打小报告，不得打官腔，不能找麻烦，不得唠叨不休、自吹自擂，也不能一心想领导大家。这种小派系当中也有领袖人物，他存在的目的是对内控制其成员的行为，对外保护自己派系的成员，并且注意不受管理阶层的干预。

研究小组在霍桑工厂进行的试验经历八年时间，获得了大量的第一手资料，为人群关系理论的形成以及后来行为科学的发展打下了基础。在霍桑试验后，梅奥利用获得的大量的宝贵资料继续进行研究，最终提出了人群关系理论。

二、梅奥人群关系理论的主要内容

梅奥是人群关系理论及行为科学的代表人物。他从澳大利亚移居美国，1926 年被哈佛大学聘为副教授，从事心理学和行为科学研究。他的代表作是 1933 年出版的《工业文明中人的问题》。该书总结了他亲身参与和指导的霍桑试验及其他几个试验的研究成果，详细地论述了人群关系理论的主要思想。梅奥是继泰勒和法约尔之后，对近代管理思想和理论的发展做出重大贡献的学者之一。

梅奥人群关系理论的内容主要有以下几点：

（一）工人是"社会人"而不是"经济人"

泰勒的科学管理认为工人是"经济人"，只要用金钱加以刺激，就有工作的积极性。而梅奥的观点却不同，他认为工人是"社会人"，即影响人们生产积极性的因素，除了物质方面之外，还有社会和心理方面的，他们追求人与人之间的友情、忠诚、关心、理解、爱护、安全感、归属感，渴望受人尊敬等。

（二）企业中存在着非正式组织

正式组织是企业为了实现其目标所规定的成员之间职责范围的一种组织结构，主要体现在组织结构、职权划分、规章制度等方面。梅奥认为，人具有社会性，在企业的共同工作当中，人们相互联系，会自然形成一种非正式团体，在这种团体中人们具有共同的感情和爱好，可称其为非正式组织。非正式组织形成的原因是多种多样的，如地理位置关系、兴趣爱好关系、亲戚朋友关系、工作关系等。这种非正式组织的存在在某种程度上支配着其成员的行为方式。正式组织以效率逻辑为其行动标准，即为了提高效率，组织各成员之间保持着形式上的协作；非正式组织则以感情逻辑为其行动的标准，即出于某种感情和爱好而采取一致的行动。

非正式组织对企业而言有利有弊。其缺点是可能集体抵制上级的政策或目标；优点是使个人有表达思想的机会，可以提高士气，促进人员的稳定，有利于信息沟通，有利于提高工人的自信心，并减少工作中的紧张感，能提升协作程度。作为管理者的一方，要充分认识到非正式组织的作用，注意在正式组织的效率逻辑与非正式组织的感情逻辑之间搞好平衡，以便促使管理人员之间、工人之间、管理人员与工人之间良好协作，充分发挥每个人的作用，提高劳动生产率。

（三）生产效率主要取决于员工的工作态度以及其与周围人的关系

梅奥认为，提高生产效率的主要途径是提高工人的满足度，即力争使员工在安全、归属感、友谊等方面的需求得到充分的满足；并且要因人而异，注意每一个员工个人情况的特殊性和他与周围人员关系的好坏情况，使他们最大限度地得到感情上的满足。满足程度越高，员工的士气就越高，生产效率也就越高。管理人员必须深刻认识到这一点，在工作中不仅要考虑员工的物质需求，还应充分考虑员工在精神方面的需求。

三、对梅奥人群关系理论的分析

（一）梅奥人群关系理论的贡献

梅奥的人群关系理论同以前管理理论的着眼点不同，他抛弃了以物为中心的管理思想，而以人为中心进行管理理论的研究，并取得了辉煌的成果。他的人群关系理论架设了从近代管理到现代管理的桥梁，为管理的研究开辟了新的领域，使人们开始关注工业生产中的另一个重要因素，即人的因素，为管理方法的变革指明了方向。

梅奥管理的思想强调对管理者和监督者的教育和训练，要求管理者改变对工人的态度和监督方式；倡导下级参与企业的决策，允许员工对作业目标、作业标准和作业方法提出意见；强调意见沟通，改善人际关系，对企业中的非正式组织提出了自己独特的看法。

（二）梅奥人群关系理论的局限性

梅奥人群关系理论的局限性主要表现在：过分强调非正式组织在企业中的作用；过分强调感情因素对提高生产效率的作用；过分否定物质条件、规章制度、作业标准及经济刺激的影响。实际上，非正式组织并非经常对每个人的行为起决定性的影响，相比之下，正式组织的作用更大。物质因素对人们的行为仍然起着重要的作用，人们并不会因为有追求情感的需要而舍弃或降低对经济、物质因素的需要。

第五节　现代管理思想

随着第二次世界大战的结束，许多国家的经济都呈现出恢复、快速发展的态势，与之相适应，世界范围对管理的研究也呈现出蓬勃的景象，各种管理理论和管理学派百花齐放、百家争鸣，进入了一个"管理丛林"时期。美国著名管理学家哈罗德·孔茨于20世纪60年代出版了《走向统一的管理理论》一书，将纷繁复杂的管理理论做了整理。本节主要介绍在西方国家比较有影响力的现代管理的八个学派，即管理程序学派、社会系统学派、行为科学学派、决策理论学派、系统管理学派、管理科学学派、经验主义学派和权变理论学派。所谓学派，就是一种看法和观点，以及基于这种看法和观点而建立起来的一整套理论。管理理论的这些学派之间并不是互不相关的，在来源上有些学派之间有很深的渊源关系，在研究和应用之间也是相互影响、相互渗透的。

一、管理程序学派

管理程序学派又称管理职能学派，它是在法约尔一般管理思想的基础上发展起来的。该学派推崇法约尔的管理职能理论，认为应对管理的职能进行认真分析，从管理的过程和职能入手，对企业的经营经验加以理性的概括和总结，形成管理理论，指导和改进管理实践。该学派的代表人物是美国的管理学家哈罗德·孔茨和西里尔·奥唐奈（Cyril O'Donnell），代表作是他们合著的《管理学》。

管理程序学派在西方很有影响力，其原因有以下两点：

（1）该学派为管理理论和实践的发展提供了一个广阔的空间，认为管理的本质实际上就是计划、组织、指挥、协调和控制这样一些职能和过程，其内涵既广泛又易于理解，一些新的管理概念和管理技术均可容纳在计划、组织及控制等职能之中。

（2）该学派认为，各个企业和组织所面临的内部条件及管理环境都是不同的，但管理的职能却是相同的。在企业与组织的实践中，可以通过对管理过程的研究分析，总结出一些基本的、有规律性的东西，这就是管理的理论与原理，它反过来又可以指导管理的实践。该学派强调管理的基本职能，即管理的共同性，从而使人们在处理复杂的管理问题时得到启发和指导。

37

二、社会系统学派

社会系统学派是从社会学的观点来研究各种组织和组织理论的。这一学派把企业及组织视为一个人们可以有意识地加以协调和影响的社会协作系统，其代表人物是美国的管理学家巴纳德。巴纳德出生于 1886 年，是近代对管理思想有卓越贡献的学者之一，他曾就读于哈佛大学，并在美国的电话电报公司和新泽西贝尔公司等著名大公司担任过高级管理职务。他将社会学用于管理的研究，在组织理论方面做出了杰出的贡献，其代表作是《经理职能》。

巴纳德认为，组织是一种人的行为和活动相互作用的社会协作系统，只有依靠管理人员的协调，才能维持一个"努力合作"的系统。他认为管理人员有以下三个主要职能：

（1）制定并维持一套信息传递系统。

（2）促使组织中每个人都能做出重要的贡献，包括员工的选聘和合理的激励方式等。

（3）阐明并确定本组织的目标。

巴纳德对组织的存在和发展的基本条件也进行了精辟的阐述，认为一个组织要存在和发展必须具有明确的目标，组织成员要有协作的意愿，组织要有良好的沟通。这些思想构成了社会系统学派的理论基础。

三、行为科学学派

行为科学学派是在梅奥的人群关系理论的基础上发展起来的。这一学派研究的内容可分为两个方面：一是对组织中人与人之间关系的研究，即人际关系学派的观点；二是对群体中人的行为的研究，即组织行为学的观点。这一学派的代表人物有美国的马斯洛（Abraham H. Maslow），他的理论被称为需要层次理论，其代表作为 1954 年出版的《激励与个人》；还有美国的赫茨伯格（Frederick Herzberg），他的理论被称为双因素理论，其代表作为 1959 年出版的《激励因素》；还有美国的麦格雷戈，他提出了对人进行研究的 X 理论和 Y 理论。该学派认为，管理是经由他人达到组织的目标，管理中最重要的因素是对人的管理，所以要研究人、尊重人、关心人、满足人的需要，以调动人的积极性，并创造一个能使下级充分发挥力量的工作环境。行为科学学派和人群关系理论的共同点都是重视组织中人的因素。然而，行为科学学派是在人群关系理论的基础上发展和完善起来的，它具有以下主要特点：

（1）从早期的行为科学单纯强调重视情感的因素、建立良好的人与人之间的关系转向探索人类行为的规律性，在管理中要科学择人、用人、培养人，进行人力资源的开发。

（2）强调个人目标和组织目标的一致性。认为调动人的积极性必须从个人因素和组织因素两方面着手，使组织目标包含更多的个人目标，不仅改进工作的外部条件，更重要的是改进工作设计，从工作本身满足人的需要。

（3）主张在企业中恢复人的尊严，实行民主参与管理。改变上下级之间的关系，由命令服从变为支持帮助，由监督变为引导，实行员工的自主自治。

四、决策理论学派

决策理论学派是在社会系统学派的基础上发展起来的。该学派的代表人物是美国卡内基梅隆大学教授赫伯特·西蒙，他因为在决策理论方面的杰出贡献，曾获得过 1978 年的诺贝尔经济学奖。

该学派认为管理的本质就是决策。因此，管理理论主要应研究决策的问题，要研究制定决策的科学方法，以及合理的决策程序等问题。决策理论学派在社会系统学派理论的基础上，吸收了行为科学和系统学派的思想，并广泛结合了现代数学及计算机等科学知识，形成了对管理实践进行科学的定量与定性分析相结合的崭新、独特的管理体系，在西方管理理论界具有很大影响。

决策理论学派有以下主要观点：

（一）管理就是决策

该学派认为管理就是决策。管理最关键、最重要的内容就是那些大大小小的决策问题，而这些决策问题贯穿于管理的整个过程。从企业目标的确定、计划的制订、组织结构的设计、人员的聘任与任免到企业控制系统的建立等，处处都离不开决策。该学派认为过去的管理太重视人的关系与行为，而忽略了组织在完成任务和开始行动之前的抉择。任何实践活动都要包括"决策制定过程"和"决策执行活动"，过去的管理理论只侧重研究后者，而忽略了对前者的研究。

（二）决策是一个复杂的过程

过去，人们认为决策就是在关键时刻做出决定，是可以瞬间完成的活动。决策理论学派认为，这种看法仅注意了决策拍板的最后环节，而忽略了决策拍板之前的一系列复杂的决策过程，如对信息资料的收集、分析、整理的过程，寻找各种可能的决策方案的过程，以及对各种可能的决策方案的分析、评价过程。决策应该被分为四个阶段，即提出决策的理由、找出所有可能的行动方案、选出满意方案以及对该方案进行评价。这四个阶段都含有丰富的内容，各个阶段可能相互交错，因此，决策是一个复杂的过程。

（三）程序化决策与非程序化决策

西蒙认为，决策根据性质可分为程序化决策和非程序化决策。程序化决策是指反复出现和例行的决策；非程序化决策是指那种从未出现过的，或者其确切的性质和结构还不很清楚或相当复杂的决策。两类决策的划分并不是很严格，随着人们认识的深化，许多非程序化决策会转变为程序化决策。

（四）决策的满意化准则

决策理论学派认为，由于企业与组织处于经常变化的外部环境影响之中，因此要收集所需要的全部资料是非常困难的，而要列举出所有可能的行动方案就更加困难，况且受决策者本身的知识、能力及眼界的限制，在决策时很难找到最佳决策方案。在实践当中，即使能够找到最佳方案，出于对经济、时间等方面因素的考虑，企业往往也会放弃这样做，而是根据满意的准则进行决策。具体地说，就是制定出一套令人满意的标准，只要达到或超过这个标准就可以，即不追求最佳决策方案，而是追求满意的决策方案。

（五）组织设计的任务是建立一种制定决策的人机系统

计算机的广泛应用，使得程序化决策的自动化程度越来越高，许多非程序化决策已逐步进入了程序化决策的范畴，引发了企业中决策手段的重大变革。组织是一个由决策者组成的系统，由于计算机的引入，已成为人与计算机所组成的结合体。所以，组织设计的任务是建立一种制定决策的人机系统。

（六）决策的"管理人"模式

传统的管理理论认为，"经济人"是理性的，能够在复杂的现实世界中找到最有利于自己经济利益的最佳方案。而决策理论学派认为，人是具有有限理性的"管理人"。"管理人"有两个特征：一是不像"经济人"那样追求最优目标的行动方案，而是寻求达到满意程度的目标方案，因此，"管理人"用满意原则代替"经济人"的最优原则来进行决策；二是在决策时只考虑自己认为最要紧、最关键的因素，并通过学习、记忆、习惯等手段进行决策。

孔茨认为，决策理论学派围绕决策来建立管理理论有其正确的一面，但其过于强调管理中的决策，而忽视了管理的其他丰富多彩的内容，令人遗憾。

五、系统管理学派

系统管理学派是用系统科学的思想和方法来研究组织的管理活动及管理职能。孔茨认为，系统的观点和系统理论的应用的确提高了管理人员对企业管理实践的全面认识和分析洞察力。但系统方法其实早就存在，很多极富经验和卓有成效的管理人员在他们的管理实践中早已习惯将其所遇到的企业问题与环境看成是有机联系的整体加以分析。系统学派的代表人物有美国的卡斯特（F. E. Kast）等人，其代表作是《系统理论和管理》。

系统管理学派认为，组织是一个由相互联系的若干要素组成的开放系统，它具有系统的集合性、相关性、目的性和动态环境适应性，这些要素可以称为子系统。系统的运行效果是通过各个子系统相互作用的效果决定的。组织不仅本身是一个系统，同时又是社会系统的一个子系统，在与社会环境的相互作用中取得动态的平衡。例如，企业要从外部输入原材料、能源、信息及人力等资源，通过企业内部的转换，再向外部环境输出各种产品和服务，并通过内部和外部的信息交流不断进行自我调节，以适应环境。组织系统中任何子系统的变化都会影响其他子系统的变化。为了更好地把握组织的运行过程，就要研究这些子系统及其相互关系，研究它们如何才能构成一个完整的总系统。

系统理论和系统分析方法在管理中的广泛应用，极大地拓展了管理人员的思路和视野，提高了管理人员对管理所涉及各种相关因素的把握和分析能力。该理论在 20 世纪 60 年代最为盛行，但由于在可操作性方面的局限性，以后逐渐衰退，但其思想对管理理论的发展影响非常深远。

六、管理科学学派

管理科学学派又称数理学派或运筹学派。这一学派是第二次世界大战之后在泰勒科学管理理论的基础上发展起来的，代表人物是美国学者伯法（E. S. Buffa），其代表作为《现代生产管理》。

管理科学学派的特点主要是运用各种数学方法对管理进行定量分析。该学派认为，管理可以通过制定和运用数学模型与程序来实现。管理的计划、组织、控制和决策等几个职能都可以用数学符号和公式进行合乎逻辑的计算和分析，求出最优解决方案。主张减少决策的个人艺术成分和主观随意性，依靠建立一套决策程序和数学模型以增加决策的客观性和科学性。决策的过程就是建立和运用数学模型的过程。由于计算机在处理大量数据和信息方面具有绝对优势，该学派大力提倡使用计算机进行管理，以提高管理的效率。

现代企业管理中影响某一事物的因素错综复杂，建立模型后，计算任务极为繁重。计算机的使用可以快速地解决计算问题，使将数学模型应用于企业管理成为可能。该学派还认为，各种可行的方案均应以经济效果作为评价的依据，如成本、总收入和投资利润率等。但完全采用管理科学的定量方法来解决复杂环境下的管理组织问题是很不现实的，因为并非所有的管理问题都能定量化，如管理者在决策时的知识经验、心理因素及其魄力是难以定量化的。因此，在管理中正确地运用定量分析方法，将定量分析与定性分析相结合才是最有效的。但是，该学派提出的方法和观点大大增加了决策的客观性和科学性，在某些领域避免了定性决策的含糊性和随意性，意义十分重大。

七、经验主义学派

经验主义学派又称案例学派，这一学派对管理理论的研究是通过对大量管理的实例和案例的研究，来分析管理人员在个别情况下成功及失败的管理经验，从中提炼和总结出带有规律性的结论，这样可以使管理人员学习到更多的管理知识与管理技能。管理不仅是科学，而且还是实践性很强的科学，因此，成功的管理不仅要靠科学，还要靠经验。该学派重点分析许多组织管理人员的经验，然后加以概括，找出他们成功经验中共性的东西，然后使其系统化、理论化，并据此向管理人员提供实际的建议。

经验主义学派的代表人物主要有欧内斯特·戴尔（Ernest Dale），其代表作有《伟大的组织者》《管理：理论和实践》；彼得·德鲁克（Peter Drucker），其代表作有《卓有成效的管理者》《管理：任务、责任和实践》等。

孔茨认为，经验主义学派从管理者的实际经验方面来研究管理，认为成功的组织管理者的经验是最值得借鉴的观点，具有一定的道理，但对管理的实践与经验千万不可绝对化，管理所面临的是一个十分复杂而又瞬息万变的环境，单凭对过去经验的研究是很不可靠的，甚至是危险的。因此，对过去经验的研究应该以探索基本规律为目的，这样对管理的实践才具有更大的指导意义。

八、权变理论学派

权变理论学派是20世纪70年代在西方形成的一种较新的管理思想学派。权变理论学派认为，在企业管理中没有一成不变、普遍适用的管理理论和方法，因为环境是复杂而多变的，例外的情况越来越多，以前的各种管理理论所适用的范围是十分有限的，管理方式或方法应该随着情况的不同而改变。为了使问题得到很好的解决，要进行大量的调查和研究，然后把组织的情况进行分类，建立模式，据此选择适当的管理方法。在管理中，只有将理论与实践很好地结合起来、权宜应变地处理管理问题，才是正确的态度和方法。权变理论学派的代表人物是英国的伍德沃德（Joan Woodward），其代表作为《工业组织：理论和实践》。

权变理论学派认为，组织根据实际情况建立管理模式时，应主要考虑组织的规模、工艺技术的模糊性和复杂性、管理者地位的高低、管理者的权力、下级个人之间的差别、环境的不确定程度等因素，这些影响因素是具体而实际的，只有根据这些因素的动态变化制订管理方案和调整方案，才能在更大程度上保证管理实践的成功。总之，只有根据组织的实际情况来选择最好的管理方法，才是正确的。

权变理论学派目前的影响很大，许多管理学派及实际管理人员不仅接受了权变理论学派的思想，而且在管理理论与管理实践中积极地采用权变的管理思想及方法，如领导的权变理论、组织理论中的弹性组织原则等。

复 习 题

1. 管理思想的发展可分成几个阶段？为什么这样划分？
2. 简述古代的管理思想。
3. 泰勒科学管理产生的历史背景是什么？
4. 泰勒科学管理的主要内容有哪些？
5. 泰勒科学管理的贡献是什么？它存在哪些弊端？
6. 法约尔一般管理主要包括哪些内容？
7. 法约尔一般管理原则有哪些？
8. 什么是跳板原则？
9. 法约尔一般管理思想有哪些贡献和不足？
10. 何谓霍桑试验？
11. 梅奥人群关系理论产生的条件是什么？
12. 什么是社会人？什么是经济人？
13. 非正式组织有哪些优缺点？
14. 为什么梅奥认为生产效率主要取决于职工态度以及他和周围人的关系？
15. 分析梅奥的人群关系理论。
16. 现代西方管理思想学派主要有哪些？它们的主要观点是什么？

讨 论 题

1. 中国早期有哪些管理思想？这些管理思想对现在的企业管理有什么影响？试举例说明。
2. 科学管理的内容中，哪些适合我国现在的情况？哪些不适合？并说明原因。
3. 法约尔把企业发生的所有行为分为六类，你认为这种分类合适吗？如果你来分类会怎样分？
4. 你认为组织中的人际关系对组织的生存与发展起什么作用？为什么？试举例说明。

作 业 题

一、判断题

1. 科学管理最明显的局限性是认为工人是"社会人"。（　　）
2. 随着人员组织层次职位的提高，管理能力的相对重要性在降低，而技术能力的要求逐步提高；企业规模越大，技术就显得越重要，而管理能力的重要性相对减少。（　　）
3. 霍桑试验主要研究外界因素与工人劳动生产率之间的关系。（　　）
4. 霍桑试验的试验结果大大出乎人们的意料，影响工人劳动生产率的因素并不是在工作中发展起来的

人群关系，而是工作中的物质因素。 （　）

5. 梅奥人群关系理论的内容主要为，工人是"社会人"而不是"经济人"；企业中存在着非正式组织；生产效率主要取决于员工的工作态度及其与周围人的关系。 （　）

6. 管理程序学派是在法约尔一般管理思想的基础上发展起来的。 （　）

7. 社会系统学派是从社会学的观点来研究各种组织和组织理论，该学派把企业视为一个人们可以有意识加以协调和影响的社会协作系统。 （　）

8. 决策理论学派是在社会系统学派的基础上发展起来的，该学派的代表人物是美国的学者赫伯特·西蒙。 （　）

二、单项选择题

1. 泰勒科学管理的研究是以（　）为中心展开的。

A. 人的因素　　　　　　B. 分配制度　　　　　C. 生产效率与工作效率　　　D. 组织结构

2. 以法约尔的观点，劳动分工原则（　）。

A. 仅适用于技术工作　　　　　　　　　B. 不仅适用于技术工作也适用于管理工作

C. 分工越细越好　　　　　　　　　　　D. 分工越粗越好

3. 法约尔的统一指挥原则认为（　）。

A. 一个下属可以接受多个上级的命令　　B. 上级统一意见后再下命令

C. 整个组织只能由一个高级领导指挥　　D. 一个下属只应接受一个上级的命令

4. 法约尔的适当集权与分权原则认为（　）。

A. 权力越分散越好　　　　　　　　　　B. 权力越集中越好

C. 掌握好集权与分权的尺度　　　　　　D. 让全体员工参与决策

5. 法约尔的公平原则是指对待员工要（　）。

A. 善意　　　　　　　　　　　　　　　B. 公道

C. 善意加公道　　　　　　　　　　　　D. 满足员工的合理要求

6. 法约尔一般管理理论的主要贡献为（　）。

A. 提出了科学管理理论

B. 研究了管理的一般性，构筑了管理理论的科学框架

C. 提出了行为科学理论

D. 提出了权变理论

三、填空题

1. 纵观管理思想发展的全部历史，大致可以划分为三个阶段：第一阶段为＿＿＿＿＿＿；第二阶段为＿＿＿＿＿＿；第三阶段为＿＿＿＿＿＿。

2. 中国古代的管理思想博大精深，其内容可以鲜明地划分为两类：一类是＿＿＿＿＿＿的管理思想；另一类是＿＿＿＿＿＿的管理思想。

3. 对早期的管理思想做出过贡献的代表人物有三位：＿＿＿＿＿＿、＿＿＿＿＿＿和＿＿＿＿＿＿。

4. 泰勒科学管理的提出是管理的第一次革命，因此人们也将泰勒称为＿＿＿＿＿＿。他的代表作是＿＿＿＿＿＿年出版的＿＿＿＿＿＿。

5. 泰勒科学管理的研究内容涉及的范围很广，其主要内容可以概括为＿＿＿＿＿＿、科学选人、＿＿＿＿＿＿、＿＿＿＿＿＿、职能研究和例外管理六个方面。

6. 法约尔一般管理思想的一个重要内容是他首次把管理活动划分为＿＿＿＿＿＿、＿＿＿＿＿＿、＿＿＿＿＿＿、＿＿＿＿＿＿和＿＿＿＿＿＿五大职能，揭示了管理的本质，并对这五大管理职能进行了详细的分析和讨论。

7. 法约尔认为，企业里发生的所有行为都可以概括为六类：＿＿＿＿＿＿、＿＿＿＿＿＿、＿＿＿＿＿＿、＿＿＿＿＿＿、＿＿＿＿＿＿、＿＿＿＿＿＿。

8. 在近代的管理理论中，最具影响力的管理理论除泰勒的科学管理理论和法约尔的一般管理理论之

外，还有梅奥的_____，后来发展成为早期的_____，研究的重点是以前的管理理论中所忽视的或是处于次要地位的资源要素——_____的要素。

9. 西方比较有影响的现代管理理论可划分为八个学派，即管理程序学派、社会系统学派、_____学派、_____学派、系统管理学派、_____学派、经验主义学派和_____学派。

10. 系统管理学派是用_____的思想和方法来研究_____及管理职能。

案例分析

从福特百年发展史看管理学的发展

福特汽车公司自1903年成立以来，已经走过了114年的历程。而自1911年泰勒提出科学管理理论以来，现代管理理论也已经有100多年的历史。在现代管理学理论产生以后，福特汽车公司的管理活动是否会受到影响，能否从中找到现代管理学的影子？本案例接下来将通过对比福特汽车公司的发展历程以及现代管理学理论的发展，来找到答案。

一、福特汽车公司发展简史

1. 亨利·福特时期（1903—1943年）

1903年，亨利·福特（Henry Ford）成立了福特汽车公司，由他本人出任董事长，兼设计师、总机械师、总监、总经理。

亨利·福特在任期间，在汽车生产、经营管理等方面最突出的贡献主要有三个。首先，他缔造了T型车时代。所谓T型车，是指使用涡轮增压发动机的汽车。自1908年上市以来，T型车凭借其简单、耐用、廉价的优势，迅速为福特汽车公司打开了巨大的平民市场，帮助公司一跃成为世界上最大的汽车制造商。亨利·福特的第二个突出贡献在于他首创了大规模汽车装配流水线。汽车装配流水线的原理是：①按照工序安排工人和工具，在最短的距离内完成整个工序；②一个人负责一道工序；③使用传送带，以合适的速度将需要装配的零件传送至最易操作的地方。装配流水线的应用减少了工人无谓的思考和动作，把动作量降到最低，几乎只用一个动作就完成一件事情，极大地提高了生产效率。亨利·福特的第三个突出贡献是他实行的5美元薪酬制度。制度规定：在任何条件下的任何一项工作的最低工资是每日5美元；同时，将每日工作时间从原来的9h降低至8h。这就使得福特汽车公司员工的工资比行业中的平均工资高出近一倍。受到高工资的激励，福特汽车公司的生产效率得到较大提高。

然而，在这个过程中也总是伴随着一些错误。亨利·福特执掌后期，在竞争对手迅速发展壮大的挑战下，福特汽车公司的业绩下滑严重。同时，企业与工人之间的关系出现了问题。亨利·福特一直认为："企业是工作集中地，员工聚集于此，是为了一起工作而不是彼此通信。"这种思想随着汽车装配流水线的发展而加剧，同时还衍生出了"工人是机器的附属品"的思想，使得工人在企业中地位降低。于是，在这一阶段，企业发展的不稳定与工人地位的降低就导致了企业与工人之间的冲突频发。

2. 福特二世时期（1943—1980年）

福特二世（Henry Ford Ⅱ）受到过高等教育，他清醒地认识到：要挽救福特汽车公司，就得进行一番改革；而要完成这一改革，单靠自己是不行的，关键在于要有一批具有全面管理经验的人。因此，福特二世一上台，就在全国范围内掀起了寻觅人才的活动。经过一番努力，他撬来了原通用公司副总经理、高级管理人等 10 位杰出的经济管理人才，随后开始应用统计方法和定量模型技术改进决策制定。同时，他还对工人问题十分重视。他曾在一次大会上说："我们应该像过去重视机械要素而取得成功那样，重视人性要素，这样才能解决问题。"他制订了一项"雇员参与计划"，不但保证了工人生活方面的问题，还大胆打破了"工人只能按图施工"的常规，给了工人一定的发言权。这个计划使员工的投入感、合作性不断提高，促进了企业的发展。同时，福特二世还进一步推出了扩展计划，除了大规模地增加福特汽车制造设施之外，还开始公司多样化经营。在改革的第一年，公司就扭亏为盈。

20 世纪 70 年代，日本汽车大举进入美国市场，势如破竹。福特汽车公司面临前所未有的调整，因为急于降低成本，获取利润以抗衡日本汽车，福特汽车出现了许多严重的质量问题，给公司在物质和信誉上都造成了巨大的损失。例如，1971 年上市的 Pinto 牌新型轿车，由于存在着一系列的质量隐患，特别是曾发生过燃油箱突然爆裂的问题，迫使该车从市场上绝迹。

3. 菲利普·卡德维尔和雅克·塞纳尔时期（1980—2001 年）

在 1980 年之前的至少 10 年间，福特汽车公司对利润的追求近乎痴狂，"完成生产任务比保持质量更重要"的思想也在各个车间蔓延开来。这就使得福特汽车公司不仅要面对财务拮据的困境，还要面对失去本来风格—质量的窘境。新上任的菲利普·卡德维尔提出"质量是福特汽车的头号目标"，他首先关闭了一个新成立不久但生产质量较差的工厂以示决心。他意识到，能否生产出高质量的车关键在于工人，必须先改变忽视工人的长期传统。同时，由于福特汽车公司的薪水远远高于国内同行和日本汽车工人的水平，在此时成为公司降低生产成本的一个瓶颈，因此，公司需要想办法降低工人的薪资水平。于是，菲利普·卡德维尔提出降薪，但是能够保证工作的稳定性，还向工人提供利润分享条款。同时，他还带领公司高层，频繁与工会接触，向其渗透公司需要从工人层面提高质量的思想。他的这一举措得到了工人们的热烈响应和积极配合。很快，福特汽车的质量隐患从平均每车 17 处降至每车不足 1 处。

到了该阶段后期，福特汽车公司在雅克·塞纳尔的带领下，进行多样化经营，涉足汽车分销、金融、互联网领域。然而，这种多样化经营在某种程度上拖累了公司的主打业务。不断涉足其他领域，导致公司主要汽车产品的发布被搁浅，产品的质量也被忽视。消费者对公司产品质量的投诉曾一度飙升到几乎无可控制的地步，公众对福特汽车的质量产生了疑问，而标准普尔对福特汽车的债权评级也一直在"垃圾级"上下徘徊。雅克·塞纳尔在任的 3 年（1999—2001 年），公司从 1999 年的 72 亿美元盈利跌至 2001 年的 54 亿美元亏损，陷入史无前例的困境。

4. 比尔·福特时期（2001 年至今）

现任总裁比尔·福特一上任就大刀阔斧地改革，他总结雅克·塞纳尔的失败，认为很大程度上是因为公司偏离了核心业务。公司必须关注其核心产业，重拾其在轿车和货车业务领域的优势，重点放在踏实地设计制造和销售质量合格的产品，而不能再投机取巧以求飞速上升。为此，他出售了公司的许多非核心资产。

同时，福特汽车公司还格外强调员工的可持续发展。首先，福特汽车公司非常重视网罗受过高等教育的人员，使工人中受过高等教育的人员比例不断上升。有本科学位的员工约占4%，持高中毕业证书的约占96%，远远高于过去的水平。其次，公司将员工的个人发展看作公司整体发展的一个重要部分，一方面是对员工健康与安全的投入，另一方面是对员工教育及培训的投入。目前，福特汽车公司每年用于员工发展的投资占到公司总支出的约10%。

二、从福特汽车公司发展看管理学发展

从福特汽车公司以及现代管理学的发展历史中不难看出，福特汽车公司在其发展过程中应用了多种管理学理论。例如，亨利·福特时期，流水线的应用就是典型的科学管理，清晰的劳动分工以及"非人格化"的人际关系也有法约尔一般行政管理理论的影子；而到了福特二世的时候，他利用了管理的定量方法来改革公司，等等。福特汽车公司的发展与现代管理学理论两者串联在一起有两条线索。

1. 以人为本

从现代管理学理论的发展轨迹中，可以清晰地看到以人为本思想的发展。在泰勒的科学管理时代，管理者用科学代替随意，用理性代替经验。然而，这个过程中对科学规范的刻意追求却限制了人的能动性的发挥。工人被视为是只要物质需要得到满足就能干活的"机器的附属品"。而在法约尔的一般管理理论中，尽管在一定程度上允许雇员发挥首创精神，但它还是通过强调明确的权力等级、清晰的劳动分工、严格的规章制度以及"非人格化"的人际关系，来束缚着员工。

随着社会的飞速发展，知识大爆炸时代的到来使知识在生产中的地位越发重要。而人是知识的载体，因此，管理开始由最初以管理物品为主向管理人转变。对人的管理也不仅仅是简单地监督工人工作，而是向开发工人的创造力转变，以便为企业创造最大价值。从目前各大企业都在尽力网罗高级人才，并在员工的培训方面斥重资，就可以看出这点。

从"机器的附属品"，到摆脱"非人格化"的角色，并将工人视为社会人，给予适当激励，视为企业的重要资产。从管理学理论的发展中，可以清晰地看到人在管理活动中的地位变得越来越重要。

福特汽车公司各个阶段的管理重心不断向工人倾斜，就是现代管理学理论"以人为本"重要思想的具体体现。最初，工人只被视为机器的一部分，只要拿到足够的薪水就会拼命干活；逐渐地，工人有了一定的发言权，可以适当地发挥能动性；后来，工人被视为保证汽车质量的关键，并被允许参与公司的利润分配；直至现在，公司不仅关心工人的收入，还同时关注他们的健康安全以及发展培训。

2. 由"量"到"质"

管理是为了能够提高资源的利用效率，以求在相同的条件下实现更大价值。因此效率是现代管理学理论中永不过时的内容。效率当中又包括两个主要方面：一个是"数量"；另一个是"质量"。早期的管理学理论，如科学管理，大都将注意力集中在如何提高生产效率、增加产出数量上，而对"质量"有所忽略。然而，随着市场逐渐向买方倾斜，"质量"的重要性也逐渐显现出来。因此，质量管理又成了现代管理学理论的大趋势。福特汽车公司在经历了盲目追求生产数量的提高之后，开始向高质量回归的发展历程，也正是对管理学理论由"量"到"质"的最好体现。

三、结论

尽管很难将福特汽车公司在各个阶段的管理方式与各种现代管理学理论一一对应，但是通过对比两者的发展历程，可以发现管理学中"以人为本"以及质量管理的变化趋势，这是近百年来现代管理学理论发展的思路和发展方向。

（资料来源：根据 http://www.docin.com/p-192008562.html 的资料改写。）

讨论题：

1. 福特汽车公司的发展经历了几个时期？每个时期的发展有何特点？
2. 从福特汽车公司各个阶段管理重心的变化可以看出现代管理理论发展变化的趋势吗？
3. 现在福特汽车公司的经营状况如何？

第三章

计　划

本章内容要点

- 计划的含义、特性以及重要意义；
- 计划的类型及其相互关系；
- 制订计划的步骤；
- 制订计划的技术方法：滚动计划法、网络计划法、运筹学方法、计量经济方法、投入产出法；
- 决策；
- 目标管理。

计划是管理的基本职能之一，就管理的过程而言，它位于各项管理职能之首。其主要任务是在收集大量基础资料的前提下，对组织的未来环境和发展趋势做出预测，并根据预测的结果和组织拥有的资源确立组织目标，然后制订出各种实施目标的方案、措施和具体步骤，为组织目标的实现做出完整的谋划。任何组织、任何管理活动都需要计划，它是组织进行管理的前提，其发挥得好坏将直接关系到组织的生存和发展。本章将对计划职能、决策和目标管理的有关内容进行讨论。

第一节　计划的含义与特性

在中国历史上，古人已经成功地实践过复国的战略计划。公元前494年，越国和吴国交战战败，越王勾践卧薪尝胆，根据本国和敌国情况，制订了一个转败为胜、复兴越国的长达13年的战略计划——破吴七计，最后越国终于战胜了吴国。大到一个国家，小到一个企业，一个好的计划是何等重要。为了阐述管理的计划职能，本节将主要介绍计划的含义和基本特性。

一、计划的含义

（一）计划的几个代表性定义
下面是一些学者对计划定义的不同陈述：
（1）计划是预先决定的行动方案。

（2）计划是事先对未来应采取的行动所做的规划和安排。

（3）计划职能包含规定组织的目标、制定整体战略以实现这些目标，以及将计划逐层展开，以便协调和对各种活动的一体化。计划既涉及目标（做什么），又涉及达到目标的方法（怎么做）。

（4）计划是一种结果，它是计划工作所包含的一系列活动完成之后产生的，是对未来行动方案的一种说明。

（5）计划工作是一种预测未来、设立目标、决定政策、选择方案的连续程序，以期能够经济地使用现有的资源，有效地把握未来的发展，获得最大的组织成效。

这些陈述分别从目的角度、过程角度、结果角度、内容角度、实施角度给出了计划所包含的含义，对人们完整地理解计划的含义非常重要。

"计划"从词性上看，既可以是名词，也可以是动词。当计划作为动词使用时，应理解为"作计划"或"计划工作"；而作为名词使用时，则表示"计划工作"的结果。为此，给出如下定义：

计划工作是收集信息，预测未来，确定目标，制订行动方案，明确方案实施的措施，规定方案实施的时间、地点的一个过程。计划是计划工作的结果文件，其中记录了组织未来所采取行动的规划和安排，即是组织预先制订的行动方案。

（二）计划的概念分析

一份完整的计划应包括以下六个方面的内容，简称5W1H：

（1）明确做什么（What），即给出组织不同层次的目标。组织高层目标又称为战略，组织基层目标又称为作业计划。

（2）明确为什么做（Why），即给出实施计划的原因。计划不是凭空想象出来的，它是通过对组织的内外部环境进行分析，明确市场的机遇和挑战，清楚自身的适应性而提出的，即计划的提出是以组织内外部的客观状态为前提条件的。

（3）明确谁来实施计划（Who）。计划作为一个蓝图，它的作用不在于欣赏，而在于实现。计划的实施离不开人的行为，因此，计划必须明确由哪些部门、哪些人来完成规定的各项任务和指标。

（4）明确在什么地点实施计划（Where）。任何计划都离不开时空的约束，计划一方面必须要有实施的地点，另一方面也存在优选实施地点的问题，因此，计划必须明确优选后的实施地点。例如，我国改革开放战略计划的实施，就是首先选择了具有良好条件的沿海城市进行，然后逐渐向内地扩展。

（5）明确实施计划时间表（When）。一个切实可行的计划，必须明确指出各项行动时间要求，而这种时间安排必须和组织内外部状况相适应。例如，服装企业的生产计划必须和市场产品销售的淡、旺季相适应。

（6）明确计划实施的具体方法和手段（How）。计划实施可以有多条途径，其实施的成本和对象都不尽相同，因此，选择好的实施计划的方法和手段是非常重要的，是有效实施计划的保证。

二、计划的特性

计划作为管理的基本职能之一，具有首位性、普遍性、目的性、实践性、明确性、效率性等特性。

（一）计划的首位性

计划是进行其他管理职能的基础或前提条件。常言道，计划在前，行动在后。组织的管理过程首先应当明确管理目标、筹划实现目标的方式和途径，而这些恰恰是计划工作的任务，因此，计划位于各项管理职能的首位。例如，在制定控制的标准时，必须以计划为主要依据，并且控制的目的就是更好地实现计划的目标，所以没有计划就谈不上控制。组织职能、领导职能也都与计划职能相关联。组织结构的设计和组织权责的划分是以实现组织目标为目的的，由计划制定的组织目标往往会引起组织结构的调整和组织权责的重新划分。各级管理者在行使领导职能时，对员工进行引导、激励、约束等方式（如进行绩效评价、实施奖惩）也都是为了实现计划制定的组织目标。因此，计划具有首位性。

（二）计划的普遍性

实际的计划工作涉及组织或企业中的每一位管理者及员工，上至首席执行官（CEO）、总经理，下至各部门经理、主管人员、组长、领班及员工。一个组织的总目标确定之后，各级管理人员为了实现组织目标，使本层次的组织工作得以顺利进行，都需要制定相应的分目标及分计划。这些具有不同广度和深度的计划有机地组合在一起，便形成一个多层次计划系统。人们时常会错误地认为，计划是领导或高层管理者的事情，其实并非如此，组织中的大部分人员都会涉及计划工作，只是程度有所不同。例如，在企业里，最高管理层制订总计划，在总计划的原则下，主要的职能部门将制订出生产计划、市场计划、财务计划、人事计划，这些计划和目标又被层层分解，再由下级组织或人员制订出各种子计划。因此，计划具有普遍性。

（三）计划的目的性

计划的目的性是非常明显的。任何组织或个人制订的各种计划都是为了促使组织的总目标和一定时期的目标的实现。确切地说，计划可以使组织有限的资源得到合理的配置，可以减少浪费，提高效率，规范组织人员行为，提高成员工作的目的性，以维持组织的生存和发展。

（四）计划的实践性

计划的实践性主要是指计划的可操作性。符合实际、易于操作、目标适宜是衡量一个计划好坏的重要标准。计划是未来行动的蓝图，计划一旦以指令的形式下达，就会变成具体的行动。不切实际的计划在实际中是很难操作的，漏洞百出的计划将会给组织造成重大损失。为了使组织的计划具有可操作性并获得理想的效果，在计划之前必须进行充分的调查研究，准确把握环境和组织自身的状况，努力做到目标合理，时机把握准确，实施方法和措施具体、明确、有效。另外，为了适应环境的变化，克服不确定因素的干扰，要适当增加计划的弹性。

（五）计划的明确性

计划包括实施的指令、规则、程序与方法，直接指引行动。所以，它不仅需要明确的定性解释，而且应具有定量的标准和时间界限。具体地讲，计划应明确表达出组织的目标与任务，实现目标所需用的资源（人力、物力、财力、信息等），所采取行动的程序、方法和手段，以及各级管理人员在执行计划过程中的权力和职责。

（六）计划的效率性

计划的效率性主要是指时效性和经济性两个方面。任何计划都有计划期的限制，也有实施计划时机的选择。计划的时效性表现在两个方面：一是计划工作必须在计划期开始之前完成计划的制订工作；二是任何计划都必须慎重选择计划期的开始和截止时间。例如，在企业中，一般会制订五年期或十年期的长期规划、年度计划、季度计划、月度计划等，这些计划都具有不同的计划期。经济性是指组织的计划应该以最小的资源投入获得尽可能多的产出。

三、计划的重要意义

管理是人类有目的的活动，而计划是组织目标的具体表现形式，它是为实现组织目标而拟订方案和措施的过程。关于计划对管理的重要性已被管理者普遍认识，任何组织为了达到预订的目标都需要计划。归纳起来，计划对管理的重要意义主要有以下几个方面：

（一）计划是管理活动的依据

计划为管理工作提供了基础，是管理者行动的依据。管理者要根据计划分派任务并确定下级的权力和责任，促使组织中全体人员的活动方向趋于一致，从而形成一种复合的组织行为，以保证达到计划所设定的目标。例如，国家要根据五年计划安排基本建设项目的投资；企业要根据年度生产经营计划安排各月的生产任务，并进行新产品开发和技术改造。计划使管理者的指挥、控制、协调更有效，使管理工作的监督和检查、纠偏有了明确的依据。

（二）计划是合理配置资源、减少浪费、提高效益的手段

计划工作的重要任务是使组织的有限资源得到更合理的配置，使未来的组织活动均衡发展。预先进行认真的计划能够消除不必要的活动所带来的浪费，能够避免在今后的活动中由于缺乏依据而进行轻率判断所造成的损失。由于有了计划，组织中各成员的努力将合成一种组织效应，能够大大提高工作效率，从而带来经济效益。

（三）计划是降低风险、掌握主动的手段

未来的情况是不断变化的，计划是预期这种变化并且设法消除变化对组织造成不良影响的一种有效手段。未来的资源价格可能会变化，竞争者可能会推出新的产品和服务，国家对企业的方针和政策、消费者的意愿和消费观念也在不断变化，对此如果没有预先估计，就可能导致组织行为的失效，给组织带来各种风险。计划作为组织未来活动的一种筹划，必然会对未来的各种情况进行预测，针对各种变化因素制定各种应对措施，以最合理的方案（一般会有多个备选方案）安排达成目标的系列活动，使组织未来活动的风险大大降低。

（四）计划是管理者制定控制标准的依据

计划的重要内容是组织目标，它是制定控制标准的主要依据。有了控制标准才能衡量实际实施的效果，发现偏差并及时纠正，使组织活动不偏离管理者所期望的发展方向。

第二节　计划的类型

管理实践活动的复杂性决定了组织计划的多样性，各种组织根据不同的背景和不同的需要编制出各种各样的计划。为了更准确地把握计划在不同情况下的特性和作用，有必要按照不同的标准对计划进行分类。本节将介绍几种常见的关于计划的分类方法和基于这些分类方法的各种计划。

一、计划的分类方法

计划有多种形式，不同类型的计划具有不同特点。可以选择计划的某些标志或特征对其进行分类，通常可选择时间长短、功能性质、对象范围、明确程度、程序化程度、影响程度等特征（见表3-1）。

表3-1 计划的分类

分类标志	计划类型
时间长短	长期计划、中期计划、短期计划
功能性质	生产计划、财务计划、人事计划……
对象范围	综合性计划、专业性计划
明确程度	指向性计划、具体性计划
程序化程度	程序性计划、非程序性计划
影响程度	战略性计划、战术性计划

在管理实际中，一项计划可能具有多种类型计划的特征，分类只是为了研究的方便。例如，企业的特色经营计划，可以是一个长期计划，也可以是一个战略计划，同时还可以是一个指向性计划。

组织的管理系统具有层次性，不同层次的计划有不同的表现形式和内容。一般而言，计划的层次越高，其内容越抽象、笼统；计划的层次越低，其内容越明确、具体。

二、计划的不同类型

（一）长期、中期和短期计划

按执行时间的长短，计划可以分为三种，即长期计划、中期计划和短期计划。由于计划执行时间的长短不同，决定了在制订计划时所需考虑的环境因素的多少以及这些因素可能会发生的变化程度都不相同。一般而言，一年或一年以下可以完成的计划称为短期计划，如年度计划、季度计划都是短期计划；一年以上至五年可以完成的计划称为中期计划；五年以上可以完成的计划称为长期计划。当然，这种划分不是绝对的，会因组织的规模和目标的特性而有所不同。例如，我国的"南水北调"工程，规模巨大，会涉及许多建设领域和地方行政单位的管理活动，所以即使是短期计划，也要两年以上的时间。而对于时装公司来说，流行时装生产的中期计划可能至多为半年。

长期计划的主要任务是指出组织在较长时期内的发展方向和方针，规定组织各部门在较长时期内从事某种活动应达到的目标和要求，绘制组织长期发展的蓝图，内容相对比较笼统。

中、短期计划的内容比较具体，对在中短期内组织某项活动的目标、行动方案、实施措施和手段、考核指标都有具体、明确的规定。短期计划一般还会将工作细分到具体的作业单位，并给出工作日程表、预算等。

（二）功能计划

按照计划的不同功能，可以对计划进行分类。对企业而言，常见的功能计划有组织计划、生产计划、财务计划、市场开拓计划等。

1. 组织计划

所谓组织计划，是指为了完成管理目标所进行的组织设计。它包括为完成管理目标所做的组织机构的安排和人事的聘任、选择与培养，是完成管理目标的基本保证。

2. 生产计划

所谓生产计划，是指为了完成生产目标，从原材料到产品的转换所做出的程序安排。它包括原料采购计划、库存计划、产品加工计划、产品验收计划等。如果是综合生产计划，还应包括产品销售计划。产品销售计划和市场环境紧密联系，它推动了整个生产计划的制订与执行。

3. 财务计划

财务计划是关于如何筹资和资本如何使用，以便有效地促进组织的业务活动的计划，换言之，它是关于组织系统货币流的控制规划。财务计划的收支平衡，保证了组织系统的稳定性。若财务收支不平衡，将会带来两种结果：货币流减少，表示组织的管理功能在衰退；货币流增加（积累），预示着组织的管理功能在扩大、发展。为了保证组织的生存和发展，至少要保持财务平衡，进一步应追求财务的良性循环和货币的增值，财务计划对于企业而言非常重要，它对组织的各种活动起到了保证和监督作用。预算是财务计划的一个基本表现形式。

4. 市场开拓计划

市场开拓计划是企业为了扩大市场份额、增加销售量的计划。这种计划可以使企业变被动为主动，有效地创造市场环境，促进企业的发展。如果说企业的组织计划和生产计划主要是基于企业自身功能而制订的，那么市场开拓计划则是根据市场环境和自身功能两方面因素综合制订的。对企业的内部功能，管理者是可以控制和操纵的，但对于企业的外部环境，管理者一般难以控制和施加影响。高水平的管理者、实力雄厚的企业，往往会通过实施市场开拓计划，积极地参与市场竞争，通过自身的企业行为主动去影响市场、改造市场，在竞争中不断壮大和发展。

各种功能计划都是为实现组织目标服务的，这些计划相互依赖、相互作用。组织在制订功能计划时必须统筹考虑、全面安排，有效地利用功能计划，实现组织的总体目标。

（三）综合性计划和专业性计划

按计划针对的对象范围，计划可分为综合性计划和专业性计划两大类。

综合性计划是对业务经营过程中各方面活动所做的全面规划和安排。在较长一段时期内执行的战略计划往往是覆盖面较广泛的综合性计划；短期计划有的也是综合性的，如企业往往需要编制年度综合经营计划。

专业性计划则是对某一专业领域的职能工作所制订的计划，它通常是综合性计划某一方面内容的细化。例如，与企业经营活动直接相关的销售计划、生产计划、产品研发计划，以及为业务活动服务的人事计划、财务计划、物资供应计划、技术改造计划、设备维修计划等，都是特定职能领域的专业性计划。这些计划只涉及企业活动的某一方面，它们与综合性计划的关系是局部与整体的关系。

（四）指向性计划和具体性计划

按计划内容的详尽程度来划分，计划可分为指向性计划和具体性计划。

指向性计划也可称为指导性计划，一般只规定一些指导性的目标、方向、方针和政策等，并由高层决策部门制订，适用于战略计划、中长期计划等。具体性计划具有非常明确的目标和措施，且具有很强的可操作性，一般由基层制订，适用于总计划下的专业计划或具体的项目计划，如新产品开发计划、技术改造计划等。

（五）程序性计划和非程序性计划

管理活动分为两类：一类是例行活动，是经常重复出现的工作。例如，商店定期的盘点，决定补充订货；工厂车间每日生产的零配件的数量统计，确定明日的材料提取量，等等。有关这类活动的决策计划是经常重复的，而且具有一定的稳定结构，可以建立一定的工作程序，有些甚至可以编成计算机程序。每当出现这类工作或问题时，就可以利用既定的程序来解决，而不需要重新研究。这类针对例行活动的计划称为程序性计划。在企业中，有很多属于程序性计划的专业性计划、操作计划等。组织中的另一类管理活动属于非例行活动，不重复出现，如企业新产品的开发、实施企业转制、重组等。这些问题过去从未出现，且没有固定的解决方法和程序，与此相应的计划被称为非程序性计划。

W. H. 纽曼（W. H. Newman）把计划分为常规计划和专用计划。他认为常规计划包括政策、标准方法和常规作业程序，用来处理经常发生的问题。每当一种常见的问题发生时，常规计划就能提供一种现成的行动指导。专用计划包括为特殊情况专门设计的方案、进程表和一些特殊的方法等，用来处理一次性而非重复性的问题。

（六）战略计划和战术计划

根据计划对企业经营影响范围和影响程度的不同和计划制订者所处的管理层次的不同，计划可分为战略计划和战术计划。

1. 战略计划

战略计划是由高层管理者制订的，是关于组织活动长远发展方向、基本目的的计划。其内容不追求具体、明确，只规定总的发展方向、基本策略和具有指导性的政策、方针。一般大型企业都有战略计划；对于多种经营的事业部制企业，各事业部也需要制订相应的部门战略计划。企业整体层次的战略通常称为总战略或发展战略，而事业部层次的战略则称为经营战略或竞争战略。

战略计划有时也称为战略规划，它是组织的其他各种计划的最高指导原则。它要对如下问题做出明确规定：

（1）组织的重大任务。

（2）根据组织与环境条件的现状，制定出组织未来的管理目标、方针和原则。

（3）战略计划的实际功效。

（4）组织的模式和功能。

战略计划的基本特点为：包含的时间跨度大，涉及的范围广；内容抽象、概括，不要求直接的可操作性；计划方案的使用往往是一次性的；计划的前提条件大多是不确定的，计划执行结果也带有很大的不确定性。因此，战略计划的制订者必须具有较高的风险意识，能在大量的不确定性因素中选定企业未来行动的目标和经营方向。

2. 战术计划

战术计划一般由组织的中低层管理者制订，是关于组织活动如何具体运作的计划。对企业来说，它主要是指各项业务活动的作业计划。如果说战略计划侧重于确定企业要做什么事以及为什么要做这些事，战术计划则是规定需要由何人、在何时、通过何种办法做事，以及使用多少资源来做事。简言之，战略计划是为了确保企业"做正确的事"，而战术计划则是追求"正确地做事"。

战术计划的主要特点是：涉及的时间跨度较短，覆盖的范围较窄；内容具体、明确，并要求具有可操作性；计划的任务主要是规定如何在已知条件下实现企业的各项分目标。战术计划的风险程度比战略计划低。通常，战术计划又可细分为施政计划、协调发展计划、作业计划等。

总之，依据不同的分类标准，可以给计划赋予不同的名称。不同类别的计划可能具有相同的特性，如短期计划、作业计划和战术计划就具有很多相同的特性，而长期计划、战略计划和指向性计划也具有很多相同的特性。图 3-1 给出了不同层次的计划及其特性与相应制订者的关系。

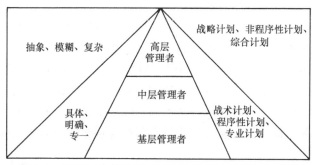

图 3-1　不同层次的计划及其特性与相应制订者的关系

三、计划的基本形式

计划的表现形式是多种多样的，它既面向未来又面向行动，不同层次的管理者所面临的计划形式是不同的。哈罗德·孔茨从抽象到具体把计划分为八个层次：①目的或使命；②目标；③战略；④政策；⑤程序；⑥规则；⑦规划；⑧预算，如图 3-2 所示。下面分别对每一种形式的计划做简要分析。

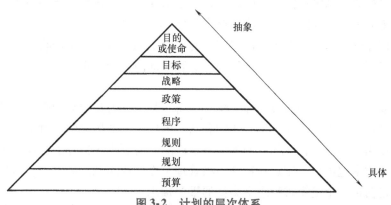

图 3-2　计划的层次体系

（一）目的或使命

目的或使命是为了说明组织存在的根本价值和意义，也是不同组织相互区别的根本标志。例如，企业的目的是向社会提供产品和服务，医院的使命是救死扶伤、治病救人，大学的使命是为社会培养高级人才。现实中的每个企业对自己的目的或使命都有着不同的理解和表达方式，成功的企业都有自己鼓舞人心的宗旨和口号。例如，中国 TCL 集团明确提出"为顾客创造价值"；北京天坛医院提出"病友是我们的服务中心"；日本索尼（SONY）公司的宗旨是"索尼是开拓者，永远向着那未知的世界探索"。

日本学者高田馨认为，企业的目的应包含经营理念和经营目标两个方面。经营理念是指企业或经营者所持有的信念、理想、意识形态等价值观，是企业所希望达到状态的价值侧面；经营目标是指为实现企业经营理念而设定的具体的事实侧面，如收益性、成长率、市场份额等可以计量的部分。经营理念指导经营目标，也是经营目标的归结点。

（二）目标

组织的目的或使命是组织价值的高度抽象。然而，组织的运行还需要一定时空范围内的具体目标。目标是组织活动所要达到的结果，它是在组织的目的或使命指引下确立的，是组织或人的目的与意志的明白、确切、具体的表述。目标是计划工作的起点，同时也是组织工作、人员配备、领导工作以及控制工作所要达到的结果。

企业的目标不应该是唯一的，在追求利润的同时还应考虑到对社会的责任。德鲁克认为，一个成功的企业应在八个方面建立自己的多目标体系：①市场方面；②技术进步和发展方面；③提高生产力方面；④物质财务资源方面；⑤利润方面；⑥人力资源方面；⑦员工积极性方面；⑧社会责任方面。这样的多目标体系可以保证企业经营理念的最终实现。

（三）战略

战略是为实现组织目标所确定的发展方向、行动方针、行为原则、资源分配的总体谋划。战略是指导全局和长远发展的方针，对企业的思想和行动起引导作用，但它不试图具体说明企业如何实现目标，具体说明是由一系列主要和次要的支持性、协调性计划来完成的。

（四）政策

政策是组织在进行决策或解决问题时用来指导和沟通思想与行动方针的规定或行为规范。政策规定了解决某类问题的方法，可以避免重复分析，减少例行事件处理的成本。组织的不同层级可以相应地制定不同层次的政策，用于指导和规范各个职能部门的工作。政策虽然给出了其作用的范围和界限，但鼓励下级在规定的范围内自由处置问题，主动承担责任。例如，某企业物业管理部门被上级允许将闲置的房屋土地出租，用于创收，这是一个基本政策；而具体的出租价格、出租方式等可以由物业管理部门自行决定。

（五）程序

程序是完成未来某项活动的方法和步骤，是将一系列行为按照某种顺序的排列安排。程序是通过对大量日常工作过程及工作方法的总结、提炼而逐渐形成的，对组织的例行活动具有重要的指导作用。例如，企业的生产程序、新产品的研制程序保证了企业的生产和新产品的研制有序、高效率地进行。制定和贯彻各项管理工作的程序是组织的一项基础工作，管理的程序化程度是衡量一个组织管理水平高低的重要标志。

（六）规则

规则是一种最简单的计划。它是对具体场合和具体情况下，允许或不允许采取某种特定行动的规定。规则不同于程序，是对单一行为的规定而没有时间顺序，而程序是一系列规则的顺序组合；它也不同于政策，一般不给执行人员留有自由的余地，而政策则会留有一定的自由处置权。

（七）规划

规划是为了实施既定方针所必需的目标、政策、程序、规则、任务分配、执行步骤、使用的资源而制订的综合性计划，一般要靠必要的资金和经营预算来支持。规划可大可小，不同级别的组织都可以有自己的规划。规划一般是粗线条的、纲要性的，大的规划往往派生出许多小的规划，而每个派生规划都会对总规划带来影响，它们相互依赖、互相影响。例如，一个企业因形势的需要，准备实施异地搬迁。搬迁规划涉及不同的子规划，如资金的筹集规划、新厂区的建造规划、机械设备的更新规划、员工生活基地规划等。这些规划都必须协调一致并按规定的时间完成，才能使企业的搬迁得以顺利实施。

（八）预算

预算是用数字表示预期结果的报告书，也可以称为"数字化"的规划。预算既可以用财务上的术语来表示，也可用人时、产品单位、机时或任何用数字表示的其他计量单位来表示；既可以反映企业收入预期，也可以反映企业支出预期；既可以单独作为计划来使用，也可以作为某个计划的一部分内容，含有预算的计划具有很强的可操作性。

第三节　计划的过程

计划不是一次性的活动，随着条件的变化、目标的更新以及各种新方法的出现，都需要制订新的组织计划。为了使大家掌握计划工作的规律性，本节主要介绍计划工作的步骤和过程。

一、计划工作的步骤

制订一个完整的计划一般需要八个步骤，即机会分析、确定目标、预测计划实施环境、提出可行方案、评价备选方案、选定方案、拟订支持计划、预算，如图3-3所示。

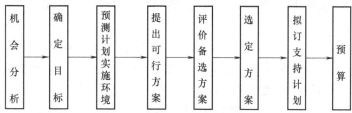

图3-3　计划工作的步骤

（一）机会分析

计划工作是从分析组织面临的机会和挑战开始的。这需要组织的管理者认真分析组织环境的状况，预测其变化趋势，从中寻找发展机会，并判断利用这种机会的可能性和能力，或面对挑战寻求应对策略和思路。这个过程对逐渐形成组织的阶段目标或长远目标具有重要意义。

（二）确定目标

通过机会分析，管理者对组织面临的机会和挑战以及应对策略形成了初步判断，以此确定出组织的阶段目标和长远目标。组织目标一般应解决三个问题：一是目标的内容；二是目标的实现时间；三是目标的具体指标和价值。

（三）预测计划实施环境

为了实现组织目标，使所制订的计划切实可行，必须准确地预测出实施计划时的环境和资源状况。组织环境是复杂的，各种影响因素很多，既有组织内部的可控因素（如组织政策、人员素质、生产技术与设备等），又有组织外部的不可控因素（如国家的政策法规、竞争组织的策略、外部资源等）。对未来环境的每一种因素都做出预测是不切实际的，而应将这种预测限于那些关键性的或具有重要意义的因素。就企业而言，一般需进行经济形势预测、政府政策预测（如税收、价格、信贷、能源等）、销售预测、资源预测（如资金、原料、设备、人员、技术等），在此基础上假设出实施计划时的未来环境状态，并依此制订计划的所有内容。

（四）提出可行方案

围绕组织目标，应尽可能多地提出各种实施方案，充分发扬民主精神，吸收各级管理者、专家、技术人员、基层员工代表参与方案的制订，也可通过专门的咨询机构提出方案，做到群策群力、集思广益、大胆创新。多个方案的提出为选择最优方案或满意方案打下了基础。

（五）评价备选方案

提出各种实施方案后，必须对每一个方案的优缺点进行分析比较，即评价备选方案，这是选择方案的前提。评价方案的优劣取决于评价方法和评价者的智慧水平。要从计划方案的客观性、合理性、可操作性、有效性、经济性、机动性、协调性等方面来衡量。客观性是指计划的各种安排是否符合客观规律；合理性是指计划的各种措施、手段是否得当；可操作性是指计划的实施步骤、措施是否具体、明确和易于安排；有效性是指计划的实施效果是否明显，采取的措施是否有效；经济性是指计划的各种安排（如人员、技术、资金、时间等）是否合理、经济；机动性是指计划对潜在问题是否进行了充分的估计，是否有灵活的备用措施；协调性是指计划的各个组成部分是否形成一个相互支持、逻辑严密的系统。在对各个备选方案进行比较时，要特别注意发现每一个方案的制约因素、隐患以及总体的效果。

（六）选定方案

计划工作的第六步是依据方案评价的结果，从若干可行方案中选择一个或几个优化方案。首先要认真比较各个方案的优点和缺点，站在全局的观点上权衡利弊，必要时还可以采用试点实验、数量分析等方法比较这些方案，按照某种规则进行排队。最后选出一个或几个优化方案，在可能的情况下，除了选出一个主方案外，还要有备用方案，供环境和其他因素发生变化时使用。在方案选择的过程中，要充分发扬民主精神，广泛征求意见，对拟采用的方案要经过各级管理者、技术人员和职工会议广泛讨论，这样不仅有利于选出优秀的计划方案，也有利于使被选定的计划方案得到广泛的理解和支持，为今后计划的实施打下良好的基础。

（七）拟订支持计划

选定的计划方案一般是组织的总体计划，为了使其具有更强的针对性和可操作性，还需要制订一系列支持计划，它们是总体计划的子计划。这些支持计划一般由下级各层次或职能部门来制订，在这一阶段中，要注意考虑以下问题：

（1）务必使有关人员和部门了解企业总体计划的目标、计划实施的环境、主要政策、抉择理由，充分掌握总体计划的指导思想和内容。

（2）协调并保证各支持计划方向的一致性以支持总体计划，防止仅追求本单位目标而妨碍总体目标的实现。

（3）协调各层次计划的工作时间顺序，对并行进行的或串行进行的层次计划做好合理的时间安排。

（八）预算

计划工作的最后一步是将计划数字化，即做预算。预算使计划的资源、任务分配变得容易，有利于授予下级适当的权力与责任。预算本身也是衡量绩效的标准，依据它可以对组织的各个层级的工作实施考核、监督和控制，避免浪费，提高效率。在预算限度内的各种资源又为各级管理者和机构提供了完成任务指标的保证。因此，预算是计划必不可少的组成部分，必须认真核定。

当计划的前提条件发生变化时，管理者可以通过调整预算来完成对计划的调整。常见的预算调整方法有两种：一种是将预算与活动成果挂钩，即随成果的不断产生和扩大，增加预算的下拨规模；另一种是滚动预算，即每隔一定时间对预算做出修正，使之更加符合实际状况。这样做的根本目的是使计划更加符合实际，更加有利于组织目标的实现。

二、组织特征和环境状态与计划的对应性

组织的不同层次、不同生命周期阶段往往与不同的计划类型相对应。从本章第二节的论述知道，组织的高层管理者、中层管理者和基层管理者在计划的制订与实施两个方面分别与战略计划（或长远计划）、管理计划（或施政计划、专业计划）、战术计划（或操作计划）相对应，计划的顺利实施要求各级管理者各在其位、各谋其政，不越界、不越权，相互配合，及时沟通，相互支持。

组织如同产品一样，也有生命周期。组织的不同生命周期阶段也与不同类型的计划相对应，如图3-4所示。

当几个人因一项技术或一个市场机会组合在一起成立公司时，组织开始形成，管理没有被重视，此时一般只会制订指向性计划。随着公司业务不断扩大，人员、机构不断增加，组织进入成长阶段，开始重视管理，此时经常会制订短期计划和操作计划。当公司发展到一定规模时，技术、产品、人员相对稳定，

图3-4 组织的生命周期阶段与计划的对应

组织进入成熟阶段，管理技术和水平不断提高，此时一般会制订中长期计划和操作计划。当公司因产品过时、市场机会丧失、人员流失时，组织进入衰退阶段，此时一般只会制订指向性计划和短期计划。

此外，环境的不同状态也会与不同计划相对应。面对急剧变化的环境，为了适应环境，组织不宜将计划的实施周期定得太长，可以利用指向性计划、短期计划来实现组织的阶段目标。如果组织环境比较稳定，应根据实际情况，制订组织的中长期计划，并以短期计划相配合。

第四节　常用的计划方法

计划工作与其他管理工作一样必须强调效率，而提高计划工作效率的最好办法就是采用科学的计划方法。本节主要介绍几种常用的计划方法，包括滚动计划法、网络计划法、运筹学方法、计量经济学方法、投入产出法等。

一、滚动计划法

由于环境的不断变化，在计划的执行过程中，现实情况和预想的情况往往会有较大的出入，这就需要定期对计划做出必要的修正。滚动计划法是一种定期修正未来计划的方法。它的基本思想是：根据计划执行的情况和环境变化的情况定期调整未来的计划，并不断逐期向前推移，使短期计划和中期计划有机地结合起来。如图3-5所示，假设计划的周期为五年，按照近细远粗的原则分别制订出年度计划。计划执行一年后，认真分析实际完成情况与计划之间的差异，找出其影响原因。根据新的情况和因素，按照近细远粗的原则修正各年度计划，并向后延续一年，依此类推。该方法虽然使编制计划的工作量加大，但随着计算机技术的发展，计划的制订或修改变得简便、容易，大大提高了滚动计划法的推广应用。

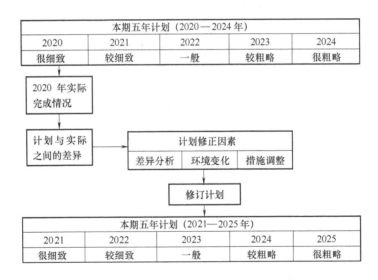

图3-5　滚动计划法示意

滚动计划法具有以下优点：

（1）适合任何类型的计划。

（2）缩短了计划的预计时间，提高了计划的准确性。编制这种计划时，对三年后的目标无须做出十分精确的规定，从而使计划在编制时有更多的时间对未来1~2年的目标做出更加准确的规定。

（3）使短期计划和中期计划很好地结合在一起。

（4）使计划更富有弹性，实现了组织和环境的动态协调。

二、网络计划方法

网络计划方法是根据网络分析技术的基本原理转化而来的，有时也称为计划评审技术（Program Evaluation and Review Technique，PERT）。网络计划方法的运用对减少人力、物力和财力资源的占用与消耗起到了积极的推进作用。尤其是对那些由多个部门、多种资源、多个环节所组成的大型工程项目，运用网络计划方法制订行动方案，可以达到缩短时间的目的。美国航天局的登月计划、我国的某些尖端科学实验计划都是网络计划方法成功运用的经典之作。这种方法不仅在大型项目上可一显身手，在组织、企业和家庭活动中也有"用武之地"。

该方法的基本原理是将一项工作或项目分为若干作业，然后按照作业的顺序进行排列，应用网络图对整个工作或项目进行总体规划和调配，以便用最少的人力、物力和财力资源，以最快的速度完成整个项目。以建造小型加工车间为例，如表3-2所示，将该项目分为若干作业，先行作业是指该作业开始之前必须完成的相邻作业。

表3-2 小型加工车间建筑网络计划方法作业划分

作业具体名称或内容	预期所需时间/天	先行作业名称
A. 审核设计图样，购买建材	5	—
B. 平整、清理施工场地	2	A
C. 建立框架并砌墙	6	B
D. 搭建楼板	2	C
E. 安装门窗	2	C
F. 布设电线	2	E
G. 安装各种电器设备	2	F
H. 平整室内地面	3	D
I. 室内清理	2	G、H
J. 工程交接验收	1	I

绘出网络图，如图3-6所示，图中实线表示网络的关键作业链，即A－B－C－E－F－G－I－J。在这一链上的任何一项作业若是推迟完成，都将影响计划的按时完成。虚线上的作业若无法按照预期的时间完工，在一定限度内对计划的按时完成影响不大。可以看出，在作业链C－D－H－I－J上的时间为（2＋3＋2＋1）天＝8天，而在作业链C－E－F－G－I－J上的时间为（2＋2＋2＋2＋1）天＝9天。所以，若想提前完成计划，就必须从关键作业链上设法缩短某作业的施工时间。

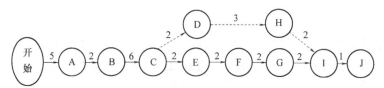

图3-6 小型加工车间建筑施工网络图

对于涉及面十分广泛，许多具体工作又相互交叉在一起的项目，最好采取PERT网络计划设计过程，从更全面的角度出发，对项目做出完整的考虑与安排。网络计划方法具有如下几个优点：

（1）简单易行。这种方法无须运用高深的定量分析方法，基层管理者很容易掌握。

（2）可以迅速确定计划的重点。设计网络计划图可以清楚地获得计划中的关键作业，以便于管理者对其进行监督、控制。

三、运筹学方法

在编制计划时，常常会遇到"在现有资源条件下，如何使效果最佳（如成果最大、代价最小）"等问题。这类问题可以用运筹学方法来解决。下面以运筹学中的线性规划法为例说明这种方法的思路。将每一个可行方案用一个 n 维向量 $X = (x_1, x_2, \cdots, x_n)$ 来表示，根据计划的目标要求，构造目标函数 $f(x_1, x_2, \cdots, x_n) = \sum_{j=1}^{n} c_j x_j$，它是衡量计划方案优劣的标准。分析约束条件构造不等式组 $\sum_{j=1}^{n} a_{ij} x_j \leqslant b_i (i = 1, 2, \cdots, m)$，这样便建立了数学模型。通过求解该数学模型，即可得到最优的计划方案。

例 某自行车公司的计划人员准备编制新型自行车的月生产计划。该公司目前生产两种新型产品：一种是电动助动车；另一种是燃油助动车。已知每一辆电动助动车售出后可获利 250 元，每一辆燃油助动车售出后可获利 450 元，生产单位车辆的耗时和装配车间、包装车间的月生产能力（单位为 h）如表 3-3 所示。

表 3-3　生产单位车辆耗时和车间月生产能力

生产车间名称	单位产品所需工时数/h		各车间的月生产能力/h
	电动助动车	燃油助动车	
装配车间	3.5	7.0	9520
包装车间	2.5	3.0	4200

如何确定生产计划 $X = (x_1, x_2)$（其中 x_1、x_2 分别表示电动助动车和燃油助动车的生产数量），才能使公司获利最多？设 z 表示总利润，建立数学模型

$$\max z = 250x_1 + 450x_2$$
$$3.5x_1 + 7.0x_2 \leqslant 9520$$
$$2.5x_1 + 3.0x_2 \leqslant 4200$$

求解该模型得最优生产计划为 $x_1 = 120$ 辆，$x_2 = 1300$ 辆，最大利润为 61.5 万元。

四、计量经济学方法

计量经济学是定量研究经济现象的经济计量方法的统称，是经济行为的定量化。数理统计学在其中扮演着重要角色。这种方法可以用来预测计划实施的环境状态，如经济预测、结构分析和政策评价。

该方法的一般步骤如下：

（1）确定计划目标。

（2）根据实际情况对与计划目标有关的因素进行分析。

（3）建立数学模型。根据分析的结果，把影响问题的主要因素取为自变量，所有的次要因素用一个随机误差项表示，将表示计划目标的因素作为因变量，建立起一个含有未知参数的数学模型。

（4）利用历史数据对数学模型中的未知参数做出估计，对每个参数的显著性水平进行检验，最终得出数学模型。

（5）利用数学模型进行经济预测、结构分析和政策评价。

（6）通过实际应用校正数学模型。

五、投入产出法

投入产出法是一种利用线性代数对多个生产部门之间或多个产品之间的消耗数量依存关系进行定量分析的方法。它以整个物质生产部门的最终产品的生产为经济活动的目标（计划目标），经过复杂的相互交换而实现平衡。其一般原理是：

（1）每个生产系统的经济活动都包括投入与产出两部分。投入是指生产活动中的消耗，既消耗自己的产品，也消耗其他部门的产品。产出是指生产活动的结果，包括最终产品和为其他部门生产而提供的中间产品。

（2）投入与产出之间存在一定的数量关系，可以用一组平衡关系式来表示。

（3）根据获得的数据编制投入产出表。根据该表对投入和产出进行科学分析，再用分析结果来编制计划并进行综合平衡。

第五节　决　　策

号称"钟表王国"的瑞士在 1969 年研制出第一只石英电子手表，但擅长机械表制造技术的瑞士企业界领袖们认为石英表没有发展前途，并未给予充分重视。而日本人则认为，石英表这项新技术大有前途，随即投资进行大批量生产。结果，日本的石英表技术誉满全球。

规模在世界位居前列的埃及阿斯旺水坝于 20 世纪 70 年代初竣工。从表面上看，这座水坝给埃及人带来了廉价的电力，控制了水旱灾害，灌溉了农田。然而，它也破坏了尼罗河流域的生态平衡，造成了一系列灾难：由于尼罗河的泥沙和有机物质沉积到水库底部，尼罗河两岸的绿洲失去肥源，土壤日益盐渍化；由于供沙不足，河口三角洲平原向内陆收缩，使工厂、港口、国防工事有跌入地中海的危险；由于缺乏来自陆地的盐分和有机物，沙丁鱼的年捕获量减少 1.8 万 t；由于大坝阻隔，尼罗河下游的活水变成相对静止的"湖泊"，血吸虫病流行。

从上面两个案例可以看出，决策决定成败，在管理活动中非常重要。本节主要阐述有关决策的内容。

一、决策概述

决策是对组织未来实践活动的方向、目标、原则、方法所做的决定。

决策需要很多必备条件，称为决策要素。其主要包括以下几个方面：

（1）决策者。决策者可以是单独的个人，也可以是组织机构。

（2）决策对象。决策对象即在人的意志指导下，能对此施加影响且具有明确边界的系统。

（3）信息。信息分为内信息和外信息。内信息决定系统的功能，即系统运动、变化的根据；外信息则是系统运动、变化的条件，不以决策者的主观意志为转移。

（4）决策理论与决策方法。具体包括决策的方法论、决策模式、科学的定量方法与评估技术等。

（5）决策后果。决策后果是指决策行动所引起的变化或结果。

上述五个决策要素之间是密切关联的，并不孤立。

评价决策是否有效，需要考虑下面几个方面：

（1）决策的合理性，即做出的决策在何种程度上有益于实现组织的目标。

（2）决策的可接受性，即做出的决策在何种程度上是下属乐于接受的。

（3）决策的时效性，即做出决策和执行决策所需要的时间长短。

（4）决策的经济性，即做出决策和执行决策所需要的投入是否经济合理。

二、决策的特点

组织中的决策具有下述主要特点：

（1）目标性。目标是组织在未来特定时限内任务完成程度的标志，是拟订未来行动方案、评价和比较这些方案的标准，是检验活动效果的依据。组织决策的目的是实现组织目标。

（2）可行性。决策方案的拟订和选择，不仅要考察采取行动的必要性，还要考察决策实施的限制条件。组织决策应该适应外部环境，符合组织内部的发展规律，具有可操作性和可行性。

（3）选择性。决策的实质是多种方案的选择，因此必须事先提出多种备选方案，并提供方案选择标准和选择方法。

（4）满意性。选择组织活动方案，通常是依据满意性准则，而不是最优化准则。最优方案在大多数情况下并不存在，即使存在也往往很难获得，选择符合要求的满意方案相比寻求最优方案不仅节省成本，而且也更容易实现。在方案数量有限、执行结果不确定和结果判定不明确的条件下，人们就难以做出真正的最优决策，而只能根据已知的全部条件，加上自己的主观判断，做出相对满意的选择。

（5）过程性。决策是一个过程，而非瞬间的行动。组织决策往往是一系列决策的综合，其中的每一项子决策都要由众多人员参与。从决策目标的确定，到决策方案的拟订、评价、选择，再到执行结果的评价，这些步骤形成一个过程。

（6）动态性。决策是一个不断循环的过程，没有真正的起点，也没有真正的终点。决策者需要随时监视和追踪环境的变化，使组织活动与环境相协调，实现动态平衡。

三、决策的类型

（一）战略决策和战术决策

战略决策是指对直接关系到组织的生存和发展的全局性、长远性问题的决策。战术决策是在组织内贯彻的决策，属于战略决策执行过程中的具体决策，旨在实现组织中各环节的高度协调和资源的合理利用。

根据决策的调整对象、涉及时空和作用影响可以对战略决策和战术决策进行区分，这两种决策的区别如表3-4所示。

表3-4 战略决策和战术决策的区别

决策类型 项目	战 略 决 策	战 术 决 策
调整对象	调整组织的活动方向和内容，解决"做什么"的问题	调整组织在既定方向和内容下的活动方式，解决"如何做"的问题
涉及时空	面对组织在未来较长一段时间的活动，是战术决策的基础	解决组织某个或某些部门在未来较短时间内的行动方案，是战略决策的落实
作用影响	战略决策的实施是组织活动能力形成与创造的过程，其效果影响组织的效益与发展	战术决策的实施是对已有能力的应用，其效果影响组织的效率与生存

（二）程序性决策和非程序性决策

程序性决策是按预先规定的程序、处理方法、标准来解决管理中经常重复出现的问题的决策；非程序性决策则是解决不经常重复出现、非例行的新问题的决策。表3-5给出了这两种决策的区别。

表3-5 程序性决策和非程序性决策的区别

项目 决策类型	概 念	处 理 对 象	处 理 方 式	举 例
程序性决策	按照一定频率重复出现的、例行的决策	处理常规性、重复性的问题	预先建立相应的制度、规则、程序等，当问题再次发生时只需根据已有的规定加以处理	企业原材料物资订货、日常生产技术管理等，这部分决策约占组织决策的80%
非程序性决策	不经常重复出现的、非例行的决策	处理非常规性的问题	往往缺乏信息资料，无先例可循，无固定模式，需要管理人员的创造性思维	重大投资、组织变革、新产品开发、企业兼并等，一般由组织的高层做出

（三）个体决策和群体决策

由单个人完成的决策称为个体决策；多人参与、集体做出的决策称为群体决策。

例如，在厂长负责制的企业中，由厂长个人做出的决策是个体决策。在公司制的企业中，由董事会做出的决策是群体决策。

群体决策的优点是，有利于提供更完整的信息，产生更多的备选方案，并从更广泛的角度对方案进行评价和论证，从而做出更准确、更富有创造性的决策。通过邀请实施方案的人参与决策，可以提高成员对方案的认同度，增加方案实施成功的可能性。

当然，如果决策成员在决策中不能真正做到集思广益，而以一个声音说话，则决策的质量就难以提高。由于参与决策的人员较多，需要花费更多的时间和精力达成一致意见，所以决策成本较高。

（四）初始决策和追踪决策

初始决策是指组织对从事某项活动或从事该项活动的方案所进行的初次选择。

追踪决策是指在初始决策的基础上，对组织活动的方向、内容或方式的重新调整。

追踪决策有如下特征：

（1）回溯分析。追踪决策是在原有方案已经实施，但环境条件有了重大改变情况下进行的。它是对初始决策的形成机制和环境条件进行客观分析，进而采取相应的调整措施。在这一意义上，追踪决策是一个扬弃的过程，是对初始决策合理内核的保留，而非简单地全盘放弃。

（2）非零起点。追踪决策所面临的条件与对象经历了初始决策实施的影响，它已不是起点决策，因而不可避免地要受到不同程度阻力的阻碍和过去决策的影响。

（3）双重优化。追踪决策是一个双重优化的过程，它不仅要优于初始决策，而且要在能够改善初始决策实施效果的各种可行方案中，选择最优或最满意的决策方案。

（五）经验决策和科学决策

决策的演变有一个由"经验决策"到"科学决策"的发展过程。经验决策是指凭个人阅历、知识和经验进行的定性决策。其判据是事件的重复性或相似性，因而对出现的新问题往往无能为力。随着科学技术、新理论和新方法的产生，人们在决策中开始使用定性与定量相结合的方法，逐步走向更科学的决策。

（六）确定型决策和风险型决策

确定型决策是指决策问题的条件比较明确，各个备选方案同目标之间具有明确的数量关系，每一个备选方案只有一个肯定的结局。这种决策适合比较简单和容易解决的问题。风险型决策是指每一个备选方案可能有若干个可能的结局，但是每一个结局出现的概率是可以确定的。

（七）不确定型决策

不确定型决策是指每个备选方案可能有若干个可能的结局，而且每一个结局出现的概率是未知的。决策方案的选取取决于决策者对风险的态度、经验和智慧。

四、决策的影响因素

影响决策的因素很多，主要包括以下几个方面：

（1）环境因素。环境因素即组织外部因素的总称，如政府的经济政策、社会习俗、文化传统、资源状况、其他企业的竞争。这些因素都会影响组织的决策。

（2）组织文化。组织文化是组织在长期发展过程中逐步形成的独特价值观，以及以此为核心的行为规范、道德准则、群体意识和风俗习惯等。组织文化制约和影响着决策者的思想、态度和行为，因此对组织决策的制定和执行都有重大影响。

（3）过去的决策。组织的决策常常会受到过去决策的影响。

（4）决策者对风险的态度。风险是伴随着行动结果的不确定性而产生的，决策者对风险的态度在很大程度上影响着组织的决策。乐于承担风险的决策者经常会进行新的探索，不愿承担风险的决策者则对变革表现出谨小慎微。

（5）决策者的知识与业务能力。在市场经济条件下，优秀的决策者应该是复合型人才，具有复合型的知识结构，既有精深的专业知识，又有宽广的知识面，具有丰富的实践经验和把握机会的能力。

五、企业经营中几种常见的决策方法

（一）德尔菲法

德尔菲法是一种通过综合专家们各自的意见对方案进行评估和选择的方法。采用这种方法决策时，要邀请组织内外部的专家、一线的管理人员和高层管理者，让他们在互相不沟通的条件下独立思考表达意见；由独立的中间组织把第一轮调查的专家意见集中起来，并加以归纳反馈，重复循环，使专家们有机会修改自己的观点，并说明修改的原因；重复 3 ~ 5 次后，专家们的意见即趋于一致。

德尔菲法具有以下特点：①匿名性。调查过程中不透露专家的名字和人数，使专家们能够客观地发表意见。②集中反馈。专家们可从中间组织的反馈中得知集体的主要意见，并据此做出新的判断。

（二）头脑风暴法

头脑风暴法是一种产生新思想拟订备选决策方案的方法。其做法是把一些人集中在一起，由主持人阐明问题，所有人围绕这个问题畅所欲言。发言遵守以下规则：①不批评，即无论发言多么荒诞离奇，所有人均不发表批评意见；②多多益善，鼓励参与者海阔天空地尽情发挥，提出的方案越多越好；③允许补充，发言者可以在别人想法的基础上进行补充和改进，形成新的设想和方案。

主持人在此过程中有两项任务：一是不断地对发言者给予表扬予鼓励，从而激励他们说出更多的想法；二是负责记录所有的方案，让所有人都看见。

（三）盈亏平衡分析法

盈亏平衡法适合确定型决策的方案选择。通过分析生产成本和销售收入这两条曲线的关系，找出盈亏平衡点，即保本点，从而确定出可以获利的生产方案。

企业利润是销售收入扣除成本以后的剩余额。产品成本包括固定成本和可变成本两部分。可变成本是指随着产量的变化而改变的费用；固定成本则是指在一定时期、一定范围内不随产量增减而变化的费用。销售收入和生产成本的计算公式为

$$R = QP$$
$$C = F + QC_v$$

式中，R 是销售收入；Q 是产量；P 是产品单价；C 是生产成本；F 是固定成本；C_v 是单位产品可变成本。

若使销售收入等于生产成本，则可得到盈亏平衡点 Q_0。其计算公式为

$$Q_0 = \frac{F}{P - C_v}$$

当产量大于 Q_0 时，企业销售收入大于生产成本，可以盈利，否则亏本，如图3-7所示。

（四）决策树法

决策树法是一种常用的风险分析决策方法。该方法是一种用树形图来描述各方案在未来收益的计算、比较以及选择的方法。其决策是以期望值为标准的，适用于未来可能有几种不同的情况（自然状态），并且各种情况出现的概率可以根据资料来推断的决策问题。通过计

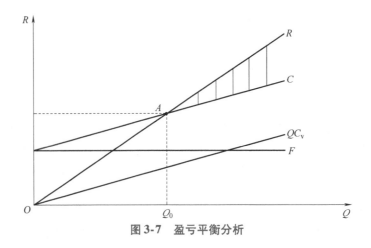

图 3-7 盈亏平衡分析

算各种方案在未来的期望收益值并进行比较,从而选择出较好的决策方案。

用决策树的方法比较和评价不同方案的经济效果,需要进行以下几个步骤的工作:

(1)根据决策备选方案的数目和对未来环境状态的了解,绘出决策树图形(见图3-8)。

(2)计算各个方案的期望收益值。首先计算方案各状态枝的期望值,即用方案在各种自然状态下的损益值分别乘以各自然状态出现的概率(P_1,P_2);然后将各状态枝的期望收益值累加,求出每个方案的期望收益值。

第一方案的期望收益值 = 300 万元 × 0.7 + (− 100)万元 × 0.3 = 180 万元

第二方案的期望收益值 = 200 万元 × 0.9 + (− 50)万元 × 0.1 = 175 万元

(3)将每个方案的期望收益值减去该方案实施所需要的投资额,比较余值后就可以选出经济效果最佳的方案。在上例中:

第一方案预期的净收益 = 180 万元 − 70 万元 = 110 万元

第二方案预期的净收益 = 175 万元 − 40 万元 = 135 万元

比较两者,可看出应选择第二方案。

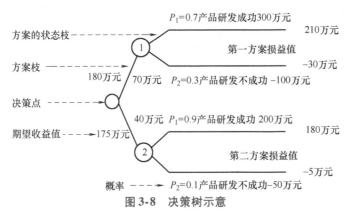

图 3-8 决策树示意

（五）不确定型决策的方案选择法

在不确定型决策的方案选择中,决策者对风险的态度可以分为乐观原则(采用好中求好的方法获得决策方案)、悲观原则(采用坏中求好的方法获得决策方案)和折中原则(采用乐观悲观平衡的方法获得决策方案)。

第六节 目 标 管 理

组织目标确定之后，如何将其转换为各部门以及各组织成员的岗位目标？解决这个问题的一个好方法就是目标管理。

一、目标管理的产生背景

目标管理是由美国管理学专家德鲁克在 1954 年出版的《管理实践》一书中提出的。之后，这种管理方法逐步被许多组织所采用。中国于 20 世纪 70 年代末引进了这一方法并用于企业管理，取得了明显效果，目前仍有很多企业在使用。

目标管理的产生基于两大背景：一是 20 世纪 40 年代后期，随着科学技术和经济的迅速发展，组织内部的分工越来越细，各类工作的专业性越来越强，使各部门的本位主义和唯我思想得以滋长，部门之间各行其是、互不往来，组织整体的协调性被忽视，出现了大量内耗。如何在分工日益专业化的情况下保持各项工作之间的协调性，便成为当时比较突出的问题。二是处于主导地位的科学管理更多地强调管理的理性化而忽视人性化，强调命令化而忽视员工的思想和需求。梅奥的人群关系理论冲击了泰勒的科学管理思想，就是在这种背景下，德鲁克提出了目标管理。

二、目标管理的基本思想

目标管理是一种以工作和人为中心的综合管理方法。它首先由组织的上级管理人员与下级管理人员、员工一起制定组织目标，并由此形成组织内每个成员的责任和分目标，明确规定每个成员的职责范围，最后又用这些目标来进行管理、评价和决定对每一个部门和成员的奖惩。目标管理有以下四个特点：

（1）组织目标是共同商定的，而不是上级下达指标，下级提出保证。

（2）根据组织的总目标决定每个部门和个人的任务、责任及应达到的分目标。

（3）总目标和分目标是组织部门和个人的活动依据，一切活动都围绕这些目标展开，将履行的职责和实现的目标紧密结合。

（4）将目标作为对部门和个人的考核依据。

目标管理在指导思想上，以 Y 理论为基础（Y 理论认为，在目标明确的情况下，人们都能够对自己负责）；在具体方法上，发展了科学管理理论，强调通过目标进行管理。其基本思想可概括为以下三个方面：

（一）以目标为中心

明确的目标是有效管理的前提，是组织协同行动的准则，它可以使组织成员的思想、意志和行动达到统一。目标管理非常注重目标的制定，各分目标以总目标为依据，成为总目标连锁体系的有机组成部分。计划的制订和执行以目标为导向，任务完成后又按目标的完成情况进行考核。目标管理把重点放在目标的实现上，克服了只注重工作过程而忽略目标实现的弊端，有助于克服管理的盲目性、随机性，可收到事半功倍的效果。

（二）强调系统管理

组织可能有不同层次、不同性质的多个目标，如果各目标相互之间不协调，组织规模越大、人员越多，发生冲突和浪费的可能性就越大。同时，组织总目标的实现有赖于组织各分目标的实现，总目标与分目标之间、分目标与分目标之间是相互关联的。目标管理强调目标的分解，要求总目标与各分目标、分目标与分目标相互支持、相互保证，形成协调的目标网络体系，从而保证了组织目标的整体性和一致性。

（三）重视人的因素

目标管理是一种参与式的、民主的、自我控制的管理，也是一种把个人需求与组织目标结合起来的管理。目标管理重视人的因素，通过工作的目的性、管理的自我控制和个人的创造性进行管理。它强调由管理者和下属共同确定目标和建立目标体系，下属不再只是执行命令，而是目标的制定者。目标不再是异己的东西，而是上下级共同协商研究的结晶，这不仅使组织目标更符合实际、更具有可行性，而且能够激发各级人员对实现目标的积极性和成就感。在这种制度下，上下级之间是平等、尊重、信赖和支持的关系，下级在承诺目标和被授权后是自觉、自主和自治的。

三、目标管理的程序

目标管理的具体程序为：目标的制定和展开、目标的实施、总结和评价所取得的成果。

（一）目标的制定和展开

目标的制定和展开是实施目标管理的第一阶段，也是最重要的阶段。如果目标设置得合理明确，后两个阶段就容易实施。

（二）目标的实施

目标管理在实施阶段强调自主、自我管理，但这并不等于达成协议后管理人员就可以放手不管。相反，管理人员要利用多方接触的机会和信息反馈渠道对工作情况进行检查。同时要加强对下级的指导和帮助，做好基础管理工作，完善必要的规章制度，形成日常工作靠规章制度、业务工作靠目标管理的工作模式。

（三）总结和评价所取得的成果

到预定期限后，由下级提出书面报告，上下级一起对目标完成情况进行评价考核，决定奖惩。目标管理以制定目标为起点，以考核目标为终结，即所考核的对象是成果，这是评价工作优劣的唯一标准。考核以目标为依据，考核的标准、过程和结果公开，以产生宣传和鼓励先进人员，鞭策和帮助落后人员的效果。下属对考核结果如有意见，应允许申诉，并认真进行处理。

四、目标管理的推行

（一）目标管理的优点

目标管理是一种很实用的管理方法，国内外有不少企业采用目标管理。它具有以下优点：

（1）目标管理可使工作具有明确的目标和方向，避免工作的盲目性和随意性，避免形式主义和做无用功。

（2）目标管理有助于实现有效控制。目标管理解决了控制中的两个难点：控制标准和控制手段问题，使控制工作落到了实处。

（3）目标管理强调参与，有助于增强组织全体成员的团结合作精神和凝聚力。

（4）通过目标的系统分解，可提高组织工作的一致性，有助于增强各级人员的进取心和责任感，充分发挥每一个组织成员的内在潜力和积极性。

（二）推行目标管理常见的问题

应用目标管理也会出现一些问题，这与目标管理运用不当有关。常见的有以下几种问题：

（1）对目标管理的本质缺乏认识。认识目标管理的基本思想往往需要一个过程，缺乏正确的认识常常会使目标管理走样。例如，有的管理者认为目标管理就是目标的制定和分解，不注重发挥成员的积极性，很少对下属提供指导和帮助。

（2）在目标制定中草率从事。目标是目标管理的核心，没有目标不行，目标错误也不行。因此，目标的确定是一项十分复杂、严肃的工作。影响目标的因素很多，多个目标之间也难以平衡。目标的确定需要上下反复协商，需要耗费大量的时间和精力，因而可能造成开始认真、后面草率的情况，或强迫下属接受等问题。

（3）管理人员难以转换角色。目标管理强调目标的实现主要依靠下级人员的自我控制和自我调节，管理人员的职责是及时进行监督检查，提供帮助和指导，而不是直接指挥下属。但是，有的管理人员常常难以适应这种角色，在行动中不时地插手下属的工作，指挥下属应该如何做，使下属左右为难，造成目标管理的失败。

（4）不按协议兑现奖惩。目标管理强调最终考核以目标的完成情况，按事先商定的协议予以奖惩。但在实践中，当下属完成或没有完成任务时，管理者常常不按协议兑现，甚至修改考核标准，不兑现奖惩，使目标管理流于形式。

目标管理的推行需要一定的组织文化和思想基础，需要对目标管理有所认同；推行过程中，需得到管理人员和员工的支持；一经推行，必须坚持到底，严格遵守协议，这样才能取得好的效果。

复 习 题

1. 计划的含义是什么？
2. 阐述计划工作的性质。
3. 阐述计划的重要性。
4. 简述计划的分类方法。
5. 指出战略计划与作业计划、长期计划与短期计划的区别。
6. 指向性计划与具体计划、综合性计划和专业性计划有什么不同？
7. 计划的基本形式有哪些？
8. 什么是企业的经营理念？
9. 简述计划工作的步骤。
10. 滚动计划法的基本原理是什么？
11. 简述网络计划法的基本思想。
12. 简述决策的含义。
13. 简述决策需要的必备条件或决策要素。
14. 战略决策和战术决策的区别是什么？
15. 为什么说决策方案的选择通常是依据满意性准则而不是最优化准则？

16. 组织的决策会受哪些因素的影响?

17. 简述德尔菲法。

18. 简述头脑风暴法。

19. 简述盈亏平衡分析法。

20. 简述决策树法。

21. 什么是目标管理?

22. 简述目标管理的程序。

23. 简述推行目标管理常见的问题。

作 业 题

一、判断题

1. 就管理的过程而言，计划位于其他管理职能之首。 (　　)

2. 计划是计划工作的结果文件，其中记录了组织未来所采取行动的规划和安排。 (　　)

3. 计划是合理配置资源、减少浪费、提高效益的手段。 (　　)

4. 按照计划的不同功能，计划可以分为程序性计划与非程序性计划。 (　　)

5. 组织计划、生产计划、财务计划、市场开拓计划为综合性计划。 (　　)

6. 企业的目的应包含经营理念和经营目标两个方面。 (　　)

7. 滚动计划法是一种定期修正未来计划的方法。 (　　)

8. 计量经济学是定量研究经济现象的经济计量方法的统称，可以用于经济预测、结构分析和政策评价。 (　　)

9. 决策是对组织的未来实践活动的方向、目标、原则、方法所做的决定。 (　　)

10. 综合性计划是长期的，专业性计划只能是短期的。 (　　)

11. 不确定型决策的正确性往往同决策者个人的素质因素有很大的关系。 (　　)

12. 决策是一个有一定顺序的、条理化的过程，而不是在瞬间选定某一方案的单纯决断。 (　　)

13. 组织的决策很少受到过去决策的影响。 (　　)

14. 组织决策应该在外部环境与内部条件结合研究和寻求动态平衡的基础上做出。 (　　)

15. 选择组织活动的方案，通常依据的是满意性准则而不是最优化准则。 (　　)

16. 决策是一个过程，有明确的起点，也有真正的终点。 (　　)

17. 目标管理是一种把个人需求与组织目标结合起来的管理。 (　　)

18. 目标管理是一种以工作和人为中心的综合管理方法。 (　　)

19. 目标管理的具体程序为：目标的制定和展开、目标的实施、总结和评价所得的成果。 (　　)

二、单项选择题

1. 战略计划是由 (　　)。

A. 中层管理者制订　　　B. 高层管理者制订　　　C. 基层管理者制订　　　D. 普通职工制订

2. 下面正确的陈述为 (　　)。

A. 计划层次越高，其内容越明确、具体　　　　B. 计划层次越高，其内容越抽象、笼统

C. 计划层次越低，其内容越抽象、笼统　　　　D. 不论计划的层次高低，其内容都应明确、具体

3. 下面正确的陈述为 (　　)。

A. 战术计划时间跨度大，覆盖范围窄　　　　B. 战术计划时间跨度大，涉及范围广

C. 战略计划时间跨度大，涉及范围广　　　　D. 战略计划时间跨度小，覆盖范围窄

4. 预算（　　）。

　　A. 只能用于资金计划　　　B. 和计划没有关系　　　　C. 包括计划　　　　　D. 是数字化的计划

5. 决策是工作和日常生活中经常进行的活动，但人们对其含义的理解不尽相同，你认为以下哪种理解较完整？（　　）。

　　A. 出主意　　　　　　　B. 拿主意　　　　　C. 既出主意又拿主意　　D. 评价各种主意

6. 企业面临的境况日益复杂多变，决策越来越难以靠个人的智力与经验来做出，因此现代决策应该更多地依靠（　　）。

　　A. 多目标协调　　　　　B. 集体智慧　　　　C. 动态规划　　　　　　D. 下级意见

7. 群体决策既有其优点也有缺点，必须根据具体情况选用。以下哪一种情况通常不采取群体决策？（　　）。

　　A. 确定长期投资于哪一种股票　　　　　　　B. 决定一个重要副手的工作安排
　　C. 选择某种新产品的上市时机　　　　　　　D. 签署一项产品销售合同

三、填空题

1. 计划工作是收集信息，_____，确定目标，_____，明确方案实施的措施，规定方案实施的_____、_____的一个过程。

2. 一份完整的计划应包括六个方面的内容：_____、_____、_____、_____、_____、_____。

3. 计划工作的基本特性有_____性、_____性、_____性、_____性、_____性、_____性等。

4. 计划是管理者制定_____的依据。

5. 计划的分类标志可以选择_____、_____、_____、_____、_____、_____。

6. 战略计划要对四个问题做出明确规定：_____、_____、_____、_____。

7. 计划的表现形式有目的和使命、目标、战略、_____、_____、_____、_____、_____。

8. 德鲁克认为，一个成功的企业应在八个方面建立自己的多目标体系：_____、_____、_____、_____、_____、_____、_____、_____。

9. 战略是为实现组织目标所确定的_____、_____、_____、_____的总体谋划。战略是指导_____和_____发展的方针。

10. 计划工作的步骤一般包括_____、_____、_____、_____、_____、_____、_____、_____。

11. 滚动计划法的基本思想是：根据计划执行的情况和环境变化的情况_____的计划，并不断逐期_____，使_____计划和_____计划有机地结合起来。

12. 决策要素主要包括_____、_____、_____、_____、_____。

13. 影响决策的因素很多，主要包括_____、_____、_____、_____。

14. _____是在初始决策的基础上，对组织活动方向、内容或方式的重新调整。

15. 企业经营中常见的几种决策方法有_____、_____、_____、_____。

16. 评价决策是否有效需要考虑_____、_____、_____。

17. 头脑风暴法发言遵守的规则有_____、_____、_____、_____。

18. 目标管理的具体程序为：_____、_____、_____。

19. 目标管理的基本思想可概括为_____、_____、_____。

20. 推行目标管理常见的问题有_____、_____、_____、_____。

案例分析

案例一 顺丰为什么要有自己的飞机和机场？

1993 年，顺丰速递（简称顺丰）诞生于广东顺德，是中国速递行业中民族品牌的佼佼者之一，企业为广大客户提供快速、准确、安全、经济、优质的专业快递服务。顺丰速运网络全部采用自建、自营的方式。经过十几年的发展，顺丰已经拥有 6 万多名员工和 4000 多辆自有营运车辆，30 多家一级分公司，2000 多个自建的营业网点，服务网络覆盖我国 20 多个省、直辖市和香港、台湾地区，100 多个地级市。

顺丰速运 2016 年度实现营业总收入 574.83 亿元，同比增长 21.51%；营业利润 36.93 亿元，同比增长 44.20%；归属于上市公司股东的净利润为 41.80 亿元，同比增长 112.51%。扣除非经常性损益后，归属于上市公司股东的净利润约为 26.43 亿元，超过此前承诺的 21.8 亿元。

顺丰 2002—2007 年为管理优化期：成立总部，全面提升管理能力，规范网络，让客户感受更优质的服务；2008—2012 年为竞争领先期：逐步开拓国际市场，强化快递竞争优势；2012 年至今为战略转型期：优化组织职责分工，围绕客户经营转型，提供一体化供应链解决方案，巩固 B2B 快递领先地位，开始发力电商快递，向更高的目标进发。

2009 年 12 月，带有黑红色顺丰标志的货运飞机出现在深圳机场。随后，顺丰航空公司的首条货运航线——深圳至杭州开通。2010 年，顺丰成立了筹备已久的顺丰航空公司，成为国内第一家建立航空公司的民营快递公司。截至目前，顺丰航空以 B767、B757、B737 机型组成的自有全货机机队规模达 36 架，通航全国 36 个城市和地区，辐射全国的航空货运网络逐年完善，安全管理与航线运行水平也不断提升。

早在 2003 年，顺丰与扬子江快运签订合同，租赁了 5 架 737 全货机，专门用于承载顺丰快件。虽然成本较高、花费巨大，但也实现了顺丰"快"的目标，并且可以全年 365 天全天候待命，真正急用户之所急，想用户之所想。而顺丰并没有因为专机而满足，之后又陆续与东海航空、中货航等多家航空公司签订协议，以优惠的价格购买了 230 多条航线的腹舱使用权。快速的送件和亲民的价格使顺丰拥有了大量顾客，业务量以每年 50% 的速度增长，逐渐与 EMS 比肩，成为国内快递业的巨头，并开始在航空物流领域占得一席之地。

或许很多人都会感到困惑，顺丰不是已经和扬子江快运、东海航空、中货航等航空公司合作，租赁了它们的全货机进行运输了吗？230 多条航空线路的腹舱还不够使用吗？

实际上，顺丰有着自己的考虑。虽然与航空公司合作极大地促进了顺丰速运的发展，航空物流的快与安全是顺丰高质量服务的极大保障，而合作互惠互利，既提高了顺丰速运的快件运送速度和服务质量，也增加了航空公司自身的收入，使双方的资源得到了优化配置。但是，与航空公司的合作也制约着顺丰服务质量的进一步提高。

电子商务的兴起带动了快递业的发展，其市场规模以每年 35%~40% 的增长速度不断扩大。可见，由电子商务引起的快递需求市场巨大。但目前民航货运量并没有随着电子商务与快递的崛起而突飞猛进。许多客户在选择航空物流时看中的不仅是快速、稳定、安全，"次晨达"也是十分重要的因素。据统计,很多快递需求都是下午4点后产生的,快递员上门取件后没有办法保证能赶上当天的晚航班。虽然顺丰已经包用了国内近四成晚航班,但航班毕竟以客运为主,因此"次晨达"的要求就难以满足。

2016年4月6日,民航局正式同意将湖北鄂州燕矶作为顺丰机场的推荐场址。该项目包括4E级全货机机场、物流运输基地和产业园,目标是建成为全球第四、亚洲第一的航空物流枢纽。

顺丰是国内最早开拓航空业务、最早成立航空公司的民营快递企业。在国际上,大部分全球快递领军企业都拥有一个全球或者是全国性的货运枢纽,用于提高货物周转率和飞机使用率。

为了更好地服务客户,自己的航空公司显得极为重要:不受时间限制,可以随时为顾客完成快件运送。"快"的服务不再受合作伙伴航班的制约,可以自由运送快件;统一的服务,也令顺丰及时掌握全程快递动态,可以做出更快、更好的反应,使得顺丰的快递业务在作业计划、运营调度、服务效率和质量方面的安排更加得心应手。

(资料来源:根据李琦晨. 快递之王:顺丰掌门人王卫 [M]. 新世界出版社,2014 的资料改写。)

讨论题:

1. 请分析顺丰采取了什么样的策略占领了行业领先地位。

2. 结合本案例,分析顺丰是如何处理运营成本和服务质量两者关系的。

案例二 三星电子全面展开品质提升计划

1969 年,三星电子(简称三星)在韩国水原成立,致力于通过不断创新来改善生活方式。三星电子的产品包括家用电器(如电视、显示器、冰箱和洗衣机)和主要的移动通信产品(如智能手机和平板电脑);此外,三星电子还是重要电子部件(如 DRA 和非存储半导体)领域值得信赖的供应商。

一、激励世界,创造未来

三星电子作为全球科技行业的知名企业,以"激励世界,创造未来"为发展目标,数十年来不断开阔创新、稳步前进,如今已成长为一个全球性的信息技术企业,在世界各地拥有 200 多家子公司。2015 年,三星年销售额达 1770 亿美元,成为全球十大品牌之一,在波士顿咨询集团发布的《全球最具创新力企业报告》中名列第五。根据世界知识产权组织 2016 年 3 月公布的数据,三星 2015 年申请专利数量为惊人的 573091 件,居全球企业首位。

二、"顺风顺水"下的一记鞭策

自 2016 年 8 月上市以来,多国曝出三星 Note7 手机因电池缺陷起火爆炸的消息。三星证实,大约 250 万部手机存在此种缺陷。2016 年 9 月 2 日,三星宣布在多国停售这款手机并为消费者置换新机。2016 年 10 月 1 日,Note7 开始在韩国重新销售,但美国方面又接连曝出 3 起"更换版"Note7 起火事件。2016 年 10 月 10 日,这款手机停止生产。

2017 年 1 月 23 日,三星电子公布了 Note7 燃损原因。三星电子无线事业部总裁 DJ Koh 表示:"Galaxy Note7 燃损的原因在于电池。我们为了追求创新与卓越的设计,就 Galaxy Note7 电池设置了规格和标准,而这种电池在设计与制造过程中存在的问题,我们未能在

Note7 发布之前发现和证实，对此我们感到非常痛心和抱歉。"

三、全面开展品质提升计划

面对这一次的风险性的挑战，为了给出最为科学性的回答，三星在 Note7 燃损事件后的几个月中开展了大量工作，投入了大量资源。在三星手机的发展史中，不乏面对产品问题的坚决改正。三星延续了对产品品质不惜成本的改善，在此次对 Note7 燃损原因进行公布的同时，还推出了品质提升计划。

品质提升计划旨在将三星的制造水平提升到与科技创新同样的高度，包含整体产业链的把控、工艺规范与材质选取等多个项目，并以精确的数据衡量将产品品质的检测及管控推向前所未有的严苛水准。

为确保电池安全可靠，三星制定了 "8 重电池安全检查措施"，包含安全检查、电池外观检查、X 光检查、电芯拆解检查、TVOC 检查、OCV 测定、充放电检查以及用户使用场景下的安全性检查。三星还在产品规划阶段采用 "多层安全措施协议"，对设备的每个部分实施严格的安全标准，包括整体设计与所用材料、设备硬件强度与容量以及改进后的软件算法等，以实现更加安全的电池充电温度、充电电流与充电持续时间。此外，三星将质量第一原则作为优先事项，专门组建了一个核心团队，专注于手机设备 12 个核心组件的开发工作。

（资料来源：根据 http://epaper.xxsb.com/showNews/2017-01-25/359786.html；http://finance.china.com.cn/roll/20170125/4081867.shtml 的资料改写。）

讨论题：

1. 分析三星是如何通过吸取电池燃损事件教训，制订提升产品质量计划的。

2. 谈谈三星品质提升计划对消费者的品牌认可度有什么影响。

第四章

组　织

本章内容要点

- 组织的含义、职能及环境；
- 组织类型：正式组织与非正式组织，实体组织与虚拟组织，机械式组织与有机式组织；
- 组织设计的目的与步骤；
- 组织结构的类型及其特点，包括直线型、职能型、直线职能型、事业部型、矩阵型、三维立体结构、委员会和团体结构；
- 组织设计的传统原则和动态原则；
- 组织生命周期理论、组织老化和组织变革；
- 组织创新理论：组织结构扁平化、企业再造、学习型组织。

组织是管理的另一个基本职能，其主要作用是为了实施计划而进行组织结构的设计，如成立某些机构或对现有机构进行调整；为实现计划目标所进行的必要的组织手段和过程，如进行人员、设备、技术、物资等的调配，组织、监督计划的实施等。

第一节　组织的含义、职能、环境与类型

一、组织的含义

按照管理学中"结构论"的观点，对组织可以给出如下定义：为了某种特定的目标，经由分工合作、具有不同层次的权力和责任制度而构成的人的集合称为组织。例如，企业、行政机关、学校、医院、军队等实体都是组织。关于组织的含义可做如下说明：

（1）目标是组织存在的前提，没有目标的人的集合不能称为组织。组织所做的各种努力，都是为了维持自身的生存和发展，最终达到组织目标。例如，通过从事生产、流通和服务等活动而获得利润是大多数企业的目标之一；医院的目标是为患者提供诊疗服务；大学的目标是培养高级科技人才；国家各级政府的目标是做好国家相关领域的决策与管理。

（2）分工与合作是组织运营并发挥效率的基本手段。为了使组织有效运行，根据组织

目标的需要，按照某种原则设计出组织的层次结构，即将组织划分成不同层次的职能部门，这些部门都将承担组织的部分特定工作。这就是所谓的职能分工。这种分工可以使不同性质的任务同步进行，因而大大提高工作效率。当然，仅强调分工是不够的，为了按时、高效、高质量地实现组织的总目标，各个层次的职能部门需协调工作、相互配合，即进行有效的合作。

（3）组织必须具有不同层次的权力和责任制度。与组织的不同层次结构相适应，组织需赋予不同层次的权力和责任，为达成组织目标提供必要的保证。

按照管理学中"系统论"的观点，关于组织又可以给出另外的定义，即组织是由许多共同工作的子系统组成的开放的社会系统，各个子系统之间、子系统与总系统之间相互作用、互相影响。组织与环境之间有信息、物质、能量的交流。例如，可以将组织划分为传感子系统、信息子系统、决策子系统、加工子系统等。

二、组织职能

管理的组织职能就是通过建立、维护并不断改进组织结构以实现有效的分工、合作的过程。所谓组织结构就是组织中划分、组合和协调人们的活动和任务的一种正式框架。组织结构体现了组织各部分的排列顺序、空间位置、聚集状态、联系方式和相互关系。

组织职能的具体内容包括以下几点：

（1）部门划分。将实现目标所必需的各种活动加以分类，并进行组合以形成方便管理的部门。

（2）职位设计。根据不同任务的分类和组合，设置关键职位。

（3）权责配置。规定各个部门和职位所必需的权力和应尽的责任。

（4）人员配备。为组织中的职位配备适当的人员。

（5）结构维护。不断改进组织结构与职位权责，使组织形成一个高效的有机整体。

三、组织环境

组织是在一定的环境下生存与发展的。组织环境包括组织的外部环境和内部环境（见图4-1）。外部环境是指组织之外所有可能影响组织的因素构成的环境，包括一般环境和任务环境，其中一般环境包括社会文化环境、经济环境、政治法律环境和技术环境；任务环境的要素主要有供应商、战略伙伴、政府、竞争对手和顾客等。内部环境是指组织内部的条件和因素，其要素主要包括所有者、员工、资金、物质资源等。

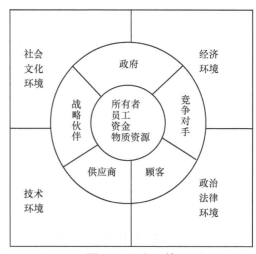

图4-1 组织环境

组织与它的环境是相互作用、相互影响的。组织依靠环境来获得资源和发展机会，而环境对组织的活动又有许多限制，并决定是否接受组织的产出。如果组织能够不断地提供环境所能接受的产品和服务，则环境就会不断地为组织提供资源和机会，组织就会不断壮大、发展；否则，环境将拒绝提供组织所需要的资源和机会，这时组织将难以生存。所以，环境对组织起着支持和约束的双重作用。例如，一个企业如果能够不断地提供顾客满意的产品，则顾客就会购买该企业的产品，通过产品的销售，企业将重新获得用于再生产的资金；反之，如果这个企业不能够提供顾客满意的产品，就会出现销售下降、企业亏损，严重时还会倒闭。

四、组织类型

（一）正式组织与非正式组织

正式组织是指在组织设计中，为了实现组织的总目标而设立的功能结构或部门，这种功能结构或部门是组织的组成部分并有明确的职能。例如，企业中的销售部门、生产部门、财务部门等都是正式组织。组织设计的主要任务就是规划设计正式组织，确定这些部门的功能及其相互关系。正式组织的基本特征是设立的程序化、解散的程序化、运作的程序化。

非正式组织是指在组织中由于地理位置关系、兴趣爱好关系、工作关系、亲朋好友关系而自然形成的群体，这种群体不是经过程序化而成立的。例如，企业中的业余足球队、业余合唱团等都是非正式组织。非正式组织的作用具有两面性，是现实中不可忽视的群体。它的优点是参加非正式组织的个人有表达思想的机会，能提高士气，可以促进人员的稳定，有利于沟通，有利于提高人员的自信心，能减少紧张感。如果利用得好，它可以对组织目标的实现发挥重要作用。但是，当组织中非正式组织的目标与组织的总目标不一致或发生冲突时，非正式组织又会成为实现组织目标的障碍，可能会出现集体抵制上级的政策或目标的情况。

（二）实体组织与虚拟组织

1. 实体组织

此处的实体组织就是一般意义上的组织，即为了某种特定的目标，经由分工合作、由不同层次的权力和责任制度而构成的人的集合。例如，企业、政府、学校、医院、军队等。实体组织的基本特点是：①功能化，即具有完成业务活动所需的全部功能；②内部化，即依靠自身的功能、资源来完成组织的活动；③集中化，即将各种功能和资源集中在一起，在地理和空间上具有连续性。

下面重点介绍一下营利组织和非营利组织。

营利组织是指组织的所有者或经营者能得到利益的组织。一般而言，营利组织即指企业。

非营利组织是指以公共服务为使命，不以营利为目的，组织的盈余不分配给内部成员并具有民间独立性质的组织。

广义的非营利组织是指除企业以外的全部其他组织；狭义的非营利组织是指除企业和政府部门以外的非营利组织。

在我国，非营利组织主要有两大类：一类是群众团体组织，如专业学术团体、业余爱好者协会、消费者协会、个体经济协会、妇女权益保护协会、退休人员协会、退伍军人协会、宗教协会、校友会、同乡会等，这类团体数量多、分布广、社会影响大；另一类是事业性组织，包括学校、医院、图书馆、新闻媒体、文艺团体、科研院所、体育机构等。

非营利组织虽然种类繁多，但具有如下共同特征：

（1）正规性。有组织章程、组织运行规则、工作人员或其他相对持久的指标。

（2）独立性。狭义的非营利组织独立于政府部门之外，实行自我管理、自我控制。

（3）民间性。非营利性组织从组织上与政府组织分离，也不是政府的组成部分，往往由民间自发组建，设立不由政府官员控制的决策层。

（4）志愿性。在非营利组织的活动和管理中有显著的志愿参与成分，其成员从事服务通常是义务的、自觉的。

（5）非营利性。非营利组织不为其拥有者谋求利润。它可以在一定时期内积累盈余，但不得在组织内成员之间分配，而必须投入组织宗旨所规定的活动之中。

（6）公益性。非营利性组织服务于某些公共目的和为公众奉献的事务。

2. 虚拟组织

虚拟组织是一种没有或很少有正式机构的组织。其特征是以现代信息技术为依托，实现传统组织的结构功能及目标。在形式上，它没有固定的地理空间，也没有时间限制。其组织成员通过高度的自律和高度的价值取向实现共同目标。它不同于实体组织，主要体现在如下几个方面：

（1）组织结构的虚拟性。从企业组织的法人地位来看，实体组织具有经济法人资格，而虚拟组织则一般不具有法人资格。从企业组织的结构特征来看，传统意义上的实体组织结构呈金字塔形，管理跨度由于受人的能力的局限而不可能太大；相比之下，虚拟组织的结构是网络形的，其管理跨度较大并富有弹性。

（2）构成人员的虚拟性。实体组织的构成人员大多归属于该组织，而虚拟组织的构成人员则一般不归属于该组织。例如，某科研所的科研人员，主要归属于该科研所，但他们也有可能以个人身份在大学兼职。与此不同，实施虚拟经营的某管理顾问公司的咨询人员，大多不归属于该公司，而是归属于其他诸如大学、科研部门、企事业单位等实体组织。人员构成的虚拟性既有优点也有缺点。其优点在于人力资源成本小，能够迅速招聘或辞退人员，流动性较强；缺点是人员不稳定，组织中的骨干人员很难尽全力为组织服务，人员的短期行为较多。相比之下，实体组织人力资源的成本较高，除负担固定数额的工资外，有条件的实体组织还会为员工提供福利等，但是其人员的稳定性较好，且骨干人员可以尽全力为组织服务。

（3）办公场所的虚拟性。实体组织一般都有固定且比较集中的办公场所，员工在统一的办公场所上下班。虚拟组织则相反，它基本上没有集中的办公场所，在保证工作绩效的前提下，员工的办公场所依员工的个人要求自行安排，如在自己家中，甚至在旅途中。办公场所的虚拟化既增加了组织的弹性，又节省了配置办公设备的费用，但是组织中员工之间的沟通难以有效地进行。

（4）核心能力的虚拟性。企业的核心能力是获得竞争优势的决定因素。实体组织核心能力的培植及强化基本上依靠内部的发展。虚拟组织核心能力的形成除了依靠内部发展外，更多地通过电子信息网络来扩大与外部其他组织的联系，形成网络核心能力，这种核心能力具有很大的弹性，易于重组，研制开发速度快、成本低。

与虚拟组织概念紧密相关的是"虚拟企业"的概念。为了抓住某个市场机遇，若干企业在功能需要、互惠互利、自愿结合的原则下，利用现代信息沟通技术建立的一个合作网络称为虚拟企业。

虚拟企业的出现常常是因为参与联盟的企业追求一种单靠自身能力达不到的超常目标，必须突破自身的组织界限，与其他对此目标有共识的企业形成战略联盟，共建虚拟企业，才有可能实现这一目标。

（三）机械式组织与有机式组织

按照不同的设计原则，可以将组织设计成机械式组织或有机式组织（见图4-2）。

机械式组织是传统设计原则的产物，它具有严格的结构层次和固定的职责，强调高度的正规化，有正式的沟通渠道，决策常采用集权形式，每个员工都受直接上司的控制和监督。当组织顶层与底层距离扩大时，由于高层管理者不能通过直接监督控制组织底层的活动，也无法保证他们采用标准行为，因此，高层管理者转而采用更多的规则条例。

有机式组织是一种松散、灵活且具有高度适应性的组织形式，与机械式组织的严格和稳定形成鲜明对比。它强调纵向与横向的合作，职责常常根据需要进行不断调整，更多地依靠非正式渠道进行沟通，决策常采用分权形式。由于没有标准的工作和规则条例，有机式组织的松散结构使其可以根据需要迅速地变化。其员工多是职业人士，具有熟练的技能，并经过训练，已掌握了职业行为标准，能处理多种多样的问题，几乎不需要正式的规则和直接监督。

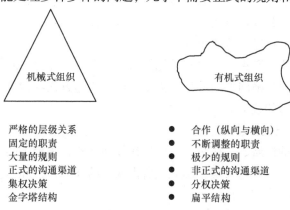

图4-2　机械式组织与有机式组织

第二节　组织设计的目的与步骤

为什么要进行组织设计？组织设计的步骤如何？本节将围绕这两个问题进行讨论。

一、组织设计的目的

组织是为了实现某种特定的目标，经由分工合作、由不同层次的权力和责任制度而构成的人的集合。从组织的定义可以看出，合理地配置组织的人力和财力等资源，实行分工合作，建立相对稳定的工作秩序，对提高组织效率、实现组织目标是非常必要的。这正是组织设计的基本目的。

稍大的组织，单靠一个领导来管理是非常困难的。即使一个人有宽广的知识面，有很强的管理能力和旺盛的精力，但由于管理者面对的是复杂的管理对象和多变的组织环境，要真正驾驭一个庞大的组织也是难以做到的。对于企业，面对全球一体化的经济形势、日新月异的科学技术、复杂的市场环境和日趋激烈的竞争，需要决策的事情太多，必须通过群体的智慧和力量才能有效地控制企业的运营。因此，在组织目标确定之后，为了充分发挥群体的管理作用，有效地管理复杂多变的对象，必须进行合理的组织设计，即通过选择合适的组织结构形态、建立不同层次的部门、规定不同岗位的权责、配备部门的主要管理人员，实现组织的分工与协作，发挥整体大于部分之和的优势，使有限的人力资源形成最佳的综合效益。

二、组织设计的步骤

组织设计的基本步骤如下：

1. 根据组织目标进行任务划分、归类，选择合适的组织结构形态，建立不同层次的部门

组织目标确定之后，通过对组织目标的解剖和分析，确定出达成组织目标的总任务。根据任务的性质、工作量、完成的途径和方式，将总任务划分成若干子任务，然后将相近的或联系紧密的子任务归类。

根据需要和习惯，选择组织的结构形态，如直线职能型结构、事业部结构等（这些组织结构将在本章第三节介绍）。然后，对应于每一类任务，建立相应的不同层次的部门或机构。例如，对于企业，若选择直线职能型结构，可以设置车间、营销、财务、计划、研究开发等部门，在车间之下可以设置班组等。

划分部门时，要注意避免部门之间职能的重复或遗漏，部门之间的工作量分配要尽量平衡。此外，还需对纵向与横向部门的相互关系、信息传递方式等做出规定，使组织机构形成一个严密而又具有活力的整体。

2. 确定管理跨度与关键管理职位

根据每一类任务的性质、工作量、完成的途径和方式，确定不同层次的管理跨度和不同部门的关键管理职位，并规定关键管理职位所需人员的任职条件和素质。

3. 规定职位权责

关键管理职位确定之后，需对每一个关键职位的权责做出详细的规定，如管理者任务的性质、具体工作范围与内容、需要承担的责任、拥有的决策权和管辖权、与上级和下级的关系、与横向部门管理者的关系、工作绩效的考核标准和奖惩条款等。

4. 配备部门主管人员

在完成了以上步骤之后，便需要按照关键职位的任职条件，选拔配备相关的管理人员，并对普通员工做出相应的分配和安排。

5. 组织结构的不断修正与完善

组织设计完成之后，便进入运行状态。在运行过程中，可能会暴露出许多漏洞和矛盾，因此必须根据出现的情况对组织结构做出及时调整，使组织结构在运行过程中得到不断修正与完善。

第三节 组织结构的类型

一个组织的结构类型是根据其目标的需要和组织环境特点而选定的。随着社会发展和组织环境的变化，组织结构也在不断更新和发展。目前常见的组织结构形式有八种，即直线型结构、职能型结构、直线职能型结构、事业部结构、矩阵型结构、三维立体结构、委员会结构和团队结构。

一、直线型结构

对于小型组织，如生产规模较小、生产过程简单的企业，通常采用直线型结构。这种结构如图4-3所示。直线型结构即在组织最高管理者之下设若干中层管理部门，而每一个中层管理部门之下又设若干基层管理部门。组织的最高管理者是决策者，最低一级是执行者，从上至下执行单一的命令，形成一个单线系统，没有职能机构。

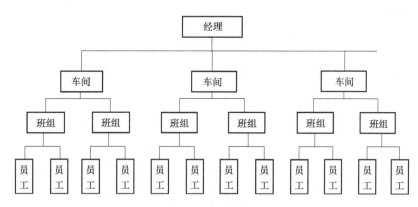

图4-3　直线型结构

这种结构的优点是结构简单，管理人员少，职责、权力明确，上下级关系清楚。缺点是组织结构缺乏弹性，同一层次之间缺乏必要的联系，主管人员独揽大权、任务繁重，一旦决策失误将会给组织造成重大损失。因此，要求管理人员掌握多种专业知识和管理知识，能较好地处理多种业务。这种结构只适用于规模不大、员工较少、业务比较简单的组织。

二、职能型结构

职能型结构是在各级直线指挥人员或行政领导人员之下，按专业分工设置相应的职能机构，这些职能机构受上一级直线指挥人员的领导，并在各自的业务范围内有权向下级直线指挥人员下达命令。因此，下一级直线指挥人员或行政领导人员除了要服从上级直线指挥人员的指挥外，还要服从上级职能机构的指挥。这种结构如图4-4所示。

以企业为例，总经理之下的职能机构可以是主管财务、销售、人事的部门，而中层车间一级的职能机构可以是主管生产、工艺、质量的部门。

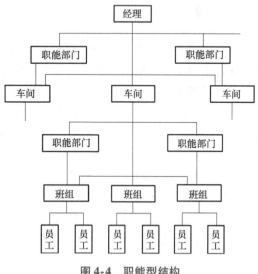

图4-4　职能型结构

职能型结构的主要优点是专业分工明确，每一个人都在相应的职能机构之下有自己的岗位，组织具有很强的稳定性，可以满足生产技术比较复杂和管理分工较细的组织要求，提高了管理的专业化程度，减轻了各级行政领导人员的工作负担。缺点是每一级直线指挥人员或行政领导人员都需要服从多头领导，容易造成管理上的混乱，不利于划分各级行政领导人员和职能科室的责任权限。此外，这种组织结构的弹性较差，在调整、改革时易于出现自发的抗拒倾向。

三、直线职能型结构

直线职能型结构是综合了直线型结构和职能型结构的优点而设计的一种组织结构。这种结构是当前国内各类组织中最常见的一种组织结构，如企业、机关、学校、医院等。

在各级直线指挥人员或行政领导人员之下，按专业分工设置相应的职能机构。这种职能机构是行政领导的业务助手和参谋，不能直接向下级部门下达命令，而只能进行业务指导，职能部门拟订的计划、方案以及有关指令，统一由直线指挥人员批准下达。因此，下一级直线指挥人员或行政领导人员只会接受上级直线指挥人员的命令。这种结构如图 4-5 所示。

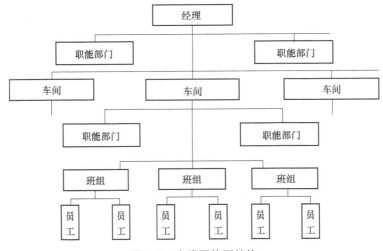

图 4-5 直线职能型结构

直线职能型结构和职能型结构的主要区别在于各级职能部门是否对下级拥有直接指挥权。在直线职能型结构的系统中，管理人员相应被分为两类：一类是直线指挥人员或行政领导人员，相当于军队中的各级指挥官，他们可以对下级发号施令；另一类是职能人员，相当于军队中的参谋、技术人员和后勤人员，他们只对下级机构进行业务指导，而不能直接对下级发号施令，除非上级直线人员授予他们某种权力。直线职能型结构既保持了直线型结构的集中统一指挥的优点，又吸收了职能型结构的专业分工管理的长处，从而大大提高了管理的效率。它具有较高的稳定性，在外部环境变化不大的情况下，易于发挥组织的集团效率。这种结构的缺点是横向部门之间缺乏信息交流，各部门缺乏全局观点，职能机构之间、职能人员与直线指挥人员之间的目标不易统一，最高领导的协调工作量较大；由于分工较细，手续烦琐，当环境变化频繁时，这种结构的反应较为迟钝。

四、事业部结构

事业部结构是美国通用汽车公司在 20 世纪 20 年代首创的，是指大型公司按产品的类型、地区、经营部门或顾客类别设计建立若干自主经营的单位或事业部的组织结构。这种事业部具有三个特性：①具有独立的产品和市场，是产品责任或市场责任单位；②具有独立的利益，实行独立核算，是一个利润中心；③具有足够的权力，能自主经营，是一个分权单位。所以，事业部结构是一个企业内对具有独立的产品和市场、独立的责任和利益的部门实行分权管理的一种组织形态。这种结构如图4-6所示。

事业部结构的组织形式的基本原则是政策制定与行政管理分开，即集中决策、分散经营。企业的最高层是最高决策管理机构，负责研究和制定企业的总目标、总计划和各项方针政策，并保持以下三个方面的决策权：

（1）战略发展的决策权。决定企业采用技术的种类，制定企业的产品类型和发展方向，制定企业的市场战略，决定开辟或放弃相关的事业，制定企业的价格政策和经营方针，制定企业的竞争策略等。

（2）资金分配的决策权。企业的最高层控制资金的分配。

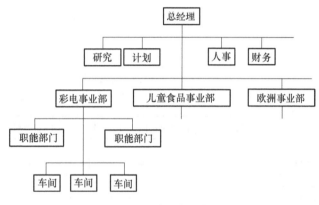

图4-6　事业部结构

注：事业部组织结构可以从消费者类型、产品类型、市场区域等几个角度进行事业部划分。例如，组织结构按不同产品类型可以划分为彩电事业部、冰箱事业部、洗衣机事业部等；按不同消费者类型可以划分为儿童食品事业部、休闲食品事业部、速冻食品事业部等；按不同市场区域可以划分为欧洲事业部、亚太事业部等。

（3）人事安排权。所有事业部的管理人员和专业人员都是整个企业的资源，企业的用人政策和重要的人事安排都由总部的最高层决定。为了保持事业部的独立性，最高管理机关的人员一般不兼任事业部的经理。

企业总部控制以上三个方面的决策权，既保证了各个事业部的分散经营权，又维护了整个企业的完整性。事业部结构的优点有：使企业的最高层摆脱了日常的行政事务，可以集中精力决策规划企业的战略发展问题；便于组织专业化生产、采用先进的生产组织形式和技术，提高了企业管理的灵活性和适应性，有利于大公司开展多元化经营，从而大大地提高了企业的竞争力；通过各个事业部的管理和经营的实践和锻炼，为企业储备了宝贵的高级管理人才。其缺点是：增加了管理层次，机构重叠，使管理人员和管理费用大大增加；对事业部一级的管理人员的业务和管理水平要求较高，必须熟悉全面的业务和管理知识才能胜任工作；各事业部之间的相互交流和支援困难，各事业部容易忽略企业的总体利益而产生本位主义，引起总体协调的困难。

事业部设置的标准可根据企业的不同需要来选择。以跨国公司为例，制造业跨国公司、金融业跨国公司一般按照不同地区设置事业部，而贸易型跨国公司多以产品划分事业部。

五、矩阵型结构

组织的矩阵型结构是从专门从事某项工作的工作小组形式发展起来的一种组织结构。这里的"矩阵"是从数学中移植过来的概念，即工作小组是由一群具有不同背景、不同技能、不同知识、分别选自不同部门（企业的不同职能部门或生产部门）的人员所组成的。这种结构如图4-7所示。

一个组织可以有多个项目组，每一个项目组由项目负责人负责，该项目所在矩阵的行的元素即为其组成人员，每一位成员完成自己的任务后，仍回到原来的部门工作，因此，项目组的成员在一般意义上需接受项目组负责人和原部门的双重领导。这里的项目组可以是按任务、产品、地区设置的部门，项目完成后项目组即告解散。矩阵型组织结构比较适用于项目攻关，如新技术的研发、新产品的研制、重大科研项目研究等，企业、大学、科研所、影视摄制部门等常采用这种组织结构。

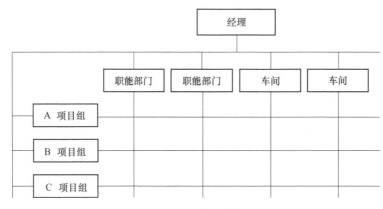

图4-7　矩阵型结构

这种结构的优点是：不同部门、具有不同专长的人员在一起，有利于互相启发、集思广益，提高了攻克项目的专业化程度和速度；由于一个人可以同时参加多个项目组，因此，加强了组织不同部门之间的配合和信息交流，实现了人才资源的共享；项目组可以根据需要随时成立和解散，对于刚性较强的组织可以弥补柔性不足的缺陷，增强了组织的灵活性和适应性。这种结构的缺点是：首先，稳定性差，这主要是因为项目组的成员均是从不同部门抽调而来的，容易产生临时性的感觉，常常会对工作产生不利影响；其次，项目组的每一个成员都要接受项目组负责人和原部门负责人的双重领导，容易产生权责不清、管理混乱的现象。例如，在人员的绩效评定和奖惩方面常常会因为这种双重领导受到影响。因此，项目组的负责人必须与各个部门的负责人很好地配合，才能顺利地进行工作。

六、三维立体结构

三维立体结构是矩阵型结构的进一步发展。若一个组织拥有三方面（三维）部门：一是按专业分工的职能部门，二是按产品划分的事业部门，三是按地区划分的地区管理机构（以这三方面为坐标轴，形成一个三维坐标系），将这三方面结合在一起，组成由不同职能部门、不同事业部和不同地区管理机构的人员参加的委员会，共同进行某种产品的开发、生产和销售等工作，即称为三维立体结构。这种结构如图4-8所示。

三维立体结构能够使产品事业部门、地区管理机构、专业职能部门三方面都能从整个组织的全局考虑问题，减少部门间的摩擦，互通信息，集思广益，共同决策；使人力资源在多种产品线之间实现共享，能够最大限度地满足客户要求；使三方面部门很好地统一协调起来，以便于组织适应不确定性环境的变化，促进职能目标的实现。

这种结构比较适用于跨国公司或大型企业，也适用于举行大型体育活动或攻关活动的组织。

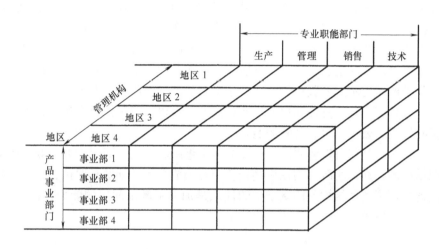

图4-8 三维立体结构

七、委员会结构

委员会是由来自不同部门、具有不同经验、知识和背景的人员组成，跨越专业和职能界限执行某方面管理职能的一种组织结构。它的作用是完善个人管理的不足，并预防过分集权化，使各方的利益得到协调和均衡。大到国家，小到企业、大学等，委员会组织随处可见。例如，我国的全国人民代表大会常务委员会、国务院学位委员会、国家自然科学基金委员会、公司中的董事会和监事会、高等学校的学术委员会等。因此，委员会是一种重要的组织结构。

各种委员会的运作方式因组建的不同目的而有所不同。一般而言，它具有如下特点：

（1）委员在委员会中的权利和义务是平等的。根据委员会的章程，每个委员都有权提出有关议案，有权就相关问题平等地发表意见，并拥有投票权，有关决议的形成与通过以少数服从多数的原则通过投票的方式来进行。因而，委员会具有权利义务平等、民主、集体决策等特点。

（2）由于各个委员具有不同的经验、知识和背景，对所要决策的问题可以提出多方面的建议和看法，使决策方案更合理、有效，减少决策失误。

（3）委员会的委员一般都是相关方面的优秀代表，如专家、技术人员、管理人员、基层代表等，因而组建委员会是吸收下级参与决策的好方式，可以大大增强决策的民主性、代表性和权威性。

（4）委员会组织结构的缺点之一是责任不清。委员会的决议是集体做出的，当决策出现失误时，无法追究委员的个人责任。另一个缺点是通过的决议或方案折中调和的成分很大，有时实质性的内容难以在决议中保留。

一般认为，委员会在处理法律、政策、裁决等方面具有较好的效果，而在处理组织、执行和领导等问题方面效果较差，因为对于后者，往往采取个人行动会更有效。

八、团队结构

团队是国外一些大公司（如丰田、通用、福特、沃尔沃等汽车公司）较早引入生产过程的一种结构，它是为了实现某一个目标而由相互协作的个体组成的正式群体。当企业将团队作为协调组织活动的主要方式时，便形成了组织的团队结构。这种结构的主要特点是：不受部门限制，可以快速地组合、重组、解散，形成相对独立的、高效的、自我管理的、可以完整地完成某种产品的制造或服务的团队。一个有效的团队应具有明确的目标、明确的角色与任务分派；应具有平等的责任和权力、非正式的气氛以及成员的自觉参与；组织中的每一个成员应虚心倾听、公平竞争、公开沟通。

一般而言，小型公司可以将团队结构作为整个组织的形式，而对大型企业，团队可以作为原有组织结构的补充。团队结构在一些企业中是很成功的，如摩托罗拉、惠普、施乐等大公司都广泛地采用了团队结构。团队结构的优点是加强了解决问题的能力，提高了生产率，能够更有效地利用资源。

第四节　组织设计的原则

组织设计原则是人们经过长期的大量实践活动而总结出来的，其中包含了许多成功的经验和失败的教训。在组织设计时遵循这些原则，将会大大减少组织结构的不合理现象，为组织的生存与发展奠定良好的基础。本节对组织设计的传统原则和动态原则进行简要的介绍。

一、组织设计的传统原则

组织设计的传统原则主要适用于在一个比较稳定的环境中，从事重复、稳定、例行工作的组织设计。

（一）管理跨度原则

管理跨度是指一个领导者直接指挥的下级的数目。管理跨度原则就是要求一个领导者应有一个适当的管理跨度。与管理跨度密切相关的还有另外一个概念，即管理层次，它是指组织中职位等级的数目。在最底层操作人员一定的情况下，管理跨度越大，管理层次越少；反之，管理跨度越小，管理层次越多。图 4-9 给出了当最底层为 4096 人，管理跨度分别为 4 人和 8 人时的管理层次，以及每一个层次人员的分布情况。

可以看出，当最底层作业人员为 4096 人时，管理跨度为 8 人的组织比管理跨度为 4 人的组织可以减少两个管理层次，而中间层的管理人员减少 780 人。但是，管理跨度的加大必然要增加管理者协调关系的数量，因而并非管理跨度越大越好。主管领导者需要协调的关系数 M 可以由下面的公式计算

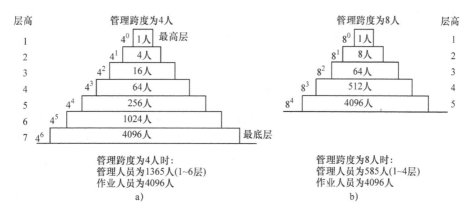

图 4-9 管理跨度与管理层次的关系

$$M = N(2^{N-1} + N - 1)$$

式中，N 是管理跨度；M 和 N 是几何级数的关系。

一个组织的各级管理者究竟选择多大的管理跨度，应视实际情况而定。一般来讲，若主管人员的能力强、精力充沛，则管理跨度可以大些，反之，应小些；若下级人员的能力强、素质高，则管理跨度可以大些，反之，应小些；若组织中较高层次的管理人员需要处理的重要事务较多，则可以比较低层次的管理人员有较小的跨度。粗略地讲，上层的管理跨度以 4~8 人为宜，下层的管理跨度以 8~15 人为宜。从发展趋势看，伴随着组织结构的扁平化，管理跨度有逐渐增大的趋势。

（二）统一指挥原则

统一指挥原则是指组织中每一个下级只能接受一个上级的指挥，并向这个上级负责。后来，人们又将这个原则发展为组织中每一个人只能接受同一个命令。如果有两个或两个以上领导人同时指挥，则必须在下达命令之前进行相互沟通，达成统一意见后再下达命令，以免使下级无所适从。统一指挥原则排除了组织中更高级别的主管或其他部门的主管越级指挥或越权发布命令的现象，有利于组织的政令统一、高效率地贯彻执行各项决策。但是，在实践中这一原则有时过于刻板，使组织缺乏必要的灵活性，同层次不同部门之间的横向沟通困难。因此，在设计组织结构和沟通方式时，应采取适当的措施予以弥补。

（三）责权一致原则

责权一致原则是指在赋予每一个职务责任的同时，必须赋予这个职务自主完成任务所需的权力，权力的大小需要与责任相适应。有责无权，无法保证完成所赋予的责任和任务；有权无责，将会导致滥用权力。组织赋予每一个职务的权力不能太小，也不能太大，一定要与所赋予的责任相适应。这是组织设计时必须注意的问题。

（四）分工与协作原则

分工是指按照不同专业和性质将组织的任务和目标分成不同层次的部门或个人的单项任务或目标，并规定出完成各自任务或目标的手段和方式。分工是提高组织工作效率的基本手段，可以使每一个部门或个人专心从事某一方面的工作，增加熟练程度和技巧，配备专业化的仪器设备。具体的分工方法很多，例如，企业按照管理职能专业化进行分工，可以分设销售处、供应处、生产处、人事处等部门；制造型企业按照生产过程专业化进行分工，可以分设铸造车间、锻压车间、机加工车间、装配车间、调试车间等；电视机企业按照不同产品进行分工，可以分设液晶彩色电视机分厂、等离子彩色电视机分厂等；还可以按照不同地区、不同顾客群等进行分工。

协作是指规定各个部门之间或部门内部的协调关系和配合方法。组织是一个系统，作为其子系统的各个部门不可能相互脱离而独立运行，必须相互协调才能高效率地完成各自的任务，最终实现组织的总目标。所以，分工与协作是相辅相成的。

所谓分工与协作原则，就是指在组织设计时，按照不同专业和性质进行合理的分工，并规定各个部门之间或部门内部的协调关系和配合方法。这是提高组织运行效率的有效手段。

（五）机构精简原则

所谓机构精简原则，是指在能够保证组织业务活动正常开展的前提下，尽可能减少管理层次、简化部门机构，并配置少而精的主管人员。坚持这个原则的优点是非常明显的：组织精干，反应敏捷，协调工作量小，工作效率高；节省人员的费用和组织的管理费用。

二、组织设计的动态原则

组织设计的传统原则仅适用于在比较稳定的环境中，从事重复、稳定、例行工作的组织；当组织环境不稳定时，常常要求组织结构具有一定的弹性，能以较快的反应速度适应环境变化，这样，传统的组织设计原则便不适用了，而应使用下面介绍的组织设计的动态原则。

（一）弹性结构原则

弹性结构原则是指组织的部门结构、人员的职位和职责可以随着实际需要而变动，以便使组织能快速适应环境的变化。

为了使组织具有活力并快速适应环境的变化，在组织设计和结构维护过程中，应定期对已有部门机构进行功能审核，看它们在组织运行过程中是否起到了应有的作用，是否是实现组织目标所必需的机构，是否需要对这些部门机构进行改组、撤销或成立新的部门机构，而且必须建立一套对组织结构进行动态调整的保证机制，使组织结构随时可以根据需要进行调整，保持弹性。

为了使职位保持弹性，应按任务和目标需要设立岗位，而不是以人设岗。人员的岗位职责要根据不同时期的组织目标和任务的特性进行调整，各级管理人员要定期更换，努力做到一专多能、一人多岗。此外，还可以通过实行多种用工制度使人员富有弹性。

（二）集权与分权相平衡原则

集权与分权相平衡原则就是根据组织的实际需要来决定集权和分权的程度。集权是指组织的大部分决策权都集中在上层；分权是指将组织的决定权根据各个层次职务上的需要进行分配。集权和分权的程度完全是根据组织在不同时期、不同环境下为了完成组织目标的需要而决定的。例如，当组织的外部环境比较稳定时宜采用集权，当外部环境变化激烈时宜采用适当程度的分权；当组织规模较小时宜采用集权，当组织规模较大时宜采用适当程度的分权。集权和分权的程度没有固定的尺度，关键是组织的决策者要高瞻远瞩、审时度势，根据需要把握好这个程度。

第五节 组 织 变 革

组织变革是指各类组织对管理理念、工作方式、组织结构、人员配备、组织文化等多方面进行不断调整、改进和革新的过程。当今，由于组织面对的是一个动态的、变化不定的环境，为了生存和发展、适应环境的变化，组织必须不断地进行变革。本节将围绕组织变革这个主题，对组织的生命周期、组织老化的特征、组织变革的动因、组织变革的方式和组织变革的步骤进行讨论。

一、组织的生命周期

像任何有机体一样，组织也有其生命周期。按照学者格林纳（Greiner）的观点，可以将一个组织的成长过程分为五个阶段，即创业阶段、聚合阶段、规范化阶段、成熟阶段和成熟后阶段。每一个阶段后期都会面临某种危机和管理问题，均需采取一定的管理策略化解这些危机才能达到成长的目的，如图4-10所示。

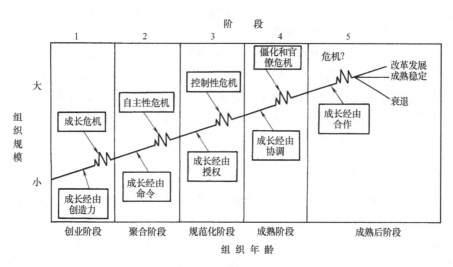

图 4-10　组织成长的五个阶段

下面分别简述组织每一个发展阶段的特征：

（1）创业阶段。该阶段是组织的幼年期，组织规模小，反应灵活，人员心齐，工作关系简单，组织的大小事情均由创业者直接决策指挥。创业者一般技术业务很好，但不太重视管理，因此，组织的生存与成长完全取决于创业者的素质和创造力。然而，随着组织的壮大，管理对象越来越复杂，创业者常常感觉到难以驾驭整个组织。到了创业阶段后期会出现领导危机，并直接导致组织的成长危机。

（2）聚合阶段。该阶段是组织的青年期，组织人员迅速增多，组织规模不断壮大并具有很强的凝聚力，获得了较好的经营业绩。在这个过程中，创业者不断得到磨炼，已具有丰富的管理经验和领导才能。为了适应组织不断扩大的新形势，组织有计划地招聘了若干有经验的专门管理人才，主持组织中各个层次的管理工作。在这个阶段，创业者基本上仍以集权方式指挥控制中下层管理者，严格控制着组织的各个部分，因此，组织的成长主要依靠高级主管的集权和命令。到了本阶段的后期，中下层管理人员由于长期无决策权和自主权，会产生不满情绪，这便产生了所谓的自主性危机。

（3）规范化阶段。该阶段是组织的中年期，此时组织已有相当的规模，基本形成了跨不同地区、跨不同产品领域的多元化经营格局。为了使组织继续成长，必须采取分权式的组织结构，允许各级管理者拥有较大的决策权，换句话说，就是组织的最高管理层必须向下授权。但是，随着各种决策权、自治权的下放，各个部门常常会出现各自为政、仅考虑本部门利益的现象，组织又会出现控制性危机。

（4）成熟阶段。组织经过前面三个阶段之后，逐渐完善组织制度而趋于成熟。为了防止控制性危机，组织将许多原属于中层和基层的管理决策权重新收归到最高决策层，出现了重新集权的趋势。然而，由于下授的权力难以完全收回，不可能恢复到第二阶段的命令式管理，只有采取其他组织方式予以弥补，如建立管理信息系统、成立协调委员会等，在高层主管的监督下，加强各个部门之间的协调与配合，制定新的规章制度和工作程序。这样既加强了高层管理者对整个组织的控制和监管，又充分发挥了中基层的能动作用。因此，在该阶段，组织的成长更多地依赖于组织各部门上下左右的协调。然而，在该阶段后期，随着职能部门的增多、关系的复杂化以及各种规章制度的制定，在某种程度上降低了组织的运营效率和灵活性，这样便产生了僵化和官僚危机。

（5）成熟后阶段。该阶段组织已处于中年后期并逐渐进入老年期，因而具有很大的不确定性。通过组织的变革与创新，组织可能重新再获得发展，也可能趋向于更成熟、稳定，还可能由于环境的变化而走向衰退。为了使组织继续保持成熟、稳定，并避免出现危机，人员和各个部门的相互合作特别重要。在可能的条件下，要努力进行组织变革，更新组织成员的经营观念，开拓新的经营领域。

二、组织老化的特征

组织和人一样，经过若干年以后必然会老化，特别是在组织环境变化剧烈的情况下，组织的寿命将大大缩短。据有关资料显示，进入20世纪70年代以后，在美国平均有62%的企业存活不到5年，寿命超过20年的企业只占企业总数的10%，只有2%的企业能存活50年，其中中小型企业平均寿命不足7年，大型企业的平均寿命也不到40年。按照组织的生命周期理论，组织从成立经过几个阶段后逐渐趋于老化，如不及时变革，就可能陷入困境。下面列举一些组织老化的特征，以便于对组织老化的识别：

（1）机构臃肿。当组织的机构越来越多时，机关的管理人员越来越多，上级的协调工作量明显增大，整天忙碌却没有效果，这说明该组织已呈现老化的特征。

（2）反应迟钝。组织对环境的变化和内部的各种信息反应迟钝，办事效率低下，经常出现渎职、推诿等现象，很多重要的事情决策困难、执行不力，也说明该组织已具有老化的特征。

（3）文山会海。随着机构的增多，需要协调的工作量也越来越大，突出表现在经常举行各种会议，下发的文件也越来越多，各级领导整天陷于文山会海之中，苦不堪言，这也说明该组织已具有老化的特征。

（4）模式僵化。组织模式难以改变，对环境的变化缺乏柔性，决策管理层的思维和行为模式僵化，墨守成规，缺乏新的思路，这说明组织已具有老化的特征。

（5）经营思路保守，技术设备落后。对于老企业，如果经营思路保守，技术设备落后，所生产的产品缺乏竞争力，市场份额逐步减少，这也说明该企业已具有老化的特征。

三、组织变革的动因

当今，由于组织面对的是一个动态的、变化不定的环境，为了组织的生存和发展，必须设法适应这样的环境。从这个意义上讲，不仅老化的组织需要变革，实际上处于每一个成长阶段的组织都需要考虑变革问题。促使组织变革的动因可分为外部动因和内部动因两个方面。

（一）组织变革的外部动因

以系统的观点看，任何组织都是一个开放系统，它通过与其所在的环境不断地进行物质、能量、信息的交换而生存与发展。因此，外部环境的变化是组织变革的重要动因。确切地讲，外部动因是指市场、资源、技术和社会环境的变化。具体来看，影响变革的外部因素主要有如下几个方面：

1. 行业环境的变化

（1）市场的变化。市场的变化是非常复杂的，如顾客的收入、价值观念、偏好发生变化，或竞争者推出新产品、加强了广告宣传、降低了价格、改进了服务等。这些市场因素都会使本企业的产品失去吸引力。因此，市场的变化是组织变革的重要外部动因之一。

（2）资源的变化。资源的变化主要是指人力资源、能源、资金、原材料供应的质量、数量以及价格的变化。这些因素的变化将会对组织管理水平和效率、运营成本、生产规模与产品质量产生直接影响。因此，资源的变化也是组织变革的重要外部动因之一。

（3）技术的变化。技术的变化主要是指新技术、新工艺、新材料、新设备的出现。这些因素的变化将会对组织的产品开发、设计、制造、质量、工艺流程、生产方式与效率等产生重大影响；同时，若竞争者率先采用了新技术、新工艺、新材料、新设备，将对组织的运营产生极大的冲击。因此，技术的变化也是组织变革的重要外部动因之一。

2. 社会环境的变化

社会环境的变化主要是指政治形势的变化、经济形势的变化，投资、贸易、税收、产业政策与企业政策的变化等。这些环境因素的变化有时会给组织带来良好的机遇，有时会给组织带来极大的风险。因此，社会环境的变化同样是组织变革的重要外部动因之一。

近年来，我国经济与企业遇到了前所未有的外部动因的挑战。经济的全球化模糊了国与国经济的界限，国际上实力雄厚的跨国公司纷纷争夺我国市场，它们的产品在我国逐渐实现了本土化，在我国市场上与我国企业展开了激烈的市场竞争。同时，随着我国企业产品出口机会的增加，我国企业的产品与国外企业的产品发生碰撞的机会也在增多。为了应对这些挑战，我国企业加快了体制改革、结构重组、技术创新的步伐，涌现出一批优秀的企业和名牌产品，如海尔、创维、联想、奇瑞、华为等。为了扩大市场、开展国际化经营，也涌现出一部分走出国门的优秀企业。例如，海尔集团提出了市场全球化的三个1/3战略，即1/3的产品国内生产国内销售，1/3的产品国内生产国外销售，1/3的产品国外生产国外销售。经过几年的努力，海尔逐渐建立起全球范围的营销网络，并聘用了一批外语好、业务精、观念新、勇于在国际市场上拼杀的优秀人才。

科学技术的进步与信息化也对我国的经济和企业构成了结构变革的压力。一方面，信息技术、激光技术、空间技术、微电子技术、数据传输技术、生物工程技术等高新技术不仅推动了一系列相关的新兴产业的发展，而且造就了一大批生产高科技产品的高新技术企业，传统的、在工业化阶段发展起来的层级式组织结构对这些企业已不再适用，必须采用全新的、适合研究、开发、创新的组织结构；另一方面，现代高新技术、先进的仪器设备在传统产业中的扩展与应用，也对传统企业的变革产生了压力。因此，我国企业必须更新观念，跟上科学技术与信息化发展的步伐，借助这种推力，致力于组织变革。比较庆幸的是，我国已提出要依靠体制创新和科技创新，以信息化带动工业化，大力推进经济结构的战略性调整的重大举措，这对提升我国经济发展水平、参与经济全球化进程具有重大而深远的意义。

（二）组织变革的内部动因

组织变革的内部动因主要包括组织内部条件的变化、组织生命周期中的矛盾等。

1. 组织内部条件的变化

（1）人员思想和行为的变化。组织中人员的思想和行为有积极向上、创新开拓的，这些思想和行为是促进组织变革的原动力，例如，新领导上任后采用了新的经营理念、制定了新的目标和战略；由于引进了一批科技人才和管理人才，员工队伍的技术水平和思想观念发生了变化等。这些变化将极大地推进组织变革的进程。相反，若组织中人员的思想和行为变为消极、不满、怠工、冲突，则往往从反向迫使组织不得不进行变革。因此，组织中人员的思想和行为的变化是组织变革的重要内部动因之一。

（2）经营方向的变化。随着组织的发展、产品与服务市场的变化，组织的经营方向也会发生变化。企业为了适应这种变化，必须对原有组织结构进行调整。

（3）生产技术的变化。当企业引进新设备、新工艺、新标准时，为了适应这种新的生产技术的要求，企业必须进行人员培训、岗位和部门调整，这样就引起了组织的变革。

2. 组织生命周期中的矛盾

组织在运行和成长过程中会出现各种矛盾，如组织结构庞大臃肿、运行机制僵化缺乏弹性，对外界环境的变化反应迟钝、决策缓慢或决策失误，组织内部不协调、指挥失灵等。伴随着这些矛盾的解决，组织结构也将被调整。

四、组织变革的方式

组织变革可以通过三种主要方式进行，即以组织为中心的变革、以技术为中心的变革、以人员为中心的变革。

（1）以组织为中心的变革。这种方式就是通过改变组织结构形态、信息沟通渠道和方式、管理的规章制度、员工的工作环境等途径实现组织变革。在这种变革过程中，人员的态度和行为方式是随着以上几个方面的改变而加以调整的，并且这种调整是渐进的，有时是不情愿的，组织的变革常常会遭受来自人员态度和行为方面的阻力。以组织为中心的变革是人们采用较多的变革方式，其优点是操作起来相对容易，且效果比较明显。

（2）以技术为中心的变革。这种方式就是通过引进新设备、新材料、新技术、新工艺，改变运营程序和标准等途径实现组织变革。采用这种变革方式，要求组织必须具有现代的经营理念和雄厚的资金基础，否则难以实行。在这种变革过程中，对人员的素质、态度和行为方式等方面都会产生巨大影响，主要表现在岗位的重新调配、新岗位对技术和技能的要求、工作程序和工作时间的改变等方面。以技术为中心的变革也是一种被采用较多的变革方式。其优点是可以在较短的时间内快速改变现有的产品结构和运营状态，在产品系列、产品质量、市场竞争力等方面实现跳跃式的发展。

（3）以人为中心的变革。这种方式就是通过改变员工的态度、价值观念、需求层次和种类、行为方式等途径实现组织变革。这种变革方式要求组织的管理者针对员工的不同特点和所处的不同状态，有目标、有计划、有步骤地进行深入细致的教育、引导、示范和培训，改变他们看问题的角度与方式、对工作和人生的态度，激发他们的工作热情，引导他们需求的偏好兴趣，提高他们的岗位技术和技能，鼓励他们大胆创新、提高工作效率。因此，这种变革一般需要较长的时间，并对组织的管理者有极高的素质要求，其效果迟缓但具有持久性，与前两种组织变革方式相比有更大的难度。

实际上，对于一个具体组织而言，应视其具体情况来选择变革方式，其组织变革常常是上面三种方式交替与混合的过程。在这个过程中，选好变革的突破口至关重要，只有将这些变革方式很好地结合起来使用，循序渐进，才能收到好的效果。

五、组织变革的步骤

组织变革一般说来可经过如下几个步骤得以实现：

（一）诊断组织状态

组织变革的第一个步骤是根据组织的表现和运营现状，准确地确定组织所处的生命周期阶段，依据组织的生命周期理论和现实情况，认真寻找组织在运行和发展过程中存在的问题。要特别注意组织外部的政治环境、社会环境、市场环境所发生的新变化和发展趋势；同时，也要重视组织内部日常活动的一些反馈信息，全方位地诊断组织的目标、组织结构、信息沟通渠道和方式、组织对环境变化的适用状况、组织的运营状态、资源配置情况、员工的士气与情绪等方面存在的问题。将这些问题按其属性进行分类，按其重要性和急迫性进行排序，从中挑选出若干相对重要的、对组织全局影响较大的问题，逐个认真分析、研究，找出产生这些问题的根源和解决这些问题需要改变的因素，并初步确定组织变革的具体目标。

（二）选择变革方法

根据确定的组织变革目标，结合本组织的实际情况，确定变革的突破口和重点。如果组织的结构存在重大缺陷，可选择以组织为中心的变革方式；如果组织结构本身没有太大问题而技术方面存在重大缺陷，在资金条件具备的情况下，可选择以技术为中心的变革方式；如果组织中的人员结构存在重大缺陷，可选择以人为中心的变革方式；还可以混合使用三种方式，循序渐进地推进组织变革。

（三）分析限制条件

为了使组织变革获得成功，还应该认真分析变革的限制条件，即组织变革有哪些制约因素、需要具备什么条件。变革的限制条件，对于不同时期、不同组织将有较大的差异，然而，上级主管部门是否支持以及组织内部是否具备变革的基础条件是两个必须考虑的限制条件。因为变革将会打破被变革组织的结构体系，实际上它是资源和利益的重新分配与组合，动作大、影响面宽，在变革的过程中可能出现许多预想不到的问题和负面后果，风险性很大。如果没有上级主管部门的支持和认可，变革是很难成功的。因此，要详细向上级主管部门汇报情况，说明目前组织存在的严重问题、变革的必要性和将要实施的变革方案，努力争取他们的支持和理解。组织内部所具备的变革基础条件包括的方面较多、较复杂，不论采取哪一种变革方式，群众的支持都是必需的。所以，组织者首先要开展广泛的宣传活动，在深入基层调查研究的基础上，尽可能多地让员工了解变革的必要性、困难和变革成功之后组织的新形态，鼓励他们献计献策、积极参与，尽可能地减小来自人员对组织变革的阻力。其次，还要分析组织能否承受变革的成本和代价，如企业要考虑能否承受变革所需要的资金成本、变革引起的暂时不稳定而出现的损失等。特别是进行以技术为中心的变革，在引进技术、设备或开发新项目时，应做好充分的论证和市场前景分析，绝不能盲目行事，以免造成不可挽回的重大损失。最后，还要分析、选择组织实施变革的时机。组织变革应选在组织内部相对稳定和对组织运营影响较小的时机进行；变革的周期不宜太长，但也尽量避免操之过急、突击完成，要循序渐进，讲求实际效果。在条件允许的情况下，要尽量把变革引起的阵痛减至最小。

（四）制订变革计划

在进行了以上步骤之后，重要的工作就是制订组织变革计划。该计划应包括变革的目标、组织现存的严重问题和根源、变革的方式、变革的步骤和完成这些步骤的详细时间表等内容。变革的目标要具体、明确；现存的问题及其根源分析要透彻；变革方式的选择要适合组织的具体情况；变革的步骤要明确，特别是要列出相应的配套措施、管理制度和岗位职责制定、实施的时间表；最后还应该有变革的验收标准和程序。可以在总的计划下制订若干子计划或实施细则，以便于实施操作。计划的制订要理由充分、思考周密、便于实施，要广泛征求各方面的意见并对计划进行反复的论证和修改，尽可能多地得到组织中员工的支持与理解。

（五）实施变革计划

组织变革的最后一个步骤就是实施组织变革计划。依据变革计划，从变革的突破口开始，逐渐进入组织的变革实施过程。以组织为中心的变革重点是组织结构的重新划分或重大调整。根据变革目标和组织总目标的要求，选择组织结构类型，设计每一个部门机构的规模、职能、岗位以及相互沟通的方式，按照岗位职责的要求选配部门管理人员和一般职员，按照新的组织结构体系进行运行调试，最终完成组织变革。以技术为中心的变革重点是按照计划、分步骤实施新设备、新材料、新技术、新工艺的引进，进行相应的工作岗位配置，选配工作人员进行培训、上岗。此时，组织结构也可能需要按照新的生产、运营流程进行适当的调整。以人为中心的变革重点是按照计划、分步骤进行人员引进、调配、培训，直至变革计划完全实施。在变革计划的实施过程中，如发现变革计划和实际情况有较大出入，可对其做出相应的调整，以保证变革的顺利实施。

第六节 组 织 创 新

组织变革的过程侧重于组织为了不断适应环境的变化而持续进行的渐进式改革与革新。本节讨论的组织创新主要是指建立在一种全新理念的基础上，打破传统的框架体系，创造出新的组织形态来增加企业的竞争力，使其适应新经济和信息化时代的要求。这里重点介绍三种组织形态，即组织结构的扁平化、企业再造和学习型组织。

一、组织结构的扁平化

组织结构的扁平化是指组织通过裁减多余人员、精简机构、再造工作流程、增加授权、扩大管理跨度等措施减少组织层次的过程。其目的是提高组织的运作效率，增加组织的灵活性与适应性。

前面介绍的关于组织的直线型结构、职能型结构、直线职能型结构、事业部结构等都是传统的金字塔式层次结构。这些结构主要依靠高层主管的权威和由上向下的垂直指挥链来运作，在企业员工的文化素质水平较低和以生产为中心的年代里曾发挥了极大的作用，给许多企业带来了成功。然而，随着时间的推移，企业庞大的机体、繁多的层次结构，严重影响了企业的活力和竞争力，主要表现在企业内部的官僚作风，信息沟通缓慢，对经营环境变化的反应迟钝，压抑员工的工作积极性和创造力，人员成本消耗过大等。面对全球经济一体化和激烈的市场竞争，大型企业普遍认识到，要改变被动局面，精简机构，减少结构的中间层次，从根本上改变金字塔的框架结构，是企业改革的必由之路，这便是企业结构的扁平化。信息技术的飞速发展，也为企业结构扁平化提供了必要的条件。因为通过信息网络，可以快速地交换信息，进行组织运营，组织结构的许多中间层次的作用被大大削弱，将其去掉成为可能。显然，组织结构扁平化后，必然会增加管理层的管理跨度和关系协调的工作量。为了使组织适应这种新的变化，企业高级管理层必须向下级授予更多的决策权和自治权，而对基层人员的素质也提出了更高的要求，其工作不仅要有主动性，而且要有创新性。

企业扁平化的第一个行动是精简机构和裁员。例如，1981 年出任美国通用电气公司总裁的韦尔奇曾毫不犹豫地在几年内削减了 350 个部门，使公司的机构大大精简。伴随着机构的精简，企业要减少中间层的管理人员，缩减一线人员，其直接效果是节省人力成本，增加组织的灵活性。韦尔奇曾将通用电气公司的员工数量从 40 多万人减少到 27 万人，使公司从变革前的多达 2.5 万名经理和 130 名副总裁，变为韦尔奇直接领导的 13 个事业部的经理，管理机构从 12 层压缩到 5 层，大大提高了公司的运作效率和对市场反应的灵敏度。

企业扁平化的另一个行动是建立有工作自主权的团队。这种团队结构可以消除金字塔式组织结构呆板的弊端，增强组织的弹性，适应市场的多变性，提高企业的竞争力，更好地适应国际竞争新形势。

二、企业再造

企业再造或重新构建公司是美国 20 世纪 90 年代企业管理变革的核心。简单地讲，它是指重新设计和整合工作程序，建立能够充分体现个人价值的团队式的组织，并不断扩大这种组织，直到整个企业都按照这种新的原则构建起来，最终形成新型企业组织的创新过程。

企业再造的目的是试图创造一个使人们可以平等参与的工作环境，在这种环境中，不是以等级制和职务的高低为标准，而是以工作业绩作为唯一标准来划分人们对经济、社会和自我实现需要的满足程度。因此，在这种环境中，人们不必耗费精力去竞争职位和权势，而只需以个人的专业知识、文化背景、独特思维方式去参与、创造，以实现其"文化人"的价值。

工作程序的重新设计是企业再造的出发点，要将过去分工制度下由部门顺序完成的工作整合起来，调整旧的组织结构，以压缩工作程序的时间成本，组织中的人员要变专才为通才，做到熟悉自己的工作、了解别人的工作，使企业在组织结构、工作程序、人员素质、规章制度等各个方面发生根本的变化，以快速满足顾客新的需求。

1990年，美国麻省理工学院的迈克尔·哈默教授在《哈佛商业评论》上发表了题为《重新设计工作，不是搞自动化，是取消》的文章。这篇文章立即引起了轰动，因为它是美国企业界经过近10年时间对传统组织模式（将完整的工作进行分解，按不同的部门依次完成，在市场、设计、生产、销售、财务、人事等工作之间造成人为的壁垒）进行了深刻反思而发出的声音，即在信息化和知识化的前提下，企业的工作必须采取并行的方式进行，只有这样，才能加快企业对市场的反应速度。1993年，迈克尔·哈默和詹姆斯·钱皮出版了著作《重新构建公司——企业革命的宣言》，受到了经济界的广泛重视。到1994年，已有75%~80%的美国大公司开始再造工程。

究竟什么样的企业需要"再造"呢？它对中国的企业又有什么样的参考价值？一般而言，以下四类企业需要进行企业再造工程：

（1）身陷困境、准备背水一战的企业。当一个企业在技术、成本、产品等方面均处于劣势时，便陷入了经营上的困境，此时决策者可能会更换思路，实施企业再造，以期走出困境、重振雄风。

（2）目前经营状况尚好但有下降趋势的企业。当一个企业有比较传统的产品和相对稳定的市场时，企业的收益稳定，财务状况尚好，但是从长远看，企业的产品缺乏明显的优势，而市场份额受到竞争企业的威胁严重，如果不进行重大的调整和革新，将会出现严重问题，此时决策者应选择再造工程。

（3）完成兼并重组的企业。当企业向其他领域拓展业务进行企业并购时，由于不同企业之间组织结构、业务流程和企业文化等存在差异，企业要实现自身的经营目标，必须整合流程，进行企业再造。

（4）信息化建设与流程不吻合的企业。在进行信息化建设的过程中，为了使信息化管理模式与原来的业务流程相吻合，企业必须进行企业再造工程，以提高管理和运营效率。

我国对濒临倒闭、效益不佳的企业采取关闭、合并或重组等措施，以及为了适应新的经济形势进行的全国范围的经济结构调整和企业战略重组，可以理解为中国式的企业再造。如果将企业再造的含义定义为：根据环境变化，对企业的组织结构、经营模式和理念重新调整，使企业以更敏捷、灵活的最佳状态应对市场的变化，那么企业再造将是每一个中国企业应该考虑的重要主题。因为只有这样，才能使企业始终充满活力和竞争力，在复杂多变的市场环境中立于不败之地。然而，中国企业如要进行西方式的企业再造还有很长的路要走。因为在中国，信息化在大多数企业中尚未普及，电子商务或用信息网络进行企业全方位的运营对于大多数企业来讲还远没有完全实现；同时，企业的知识化和西方企业引以为傲的无等级制和无职务高低，仅以工作业绩作为唯一标准来划分人们对经济、社会和自我实现需要的满足程度的理想环境，对于大多数中国企业来讲并不具备。因此，有理由认为，西方式的企业再造理论对中国企业来讲并非完全适用，还需广大专家、学者和企业家认真分析、研究，大胆实践创新，紧密结合我国的实际，在吸收西方有益思想的基础上，勇于探索中国式的企业再造理论。

三、学习型组织

学习型组织是指通过营造整个组织的学习气氛而建立起来的一种符合人性的、有机的、扁平化的组织。这种组织的主要特点是通过组织成员持续的学习，来获取新知识、新技能，以促使组织的可持续发展。

学习型组织概念的产生有其深刻的社会原因。进入 20 世纪 70 年代，世界范围内的企业竞争日益激烈，企业的平均寿命明显缩短，可谓优胜劣汰、适者生存。研究表明，企业要想长期生存，必须具有可持续发展的能力。促成这种能力的产生，最有效的方法就是加强新知识、新技术的获取，培养企业员工的创新能力。换句话说，企业不能仅重视物质资源和资本，必须加强对知识和人才的管理，要创造一种鼓励员工不断获取新知识、新技能的环境，充分发挥知识或团队的创新与整合效应。

西方学者在提出学习型组织概念的同时，也对这种组织的特征给出了详细的描述：这种组织的第一个特征是有一个大家都向往的、经过努力可实现的、具有号召性和凝聚力的远景蓝图；第二个特征是组织由多个发奋学习、努力创新的团队构成；第三个特征是组织的扁平化，即组织有很少的中间机构，最高管理层与基层部门的联系密切，并将尽可能多的决策权下放到基层；第四个特征是为了实现组织的远景蓝图，领导者除了完成传统的设计工作外，重点是把握组织发展的理念和方向，并以公仆和指导者的身份参与自组织、自学习的过程，并实施组织要素的整合。

显然，员工的知识获取除了自学以外，还可以采用在职培训和脱产学习等方式来实现。学习型组织特别强调员工的在职学习和交流，因为这可以紧密结合管理、生产一线的实际问题进行演练和培训，使员工能尽快适应生产、工作的新要求，促进技术革新、工艺改造和管理方式的创新，通过创新来提高企业的经营效益。当然，对于企业自身无法通过在职培训解决的新知识、新技术，挑选若干员工离开企业一线到专门的培训机构学习，也是一个非常有效的办法。在学习内容上，除了新知识、新技术之外，要特别注重现代管理意识的培养，使企业员工适应知识经济时代的要求。

学习型组织的建立需要进行"五项修炼"，即自我超越、改进心智模式、勾画共同的远景蓝图、团体学习和系统思考。下面分别对这五个方面予以简述：

（1）自我超越。所谓自我超越，是指充分挖掘自身的潜能，努力获取新知识和新技能，为了追求目标和理想，全身心地投入工作，逾越心理障碍，积极进取，不断创造，最大限度地自我实现的过程。组织中的每一个成员都必须进行自我超越的磨炼，要树立远大的个人理想和宏伟目标，以极大的热情和自觉的意愿终身学习、终身奋进。

（2）改进心智模式。心智模式是指在人的成长过程中，伴随着与周围世界的接触而在内心形成的处事模式。它由许多理事待物的假设、成见、标准和经验交织构成。改进心智模式就是组织成员打破既成的思维模式，解放思想，进行创造性思维的过程。组织的每一个成员要努力培养跳跃式的思维方式，并不断总结成功的经验；要全面反思自己对所经历的事情及其处理方式的内心假设，努力找出其中不合理的地方；更多地参与多人之间的面对面的询问与辩论，在互动过程中调整自身的思维与行动；经常对比自己认为正确的理论和实际使用的理论的差距，感悟内心模式与现实的不同并加以改进，逐渐培养起创造性的思维模式。

（3）勾画共同的远景蓝图。勾画共同的远景蓝图是组织成员树立共同远大理想和宏伟目标的过程。这样做的目的就是将全体成员团结在一起，增加凝聚力和号召力，使大家从中得到鼓舞。具体地讲，在鼓励个人勾画远景、设计未来的同时，积极地塑造整体形象，培养组织成员的集体观念、责任感和荣誉感，逐渐使大家形成一个人人都向往的、经过努力可实现的、具有号召性和凝聚力的远景蓝图,并将这种远景蓝图融入企业的理念之中。

(4)团体学习。团体学习是培养团队成员互相配合、整体搭配、共同实现目标能力的过程。团体学习可以互相交流思想和技术,激励大家的学习热情,做到取长补短、互相启发、共同创新,以获得高于个人的团队智慧和力量,并在相互学习的过程中互相理解、增进情感、达成默契。

(5)系统思考。系统思考是五项修炼的核心,它可以使组织成员以系统的观点看待组织的生存和发展,并将每一个成员的智慧和行为融为一体。这种思考可以引导成员从看事件的局部到纵观整体,从看事件的表面到洞察其变化背后的深层结构,从孤立地分析各种因素到认识各种因素之间的互动关系和动态平衡关系。

以上五个方面是一个有机的整体,缺一不可,并且要坚持不懈,只有这样才能逐渐形成学习型组织。然而,学习型组织的创建是一个长期的、复杂的过程,它和组织环境、员工素质、企业文化等因素密切配合。因此,企业的管理者在进行这五项修炼时,首先要考虑以下几个问题:

(1)改革传统的分层组织结构,逐步向扁平化的组织结构过渡。传统的分层结构在传递信息时容易产生时滞,容易忽略组织内部的横向信息交流,影响组织与外部环境的信息交换。企业组织结构的改革可以通过逐步缩减中间层级,对同一层级上的员工实行奖评机制或差别化薪酬制度来入手。当然,学习型组织虽然强调组织结构的扁平化,但并不意味着要取消所有的中间层次,适当的中间层次会促进企业的个人学习、团队学习向组织学习的转化。因此,组织需要根据自身情况,选择适当的改革模式,建立具有特色的扁平化结构。

(2)营造宽松的学习氛围。企业应当营造宽松的学习氛围,以激发员工的创造性思维和学习的主动性,调动员工共享知识和技能的积极性,打消员工贡献自己知识的顾虑。可以组织专家来企业讲授知识,组织员工进行现场技能传授、观摩,对企业问题进行讨论、研究,建立知识共享后的奖惩机制等。

(3)在企业内部建立学习型团队。企业管理者可以在企业内部创建学习型团队,作为企业组织结构的重要补充。团队由岗位联系紧密的员工优化组成,团队内部不同岗位的员工开展知识交流并进行岗位轮换,使团队的大部分成员成为技术的多面手,承担或完成研发、制造和管理更多环节的任务,使员工感受到自身工作的整体性和重要性。

(4)把学习型组织的创建和企业文化结合起来。创建学习型组织要与企业的经营理念、管理制度、行为规范、员工风貌、企业形象紧密结合起来,体现企业自身特色,不能盲目照搬。

(5)鼓励员工创新。挖掘员工自身学习的潜力,宽容失败,鼓励员工进行理念创新、技术创新、知识共享,为企业提供发展动力。

复 习 题

1. 什么是组织?
2. 简述组织职能的主要内容。

3. 组织环境主要包括哪些要素？

4. 组织与其环境的关系如何？

5. 正式组织与非正式组织有何区别？

6. 什么是非营利组织？简述非营利组织的主要特征。

7. 什么是虚拟组织？其特征是什么？

8. 什么是虚拟企业？

9. 组织设计的基本目的是什么？

10. 简述组织设计的基本步骤。

11. 直线型结构有什么特点？有何优缺点？该结构适合什么样的组织？

12. 职能型结构有什么特点？有何优缺点？

13. 直线职能型结构有什么特点？有何优缺点？该结构适合什么样的组织？

14. 事业部结构有什么特点？有何优缺点？该结构适合什么样的组织？

15. 矩阵型结构有什么特点？有何优缺点？该结构适合什么样的组织？

16. 三维立体结构有什么特点？

17. 委员会有什么特点？有何优缺点？

18. 什么是团队？

19. 组织设计的传统原则适合什么情况？

20. 什么是管理跨度原则？在最底层人数相同的条件下，管理跨度和管理层次有什么关系？

21. 什么是统一指挥原则？

22. 什么是责权一致原则？

23. 什么是分工与协作原则？

24. 什么是机构精简原则？

25. 组织设计的动态原则适合什么情况？

26. 什么是弹性结构原则？

27. 什么是集权与分权相平衡原则？

28. 简述组织变革的含义。

29. 简述组织的生命周期理论。

30. 组织老化有哪些特征？

31. 组织变革的动因有哪些？

32. 简述组织变革的三种主要方式。

33. 组织变革有哪些步骤？

34. 什么是组织创新？

35. 组织结构扁平化的含义是什么？

36. 什么是企业再造？

37. 什么是学习型组织？简述建立学习型组织的"五项修炼"。

作 业 题

一、判断题

1. 为了某种特定目标，经由分工合作、具有不同层次的权力和责任制度而构成的人的集合称为组织。

（　　）

2. 正式组织的基本特征是设立的程序化、解散的程序化、运作的程序化。 （　　）

3. 虚拟企业是为了抓住某个市场机遇，若干企业在功能需要、互惠互利、自愿结合的原则下，利用现代信息沟通技术建立的一个合作网络。 （　　）

4. 事业部是指大型公司的一个职能参谋部门。 （　　）

5. 管理跨度原则是指一个领导者要有一个适当的管理跨度。 （　　）

6. 分工与协作原则就是在组织设计时，按照不同专业和性质进行合理的分工，并规定各个部门之间或部门内部的协调关系和配合方法。 （　　）

7. 集权与分权相平衡原则就是既集权又分权。 （　　）

8. 组织结构扁平化是指组织通过裁减多余人员、精简机构、增加授权、扩大管理跨度等措施减少组织层次的过程。 （　　）

二、单项选择题

1. 组织与环境的关系是（　　）。

A. 平等的关系 　　　　　　　　　　B. 包含的关系

C. 相互作用、相互影响的关系 　　　D. 组织促进环境的变化

2. 指出下面正确的陈述（　　）。

A. 非正式组织对企业起主导作用 　　B. 企业内部存在非正式组织

C. 非正式组织是企业设立的正规部门 D. 非正式组织和正式组织是冲突的

3. 在直线职能型结构中，（　　）。

A. 职能人员可以对下级发号施令 　　B. 直线人员可以对下级发号施令

C. 直线人员不能对下级发号施令 　　D. 职能人员和直线人员都可以对下级发号施令

4. 事业部结构的组织形式的基本原则是（　　）。

A. 分散决策，分散经营 　　　　　　B. 集中决策，集中经营

C. 分散决策，集中经营 　　　　　　D. 集中决策，分散经营

5. 责权一致原则是指（　　）。

A. 只赋予责任 　　　　　　　　　　B. 只赋予权力

C. 赋予责任也赋予相应的权力 　　　D. 权力大于责任或责任大于权力

6. 组织老化的特征之一是（　　）。

A. 机构臃肿 　　　　　　　　　　　B. 反应灵敏

C. 组织成立的时间长 　　　　　　　D. 内部不团结

7. 学习型组织是指（　　）。

A. 一个学校 　　　　　　　　　　　B. 组织的成员喜欢学习

C. 成员持续学习，促使组织可持续发展 D. 一个科研组织

三、填空题

1. 组织职能包括的具体内容有_____、职位设计、_____、人员配备、_____。

2. 虚拟组织具有_____的虚拟性、_____的虚拟性、_____的虚拟性、_____的虚拟性。

3. 从组织的定义可以看出，合理地配置组织的_____和_____等资源，实行_____，建立相对稳定的_____，对提高组织效率、实现组织目标是非常必要的，这正是组织设计的基本目的。

4. 事业部具有三个特性：第一个特性是_____；第二个特性是_____；第三个特性是_____。

5. 团队结构的主要特点是不受_____限制，可以_____组合、重组、解散，形成相对独立的、高效的、自我管理的、可以完整地完成某种产品的制造或服务团队。

6. 统一指挥原则是指组织中每一个下级_____上级的指挥，并向_____负责。

7. 弹性结构原则是指组织的_____、人员的_____可以随着实际需要而变动，以便使组织能_____环境的变化。

8. 组织的生命周期可以分为五个阶段：_____、_____、_____、_____和_____，每一个阶段后期都会面临某种危机和管理问题。

9. 促使组织变革的动因可分为_____和_____两个方面。

10. 组织变革可以通过三个主要方式进行，即_____的变革、_____的变革、_____的变革。

11. 企业再造是指_____设计和整合_____，建立能够充分体现_____的团队式的组织，并不断扩大这种组织，直到整个企业都按照这种新的原则构建起来，最终形成_____创新过程。

12. 学习型组织的"五项修炼"分别为_____、_____、_____、_____、_____。

案例分析

索尼变革之痛

索尼（Sony）是日本的一家全球知名的大型综合性跨国企业集团，成立于1946年5月，由井深大、盛田昭夫共同创立。发展后的索尼公司成为世界视听、电子游戏、通信产品和信息技术等领域的先导者，也是世界最早便携式数码产品的开创者、世界最大的电子产品制造商之一、世界电子游戏业三大巨头之一、美国好莱坞六大电影公司之一。它在音乐、影视、计算机娱乐以及在线业务方面的成就使其成为全球领先的电子和娱乐公司。

一、神话破灭

2015年年初，索尼公司公布了2014年度的财务报告，净亏损达1260亿日元。索尼前任CEO平井一夫等董事会成员主动削减自身报酬的5%~10%以明确2014年亏损所承担的责任。实际上，这已经是索尼连续亏损的第八年了，为了应对连年的亏损，索尼已掀起了全球大规模的裁员。作为一家横跨世界电子、通信、信息、家电、游戏的先导者，世界最大的电子产品制造商之一，索尼曾经承载着上一代人的梦想，并被誉为日本民族品牌的神话而走向世界。对于曾塑造日本在20世纪电子产业帝国的分崩离析，其衰落背后的原因不得不令人深思。

日本作家立石泰则曾经写过一部探究索尼衰败原因的书——《死于技术：索尼衰亡启示》。他深入索尼公司，遍访索尼的历任管理者，详细披露了索尼是如何一步步深陷泥潭的。自索尼第一台晶体管收音机问世以来，索尼的每一次技术创新会撼动整个产业，特丽珑电视机、Walkman随身听、CD播放器，然而从出井伸之出任索尼CEO之后，索尼的技术巅峰优势从此消失，再也没有推出任何一款让人为之振奋的产品。究其原因，有些人认为，索尼的创业者一旦将公司交给职业经理人，他们看重的并不是整个公司的长远规划，而是在任期内确保股东的利益。这种追求短期利益的行为，已经与当初盛田昭夫与井深大建立索尼时以技术为本的创业精神渐行渐远，使其最终失去了索尼的核心灵魂。当年第一代创业者立志打造世界上独一无二的产品以及称霸全球的品牌，那时索尼公司推出创新产品和专利的效率是全世界最高的，也正是这份无私无畏、开拓未知的勇气和信念，才塑造出了世界一流的多元化企业。而如今的索尼，无论是创新的专利，还是研发的产品，都远远落在三星之后了。当失去了最初的独创精神，索尼便失去了一个企业真正的特色和自我。

索尼的资深高层天外伺郎在《绩效考核毁了索尼》一文中总结了索尼衰败的五个原因：第一是"激情"的消失。那些不知疲倦、全身心投入开发的团体已经消失，索尼的技术团队受到赚钱、升职等动机的影响。第二是"挑战精神"的消失。自索尼引入绩效管理制度后，公司内部追求眼前利益的风气蔓延，几乎无人再触及具有挑战性的目标。曾经充满活力的索尼公司正被各种严苛的关键绩效指标紧紧地锁住，如果经理人只在乎下一个季度完成更高的绩效目标，就对组织中的协同、人员的成长、创新的活力以及领导者的领导能力这些更加重要的因素视而不见了。第三是团队精神消失了。绩效主义企图把人的能力量化，以此做出客观、公正的评价，但事实上做不到，它的最大弊端是破坏了公司内的气氛。上司不把部下当有感情的人看待，而是一切都看指标，用"评价的目光"审视部下。第四是创新先锋沦为落伍者。过去索尼曾投入巨资和时间进行独立的技术研发，由于对新技术和产品的发展趋势预测不准，顾此失彼，失掉了很多商机。为了扭转被动，采取了与其他公司合作，建立液晶显示屏制造公司，使索尼公司暂时摆脱了困境，但是也使索尼逐渐变为创新的落伍者。第五是高层主管问题。索尼当年之所以取得被称为"神话"的成就，也正是因为井深大强调并贯彻"自由，豁达，愉快"的工作氛围，注重员工的主观能动性，让员工热情焕发，整个集团会拧成一股绳，充满斗志地向目标迈进。但今天索尼一步步走向衰落，也正是由于公司内有不称职的上司，推行的是不负责任的合理主义经营方式。

二、架构调整

2016 年 3 月 25 日，索尼公司总部宣布，为了加强各项业务竞争力，索尼公司一直在陆续实施索尼集团下属业务单元的拆分工作，以确保各业务具有明确的问责和责任机制。游戏及网络服务、移动通信、影视、音乐和其他一些索尼集团旗下的业务已经作为子公司进行自主经营。2014 年 7 月，索尼拆分了其电视业务；接着在 2015 年 10 月，拆分了视频、音频业务；索尼还计划拆分其半导体业务，并于 2016 年 4 月成立全资子公司；同时，索尼也在考虑拆分其影像产品及解决方案部门。

留在索尼公司的业务运营职能包括民用影音产品销售平台、制造、物流、采购和索尼电子业务的质量和环境平台，以及一些云服务平台和服务相关业务，被逐一转移到索尼集团的相关公司中去。上述转移从 2016 年 4 月 1 日开始，正在有序进行。

上述拆分工作完成后，索尼公司将专注于以下集团总部功能：一是负责索尼集团整体战略和公司治理及策略执行的监督工作；二是研究与开发，通过技术创新，引领并发展索尼的差异化和创造力；三是孵化超越索尼目前业务领域的新业务；四是提高索尼品牌价值和执行集团层面的品牌项目；五是在业务拆分完成后，支持索尼集团的各项运营工作。同时，公司将任命四名新的高管，分别负责索尼集团的四个业务板块，在索尼公司担任"公司执行官"。

调整后，平井一夫仍然是索尼的总裁兼首席执行官，于 2016 年 4 月新上任的四名索尼高管，分别主管五大业务板块：游戏和网络服务、电影和音乐、家庭娱乐和影音、移动通信、影像产品及解决方案。索尼这次对公司架构做重大调整，是想给各子公司更大的经营自主权；与此同时，索尼总部可以腾出更多的精力来谋划面向未来的新项目。

索尼积极推进几个新项目，如"种子加速计划""未来实验室""索尼国际教育股份有限公司"。

三、后续转型

2016 年 10 月，索尼订立最终协议，向电子零件生产商村田制作所出售电池业务，总价 175 亿日元（约 1.67 亿美元）。索尼此次出售会带来 330 亿日元（约 3.15 亿美元）的摊销费用，加上该部门经营亏损的 45 亿日元（约 4300 万美元），最终导致 375 亿日元（约 3.58 亿美元）的损失。

同期，索尼公司宣布将剥离家用数字照相机、摄像机以及广播设备等业务，成立新的全资子公司，以提高运营效率，增强这些业务的竞争力。新公司的业务命名为"索尼影像产品及解决方案"，于 2017 年 4 月 1 日开始运营，接手索尼旗下的数字照相机、摄像机等家用摄影摄像业务、广播设备业务以及医疗相关领域的研发、业务管理和销售等职能。

2016 年 11 月，索尼宣布将位于广州的相机模块工厂索尼电子华南有限公司作价 99 亿日元出售给深圳欧菲光科技公司。索尼市场公开数据显示，2016 年索尼照相机集成电路销售额已经持续两个季度下滑。索尼重新评估后出售其相机模组业务。

值得注意的是，这并非索尼首次变卖资产。近几年来，索尼曾以出售公司大楼、个人计算机、锂电池等业务的方式来缓解亏损的窘境。

2017 年 1 月，在索尼 CES 新闻发布会上，CEO 平井一夫宣布 HDR（高动态范围）技术成为 2017 年索尼贯穿起消费电子业务的"当家花旦"。在本次 CES 上发布的液晶电视新品 X93E 系列也将 4K HDR 进行到底。OLED 电视无疑成为 2017 年索尼在 CES 上的最大亮点。"最后一英寸"成为平井一夫战略的主旋律，新的创新体系和创新成果有望成新支柱业务的孵化器。未来，索尼将构筑起一套内部微创新与外部联合创新的机制。索尼的强势回归将成为大概率事件。

（资料来源：根据 http://bbs.tianya.cn/post-develop-2043083-1.shtml；http://business.sohu.com/20160326/n442199241.shtml；http://finance.sina.com.cn/roll/2016-12-03/doc-ifxyiayr8901511.shtml 的资料改写。）

讨论题：

1. 索尼的组织变革呈现了什么样的特点？

2. 谈谈你对索尼突破经营困境策略的看法。

3. 结合本案例，谈一下技术创新在企业经营中的作用。

第五章

领　导

本章内容要点

- 领导的含义；
- 人性假设理论：经济人、自我实现人、社会人、复杂人假设；
- 典型的领导理论：性格理论、行为理论、权变领导理论；
- 领导与用人；
- 我国企业领导者的素质要求：思想道德素质、知识素质和经营管理素质。

领导是管理的一项重要基本职能，在实际的管理工作中，即使组织计划完美、组织结构合理，如果没有有效的领导去协调、影响该组织成员的行动，也很容易产生混乱，降低工作效率，从而影响组织功能的发挥。本章将介绍管理学中的领导职能，主要内容包括：领导的含义、人性假设理论、典型的领导理论、领导与用人以及我国现阶段对企业领导者素质的要求等。

第一节　领导的含义

本节首先引入领导的概念，然后讨论领导与管理的关系，最后介绍领导的功能。

一、领导的概念

日常工作中，人们谈到"领导"一词，很容易理解为组织的领导者，如企业的经理、公司的总裁等。实际上，"领导"一词有两种含义：作为名词时，是指领导者；作为动词时，是指领导者的领导行为或领导的活动。

关于领导的概念，不同的学者有不同的认识和表述。孔茨认为："领导是一种影响力，它是影响人们心甘情愿地和满怀热情地为实现群体目标努力的艺术或过程。"他还认为："领导是一种影响过程，即领导者和被领导者个人的作用和特定的环境相互作用的动态过程。"《中国企业管理百科全书》把领导定义为："率领和引导任何组织在一定条件下实现一定目标的行为过程。"

上面的表述包含了以下三层含义：

（1）领导包含领导者和被领导者两个方面。

（2）领导者对被领导者的影响，超过被领导者对领导者的影响，领导是由在影响被领导者的过程中表现出来的某些所期望的行为而组成的。

（3）领导者的目的是影响被领导者实现群体的目标。

综合以上观点和认识，便可得出领导的含义：

领导是一种影响力，它是影响个人、群体或组织实现所设定目标的各种活动和过程。这个过程是由领导者、被领导者和其所处的环境三个因素组成的。

由此可见，领导实际上是一个行为过程，而主导这一过程的人，就是领导者。凡是有人类聚集的地方，就有领导者的存在。任何组织和团体，无论其规模大小，总会有领导者。领导者有的是自然产生的，有的是委派的或团体内部推选的。一般来说，领导者的作用只有在群体中才能得以体现。领导者对群体的影响力可分为两种：一种是自然影响力；另一种是迫使影响力。领导的本质是权力的保持和施行。但是，一个领导者如果一味地行使权力而忽视社会和情绪因素的作用力，就会使被领导者产生逃避和反抗行为。当一个领导者的职位权威不足以说服下属从事适当的活动时，领导就是无效的。因此，领导者必须通过人际关系激发下属的潜力，使其在现有技能水平上取得更大成果，所以领导和激励是紧密相关的。另外，环境对人的心理行为有着很大的影响作用，领导的行为必须既适应客观环境，又致力于改造环境，领导者必须创造适宜的组织环境，并运用环境来激励或抑制群体行为。可见，领导本身是一个动态的过程，这个过程是由领导者、被领导者和所处的环境之间相互作用构成的。

二、领导与管理的关系

一般人往往容易把领导的概念和管理的概念混淆起来，认为领导与管理是一回事，搞管理的人就是领导，领导者就是管理者。因此，要正确地理解领导的概念，还必须明确领导与管理的区别与联系。

在本书第一章，我们已讨论了管理的含义。管理是为实现组织的目标而对组织的资源进行有效的计划、组织、领导和控制的过程。按照管理的定义，管理的活动是多种多样的，它比领导活动的范围要广泛得多，而领导活动只是组织中若干类管理活动中的一种。在实际工作中，管理活动非常复杂，在逻辑顺序上也并非一定按计划、组织、领导和控制等职能依次进行，常常会相互交织和重叠。相应地，管理者不仅包含领导者，还包括其他从事管理工作的人员。一般来讲，领导侧重于决策和用人，而管理则侧重于执行决策、组织力量完成任务。

三、领导者影响力的来源

领导者对个人和组织的影响力来自两个方面的权力：一是职位权力，二是个人权力。职位权力是指由于领导者在组织结构中所处的位置，上级或组织赋予的权力，这种权力与领导者的职位相对应，退位后相应的权力便会消失。例如，惩罚权、奖赏权都属于职位权力。个人权力是指由于领导者的个人特殊品质和才能而产生的影响力，它可以使下属心甘情愿、自觉地跟随领导者。这种权力对下属的影响比职位权力更具有持久性。例如，模范权和专长权都属于个人权力。

四、领导的功能

领导的功能主要体现在以下两个方面：

（1）管理学认为，领导是管理的一个重要方面，领导的目的就是要实现组织的目标并做出决策。这就是领导的组织功能。领导者必须确立组织目标并做出决策，充分运用计划、组织和控制等职能，使人力和物力有机地结合起来，建立科学的管理系统，以实现组织的目标。孔茨和奥唐纳认为，领导是指引途径、进行指挥、督导处理和起带头作用。领导者的行为是要帮助一个群体尽可能地实现目标。

（2）心理学观点认为，领导具有激励功能。领导者的作用就在于建立有效的激励制度，激励下属充满热情和竭尽全力地为实现组织目标做出贡献，同时使下属的个人需要得到满足。激励功能是领导者的主要功能。管理心理学学者认为，现代组织管理工作所涉及的专业知识和各种技术日益复杂，领导者不可能懂得各方面的知识，但是，如果他能够正确地认识自己，就可以借助别人的力量来弥补自己的不足。也就是说，只要领导者能够充分发挥自己的激励功能，将人们的积极性调动起来，就能借助别人的知识和能力完成工作。相反，如果领导者不能很好地发挥激励功能，即使目标再好，组织再合理，管理手段再科学，也难以实现组织的目标。

第二节　人性假设理论

要想对下级实施正确的领导，必须正确地认识和对待下级。所有领导者都必须回答一个共同的问题：人性的本质是什么？这就是所谓"人性假设"。关于人性的假设归纳起来主要有以下四种：

一、经济人假设

经济人假设又称为 X 理论，是社会心理学家麦格雷戈在 1960 年出版的《企业的人性方面》一书中提出的。他认为，传统的管理理论和方式之所以对人的管理不当，其根本原因是对人的看法不正确，把人当作消极因素对待，对人的本性做了错误的假设。这种错误的假设可归纳为如下 X 理论：

（1）人生来就厌恶工作，只要有可能就逃避工作。

（2）人生来就习惯于明哲保身，反对变革，把安全看得高于一切。

（3）人缺乏理性，容易受外界和他人的影响，并做出一些不适宜的举动。

（4）人生来就以自我为中心，无组织的需要，所以对多数人必须采用强迫、惩罚的办法，去驱使他们工作，方可达到组织目标。

基于上述假设，管理者必须采取"命令与统一""权威与服从"的管理方式，把被管理者看成物件一样，忽视人的自身特征和精神需要，只满足他们的生理需要和安全需要，把金钱作为主要的激励手段，把惩罚作为有效的管理方式，采用软硬兼施的管理办法。

二、自我实现人假设

麦格雷戈对人的需要和行为的动机进行了重新研究，提出了另一种新的假设理论，即自我实现人假设，又称为 Y 理论。

Y 理论对人的本性做了如下假设：

（1）人生来并不一定厌恶工作，要求工作是人的本能。在适当的条件下，人能够承担责任，而且多数人愿意对工作负责任，并拥有创造才能和主动精神。

（2）人所追求的需要与组织的需要并不矛盾，并非对组织的目标产生消极和抵触态度，只要管理得当，就能够实行自我管理和自我控制。

使用 Y 理论进行管理，要求管理者重视人的自身特点，把责任最大限度地交给工作者，相信他们能自觉地完成任务。外部控制、操作、说服、奖罚等不是促使人们努力工作的唯一办法，而应该采用启发、诱导、信任的方式对待每一位工作人员。Y 理论强调人的主观因素，注意发挥人的主观能动作用，适应工业化社会经济发展的需要。该理论在西方很流行，在管理中应用也很广泛。

三、社会人假设

社会人的概念来自霍桑试验，是指人在进行工作时将物质利益看成次要因素，最重视的是与周围人的友好相处，满足社会和归属的需要。

社会人假设的基本内容是：

（1）交往的需要是人们行为的主要动机，也是人与人的关系形成整体感的主要因素。

（2）工业革命所带来的专业分工和机械化的结果，使劳动本身失去了许多内在的含义，传送带、流水线以及简单机械的动作使人失去了工作的动力，因此只能从工作的社会意义上寻求安慰。

（3）工人之间的影响力比管理部门所采取的管理措施和奖励具有更大的作用。

（4）管理人员应当满足职工的归属、交往和友谊的需要，工人的效率随着管理人员满足他们社会需要程度的增加而提高。

由此假设所产生的管理措施为：

（1）作为管理人员，不能只把目光局限在完成任务上，而应当注意对人的关心、体贴、爱护和尊重，建立相互了解、团结融洽的人际关系和良好的感情。

（2）管理人员在进行奖励时，应当注意集体奖励，而不能单纯采取个人奖励。

（3）管理人员的角色应从计划、组织、指引、监督转变为上下级的中间人，应当经常了解工人的情况并听取他们的意见和呼声。

根据这一理论，美国的一些企业曾提倡劳资结合、利润分享，除了建立劳资联合委员会、发动群众提建议之外，还将超额的利润按原工资比例分配给职工，以谋取良好的人际关系。

四、复杂人假设

人是复杂的，不同的人或同一个人在不同的年龄和情境中会有不同的表现。因此，研究者们提出了复杂人假设。其内容主要有以下几个方面：

（1）人的需要是多种多样的，而且会根据不同的时期、不同的生活条件和环境而改变。

（2）人在同一个时间内会有多种需要和动机，这些需要和动机相互作用、相互结合，形成了一种错综复杂的动机模式。

（3）人在组织中生活可以产生新的需要和动机。在人生活的某一特定阶段和时期，其动机是内部需要和外部环境相互作用而形成的。

（4）一个人在不同的组织或同一组织的不同部门工作时会形成不同的动机。一个人在正式组织中郁郁寡欢，而在非正式组织中有可能非常活跃。

（5）一个人是否感到满足或是否表现出献身精神，取决于自身的动机及其与组织的关系。

（6）人的需要和能力是有差异的，对不同管理方式的反应也是不一样的，没有一套适合任何情况、任何人的普遍的管理方法。

根据这种假设，对不同的人和不同的情况应采取不同的管理方式。

第三节　几种典型的领导理论

行为学家对现有的领导理论进行了分类，大致归结为三种典型的领导理论，即性格理论、行为理论和权变理论。其中，行为理论主要包括连续统一体理论、管理系统理论、领导行为的四分图和管理方格理论。权变领导理论主要包括菲德勒领导理论和领导生命周期理论。

一、性格理论

性格理论主要是通过研究领导者的各种个性特征，来预测具有怎样性格特征的人才能成为有效的领导者。早期提出这种理论的学者认为，领导者所具有的特性是天生的，是由遗传决定的。显然，这种认识是不全面的。实际上，领导者的特性和品质是在实践中逐渐形成的，可以通过教育和培训而造就。当然，不同的环境对合格领导者提出的标准是不同的。下面列举一些人提出的领导者应具有的特征和品格。

日本企业界要求一个领导者具有10项品德和10项能力。10项品德是使命感、责任感、信赖感、积极性、忠诚老实、进取心、忍耐性、公平、热情和勇气。10项能力是思维能力、决策能力、规划能力、改造能力、洞察能力、劝说能力、对人理解能力、解决问题能力、培养下级能力和调动积极性能力。

美国企业界认为一个企业家应具备10个条件，即合作精神、决策才能、组织能力、精于授权、善于应变、敢于求新、勇于负责、敢担风险、尊重他人和品德超人。

从这些研究发现，作为一名领导者，必须在多个方面具有比常人更强的能力和更优秀的品格。这些标准可以用于领导者的选拔和考核。

二、行为理论

行为理论主要研究领导者的行为及其对下属的影响，以期寻求最佳的领导行为，也就是要回答一个领导者是怎样领导他的群体的。行为理论中最有影响力的是连续统一体理论、管理系统理论、领导行为的四分图、管理方格理论等。

（一）连续统一体理论

基于民主与独裁两个极端领导方式，坦南鲍姆（R. Tannenbaum）与施密特（W. H. Schmidt）提出了领导方式的连续统一体理论，如图5-1所示。图的左端是独裁的领导方式，认为权力来自职位；右端是民主的领导方式，认为权力来自群体的授予和承认。这是两个极端领导方式。从左到右，领导方式的民主程度逐渐提高，领导运用的权力逐渐减少，下属享有的自由度逐渐加大。

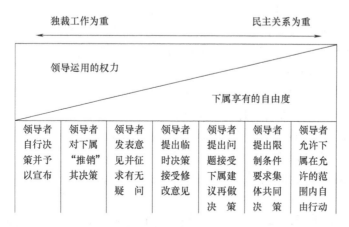

图 5-1 领导方式的连续统一体理论

坦南鲍姆和施密特认为，很难说哪种领导方式是正确的，领导者应当根据具体情况，考虑各种因素选择图中的某种领导方式。在这个意义上，连续统一体也是一种情景理论。

（二）**管理系统理论**

行为科学家李克特（R. Likert）以数百个组织机构为对象，通过借鉴领导方式连续统一体理论，发现了四类基本领导形态。

（1）剥削式的集权领导。在这种领导形态中，管理层对下级缺乏信心，下级不能过问决策的程序；决策由管理上层做出，然后以命令方式宣布，强制下属执行；上下级之间互不信任；组织中的非正式组织对正式组织的目标通常持反对态度。

（2）仁慈式的集权领导。在这种领导形态中，管理层对下属有一种谦和的态度，但决策权力仍控制在最高层，下层能在一定的限度内参与，但仍受高层的制约。对职工的激励有奖励，也有惩罚。上下级相处态度谦和，但下属小心翼翼。机构中的非正式组织对正式组织的目标一般不会反对。

（3）协商式的民主领导。在这种领导形态中，上下级有相当程度的信任，但不完全信任；主要的决策权仍掌握在高层手里，但下级对具体问题可以决策；双向沟通在相当信任的情况下经常进行；机构中的非正式组织一般对正式组织的目标持支持态度。

（4）参与式的民主管理。在这种领导形态中，管理阶层对下属完全信任，决策采取高度的分权化；随时进行上下沟通和平行沟通；上下级之间在充分信任和友好的状态下交往，分不出正式组织和非正式组织。

李克特设计了一套测定表，包括领导、激励、沟通、交往与相互作用、政策、目标的设定、控制和工作指标 8 个方面共 51 个问题，编制成一种问卷做企业调查，然后根据答案评定分数，绘成曲线，以判断企业的领导形态属于哪种类型。据研究，具有高度成就的部门经理人，大部分采用参与式的民主管理，而成就低的经理人一般采用剥削式的集权领导。

（三）**领导行为的四分图**

领导行为的四分图是于 1945 年由美国俄亥俄州立大学的学者们提出的。他们将领导行为的内容归纳为两个方面，即依赖组织与体贴精神。所谓依赖组织，是指领导者规定其与领导群体的关系，建立明确的组织模式、意见交流渠道和工作程序的行为。它包括设计组织机构，明确职责和权力、相互关系和沟通办法，确定工作目标与要求，制定工作程序、工作方法与制度。所谓体贴精神，是指建立领导者与被领导者之间的友谊、尊重、信任关系方面的行为。它包括尊重下属的意见，给予下属较多的工作主动权，体贴他们的思想感情，注意满足下属的需要，平易近人、平等待人、关心群众、作风民主。依据这两个方面内容设计领导行为调查问卷，关于"组织"和"体贴"各列举了 15 个问题，发给企业的员工，由下级来描述领导人的行为方式。调查者对问卷上的每一项必须在"总是""经常""偶尔""很少""从未"这五项中选出一个答案，其答案就是员工对领导行为的感受。

以依赖组织和体贴精神作为两个坐标轴建立平面坐标系，如图 5-2 所示，用四个象限来表示四种类型的领导行为：高体贴与高组织、低体贴与低组织、低体贴与高组织、高体贴与低组织。

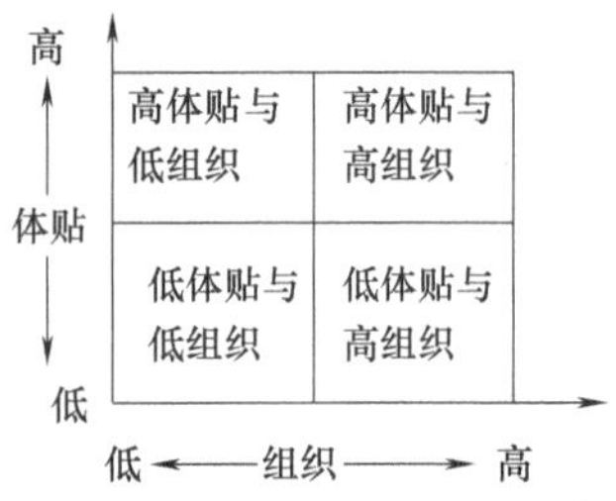

哪种领导行为效果好，结论是不肯定的。一般说来，低体贴与高组织会带来更多的旷工、事故、怨言和转厂。

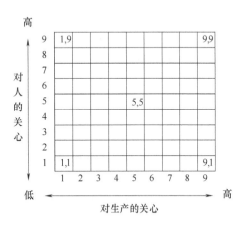

图 5-2 领导行为的四分图

（四）管理方格理论

管理方格理论是 1964 年由美国管理学学者布莱克（Robert R. Blake）和莫顿（Jane S. Moaton）研究提出的。他们用纵坐标表示"对人的关心"，横坐标表示"对生产的关心"，并将两个坐标轴各划分为 9 等份，于是便形成了 81 种领导方式的管理方格图。因此，管理方格图的适应性很强，准确性也很高，如图 5-3 所示。

对生产的关心是指领导者对如下许多不同的事项所持的态度，如政策决定的质量、程序和过程、研究工作的创造性、职能人员的服务质量、工作的效率以及产量等。对人的关心是指个人对实现目标所承担的责任，保持工人的自尊，基于信任而非服从的职责，保持良好的工作环境及满意的人际关系。如果要评价某一位领导者的领导方式，只要在管理方格图中按照他的两种行为寻找交叉点就行了。布莱克和莫顿在提出管理方格理论的同时，还列举了五种典型的领导风格。

图 5-3 管理方格图

（1，1）型为贫乏型管理：领导者既不关心生产，也不关心人。表现为只做最低限度的努力来完成任务和维持士气。

（9，1）型为任务型管理：领导者非常关心生产，但不关心人。其特征是把工作安排得使人的干扰因素为最小来谋求工作效率。

（1，9）型为俱乐部型管理：重点在于与人们建立友好关系，领导者重视对职工的支持和体谅，形成轻松愉快的组织气氛和工作节奏，但很少考虑如何协同努力去达到企业的目标，生产管理松弛。

（9，9）型为战斗集体型管理：领导者不但注重生产，而且也非常关心人，把组织目标的实现与满足职工需要放在同等重要的地位。表现为既有严格的管理，又有对人高度的关怀和支持；强调工作成就来自献身精神，以及在组织目标上利益一致、互相依存，从而形成信任和尊敬的关系。

（5，5）型为中游型管理：领导者兼顾工作和士气两个方面来使适当的组织绩效成为可能，使职工感到基本满意。

在这五种类型的管理形态中，布莱克和莫顿认为（9，9）型是最有效的管理，其次是（9，1）型，再次是（5，5）型、（1，9）型，最次是（1，1）型。

三、权变领导理论

权变领导理论集中研究特定环境中最有效的领导方式和领导行为。这种理论的产生来源于这样一个事实：性格理论无法用个人的特性来区分领导者和非领导者；行为理论忽略了被领导者的特性和环境因素，而孤立地研究领导者的行为，即某一具体的领导方式能否在所有情况下都有效。为了克服这些理论的缺陷，人们提出了权变领导理论。该理论认为，没有哪一种领导方式对所有的情况都是有效的，没有一成不变、普遍适用的"最好的"管理理论和方法，管理者做什么、怎样做，完全取决于当时的既定情况。

权变领导理论的要点是：

（1）人们加入组织的动机和需求是不同的，采取什么管理方法应该因人而异。

（2）组织形式与管理方法要与工作性质和人们的需要相适应。

（3）管理机构和管理层次，即工作分配、工资分配、控制程度等，要依工作性质、管理目标和被管理者的素质而定，不能强求一致。

（4）当一个管理目标达到后，可继续激发管理人员勇于实现新的更高目标。

这就要求管理人员深入研究、分析客观情况，使特定的工作由合适的机构和合适的人员来管理与担任，以发挥其最高效率，提高管理水平。

在领导方式方面，权变领导理论认为，一切应以企业的任务、个人和小组的行为特点以及领导者同员工的关系而定。由此提出了领导的三维权变模式，认为有三个重要因素直接影响领导效果，即领导与员工的关系、任务结构、职位权力。领导方式归纳为四种类型：指令式、支持式、参与式和成就指向式。影响领导者能力的个人品质主要有自我认识、信心、沟通思想的能力和对任务的了解。

权变因素有两个方面：一是员工的个人特点，如受教育程度、领悟能力等；二是环境因素，如工作性质等。

为了阐明环境因素和领导者行为之间的相互影响，权变理论研究者提出了很多理论，其中最具代表性的是费德勒领导理论、领导的生命周期理论等。

（一）费德勒领导理论

通过大量研究，费德勒（F. E. Fiedler）提出了一种领导的权变模型，即认为任何领导形态均可能有效，其有效性完全取决于是否适应所处的环境。环境影响因素主要有三个方面：

（1）领导者和下级的关系。它包括领导者是否得到下属的尊敬和信任，是否对下属具有吸引力。

（2）职位权力。这是指领导者的职位能够提供足够的权力和权威，并获得上级和整个组织的有力支持。

（3）任务结构。这是指工作团体的任务是否明确，是否进行了详细的规划和程序化。

费德勒设计了一种"你最不喜欢的同事"（LPC）的问卷，让被测试者填写。一个领导者如对其最不喜欢的同事仍能给予好的评价，则表明他对人宽容、体谅，提倡好的人际关系，是关心人的领导；如果对其最不喜欢的同事给予低评价，则表明他是指令式的，对任务关心胜过对人的关心。

费德勒将三个环境变数任意组合成八种情况，通过大量的调查和数据收集将领导风格同对领导有利或不利的八种情况相关联，绘成了费德勒模型，如图5-4所示，以便了解有效领导所应当采取的领导方式。

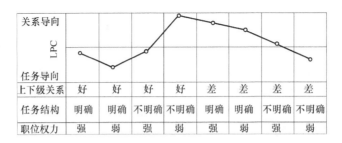

上下级关系	好	好	好	好	差	差	差	差
任务结构	明确	明确	不明确	不明确	明确	明确	不明确	不明确
职位权力	强	弱	强	弱	强	弱	强	弱

图5-4　费德勒模型

费德勒的研究结果表明：在对领导者最有利和最不利的情况下，采用任务导向效果较好；在对领导者中等有利的情况下，采用关系导向效果较好。虽然费德勒模型在许多情况下是正确的，但也有许多批评意见，如取样太少有统计误差，该模型只是概括出结论，而没有提出一套理论，等等。尽管如此，费德勒模型还是具有一定意义的，主要表现在以下几个方面：

（1）该模型特别强调效果和应该采取的领导行为，这无疑为研究领导行为指出了新方向。

（2）该模型将领导行为和情景的影响、领导者和被领导者之间关系的影响联系起来，指出并不存在一种绝对好的领导形态，而必须和权变因素相对应。

（3）该模型指出了选拔领导人的原则。在最好的或最坏的情况下，应选用任务导向的领导；反之，则选用关系导向者。

（4）该理论指出，必要时可以通过环境改造适应领导者的风格。

（二）领导的生命周期理论

美国学者卡曼（A. K. Korman）提出了领导的生命周期理论。该理论指出了有效的领导形态与被领导者的成熟度有关，当被领导者的成熟度高于平均水平时，应采用低关系、低工作；当被领导者的成熟度一般时，应采用高关系、高工作或低工作；当被领导者的成熟度低于平均水平时，应采用低关系、高工作。以工作行为和关系行为作为坐标轴建立坐标系，如图5-5所示。

这里说的成熟不是指年龄和生理上的成熟，而是指心理和人格上的成熟。它被定义为成就感的动机、负责任的愿望与能力，以及具有工作与人际关系方面的经验和受过相当的教育。年龄是影响成熟度的一个因素，但没有直接关系。领导的生命周期理论是由家长对子女在不同的成长期采取不同的管理方式类比而得出的。

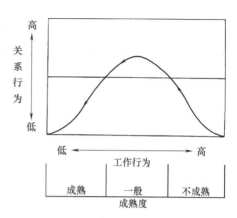

图 5-5　领导的生命周期理论

四、领导理论的新观点

21 世纪是一个充斥着变革的世纪，随着人类进入知识经济时代，企业外部环境的变化日益频繁，知识型员工日渐增多，这些都不断冲击着传统的领导理论与方法，引发了企业和政府管理理念的深刻变革，因而要求领导者必须跟上时代的要求，有效地实施领导工作。在领导理论方面，1978 年，美国政治社会学家伯恩斯（J. M. Burns）在对政治型领导人进行定性分类研究的基础上，在其经典著作《领袖论》中提出领导过程应包含交易型和变革型两种领导行为，这一分类为领导行为的研究开辟了新的思路。1985 年，伯恩斯正式提出了交易型领导行为理论和变革型领导行为理论。他以更实际的眼光看待领导行为，其理论更具有实际应用价值。

根据变革型领导理论，这里主要介绍两种比较有代表性的观点，即领导的艺术性和领导的柔性化。

（一）领导的艺术性

领导过程是指领导者发挥影响力，以使被领导者完成任务，达成组织目标的过程。要想让被领导者自觉主动地工作，领导者就要善于掌握和运用领导艺术。领导艺术是指领导者在非程序化的管理过程中娴熟地运用领导科学与经验，以实现高效领导的技巧。纵观历史，人类的领导活动经历了由经验领导到科学领导，再到艺术领导的发展过程。领导艺术有以下四个特点：

1. 创造性

领导工作，特别是高层领导工作具有模糊性和非程序化的特点，往往没有先例可循，需要领导者运用创新思维解决问题。

2. 应变性

领导工作中经常会遇到突发事件和例外事件，领导者要随机应变，灵活快速处理，这就要求领导者掌握灵活应变的领导技巧。

3. 综合性

领导艺术的运用是领导者综合素质的体现，要求领导者具有良好的品质、广博的知识、强烈的责任心和危机感等。

4. 科学和经验的统一

领导工作在很大程度上是基于实践活动的总结和升华，要符合领导过程的基本规律，因此，领导者不能纸上谈兵，而要将领导科学与领导经验统一起来。

在管理活动中，领导者要重视和理解员工的差异，用人所长，而非排斥差异，这是领导艺术性的重要表现。领导的艺术性主要包括用人艺术、授权艺术、协调关系艺术、监督艺术、时间管理艺术和谈话艺术等。

（二）领导的柔性化

领导的柔性化（即以人为中心）是相对于传统领导的刚性（即以规章制度为中心）而言的，它在研究人的心理和行为规律的基础上，采用非强制性方式，在员工心目中产生一种潜在说服力，从而把组织意志变为个人的自觉行动。柔性管理对人的智力活动，尤其是创造性活动具有特别的意义，这一点对未来的"视创新为生命"的知识型企业尤为重要。

第四节　领导与用人

"世有伯乐，然后有千里马。千里马常有，而伯乐不常有。"领导者用人，是一个常谈常新的话题。当跨入21世纪，面对竞争日益激烈的知识经济时代，人才问题已备受人们关注。如何识别人才，如何使优秀人才脱颖而出，人尽其才、才尽其用，是摆在当前领导者面前的一道难题。在目前环境下，研究领导者的用人艺术具有十分重要的战略意义。本节将重点从领导用人的方法与艺术这一角度加以阐述。

一、善于发现人才

用才必先识才，识才是为了更好地用才。在现今的改革大潮中，有很多技术过硬、能力强、具有管理和开拓精神的人才，期待得到领导者的赏识、重用。当然，人才也不尽相同。李逵、张飞是善于冲锋陷阵的人才；"才器过人、好论军计"的马谡是咨询参谋人才，诸葛亮平定南方"七擒孟获"就是采纳了马谡的"心战为上、兵战为下"的计谋而取胜的。后来，虽然马谡带兵失仗痛失街亭，但不能因此而否认他是人才。马谡失街亭，罪在马谡，过在孔明。领导者用人，如果只看其实际经验、只看其政绩，不是高超的识才艺术；能够认识没有实践经验的人才，才是高超的识才艺术。"萧何月下追韩信"的典故早已家喻户晓，从这个典故中人们不得不承认萧何识才的过人之处。由古论今，在我国生产力高速发展的今天，每个领导者都应该"铁肩担道义，慧眼识英才"，放开眼界发现人才，坚持以全面、发展的观点考查人才，建立科学的人才考查测评机制，从德、能、勤、绩等方面严格考察，才能正确地识别人、发现人，得到贤能志士。

在企业的众多员工中，有作为、有才能的人才是客观存在的，问题在于企业的领导者如何去发现人才，如何去发现每一个员工的特长。领导必须在"发现"上下功夫，努力使自己成为独具慧眼的伯乐。实践证明，深入的调查研究、经常性的个别谈话、与员工交朋友、定期的民意测验和有计划的组织考查，都可以了解员工的某些特长，是发现人才的重要手段。关键是领导者要把发现人才当作管理工作的重中之重，把人才的发展同企业的发展放在同等位置上来思考。领导者要做有心人，以信任的态度敏锐寻找、大胆使用企业中每一个有能力的员工，积极地为他们发挥才能创造条件。

二、用人之长，容人之短

"金无足赤，人无完人"，每个人都是许多优点与缺点的结合体。领导者用人一定要用人之长，容人之短。所谓用人之长，是指发挥人才在专业上的长处和才能。在现实生活中，领导者时常面临两类人：一类是有突出优点，但也伴有某些微小缺点的人；另一类是长处、短处不明显，成就没有，错误不犯的人。对此，有魄力、有远见的领导者应该选用第一类人。

在具备基本道德素养的前提下，起用与否和怎样起用，主要取决于人才才能的高低、特长的多寡。起用人才时需德才兼备，这样才能始终保证一流的人才在最合适的岗位上发挥作用。扬其所长，难在对特长的认定。在认定下属的特长时，传统的用人方式总是自上而下地由领导者决定。现在用人之道则讲究为被使用对象提供更多的自我选择机会，尽可能由下属进行"自我认定"。也就是说，领导者在做出用人的最终决定之前，应该先听听下属对自身的评价，由下属来认定自己的特长。当下属的自我认识和领导者对他的认定之间出现明显的认识误差并由此而产生行为误差时，领导者应该在条件允许的情况下，积极为下属提供他们所选择的最能发挥自身特长的工作机遇。

敢于选用下属有争议的特长，是精明的领导者在用人过程中必须具备的基本素质之一。由于人们认识客观事物的立场、观点、方法不尽一致，认识水平和切身利益也会迥然不同，在对某个对象的特长做出评价时，势必会出现一些明显的误差或认识伸缩度。对于某些颇有才干的下属来说，否定了他的特长，可能就否定了他的人生价值。因此，一个审慎的领导者绝不轻易否定一个下属的特长，就像绝不轻易否定下属自身一样。从某种意义上说，敢于力排众议，果断使用下属有争议的特长，正是精明的领导者比平庸的领导者显得技高一筹的一个重要方面。

此外，企业在用人时需要量才使用。一般来说，分配工作应适合员工的才能、性格、爱好等，工作内容应比其平时表现出的能力难度稍大一些。这样能够激发人才的进取心和紧迫感，把工作需要和个人能力很好地结合起来，促使其兢兢业业地做好本职工作，真正做到人尽其才、才尽其用。

三、尊重人才，充分信任

诚信是领导者同广大员工的交往之本，是长期真诚合作的感情基础。将心比心、以诚待人是调动员工积极性的最好方法。人不可能是全能的，工作情况和难度的变化考验着每个人的能力。用人不可不疑，但要把握一定的度。"疑"要成为关心人、培养人的起点，并由此提醒下属注重纪律的约束和法律的监督，注重与人搞好关系；"疑"可以促使领导者加强对下属的管理，减少犯错的可能，即使出现问题也能及时处理。否则，许多能人也可能犯错误，由可靠之人变成可疑之人。

真正的不疑要勇于授权。在战争年代常常有这种情况，当某一级指挥员牺牲后，上级马上指定代理人，有时甚至指定一个士兵代理等。这些受命于危难之际的代理人，往往能出色地完成任务，或创造出惊人的业绩。高度的信任必然会产生巨大的精神力量，激励被授权人完成任务。因此，领导者一定要建立起上下级之间的信任感。在具体工作中，既然相信某人能够担当某项重任，就应该大胆授权，放手让他处理问题。

信任能够激发人才的责任心和成就感，积极主动地发挥自己的优势，在实现其自身价值的同时推动企业不断发展。信任是人才自由发挥才干的前提，如果领导者在此基础上在合适的时间给予他们合适的支持，则能取得事半功倍的效果。领导者同人才之间最怕由信任转为怀疑，因伤害感情而转为对抗，这必然会严重削弱企业发展的基本动力。

领导者必须注意尊重人才，通过诚挚的交谈、中肯的批评和热情的鼓励，激发员工的自尊心，使其认识到自己有实力完成任务，有毅力改正缺点，有能力协调好人际关系，从而鼓起工作、生活的信心和勇气。领导者要学会换位思考，允许不同的人在个性特征、思维方法和认识水平上的差异，不求全责备，不讽刺挖苦，不打击报复。对众多人才的思维成果，甚至是一闪念的灵感，领导者都应及时给予鼓励和支持，促使其继续深入思考下去；对人才因独出心裁的思路、建议、言行或举措引起的非议、攻击、诬陷等，领导者要及时批评制止。领导者要主动关心人才在工作和生活中的实际困难，切实解决人才的后顾之忧，只有这样，他们才会全身心地投入企业的生产经营中去。

四、讲求人才使用效益

市场经济是唯效益至上的经济，劳动力是商品的一种。人才作为高层次的劳动力，同样具有价值和使用价值。市场经济体制下，领导使用人才也应以效益为中心。领导者用人应打破论资排辈的旧观念，任人唯贤，把人才用在刀刃上、用在关键岗位上，讲求人员与职位的最佳配置、人员与人员的最优组合，使人员整体配置的社会效益大于个人效益的总和，即"1+1＞2"理论；要正确看待人才对物质利益的正当追求，建立贡献与报酬对等的分配体制，鼓励按劳取酬和多劳多得。在选人用人时，领导者既要重视人才的物质利益追求，也要重视人才的精神追求，给人才提供建功立业的环境和机会，帮助他们实现个人价值。

同时，为了企业发展的需要，应建立一个人力资源数据库，包括本企业每个员工的各种数据，这样就可以对企业人员的各种情况了如指掌。建立数据库时，应当掌握以下几个原则：第一，数据结构和文件设置应满足管理的需要；第二，数据记录要反映各级管理的需要；第三，要使信息的冗余度较小。数据库的建立将更大限度地实现人力资源的优化配置，提高人才的使用效率。

五、勇于起用比自己更出色的人才

领导者应当心胸宽广，勇于起用比自己更出色的人才。当前有些领导者虽然面对众多有能之士，但由于虚荣心和安全感作祟，只愿意任用比自己稍逊一筹的人才，而不愿起用比自己更出色的能人，对他们不委以重任、处处排挤，这是非常可怕的。领导者在用人中不仅要有举才之德、容才之量，更要善于用能人，给予他们一个最大限度施展才能的空间，以收到事半功倍的效果。能够承认别人比自己强并且大胆任用，这本身就是一种人格的超越。美国的钢铁大王卡内基的墓碑上刻着这样的话："这里躺着一个知道如何使用比他自己更有本领的人们来为他服务的人。"中国古代的刘邦也懂得同样的道理："运筹帷幄，出谋划策，决胜于千里之外，我不如张良；镇守后方，安抚百姓，筹集军需粮草，我不如萧何；统率大军，战必胜，攻必取，我不如韩信。这三个人均是杰出的人才，而我能够重用他们，这才是我夺得天下的主要原因。"利用自己的优势，使强将良才都心甘情愿地为己所用，才是真正的领导者风采。

六、树立发展的人才观念

发展的人才观包含两层含义：一是在人才的选择上有发展的眼光；二是在人才的使用上有发展的思想。

领导者选聘人才时，应当用发展变化的观点看待问题，辩证地对待人才的成绩与过失，将主流与细节分开，将历史表现与现实政绩分开。不能把人才的贡献和能力混为一谈，对有贡献的人才做出奖励，对有能力的人才则委以重任。以发展的眼光选拔人才，还在于善于挖掘人才的潜能，预见其长远的发展趋势，甚至于在"小荷才露尖尖角"时就大胆起用，让人才在一定的压力下得到锻炼和发展。

在人才的使用过程中，要大力提倡开发式使用，即边使用边培养，边锻炼边提高，使人才的智慧和素质不断完善，技能和经验不断丰富，实现人才在使用过程中的增值，以适应今后更高层次工作的需要。切忌"涸泽而渔、焚林而猎"，对人才进行掠夺式使用。如果领导者只利用人才的显能，而不发掘其潜能，只对人才的现有才智感兴趣，而不注重使用过程中的保护和再生产，那么再丰富的人才资源也有枯竭耗尽之时。只有将使用与培养相结合，才能实现人才的可持续发展，使人才这一生产力中最重要的因素成为推动社会发展的无尽动力。

七、重视个人素质，也要重视群体互补效应

人的素质各不相同，优点与缺点更是千差万别。英国学者贝里奇（G. R. Berridge）在他的《科学研究的艺术》一书中，引用了这样的事例："一个大型商业性研究机构的工作安排：他们雇用推测型的人才来随意设想，一旦发现这些人有某个有价值的设想，这个设想就不再让他们过问，而交给一个条理型的研究人员去加以检验和充分发展。"因此，任何工作和科学研究一样，他认为要把"不同类型的头脑"结合起来，取长补短、相互促进，切忌把同一类型的人才凑在一起。

军事上也是如此。第二次世界大战中的诺曼底登陆，美军在确定地面部队的指挥员时，马歇尔说："巴顿当然是领导这次登陆的最理想的人选。但是，他过于急躁，需要有一个能够对他起制约作用的人来限制他的速度。他上面总要有一个人管着，这就是我把指挥权交给布雷德利的原因。"巴顿作战勇猛、性格刚直暴躁，而布雷德利老练持重、处事稳健，所以，把他们搭配在一起，可以挟制他们性格中的弱点，并发挥各自的长处。当然，搭配时要慎重，否则，"互补"变成了"窝里斗"，就会产生摩擦和内讧而起破坏作用。

八、走出领导者用人心理误区

领导者用人时，要注意不要陷入以下心理误区：

（一）晕轮效应

所谓晕轮效应，是指人们在判断别人时，容易产生一种倾向，即首先把人分成"好的"和"不好的"两部分，当把一个人列为"好的"部分时，便把一切好的品性加在他的身上；相反，如果把一个人归于"不好的"部分，又容易把一切不好的品性加在他的身上。

（二）投射效应

所谓投射效应，是指人们往往有一种强烈的倾向，即当他不了解别人的情况（如个性、爱好、思想等）时，就常常认为别人具有与自己相同的特性。或者说，当他需要判断别人时，就往往将自己的特性"投射"给别人，想象其他人的特性也和自己一样，也即常言所说的"以己之心，度人之腹"。

投射效应是一些人用来判断别人、处理信息的简单方法。很显然，这种看法容易产生两个缺陷：一是可能高估了别人与自己看法和想法的相似性；二是可能高估了别人在个性、爱好、品德等方面与自己的一致性，甚至可能是"以小人之心，度君子之腹"。

（三）相互回报行为

相互回报行为是指社会上的人往往有一种倾向，即喜欢那些他自认为喜欢他的人，讨厌

那些他自认为讨厌他的人。例如，一个人知道另一个人关心他，他也会关心对方；他认为对方打击他，他也会设法报复，等等。积极的相互回报行为有助于人们相互关心、相互爱护、相互帮助、相互支持，有助于领导班子的团结和人际关系的和谐。但是，工作中过分的相互回报行为将会丧失客观、公平和公正性。

（四）嫉妒心理

嫉妒心理是人们在相互类比中产生的一种消极有害的心理，即对才能、名誉、地位或境遇超过自己的人心怀怨恨。嫉妒心理是十分有害的：一是影响领导班子团结；二是影响优秀人才脱颖而出；三是会导致嫉贤妒能、排除异己、打击先进、压抑人才，破坏人力资源的合理开发；四是会导致奖惩不公、升降失准；五是会对改革者形成压力。

第五节　我国现阶段对企业领导者素质的要求

激烈的市场竞争要求领导者必须具有全面的综合素质：既要了解国内经济状况，又要了解国际市场动态；既能从事企业的生产经营，又能从事资本经营和知识经营；既要有一定的专业知识，又要有广博的知识面……只有这样，才能真正管好企业，使企业健康发展。我国现阶段对企业领导者素质的要求总体上包括四个方面：思想道德素质、知识素质、经营管理素质和身体心理素质。

一、企业领导者的思想道德素质

思想是意识的结果、行为的本源，任何领导行为都是在一定思想的支配下表现出来的。作为企业领导者，要具有比一般管理者更突出的思想水准，这种水准主要体现在强烈的责任感、明确的经营观、超群的先见性和稳健的成熟性等方面。

（一）领导者要有强烈的社会责任感

所谓责任感，就是一个人肩负的使命和应尽的义务。企业领导者只有首先对社会、对企业有一种责任感，才能领导好一个企业。一个以权谋私的领导是根本不可能领导好一个企业的。

一个合格的企业领导者必须具有高度的社会觉悟和强烈的事业心，这是一种崇高的思想境界，是为人民造福和为国家建设事业尽心竭力、多做贡献的高度责任感。企业领导者所肩负的使命，不仅是领导一个企业，而且要使企业对社会有所贡献，这也是领导者的义务和社会的责任。

（二）领导者要有明确的经营观

经营观是企业从事经营活动的指导思想，对企业经营起着决定性的作用。企业经营不能单纯考虑利害关系和企业发展，其根基是必须树立正确的经营观。这种经营观来自企业领导者符合社会发展规律和自然规律的人生观、社会观和世界观。企业领导者要把所从事的事业作为神圣的事业，用发展的眼光看待一切事物，正确地认识人和经营使命，顺应社会发展的自然规律。

（三）领导者要有超群的先见性

企业领导者不仅要有自知之明，而且要有先见之明。这种能预先洞察事物或预见事物发展趋势的能力，就是企业领导者应具有的先见性素质。

1. 超前意识

超前意识是企业领导者先见性素质的基本要素。超前意识要求企业领导者在企业经营过程中，要超越一般的思维方式、思维习惯和思维定式，能看清事物发展的未来。

2. "蛛网"思维

"蛛网"思维是一种以客观事物的普遍联系为依据的思维方式。企业领导者所面临的事物从来都不是单方面的，而是多方面的，并且这种多方面也是相互联系、相互制约的，牵一发而动全身，因此常常要求企业领导者是多面手。处理事物是这样，考虑问题更应如此。企业经营和发展的重大问题，往往涉及政治、经济、社会和人的因素，领导者应充分运用专业知识能力（"蛛网"的经线）和施展综合运用能力（"蛛网"的纬线），使经纬相连，才能深刻认识事物，有效解决问题。

（四）领导者应具有稳健的成熟性

成熟，首先是思想成熟。一个人思想成熟与否，其行为是截然不同的。所以，成熟性也是企业领导者思想素质水平的表现，是思想素质完善程度的体现。领导者是否成熟与其领导效果有着密切的关系，这种关系特别反映在其对待人和事的态度上，而这种态度又决定了领导者的行为取舍。

1. 要保持冷静

保持冷静是企业领导者应具备的素质之一，也是其成熟性的体现。特别是在紧急时刻，防止手忙脚乱、惊慌失措的最有效办法就是冷静。如果说危急关头不是对企业领导者能力的唯一考验，那么至少也是一次严峻考验。在危急关头保持镇静，采取明智的对策，是领导者应具备的素质，也是最有效的领导行为。

2. 要信赖下属

信赖不仅仅是疑人不用，用人不疑，更重要的是对人要有正确的看法。企业经营是靠人进行的，所以企业领导者最基本、最重要的任务是领导好人。企业领导者正确的经营观、领导观，也来自对人的正确认识。依靠人就要信赖人，信赖是正确认识人的条件，也是企业领导者有素质和处事成熟的表现。

即使在西方国家，信赖下属也是企业家早已熟悉的准则。而新近兴起的高度责任感的企业管理机制，其基本要求就是权力下放，更多地依赖整个企业队伍的能力和才干。有的管理学专家认为，这种新机制的关键环节在于企业领导层和员工之间建立相互信赖的关系。而是否有能力建立起这种关系，是检验企业领导人素质的第一标准。

二、企业领导者的知识素质

在市场经济条件下，真正优秀的领导者必须具有复合型的知识结构。复合型知识结构的特点是既有精深的专业知识，又有扎实的基础和宽广的知识面。按照某些学者形象的说法，领导者应具有"T"形的知识结构。字母"T"中的"横"是指现代领导知识的广博性，"竖"则是指以软科学为主的专业知识。

领导者首先必须是管理方面的专家，其专业知识以软科学为主。所谓软科学，是相对于传统的能够精确定量又有严格因果关系的硬科学，如工程技术、数学、物理、化学等而言的。而软科学既不能精确定量，又没有严格的因果关系，不能完全用传统的数学方法或逻辑方法来处理，如管理科学、心理科学、社会学等，这些科学又恰恰是非程序化决策所必需的。所以，领导者应重点掌握企业管理、战略决策、市场营销、财务会计和人力资源管理等方面的知识。如果没有这些专业知识，就不能制定新的产品开发决策，不能引导企业在市场中争强夺胜。

领导者还应是通才，必须有广博的知识基础。领导者的知识面不能仅仅局限在管理知识上，还应掌握相关学科的知识，如哲学、自然科学以及社会科学的一般知识；掌握文学、史学、哲学和美学等人文科学的基本知识与素养能够陶冶情操；掌握至少一门外语，能熟练便捷地接触其他国家的先进技术和方法等。在改革开放和东西方文明的相互撞击中，领导者应继承和发扬我国优秀的文化传统，吸收和借鉴人类社会创造的一切文明成果，不断充实和丰富自己。

需要再次强调的是，由于知识经济已经走进人们的生活，新技术革命的浪潮不断冲击着陈旧的观念和现有的知识内涵，领导者面临严峻的知识结构更新问题。实践证明，只有充分掌握科学技术和知识，才能不断创新，提高市场竞争力和优势。作为主导企业发展的领导者，必须充分重视科技进步，不断学习，不断创新，打破旧的知识结构，建立动态的、优化的、能够适应现代社会和企业发展的崭新的知识结构。

三、企业领导者的经营管理素质

领导者经营管理素质的好坏、才能的高低，在很大程度上决定着一个企业的兴衰成败。在现代市场经济大潮中，领导者应当胸怀韬略、足智多谋，既有广博的知识，又有军事家和政治家的战略目光与决策能力，能够高瞻远瞩，深谋远虑，审时度势，抓住机遇，敢于决策。一名优秀的现代企业家应该是高素质的复合型人才。

（一）统率全局的战略眼光

"战略"一词来源于希腊文"Strategos"，其原意是"将军"，是一门指挥军队的科学和艺术。今天，把这个词用到经营管理中，用以描述一个组织打算如何在实现自己的目标和使命时面对存在的若干种选择，决定选用何种方案。诚如古人所言："不谋万世者，不足谋一时；不谋全局者，不足谋一域。"优秀的领导者不仅是精明的经营家，还应是清醒的战略家，必须能够正确地理解国家的方针政策，敏锐地分析政治、经济形势，不失时机地把握变幻莫测的市场前景。只有运用战略家的眼光，站在新世纪的高度，紧跟科技革命的前沿和人类社会发展的走向，观察世界，预测未来，遵循客观经济规律和企业自身的实际情况，才能正确地把握大局，确定企业的发展战略，增强市场竞争能力和企业发展后劲。领导者的战略眼光应紧紧围绕企业的发展战略目标，系统思考，不断探索，形成鲜明的企业特色。

（二）正确对待风险

市场经济既是竞争性经济，也是风险性经济。在市场经济的运行过程中，机遇往往伴随着风险而来，不敢冒风险意味着将被市场淘汰。风险越大，可能取得的成效越显著，即所谓"风险与利益对等"。除了敢于冒险，领导者还应具备承受结果、正视失败的素质，这样才能有足够的胆略和毅力去开创伟大的事业。

危机与风险的背后常常隐藏着效益与成功，关键在于领导者是否具备冒险精神，是否具备抓住机遇、奋力开拓的能力。通用电气公司在世界各国均有分支机构，子公司遍及全球。它是如何取得成功的呢？公司在刚刚开始跨国经营之时，遭遇了各地不同的政治、经济和风俗习惯的挑战，前景不容乐观。公司总裁深知风险与机遇同在的道理，明白如果没有危机意识，没有风险经营的胆略，就不可能开拓广阔的国际市场。如今，通用电气公司已是世界上子公司最多、国际经营最优的超级企业之一。

当然，勇于冒险不等于毫无把握地蛮干。领导者在发挥冒险精神的同时，应选择稳妥的阶段性可控的决策方案，克服急于求成的情绪，随时控制事态的发展，回避不必要的波动。

（三）百折不挠的意志

意志是人的心理活动，它主要反映在有意识、有目的的行为上。意志坚定的领导者善于控制自己的行为，也善于发挥自身的力量战胜客观困难。

（四）灵活机动，随机应变

应变能力是指领导者根据不断发展变化的主客观条件，随时调整对外界环境的分析、判断和适应的能力。它要求领导者随时保持风险意识、问题意识和变化意识，善于准确把握形势发展的主流，能够在千变万化的形势中把握基本恒定的东西，沉着冷静、灵活应对。

（五）出色的语言表达能力

语言表达能力是现代领导者的一项基本功。语言表达能力真实地反映出一个人的思维、社交以及性格、风度等内在能力。现代领导者在主持会议、制定政策、汇报工作进展、下达工作指令、接待社会来访、参加社交活动、发表演讲或个别交谈时，都在向他人展示自己的语言表达能力。

（六）善于协调各方面的关系

协调能力是领导者利用有限的财力、物力和人力，审时度势，选择最佳时机，统筹兼顾当前利益和长远利益，并采取有效的控制手段的能力。在现代企业中，协调能力可以作为润滑剂，疏通企业成员之间的关系，化解由于利益关系导致的矛盾冲突，促进成员之间的感情，在企业内形成强大的凝聚力，以最少的投入取得最大的经济效益。

四、企业领导者的身体和心理素质

管理工作的性质和特点决定了对管理人才的身体素质和心理素质的要求比一般人严格得多。作为现代企业管理者，生理和心理上都必须适应管理工作提出的许多特殊要求，如马拉松式的会谈、口干舌燥的演说、令人措手不及的突发事件等。这些都从不同方面考验着每一位现代领导者。

领导者要有强健的体魄和健康的心理素质。身体素质是指与人的体力相关的、生理学意义上的器官或系统发育及健康状况，如人体的肌肉、四肢、内脏等的生理功能。身体素质是现代领导者其他各方面能力的物质载体，它的形成与先天因素有一定的联系，但更主要的还是取决于后天发育和锻炼。在现代社会中，领导者必须高度重视自己的身体状况，这对其才能的充分发挥具有不可估量的意义。心理健康则要求领导者的心理处于一种平衡状态，能够承受经济大潮的起落，经受企业的盈亏和个人的荣辱等重大变迁，经得起胜利与挫折、成功与失败，处变不惊，始终保持拼搏进取的精神状态。

复 习 题

1. 领导的含义是什么？

2. 常见的人性假设有哪些？它们的含义是什么？对应不同的假设应采用何种管理方法？

3. 如何看待各种人性假设？

4. 领导的连续统一体理论有什么特点？

5. 什么是管理系统理论？

6. 领导行为的四分图的含义及其贡献是什么？

7. 管理方格理论的含义及其作用是什么？

8. 权变领导理论的基础是什么？

9. 费德勒模型的主要内容及其贡献是什么？

10. 领导生命周期理论的含义是什么？

11. 结合实际，谈谈领导者用人要注意哪些问题。

12. 中国现阶段对企业领导者的素质有哪些要求？

作 业 题

一、判断题

1. 领导者对个人和组织的影响力来自职位权力。 （　　）

2. 经济人假设又称为 Y 理论。 （　　）

3. X 理论认为，人生来并不一定厌恶工作，要求工作是人的本能。 （　　）

4. 社会人假设认为，人在进行工作时将物质利益看成次要因素，重视的是与周围人的友好相处，满足社会和归属的需要。 （　　）

5. 领导者有了职权，就会对下属有激励力和鼓舞力。 （　　）

6. 分权式的领导总比独裁式的领导更有效。 （　　）

7. "蛛网"思维要求领导者有多方面的技能。 （　　）

二、单项选择题

1. 某总经理把产品销售的责任委派给一位市场经营的副总经理，由其负责所有地区的经销办事处，但同时总经理又要求各地区经销办事处的经理们直接向总会计师汇报每天的销售数字，而总会计师也可以直接向各经销办事处经理们下指令。总经理的这种做法违反了什么原则？（　　）

A. 责权对应原则 　　　　　　　　B. 统一指挥原则

C. 集权化原则 　　　　　　　　　D. 职能分散原则

2. 美国管理大师彼得·德鲁克说过，如果你理解管理理论，但不具备管理技术和管理工具的运用能力，你还不是一个有效的管理者；反过来，如果你具备管理技巧和能力，而不掌握管理理论，那么充其量你只是一个技术员。这句话说明（　　）。

A. 是否掌握管理理论对管理者工作的有效性来说无足轻重

B. 有效的管理者应该既掌握管理理论，又具备管理技巧与管理工具的运用能力

C. 如果理解管理理论，就能成为一名有效的管理者

D. 有效的管理者应该注重管理技术与工具的运用能力，而不必注意管理理论

3. 公司执行机构的负责人称为首席执行官员或执行主管，通常由（　　）担任。

A. 副总经理 　　　　B. 董事长 　　　　C. 总经理 　　　　D. 常务董事

4. 一个企业中的管理者为了提高自己对下属的领导效果，应当（　　）。

A. 提高在下属中的威信 　　　　　B. 尽量晋升到更高的位置

C. 采取严厉的惩罚措施 　　　　　D. 增加对下属的物质刺激

5. 俱乐部型的领导在工作中主要表现出（　　）。

A. 注重良好的气氛，关心职工的生活，较少注意工作效率的提高

B. 在注重良好的气氛和职工生活的同时，也非常注意工作效率的提高

C. 虽不大注重良好的气氛，但却非常注意工作效率的提高

D. 既不注重良好的气氛，也不注意工作效率的提高

案例分析

马克·艾略特·扎克伯格的多张"脸谱"

一、社交网络"帝国"的快速崛起

Facebook（美国脸谱网）由马克·艾略特·扎克伯格（Mark Elliot Zuckerberg）创建于2004年，起初只是为美国在校大学生提供交流、社交等服务。随着社交网站的不断扩大，Facebook逐渐走出校门，目前已成为全球最大的社交、互联网分享网站，以及最实用的网络交流平台。

截至2016年第三季度末，Facebook月活跃用户达到17.9亿人，已占有互联网世界居民数量的"半壁江山"；其移动端月活跃用户数首次超过10亿人，实现了社交媒体领域的另一个里程碑。如此巨大的信息量，再加上每天数亿量级的活跃用户，以至于扎克伯格无比自豪地说："我们拥有这个时代最具影响力的信息传播机制。"此外，数据显示，2015年Facebook全年营收达到179.3亿美元，仅2016年第三季度其收入更是飙升至70亿美元，该季度销售额已经几乎相当于2013年的收入总和。

二、Facebook的掌舵人

1984年5月14日，扎克伯格出生于美国纽约州白原市。作为牙医和心理医生的儿子，扎克伯格从小就接受了良好的教育，很早便展现出自己的计算机天赋。高中时，他就为学校设计了一款MP3播放机。之后，包括微软等众多知名公司都向他抛出橄榄枝。但是，扎克伯格却拒绝了95万美元年薪的工作机会，毅然选择去哈佛大学计算机和心理学专业深造。在进入哈佛大学的第二年，他侵入了学校数据库，将学生照片用在自己设计的网站上，供在校学生评估彼此的吸引力。此次黑客事件之后不久，扎克伯格就和两位室友一起建立了一个为哈佛大学同学提供互动和联系的网站，并命名为"the Facebook"。2010年10月1日在美国上映的电影《社交网络》，正是以扎克伯格为原型，讲述其如何建立并发展Facebook的故事。

三、多面扎克伯格

1. 喜欢沟通的扎克伯格

扎克伯格特别关注友好的企业文化。他认为在一个成员间说着不同逻辑的语言、不能自由沟通思想的企业里，拿出20%的时间给员工去理解他人想法是十分必要的。他总是让员工抽出20%的工作时间聚在一起，而不是去忙各自的业务。为此，扎克伯格还经常引导员工学习共处，帮助他们熟悉其他成员的思维逻辑，从而实现有效交流。扎克伯格认为，要尊重员工的点子，并在充分信任的基础上授权员工去实践。在他看来，正是这种看似无序的企业文化，使Facebook得以保持创新力并持续发展。

　　扎克伯格曾说:"让他们待在一块,不强迫他们非要成为朋友,但可以让他们在与同事相处时感觉更舒适,交流更顺畅。通过这样的方式,我们营造了一种自由而有效的沟通文化,这是一个不成文的规定,我觉得企业氛围就该如此。交流顺畅了,思想得以相互碰撞,并最终促成一个又一个项目。"

　　2. 理性且执着的扎克伯格

　　当扎克伯格评估一个新产品时,每次都是从基本原理开始考察,用全新的眼光加以审视。他总是不受其他产品如何或现有产品如何的影响。他不在乎自己昨天说过什么,即使他眼前展示的是同一个产品。扎克伯格可以花上一年时间来构建产品,然后在第二天毫不犹豫地将其丢弃,转而构建更好的产品。他不畏惧打破现状,即使是在行业格局不断变化的情况下,也总是不知疲倦地力争构建完美产品。

　　3. 生活简朴的亿万富翁

　　作为 Facebook 创始人兼 CEO,扎克伯格很早便获得了巨大成功。2010 年 12 月,扎克伯格被《时代杂志》评选为"2010 年年度风云人物"。2016 年 3 月,扎克伯格在《福布斯》全球富豪榜上的个人财富达到 446 亿美元,排名第六。

　　作为全球最年轻的亿万富豪,扎克伯格的平日生活却极为朴素。他平时出行非常低调,没有保镖和随从,出席大部分场合几乎都是同一套行头:牛仔裤加灰 T 恤。据报道,扎克伯格日常出行经常开一辆 1.6 万美元的本田飞度,结婚前也一直租住在一套一室一厅的小公寓里。

　　4. 爱做慈善的扎克伯格

　　与自己简朴作风不同的是,扎克伯格在慈善事业上却出手非常"阔绰"。扎克伯格 26 岁的时候就签订了"捐赠誓约",将个人财富的主体用于慈善事业。他曾为新泽西州纽瓦克市的学校一次性捐赠了 1 亿美元。2013 年,扎克伯格向硅谷社区基金会捐赠了总价值约 10 亿美元的 Facebook 股票,是 2013 年美国最大的一笔捐款。2015 年 12 月,为庆祝女儿的降生,扎克伯格与妻子更是承诺将他们持有的 99% Facebook 股份捐出,用以发展人类潜能和促进平等。扎克伯格夫妇迄今已经为慈善事业捐出了多达 16 亿美元,受捐对象包括医疗机构、公共教育机构和疾病防控中心。

　　(资料来源:根据 http://www.facebookol.cn/的资料改写。)

讨论题:

1. 请结合领导理论,试分析扎克伯格的领导风格。

2. 你觉得扎克伯格的成功与他的哪些性格特征与领导能力有关?为什么?

第六章

激　励

本章内容要点

- 激励的含义，需要、动机和行为模式；
- 几种典型的激励理论：需要层次理论、双因素理论、期望理论、公平理论、强化理论和综合激励模式；
- 激励实务：员工需要分析，激励手段的选择和应用，对员工团体的激励。

组织计划确定之后，要提高组织的运行效率，一项很重要的措施就是调动员工的积极性，进行人力资源开发，即通过一定的激励手段，激发员工的工作欲望，挖掘他们的自身潜力，创造使他们能够发挥主观能动性和创造性的条件，为实现组织计划和组织目标而努力工作。这就是激励职能的作用。

第一节　激励的含义

为了说明激励的含义，必须先从人的需要、动机和行为谈起。

一、需要、动机、行为与激励

"激励"一词来源于心理学。要了解激励，就要了解激励的主要因素：需要和动机。每一个人都是有需要的，如食物、居所、成就等，当一个人对某一需要产生渴望时，内心就会产生驱动力，在这种动力的驱使下，他就会采取一系列行动来实现自己的需求。如果这些行为适当，他就会得到回报，即需要得到满足；如果行为不适当，需要不能得到满足，他就会调整自己的行为，再次努力，直至得到自己所需。需要、动机和行为三者的关系是：需要产生动机，动机是引起行为的直接原因。

（一）需要的含义

所谓需要，是指人们由于缺乏某种东西而产生的生理或心理上的不平衡状态。形成需要有两点：一是感到缺乏某种东西；二是期望得到这种东西。这两个条件缺一不可。需要是形成动机的源泉，动机的产生支配了人的行为活动。人的需要是不断发展的，即人的需要不是一次满足就永远满足的，而是随着时间、环境的不断变化而反复出现的，同时，需要的标准也在不断提高。例如对住房的需要，当一个人刚参加工作时，收入水平有限，可能租到一间宿舍就满足了；当他工作若干年后，有了一定的积蓄，就希望能够在自己有限的支付能力下购买一套属于自己的房子。

（二）动机的含义与行为的关系

所谓动机，是指驱动和诱导人们去从事某种活动的动因。内在需要是动机产生的基础，但只有需要而没有满足需要的外在目标时，也构不成动机。因而只有外界具有满足需要的目标和条件时，需要才会进一步转化为动机，并推动人进行有目的的行动。例如，一个人在旷野中行走，突然下起大雨，此时他有避雨的需求。但如果放眼望去四周没有可以遮雨的地方，他就不可能有寻找避雨地方的动机；只有眼前出现一处可以避雨的棚子时，他才会产生向棚子跑去的动机。由此可以看出，动机的形成是内在需求与外部条件相互作用的结果。动机有三种功能：一是始发功能，即能够引发行为，促使人们产生某种活动的功能；二是选择功能，即能使人们选择目标及行为方式，促使人们的行为朝着特定的方向进行；三是调整与反馈功能，即当某一个动机引发了行为，行为的结果又会反过来对动机产生影响。良好的结果会强化动机，从而使该行为得到巩固或重复出现；反之，不好的行为结果会使动机削弱或消失，从而使该行为逐渐消失，不再出现。当然，并非每一个动机都能引发行为，只有最强烈的动机（又称为优势动机）才会引起行为。

（三）激励的含义

需要产生动机，动机支配人的行为。因而从管理的角度看，激励就是在分析人们需要的基础上，将组织目标与个人需要相联系，通过一定的手段，在使员工的需要不断得到满足的同时，激发其工作的积极性，为实现组织目标而自发、主动地贡献自己的力量。激励的形成要把握三个要点：

（1）被激励的人存在需求。

（2）被激励的人由于存在某种需求而产生从事某种活动的愿望和动机。

（3）被激励的动机有强弱程度的不同，即积极性的高低。积极性的高低可以通过被激励人的行为和工作绩效来证实，积极性不是一时的冲动，而是一种长期的动力。

激励应用到企业经营管理中，就是通过影响员工个人需要的实现来提高他们的工作积极性，从而引导他们工作的行为。

二、管理理论发展中对激励的观点

许多管理学家都认识到对员工进行激励的必要性。但由于对人的特性、人的需求的认识不同，他们对动机的诱导、激励有不同的看法。

古典学派的代表人物泰勒认为，工人进行工作的最重要的目的是获得经济上的收入，因此应建立一套良好的工资体制。员工只要能得到合理的经济报酬，就会提高工作积极性，而不会去计较工作的环境条件。

行为科学学派的人际关系学说则认为，员工不但有经济上的需求，还有社会方面的需求，因此提出用调节人际关系、改善劳动条件等方法来提高员工的工作积极性。

对人性的不同认识，也影响着管理者对员工如何进行激励。美国管理学家麦格雷戈将管理者对员工的认识分为两类，并提出了 X 理论和 Y 理论。X 理论把人看作是厌恶工作、逃避责任、盲从的，因此，在管理中必须严加监督与控制，把惩罚视为重要的管理手段，把金钱当作一种主要的激励手段。Y理论对人性的认识与X理论恰好相反，认为人愿意承担责任，有主动性与创造性，喜欢工作带来的满足感。按照Y理论的观点，管理者在激励时应创造条件，赋予员工更多的权力与责任，使他们充分发挥潜力，以达到自我实现与组织目标的一体化。20世纪六七十年代，在以往人性理论的基础上出现了权变的人性思想。它认为，现实中存在各种各样的人，不能把所有的人都简单地归于一类假设之下，应该认识到，人在不同的环境、不同的时间会有不同的动机与需要，因而激励措施也应多样化，并根据具体的人来采取相应的激励措施。

这些观点从现在来看可能都存在着不足，但却是激励理论发展的基础，对管理者也有着深远的影响。

第二节 激 励 理 论

人的需要会有哪些内容？需要会如何影响人的行为？企业管理中如何通过影响员工的需要来实现在工作中对员工的激励？关于激励在企业管理中的研究，从20世纪初期就已经开始了。

管理学家、心理学家及行为科学家从不同的角度研究了怎样激励人的问题，并提出了各种激励理论。这些激励理论基本上分为三大类：内容型激励理论、过程型激励理论和综合型激励理论。内容型激励理论着重研究激发动机的因素，即研究如何从满足人们生理和心理上的需要来激励员工，主要有需要层次理论、ERG理论（生存、关系、成长理论）、成就需要理论、双因素理论。过程型激励理论着重研究从动机产生到采取行动的心理过程，即在管理中如何为员工设定合理的外在目标来激励员工，主要有期望理论、公平理论、目标理论、强化理论。综合型激励理论主要有波特—劳勒的综合激励模式、勒温的场动力论。内容型激励理论主要解决可以用什么样的因素来激励人的积极性的问题。过程型激励理论主要解决怎样用这些因素来激励人的积极性的问题。由于这两类理论各有侧重，因而也都存在一定的局限性。综合型激励理论对二者加以综合，比较全面地反映了激励的全过程。以下介绍在西方管理学界最具代表性的几种激励理论。

一、需要层次理论

（一）需要层次理论的内容

需要层次理论是美国心理学家马斯洛于20世纪40年代提出的。他把人类的多种需要划分为五个层次：生理需要、安全需要、社交需要、尊重需要与自我实现需要。

（1）生理需要。它是指人类生存最基本的需要，如食物、水、住所等。如果这些需要得不到满足，人类就无法生存，也就谈不上其他需要。例如，经常处于饥饿状态的人，首先需要的是食物，为此，生活的目的被看成是填饱肚子。当基本的生活需要得到满足后，生理需要就不再是推动人们工作的最强烈的动力，取而代之的则是安全需要。

（2）安全需要。它是指保护自己免受身体和情感伤害的需要。这种安全需要体现在社会生活中是多方面的，如生命安全、劳动安全、职业保障、心理安全等。人们希望有一个和平、安定、良好的社会，反映在工作环境中，即员工希望能避免危险事故、保障人身安全、避免失业等。

（3）社交需要。它包括友谊、爱情、归属、信任与接纳的需要。马斯洛认为，人是一种社会动物，人们的生活和工作都不是独立进行的，经常会与他人接触，因此，人们需要有社会交往、良好的人际关系、人与人之间的感情和爱，以及在组织中能得到他人的接纳与信任。

（4）尊重需要。它包括自尊和受人尊重两方面。自尊是指自尊心，工作努力不甘落后，有充分的自信心，以及获得成就后的自豪感。受人尊重是指自己的工作成绩、社会地位能得到他人的认可。这一需要可概括为自尊心、自信心、威望、荣誉、地位等方面的需要。

（5）自我实现需要。它是指个人成长与发展，发挥自身潜能、实现理想的需要，即人希望自己能够充分发挥自己的潜能，希望自己越来越成为所期望的人，完成与自己的能力相称的一切事情。在现实社会中，人的最高层次的需要就是自我实现。

五个层次的需要关系如图 6-1 所示。

马斯洛给出了各层次需要之间的相互关系：

（1）五种需要像阶梯一样从低到高，逐层上升。

（2）一个层次的需要相对满足了，就会向高一层次发展。五种需要不可能完全满足，越到上层，满足的程度越小。例如，美国的一般市民，各层次需要的满足程度是：生理需要85％，安全需要70％，社交需要60％，尊重需要40％，自我实现需要10％。

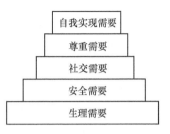

图 6-1　五个层次的需要关系

（3）不同层次的需要不可能在同一等级内同时发生作用，在某一特定的时期内，总有某一层次的需要在起着主导作用。因为人的行为是受多种需要支配的，所以同一时期内可能同时存在几种需要。但是，每一时期内总有一种需要是占支配地位的。任何一种需要并不因为下一个高层次需要的发展而消失，各层次的需要相互依赖、相互重叠，高层次的需要发展后，低层次的需要仍然存在，只是对行为影响的比重减小了。

（4）需要满足了就不再是一种激励力量。

马斯洛还认为，生理需要与安全需要为低级需要，而社交需要、尊重需要与自我实现需要为较高级的需要。低级需要主要是从外部使人得到满足，而高级需要则是从人的内心使人得到满足。对一般人来说，低级需要的满足是有限的，高级需要的满足是无限的，因而高级需要具有比低级需要更持久的激励力量。

马斯洛的需要层次理论简单明了，易于理解，具有内在逻辑性，得到了普遍认可。但其存在的缺陷是，在实际中，人的需要发展趋势并不一定严格按照马斯洛的五个需要层次逐层递增，可能当某一低层次的需要未能得到满足时，另一较高层次的需要就占据了主导地位。这主要是因为马斯洛对人的信仰和精神的作用估计不足。例如，革命时期的无数共产党员为革命理想的实现而勇于牺牲自己宝贵的生命。同样，通过树立榜样、进行教育，也可以改变人的需要层次的主次关系。

（二）需要层次理论在企业管理中的应用

从马斯洛的需要层次理论中，人们可以得到启示：如果想要激励员工，就要了解员工目前所处的需要层次，然后通过给予适当的协助，帮助他们满足这一层次或更高层次的需要，在此过程中不断激励他们的士气和热忱。

为掌握员工的需要层次，满足员工不同层次的需要，对管理措施的具体分析如表6-1所示。

表6-1 员工需要层次分析

需要的层次	一般激励因素	管 理 措 施
1. 生理需要	食物、住所等	基本的工作、住宅设施、福利设施
2. 安全需要	职位的保障、意外的防止	安全的工作条件、雇佣保证、退休金制度、健康保险、意外保险
3. 社交需要	友谊、爱情、团体的接纳	和谐的工作小组、同事的友谊、团体活动制度、互助制度、娱乐制度、教育培训制度
4. 尊重需要	地位、权力、责任、尊重、认可	考核制度、晋升制度、奖金制度
5. 自我实现需要	成长、成就	挑战性、创造性工作、工作成就、相应决策参与制度

二、双因素理论

（一）双因素理论的内容

双因素理论是美国心理学家赫茨伯格于20世纪50年代后期提出的。他根据对美国匹兹堡地区200多名工程技术人员和会计师的访问调查，进行资料分析发现，使被调查者产生不满意的因素大都由外界的工作环境产生，而使被调查者产生满意的因素一般都是由工作本身产生的。因此，赫茨伯格把影响人们动机与行为的因素分为两类：激励因素和保健因素，如图6-2所示。

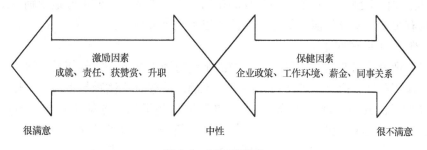

图6-2 双因素理论

激励因素是影响人们工作的内在因素，涉及一些较高层次的需要，如成就、责任、获得他人的赏识、晋升机会等。借助这些方面的因素，可以激发人的进取心，提高工作效率。激励因素像人们锻炼身体一样，可以提高身体素质、增进健康。

保健因素是外在因素，包括企业的政策、工资水平、工作环境、同事关系、福利与保障等。这些因素没有激励人的作用，但会起到防止人们对工作产生不满的作用。这就像饭前洗手一样，虽能防止人们生病，但不能提高身体素质。

该理论有如下两个要点：

1. 满意与不满意

赫茨伯格的双因素理论打破了传统的满意—不满意的观点（即认为满意的对立面是不满意）。赫茨伯格认为，满意的对立面是没有满意，而不是不满意；不满意的对立面是没有不满意，而不是满意，如图 6-3 所示。

2. 内在激励与外在激励

双因素理论实际上将激励分为内在激励与外在激励两种。内在激励是从工作本身得到的某种满足，如对工作的兴趣、责任感、成就感等，这些因素属于激励因素。外在激励是指外部的奖酬或在工作以外获得的间接满足，如工资、工作环境等。这种满足有一定的局限性。因为外在激励或保健因素只能满足人的低层次的生理需要，而不能满足人的高层次的精神需要，因而只能防止反激励，并不能持久有效地激励人的积极性。

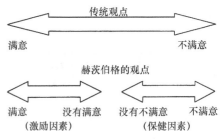

图 6-3 满意—不满意观点的对比

双因素理论本身也存在着一定的局限性：

（1）赫茨伯格所采用的研究方法有一定的局限性。例如，调查对象类型单一，缺乏代表性；调查手段只是简单的问答，缺乏可信度与可靠性。

（2）缺乏普遍使用的满意度评价标准。例如，一个人可能虽然不喜欢他工作的一部分，但他仍认为这份工作是可以接受的。

（3）赫茨伯格认为满意度与工作效率之间存在一定的关系，但他的研究中只考察了满意度，而没有涉及工作效率。人们应用这一理论时，必须假设这两者之间存在密切的关系。

（二）双因素理论在管理中的应用

尽管赫茨伯格的双因素理论由于存在缺陷而受到批评，但其在激励理论中仍占有重要的地位。尤其是双因素理论揭示了内在激励的作用，它对管理者如何更好地激励员工提供了新的思路，具有重要的指导价值。管理者应注意以下几个方面：

1. 注重对员工的内在激励

由双因素理论可以知道，消除了工作中的不满意因素并不一定能使员工得到激励而表现出最佳的工作积极性，但可以消除员工的消极不满。要想真正激励员工努力工作，就要注重激励因素（如提供其感兴趣的工作），通过这些因素的运用，才能满足员工较高层次的需求，才可能把员工的感受提升到满意阶段。因此，管理者若想更有效、更持久地激励员工，就必须注重工作本身对员工的激励。管理中可从以下方面加以考虑：

（1）重新设计工作任务，使员工的工作内容丰富化，从而使员工能在工作中得到责任、成长和成就感等高层次需要的满足。

（2）对管理层员工及技术人员可实施目标管理，减少过程控制，扩大其自主权和工作范围，并提供富于挑战性的工作任务，使其能力得到充分发挥。

（3）对员工的成就及时给予肯定、表扬，使其感到自己受到重视和信任。

2. 正确处理保健因素与激励因素的关系

在对员工的激励中，不应忽视保健因素，但也不应过分注重改善保健因素。由双因素理论可知，满足员工的保健因素，只能防止不满，而并没有形成有效激励。赫茨伯格通过研究还发现，对于保健因素，当员工达到某种满意程度后，其激励作用将会放缓，在饱和点以后将会逐渐衰减，如图 6-4 所示。

因此，同其他企业相比，提供有竞争力的报酬对维持员工的积极性、消除不满情绪是有效的，但提供过高的报酬并不一定能得到相应的工作效率的提高。

管理中还要善于把保健因素转化为激励因素。保健因素和激励因素是可以相互转化的，而不是一成不变的。例如，员工的工资、奖金如果同个人工作业绩相联系，就会产生激励作用，变为激励因素；如果两者没有联系，奖金发得再多，也构不成激励，而且一旦停发或少发，还会引起员工的不满。因此，有效的管理者既要注意保健因素，以消除员工的不满，又要努力使保健因素变为激励因素。

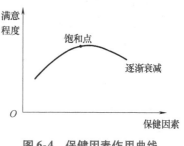

图 6-4　保健因素作用曲线

三、期望理论

（一）期望理论的内容

期望理论是由弗鲁姆在 20 世纪 60 年代提出的。这一理论认为，只有当人们预期某一行为能给个人带来具有吸引力的结果时，人们才会采取这一特定行为。从激励的角度看，这一理论可用下列公式表示

激励力量 = 效价 × 期望值

激励力量的效果直接表现为人们的积极性。激励力量越大，积极性就越高；激励力量越小，积极性就越低。激励力量的大小取决于对要达到目标的效价和期望值两个因素。

效价是指被激励对象对所要达到目标的价值的认定。在实际生活中，对同一目标，不同的人由于个人价值观的不同、所处的需要层次与阶段不同，对这一目标的效价也不同。例如，对于升职这一目标，有人希望通过努力工作升到更高的职位，则"升职"这一目标在他心目中的效价就高；而有人对升职与否漠不关心，则"升职"这一目标在他心目中的效价就低。

期望值是指被激励对象对目标能够实现的可能性大小的估计，是一种主观概率。这种主观概率受个人因素的影响。例如，对同一目标，某人若是保守的个性，估计值会小一些；若是冒险的个性，则估计值会大一些。期望值的大小在 0 和 1 之间，如认为完全可能实现，则期望值为 1；若认为完全不可能实现，则期望值为 0。人们主观上的期望值同将来能够达到的实际值常常是不一致的。当实际值高于个人期望值时，就会使被激励者产生意外惊喜，积极性可能会倍增；当实际值低于个人期望值时，则会使被激励者大失所望，产生消极影响。

（二）期望理论在管理中的应用

通过期望理论，人们在管理中可得到以下启示：

（1）人们可以自觉地评价自己努力的结果和得到的报酬。

（2）报酬必须与员工为企业做出的贡献行为紧密联系。企业的奖励制度必须随个人的绩效而定。

（3）人们对其从工作中得到报酬的评价（效价）是不同的，有的人重视薪金，有的人更重视挑战性工作。因此，管理者应重视企业的特定报酬与员工的愿望相符。

在实践中的具体做法如下：

（1）确定适当的目标，激发期望心理。期望理论表明，人的行为总是指向一定的目标，

如果目标确定符合个人的效价与期望，就能激发其工作的积极性。但需要注意的是，目标定得过高会令人生畏，目标定得过低会使人轻易达到，这都起不到激励作用。此外，还有目标效价问题，对同一目标，有人觉得很重要，效价高，激励作用大；有人觉得无所谓，效价低，就起不到激励作用。所以，管理者要了解每个员工的需要，根据不同的需要制定不同的目标。例如，企业制定生产定额等工作目标时，既要考虑使目标有一定的挑战性，又要让员工感到有实现目标的可能。

（2）帮助员工调整期望值，调动积极性。由于人们的经验、能力、自信心不同，因而对特定预期目标的期望值也不同。有的人期望值过高，盲目乐观，一旦实现不了，易产生心理挫折；有的人缺乏自信，期望值过低，易悲观失望，放松努力。因此，管理者要善于帮助职工调整期望值。

（3）正确处理努力与绩效之间的关系。一个人的行为能否取得绩效，主要取决于他的努力和能力。因此，管理者应提供相应的培训，以提高员工的工作能力；量才使用，使员工各得其位，人尽其才。通过这些，使员工的努力取得绩效，获得成功，强化其积极性。

（4）正确处理绩效与奖励需要的关系。当人的行为达到一定目标、取得一定绩效后，总希望能获得个人需要的奖励，因此，管理者应根据员工的工作绩效给予相应的奖励。同时，应根据不同人的需要的差异，变换相应的奖励内容，投其所好，以提高奖励在员工中的效价，这样才能使效价与期望值的乘积最大，获得持久的激励。否则，干好干坏、干与不干一个样，人们的工作积极性就会消退。

四、公平理论

（一）公平理论的内容

公平理论是美国的斯达西·亚当斯（J. Stacey Adams）在 20 世纪 60 年代提出的。亚当斯通过大量的研究发现，员工对自己是否受到公平合理的待遇十分敏感。他们的工作积极性不仅受到其所得报酬的绝对值的影响，更受到相对值的影响。所谓相对值，来源于横向比较与纵向比较。

1. 横向比较

横向比较是将自己的付出和所得的报酬，与一个和自己条件相当的人的付出与所得的报酬进行比较，从而对此做出相应的反应。下面用方程式来加以说明

$$\frac{A\ 所得}{A\ 付出} = \frac{B\ 所得}{B\ 付出} \quad\cdots\cdots\cdots\cdots\text{公平} \tag{1}$$

$$\frac{A\ 所得}{A\ 付出} > \frac{B\ 所得}{B\ 付出} \quad\cdots\cdots\cdots\cdots\text{不公平（报酬过高）} \tag{2}$$

$$\frac{A\ 所得}{A\ 付出} < \frac{B\ 所得}{B\ 付出} \quad\cdots\cdots\cdots\cdots\text{不公平（报酬过低）} \tag{3}$$

式中，A 代表某员工；B 代表参照对象。

付出是指每个人对自己（或他人）的努力、资历、知识、能力、经验及贡献的主观估计。所得是指付出后所得到的报酬，如工资、奖金、福利待遇、晋升、进修机会等。

式（1）表示，A 通过和 B 的比较，觉得二人付出与所得之比相等，感到公平，因而心情舒畅，努力工作。

式（2）表示，A 通过和 B 的比较，觉得自己的收付比高于对方，感到占了便宜，也会产生内心不安，可能会有以下几种表现：

（1）受到激励，努力工作，多付出以求得平衡，减少内疚感。

（2）曲解自己或他人的付出与所得，从而达到心理平衡。

（3）把多得归结于运气好而回避心理不安。

式（3）表示，A 通过和 B 的比较，觉得自己的收付比低于对方，感到吃了亏而满心怨气，从而可能会有以下几种表现：

（1）"吃不到葡萄说葡萄酸"，通过自我解释，达到自我安慰。

（2）改变自己的收付比，如减少工作投入、降低工作质量与数量，或者要求增加收入以达到平衡。

（3）要求减少参照对象的收付比，减少其收益和增加其投入，以求得平衡。

（4）"比上不足，比下有余"，改变参照对象，获得认识上的新平衡。

（5）发牢骚、泄怨气，故意缺勤、破坏工作甚至辞职。

2. 纵向比较

纵向比较是指个人将自己对工作的付出和所得与本人过去进行比较的比值。比较的结果有以下三种：

（1）现在的收付比等于过去。他会认为激励措施基本公平，积极性和努力程度可能会保持不变。

（2）现在的收付比大于过去。他可能不会觉得报酬过高，因为他会认为自己的能力和经验有了提高，因而工作积极性不会因此而有大的提高。

（3）现在的收付比小于过去。他会认为不公平，工作积极性会下降。

公平理论为在管理中提高员工的满意度和工作积极性提供了一种新的思路。但该理论也存在着一定的缺陷，主要有以下两点：

（1）当人们积极投入（付出值为正）却得到消极惩罚（所得值为负），费力不讨好时，同投机取巧、假公济私、无投入（付出值为 0 甚至小于 0）的人相比，用公平理论的公式衡量，值可能相等。亚当斯的公平理论无法解释这种情况。后人就此对公平理论进行了修订，在此不再赘述。

（2）付出与所得只是当事人的主观判断，实际上难以找到量化标准，只能是定性的分析。

（二）公平理论在管理中的应用

亚当斯的公平理论表明，一个人所得的相对值比绝对值更能影响他的工作积极性。所以，管理者需更多地注意实际工作结果与个人所得之间的公平合理性。但是，这在实际运用中又比较难把握，因为人们总是倾向于过高估计自己的付出，而过低估计自己的所得，对别人的付出与所得的估计则正好相反。所以，管理者除了要制定公平的奖酬体系外，还要及时体察员工的不公平心理，并认真分析，教育员工正确认识、对待自己和他人。

五、强化理论

（一）强化理论的内容

强化理论是由美国的斯金纳（B. F. Skinner）提出的。强化理论认为，人的行为只是对外部环境刺激所做的反应。该理论着重研究人的内在或外在行为的结果对其以后行为的反作用。所谓强化，是指对一种行为给予肯定或否定（奖励或惩罚），这种行为的结果可以在一定程度上影响或控制该行为的重复出现与否，即当行为的结果有利于个人时，这种行为就可能重复出现。例如，如果工作经过一定努力取得了较好的成果时给予一定的奖励，那么员工可能会进一步努力工作。反之，当行为的结果不利时，这种行为可能会消退和终止。例如，因为迟到而被扣发工资时，员工的迟到行为就会减少或消除。在这一过程中，凡对行为有强化作用的手段（如奖酬、惩罚）称作强化物。

（二）强化理论在管理中的应用

在企业管理中，运用强化理论通过控制强化物（如奖惩）可以控制、改造员工的行为。

利用强化的手段控制、改造行为，一般有以下四种方式：

1. 正强化

正强化又称积极强化，是指用某种具有吸引力的结果对某一行为进行鼓励和肯定，使其重现和加强。这种有吸引力的结果在管理中表现为奖酬，如认可、赞赏、增加工资、职位提升、高奖金、提供满意的工作条件等，这些可使员工的行为重现和加强。

在各类强化方式中，这是一种最常用而且最有效的方式。但是，在实际工作中应用正强化时，还要注意以下几点：

（1）所选用的强化物要恰当，对被强化对象要有足够的奖酬力度。例如，某员工努力工作取得成绩，希望能得到更高的奖金，但得到的只是口头表扬，这就不足以使他进一步加强工作。强化物主要包括表扬、奖金、给予发挥个人潜能的机会、给予更大的权力等，具体选用哪一种，还要视员工目前的需求层次而定。

（2）强化要有明确的目的性和针对性。例如，企业确定了本年度的工作目标后，分解到每一个工作岗位都有明确的目标，能够按时完成或提前超额完成，就会得到相应的奖酬，与此目标无关的努力则没有奖酬。

（3）强化的顺序必须能确保在以后各个阶段激发所希望的行为再度出现。强化顺序是指奖金由低到高的划分、由表扬到奖励再到权力的扩大等顺序的安排。例如，若奖金等级少，各级间差别小，员工很容易就能拿到最高奖金，那么他就不会进一步去努力了。

（4）奖酬宜及时，方法宜多样。当员工做出成绩时如能及时给予奖励，就会使员工认识到行为与奖励之间的联系，得到最佳的激励效果；如果时过境迁再给予奖励，以致受到奖励者都忘记了为何受奖，其激励作用就会大打折扣。另外，管理者要善于调整、变换奖酬方法，因人、因时、因地制宜，以提高激励效果。

2. 负强化

负强化又称消极强化，是指预先告知某种不符合要求的行为或不良绩效可能引起的不愉快的后果（如批评、惩罚等），使员工为了减少或消除可能会作用于其身的某种不愉快的刺激，从而使其行为符合要求或避免做出不符合要求的行为。也就是说，让员工知道做了不符合规定的事会受到批评或惩罚，如能够避免或改正，则不会受到惩罚，以此来引导、强化员工的行为，使之转向符合组织的要求。例如，员工知道随意迟到、缺勤会受到处罚，不缺勤、按时上班则不会受到处罚，于是就会避免迟到、缺勤，学会按要求行事。因此，负强化和正强化的目的是一样的，都是维持和强化某一有利的行为，但两者所采用的手段不同。在企业中，负强化的强化物主要是企业的各种规章制度。

在实际工作中，应用负强化时应注意，实施负强化事先需要规定好哪些行为不符合要求，若出现这些行为会受到何种处罚。否则，员工很容易无意或有意地做出某些不符合企业要求的行为。企业管理者一是不能够预先、及时地消除这些行为；二是若在员工预先不知道会受到处罚时给予处罚，很容易引起员工的怨气与逆反心理，不易及时引导该种行为转变为有利的行为。

3. 自然消退

自然消退有两种方式：一种是对某种行为不予理睬，以表示对该行为的轻视或某种程度的否定，使其自然消退；另一种是原来用正强化手段鼓励的有利行为由于疏忽或情况改变，不再给予正强化，使其逐渐消失。研究表明，一种行为如果长期得不到正强化，就会逐渐消失。例如，员工由于某种原因或疏忽使工作出现小的差错，上级管理者虽已了解但未予追究，而给予机会使该员工及时自觉改正。又如，企业原来对超额完成任务都给予较高的奖励，但由于管理者更换或政策改变，不再有此项奖励，那么员工超额完成任务的积极性就会逐渐消退。

所以，自然消退实际上就是指不对某种行为予以强化，这种行为就会慢慢消退。

4. 惩罚

惩罚是指用批评、降薪、降职、罚款等带有强制性、威胁性的措施来创造一种令人不愉快甚至痛苦的环境，或取消现有的令人满意的条件，以表示对某种不符合要求的行为的否定，从而消除这种行为重复发生的可能性。惩罚是阻止错误行为发生的方法，它的速度通常快于自然消退中的忽视手段，但其效果只是暂时的，并可能在以后对员工产生不愉快的消极影响，如对员工心理上造成恐惧、害怕，甚至产生对抗心理，从而做出无故缺勤甚至辞职等严重行为。所以，管理者要慎用惩罚，明辨是非，实事求是，依据企业的规章制度做出合理的处理，同时还应结合负强化和思想工作相结合的方法，让员工知道错在哪里，如何改正，并帮助、引导员工加以改正，尽量消除惩罚带来的消极影响。在使用惩罚时，还应注意对事不对人，即惩罚应与特定的过错相联系，要把违规行为与违反者的人格品行区分开来，不应因为某个员工出现某种不良行为就归咎于其人品不好或处处加以提防、歧视。另外，对同样的违规行为，处理应该公平一致、一视同仁，否则会造成员工的反感，达不到应有的效果。

以上四种方式既可以单独使用，也可综合使用。管理者应了解每种方式的特点，能用前三种方式做到的尽量使用前三种方式，少用、慎用惩罚的手段。

六、综合激励模式

（一）综合激励模式的内容

综合激励模式是由美国学者波特（L. W. Porter）和劳勒（E. E. Lawler）于1968年提出的。这一模式较为全面地概括了激励理论的全部内容，如图6-5所示。

波特-劳勒综合激励模型实际上包含了上面所介绍的几种激励理论。在图的左侧部分，其实是以期望理论为基础的说明。期望理论认为，激励力量等于效价与期望值的乘积；期望理论还说明了为达到一定的工作绩效，个人除了努力，还需具备一定的能力。取得工作绩效会获得内在和外在的奖励，内在奖励如取得挑战性工作、获得更大的自主权；外在奖励如工资的提高、获得更好的工作环境等。这些奖励的存在从正面强化了个人的有利行为。除了奖励，公平感也同样影响着个人的满意程度。

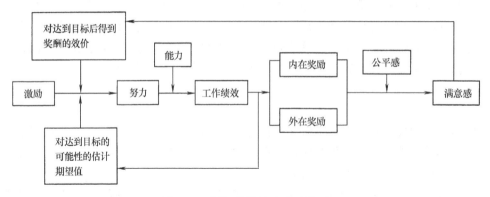

图 6-5 波特-劳勒综合激励模型

（二）综合激励模式在管理中的应用

波特-劳勒综合激励模型说明了管理者要想使激励能产生预期效果，就需考虑以下几方面的工作：如何根据个人能力进行工作分工；如何设定合适的工作目标；给予什么奖励才能适应不同人的需求，激发每个人的积极性；设定什么样的有效奖励制度能使员工不断保持积极性；如何进行考核才能使员工感到公平、合理并真正感到满意。

第三节　激 励 实 务

在实际工作中，常常可以发现很多有能力的员工工作效率低下、缺乏工作热情、不负责任。长此以往，不但会在员工中蔓延消极情绪，还会无形中对企业造成巨大的损失。如果出现这种情况，许多管理者往往归咎于员工的懒惰和无能。实际并非如此，真正原因在于管理者没有施以有效的激励，没有深入了解员工的需求。对员工的激励，近些年越来越受到重视，我国许多企业在借鉴国内外成功经验的基础上，针对我国国情及本企业的实际情况，不断进行有益的探索，并取得了较好的成效。

要想在实践中做好员工的激励工作，管理者除了要了解上节所介绍的基本理论外，还应了解、掌握在实践中常用的激励方法，并加以灵活运用。

一、员工需要的分析

通过以上介绍的理论可知，激励可以通过满足人的需要来达到。人与人是千差万别的，想要有效地激励每一个人，就要区分不同情况，了解每一个人的不同需要。

在企业中，员工在年龄、性别、教育水平、职业、收入乃至民族文化背景等方面有很大不同。管理者会发现，对不同员工的情况加以区别，按他们需求的不同进行恰当的激励是很有必要的。

（1）不同年龄的激励。针对不同年龄的人的不同需求，要给予不同的激励。年轻人在薪金能够保障基本生活的条件下，更看重自我成长的机会，管理者对有较为强烈的成长愿望的年轻员工应给予更多的锻炼和培训机会；中年人通过以往的工作经历，已获得了较好的工作薪金和一定的工作能力，但此时也有更多的工作和生活压力，渴望更多的薪金和得到晋升，以保障较好的生活和工作上的认可，因此，管理者应根据此类员工的业绩与努力，给予提高薪金和晋升的机会；年老的员工最渴求的是能够保住目前的工作或获得退休生活保证金，管理者可以此设定目标来激励员工。

（2）不同性别的激励。相对来讲，基于同样的工作业绩，除了得到相应的奖金外，男性可能会希望得到更富有挑战性的工作机会，而女性可能会希望得到带薪休假，以便有更多的时间和孩子在一起。

（3）不同教育水平的激励。受教育水平较高的人，一般都会找到相应的工作并得到基本的报酬，所以其低层次需求基本能够得到满足，他们需要的是高层次需求的满足，如晋升的机会、富有挑战性的工作、自我价值的实现等；受教育水平较低的人，其首要的目标是使生活得到保障并努力使之更好，因而较为看重工作与薪金的关系，所以，管理者应针对这类员工的努力与业绩制定公平合理的考核与奖励制度，通过多劳多得使员工获得更多的薪金。

（4）不同职业的激励。针对不同职业的特点，使用的有效激励手段也不同。在以脑力劳动为主的职业中，富有挑战性的工作、有竞争力的薪酬和领导的信任是首要的激励因素；在以体力劳动为主的职业中，相当的报酬、人际关系等为主要的激励因素。

（5）不同民族文化背景的激励。同一激励手段对不同国家与民族背景的人可能会产生不同的激励效果。例如，摩托罗拉在马来西亚设有工厂，马来西亚是一个高度重视集体主义文化传统的国家，因而摩托罗拉在该企业实施家庭情感的培养，提供给员工很多的培训机会，使之能够在这个大家庭中不断成长。员工们感觉就像一个大家庭的成员，大家共同齐心协力达成管理目标。但在美国，由于个人主义色彩浓厚，摩托罗拉推行这种激励方式收效甚微，甚至产生了对管理的不信任。由此可以看到，在实际工作中应用激励理论时，还应根据不同的国家与民族文化背景来进行调整。在集体主义占优势的国家，如日本、新加坡、墨西哥等，个人利益与组织相比，更注重个人对组织或社会的忠诚性，而不是个人利益；而在美国、英国、澳大利亚等国家中，则更崇尚个人主义，注重自我利益。

所以，在实际工作中，管理者应具体分析员工需求的不同，来实施有效的激励手段。

二、激励手段的选择和运用

人的激励过程是内部激励与外部激励的综合作用，因此，激励手段也可分为内部激励和外部激励两方面。外部激励是管理者从外部对员工的行为进行引导，引向企业的组织目标，其手段主要有建立有效的奖酬系统、明确目标任务，内部激励是自身产生的发自内心的一种激励力量，其手段一般有多样化的工作设计、明确经济责任制、提供员工成长与锻炼的机会、民主管理制度、精神激励等。以上这些手段既可以单独使用，也可以结合使用，但最重要的是要区分员工的不同需求，灵活运用，以达到有效的激励。下面介绍几种实际工作中常用的激励手段。

（一）激励与工作设计

早期管理的工作设计主要是从如何增加产量、如何提高工作效率出发的，因而工作划分过细，工作单调，虽然员工易于掌握工作，且熟练程度会大大提高，但长此以往，员工会因工作单调而厌倦，工作效率会逐渐下降。因此，工作设计时应考虑员工的心理及其对工作的要求，常用的方法有以下几种：

1. 工作轮换

保持员工原有职位，但将员工从一个岗位换到另一个岗位，一段时间后再进行轮换。这种方法主要是为了消除工作单调带来的乏味，通过工作轮换可以使员工不断尝试新工作带来的挑战，增进员工多方面的技能，提供员工个人成长的机会，以激发员工的积极性，从而提高工作效率。

并不是所有的工作都适合工作轮换，该方法只适用于同一工作组群中的岗位。因为员工对与自己同一工作组群中的岗位较为熟悉，适应起来不会有太大的困难，不易产生挫折感。当然，企业采取工作轮换，初期要付出一定的培训成本，但当员工的工作积极性被激发后，就会得到相应的弥补。

2. 工作扩大化

工作扩大化即训练员工对各方面的工作都有所了解，以扩大工作范畴，使员工有机会运用更多的知识与技能来适应工作的需要。这样既增加了工作量，又减少了人力，还提高了员工对工作的满足感。例如，一个产品共有四道工序，原来需要四个人负责，而现在只需让一个人负责全部程序。

3. 工作丰富化

这与工作扩大化不同，工作扩大化主要是从数量上考虑，而工作丰富化不是简单地将员工的工作量增大，而是把工作责任、学习机会、成就感等激励因素渗入员工的工作中，即把整个工作交给一个人或一个小组完成。工作丰富化后，企业只提出最终目标，其工作方法、工作进度可由员工自主控制，这样可满足员工的高层次需求。

以上几种工作设计方法之所以能够更好地激励员工，是因为具有以下特征：

（1）技能多样化。当工作需要不同的能力、不同的活动来完成时，能增进员工的个人成长与能力提高。

（2）工作整体性。当员工从头到尾负责整个工作时，会增加其工作的责任感和成就感。

（3）自主性。人们能够有权自我控制、安排时间和工作程序时，员工能够感到受到信任与尊重，从而增强工作的信心与动力。

当然，以新的工作设计来激励员工并不是对所有的人都有效，它更适合那些具有较强个人成长需要、具备一定知识、有一定潜能的人，对于较低知识、技能层次的员工则不太适合。

（二）激励与民主管理

民主管理通过让员工参与管理，达到企业内部顺畅的沟通，使员工及时了解企业目标、个人任务，同时能够满足员工得到尊重与信任的需求。具体有以下几方面：

（1）员工参与目标制定。员工参与目标制定，可使员工认清实现企业总目标和自己应负的责任；激发员工实现个人目标的责任感；实施目标、任务与权限对等，信任下级员工，做到权力下放，使下级员工能自我完善、自我管理，努力实现目标；可使员工进行自我评价和自我调整。

（2）员工参与管理。员工选派代表进入上层管理机构，如企业董事会或监事会，也可设立职工管理委员会，以此参与企业高层管理，提高员工对企业情况的了解，以充分发挥员工的主观能动作用，增强责任感，并可加强企业上下的合作。设立职工管理委员会的具体做法为：首先由员工定期选举产生职工委员会，职工委员会再提名委员会的委员长及管理委员会及其委员，由管理委员会执行监督职能。员工进入董事会是指董事会中管理人员与职工各占一定比例，对企业发展中战略、战术等方面的问题进行共同决策。

（3）全员参与合理化建议。在企业生产经营的各个环节，提倡员工提出合理化建议，并且员工的合理化建议一经采纳，则给予相应的物质及精神奖励。这不仅可以改进企业管理，而且有助于增强员工的主人翁精神，提高员工参与企业管理的热情。

（三）激励与分配制度

分配制度直接影响员工的工作积极性，所以，在企业的分配中一定要坚持效率与公平原则，即个人所得要与个人业绩紧密联系，分配要公平合理。分配可分为按劳分配和按资分配。按劳分配是指按企业承认的定额劳动量和经济效益量进行分配的方式；按资分配是指按投入生产经营的资金或资本量参与企业利润分配的方式。按劳分配在员工激励中应用得较早且较为广泛，如工资、奖金与劳动量、效益成果挂钩；按资分配最早应用于投资者之间，现在为了激励企业中各层管理者甚至员工能够与企业共同发展，而将个人利益与企业利益联系起来，很多企业开始执行对高层管理者的股票期权计划以及对员工的持股计划。除了使员工得到货币性收入外，企业还可通过福利计划对员工起激励作用。以下为管理实践中的一些具体做法：

1. 工资和奖金

工资和奖金是最直接的货币激励，它的激励效果可能比其他方法更为明显，但需要正确的操作，才能达到预期的激励效果，否则可能付出的代价昂贵但结果却令人不甚满意。

首先，要区分激励对象。工资和奖金对不同的员工具有不同的作用。对于某些人来说，工资和奖金的多少是体现社会地位的标志；对另一些人则可能是一种工作业绩得到认可的一种形式；但是，对于大多数人来说，工资和奖金决定了生活水平的高低，可以满足较低层次的需要。

其次，由赫茨伯格的双因素理论可知，工资和奖金基本属于保健因素，较优厚的报酬可在一定程度上消除员工的不满，但想要真正使其起到激励作用，还需善于将其转化成激励因素。如果每个人的工资和奖金没有较大差别，不与业绩挂钩，即使发再多的钱，也起不到激励作用。因此，只有工资和奖金与绩效紧密挂钩，才能起到激励作用。例如，在工资制度中，对可衡量产品数量与质量岗位的员工实行计件工资，对服务岗位的员工实行计时工资，根据个人资历与业绩制定结构工资，根据风险与收益相结合的原则制定浮动工资，对销售人员实行提成工资等。就奖金方面而言，奖金具有一定的灵活性，可以根据劳动成果、劳动量的变化而变化，对调动各层次员工的积极性具有重要意义。

总之，工资和奖金作为直接的货币薪酬，应合理设计其固定部分和浮动部分，以起到更有效的激励作用。密歇根大学商学院的大卫·厄里奇（David Erich）曾说过："薪酬总额相同，支付方式不同，会取得不同的效果。"对于核心员工的薪酬而言，固定薪酬和浮动薪酬的比例向来都很重要。从美国的经验来看，浮动薪酬的比例一般都占到了50%以上。从核心员工的种类来看，对于效益明显且工作创新性要求较高的技术类和销售类核心员工而言，浮动薪酬的比例应高一些，这有利于提高其积极性，化压力为动力；而对于工作绩效不易衡量且贡献的延续性较强的管理类核心员工，则应适当提高固定薪酬的比例。

另外，为使工资、奖金起到预期的激励作用，还需注意以下两点：

（1）制定合理的业绩考核标准，从结构和体制上保证分配的合理性。

（2）保证薪金的公平性，并根据员工的能力与承受程度，在内部倡导适度的竞争。

2. 福利

有条件的公司一般都尽量为员工提供好的福利待遇。好的福利待遇可避免员工的不满，维持其已有的工作积极性。例如，许多公司为员工提供医疗、养老、失业等保障，在工作中为员工提供班车、免费午餐等。同时，企业可以通过合理运用福利开支，帮助员工解决生活和工作中的实际困难，为员工创造良好的工作环境，消除工作的后顾之忧。

3. 股票期权

股票期权是指在一定时间内，以约定价格购买一定数量公司股份的权利。目前，国内外的一些公司通过股票期权来实行对高层管理人员的长期激励，即公司的股票价格在一定程度上受公司获利能力和利润增长的影响，而高层管理人员的努力与其业绩会在相当程度上影响这些因素。工资、奖金的激励虽可立竿见影，在短期内迅速起到激励作用，但易形成短期行为，使员工更多关注眼前利益，而忽视企业的长远利益。实行股票期权可将公司效益与管理人员的个人收入紧密联系起来，从而起到长期激励管理人员的作用。据有关资料统计，1996年《财富》杂志评选出的全球500家大工业企业，有89%的公司在高级管理人员中采取了经理股票期权制度。到1999年，美国几乎100%的高科技公司都实施了股票期权计划。2012年美国国家员工所有权中心的调查显示，92%的公司向员工提供股票期权计划。我国1997年开始有企业率先尝试这一制度，截至2015年年底，A股上市企业中已有800多家公布了股票期权计划，约占上市企业总数的30%。

4. 员工持股

员工持股是指公司的一部分股票由员工持有。实施员工持股后，员工投入企业的不止是体力和智力，还有资本。员工不仅生产剩余价值，同时也获得剩余价值；他们不仅是企业雇用的员工，更是企业的股东。以美国联合航空公司（简称联航公司）的典型案例来看，1994年7月，实行员工持股计划后，员工的工资虽然削减了15%，但是却拥有了公司55%的股票和董事会12个席位中的3个。短短18个月以后，联航公司超越了所有竞争对手，从排名第二的美洲航空公司和第三的德尔塔航空公司手中抢走了大量的市场份额，而且每个员工的营业额都提高了10%，使得联航公司的股票上涨了一倍多。

1956年，美国的路易斯·凯尔索（Louis Kelso）等人设计了"员工持股计划"，拉开了西方成熟市场推行股权激励的序幕，随后，日本、英国、法国、意大利等发达国家纷纷效仿。在西方国家，股权激励是公司内部治理结构的重要组成部分，股权激励机制的发挥有赖于公司治理结构的完善。同时，西方国家政府还建立了一系列相应的法律法规以保证股权激励能够有效执行。我国在现代企业制度的探索过程中，也从20世纪80年代初开始进行了股权激励改革的尝试。目前我国还需逐步建立健全股权激励的相应法规制度。

2011年3月30日计划正式在纽约证券交易所挂牌上市的奇虎360向美国证券机构提交的公开招股书显示，员工持股比例高达22.3%，已经超过第一大股东奇虎360董事长个人持有的21.5%。奇虎360上市后，按保守估计，其1000名员工中将有1/3在一夜之间成为百万富翁。而公司预留的股票期权，将会成为奇虎360继续吸引人才加入的坚实基础。

员工持股的作用主要是增强员工的凝聚力，从而激发员工的工作积极性，提高企业经营效益。据国外有关统计，员工持股的企业比不持股的企业生产力高1/3。

实施员工持股应注意以下几方面：

（1）员工持股的面应越宽越好。

（2）股票不应作为福利发放，而应以员工对公司的贡献为基础取得。

（3）实施员工持股，还需要建立相应的科学评价体系，评价体系中应包含员工的发展潜力、持续贡献等因素与持股量之间的合理关系。

（4）我国在现阶段推行员工持股时，还应具体情况具体分析，当企业不具备相关条件时，不能盲目推行，避免出现以下情况：违背投资自愿原则，以摊派形式要求所有员工出资入股；在未考虑员工心理准备、未考虑如何保护小股持有者利益的情况下推行员工持股；当企业出现危机、效益下滑时才想起让员工持股。只有当企业具备条件时，推行员工持股才能改善股权结构，调动员工的积极性，促使企业发展。

（四）培训激励

对员工进行岗前培训、在职培训等，有助于帮助员工顺利适应工作，增强自信心，既提高了工作效率，又能够满足员工追求个人成长与自我实现的需求，有效地激发员工的积极性。例如，青岛啤酒公司为了开发经理人队伍的能力，举办了多期高、中级工商管理培训班，200多人取得了高、中级工商管理培训证书。从1999年起，该公司与大学合作举办两期酿造研究生进修班；2004年，分别在青岛和深圳联合举办两期工商管理研究生（MBA）课程班，110余名主管以上中层管理人员参加系统学习。在青岛啤酒公司，很多人还获得了到国外学习的机会，这使他们的眼界更加开阔。以2004年为例，公司选派3名高级研发师赴英国世界酿酒协会进行现代啤酒酿造技术培训与交流；青岛啤酒公司还选拔各类优秀员工到战略合作伙伴——美国AB公司进行学习与交流，人数达到100余人。这些培训有助于员工能力的提高，激励员工在实践中把知识转化为智慧，为公司创造价值。

在可口可乐公司，提供的培训主要包括基础培训、业务技能培训、管理培训等几个方面。这些培训的目的就是让员工以可口可乐为荣，使新员工尽快投入工作中，使老员工调整心态、重新燃起工作激情；同时，更可使员工拥有远大的目标和抱负、乐观进取的心态、持久的耐性、强大的自信心、优良的品质、强烈的责任心和坚持学习的态度。

（五）榜样激励

在企业中可以树立体现企业精神、工作突出、积极向上的模范典型人物作为榜样，他们在员工中有良好的形象，他们的行为常常被其他员工仿效。榜样的力量是无穷的，发挥榜样的激励作用能够带动员工的工作积极性，并促进管理工作的顺利进行。例如，在我国企业中树立的"劳动模范""先进工作者"等模范人物，使广大员工学有榜样、赶有目标，形成积极向上的良好氛围；同时，这也是对典型人物自身的一种激励和鞭策。

三、对员工团体的激励方法

激励理论应用于个人激励是行之有效的，但在中国、日本、新加坡等具有集体主义文化的国家，员工更容易接受以团体为基础的工作设计、团体目标和群体绩效评估，因而也更需注重对员工团体的激励。图6-6给出了这样一个例子，对不同国家、不同文化下的管理小组在一起工作或单独工作进行比较：在集体主义文化环境中，管理者在小组中的工作业绩比单独工作的业绩高出许多；在更倾向于个人主义文化环境中，管理者对个人业绩更有责任感，对小组业绩则比较缺乏责任感和业绩压力。同个人主义文化环境相比，在集体主义文化环境中的员工则更倾向于对小组负责,对小组业绩更有责任感。因而,在中国、日本等具有集体主义优势的国家,在企业管理中更应注意合理应用基于团队的激励方式。

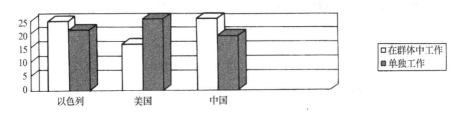

图 6-6　中国、美国和以色列经理单独工作与集体工作业绩的比较

(一) 基于团体的工作设计与民主管理

以团队集体作为工作设计的对象,考虑员工在集体里的协作与分工及对集体业绩的责任感,从工作本身和员工的自身需求与对集体的责任感出发,对工作进行合理设计,以激发员工的工作热情与积极性。目前企业管理实践中已广为实施,以下介绍两种卓见成效的做法:

(1) 以团体装配取代传送带装配线。具体做法是以 3~10 人为一组,自行分配工作,自行设定工作进度。这是基于团体的工作丰富化,其结果是不仅使小组工作效率高于传统的传送带装配线,而且使员工的旷工和离职现象大大减少。这种方法最早产生于瑞典的汽车公司,很快被其他国家的一些企业采用,取得了较大的成功。例如,在日本的索尼工厂,4 个工人组成的团队进行全部组装工作,并最后对产品进行检测。这样,产出比以前流水线装配提高了 10%。在 NEC 的电话工厂,8 个人组成的团队在一个星形的圆台中工作,一些小组成员制作整个电子器件,然后放在面前的转台上,其他小组成员通过旋转转台取得器件,生产为成品电话。虽然培训成本会有所上升,但这样 35 人生产的电话数量和以前 70 个人生产的数量一样多。

(2) 质量圈。质量圈产生于日本,为日本企业发展、经济增长起了很大作用,目前被许多国家的企业所采用。质量圈是指由 8~10 人组成工作团体,他们在工作时间内定期集会以讨论遇到的质量问题,调查问题出现的原因,提出问题的解决办法。这是一种可以提高效率、增强士气的工人团体。

(二) 加强团体内的信息交流

要维持团体的凝聚力及员工的积极性,团体成员之间的沟通是非常重要的。企业中应通过设置一定的渠道使团体内各成员间,包括同级及上下级间能够相互沟通、传递信息、表达个人的情感、意见、经验等,这有助于满足员工精神上的需要。同时,管理者也可以通过团体内的意见沟通来了解员工的需要及工作士气,了解各部门、各员工间的关系及管理效能,以作为改进管理、激发员工积极性的决策参考。例如,在摩托罗拉公司中,员工可以通过参加总经理座谈会、业绩报告会、公司互联网网页、"畅所欲言"或"我建议"等形式反映个人问题,进行投诉或提出合理化建议,进行直接沟通。管理层也可以根据存在的问题及时处理员工事务,不断地促进员工关系,创造良好的工作氛围。

以上各种激励方法可以作为企业进行员工激励的参考,但每个企业应根据自己的具体情况选择、摸索适合自己的方法。当找到适用的常规激励方法后,应以文字的形式固定下来形成规章制度,如经济责任制、民主管理制度、信息沟通制度、晋升制度、分配制度、业绩考核制度、培训制度等,这样才能以制度的形式保证各种激励方法的应用和实现。

复 习 题

1. 说明激励的过程及其动因。
2. 需要在动机中起什么作用?
3. 理解需要层次理论的主要内涵,谈谈对实际工作的启发。
4. 对比马斯洛需要层次理论中较低层次需要与较高层次需要的不同之处。
5. 需要层次理论与双因素理论有什么异同?
6. 解释公平理论的主要观点,谈谈对实际工作的启发。
7. 当员工感到自己的付出与报酬跟他人比不相等时,可能会有什么反应? 管理者应如何对待员工不同的反应?
8. 简述强化理论在管理中的应用方式。
9. 运用综合激励模式如何调动人的积极性?
10. 指出在管理实践中,哪些具体措施能更有效地激励员工。
11. 试用学过的相关理论解释工作丰富化如何起到激励作用。

讨 论 题

1. 如果要为公司制定一种奖金制度,你将采用哪种理论? 为什么?
2. 如果你所在的公司对员工实行竞争上岗、定额淘汰的方法,请联系强化理论谈谈这种做法对员工积极性产生的正负面的影响。
3. 按重要程度由大到小列出你选择工作时最重要的因素(如报酬、挑战性、学习和发展的机会、良好的人际关系)。
4. 许多早期的管理者认为,人们工作追求的主要是经济方面的需要,因而金钱是激励人的主要手段;当代许多管理学家则认为,金钱虽是重要的激励因素,但人们希望满足的不仅仅是经济需要。请试着阐述:金钱在激励中起到什么作用? 管理者如何有效地利用金钱这一手段来达到激励员工的目的? 应用时应注意什么问题?

作 业 题

一、判断题
1. 需要产生动机,动机支配人的行为。 ( )
2. 需要是指人们由于缺乏某种东西而产生的生理或心理上的不平衡状态。 ( )
3. 每一个动机都能引发行为。 ( )
4. 内容型激励理论着重研究从动机产生到采取行动的心理过程。 ( )

5. 马斯洛认为人的需要层次由高到低依次排列为：安全需要、自我实现需要、生理需要、社会需要、尊重需要。 （　　）

6. 保健因素是内在因素，可以激发人的进取心，提高工作效率。 （　　）

7. 员工的工作积极性不受其所得报酬的绝对值影响，只受其所得报酬相对值的影响。 （　　）

二、多项选择题

1. 激励理论基本上分为三大类：（　　）、过程型激励理论和（　　）。

A. 需要层次理论　　　　　　　B. 内容型激励理论

C. 综合激励理论　　　　　　　D. 公平理论

2. 需要层次理论把人类的多种需要划分为五个层次：生理需要、（　　）、社会需要、（　　）与（　　）。

A. 安全需要　　　　　B. 生活需要　　　　　　　C. 尊重需要

D. 自我实现需要　　　E. 工作需要

3. 双因素理论认为哪些因素属于保健因素？（　　）。

A. 工作环境　　　　　　　B. 成就感

C. 晋升机会　　　　　　　D. 福利与保障

4. 期望理论认为激励力量的大小取决于达到目标的效价和期望值两个因素：（　　）。

A. 效价越小激励力量越大　　　B. 效价越大激励力量越大

C. 期望值越大激励力量越小　　D. 期望值越大激励力量越大

5. 强化理论认为（　　）。

A. 人的行为结果对自己有利时，这种行为可以重复出现

B. 人的行为受外部环境影响

C. 人的行为结果对自己不利时，这种行为会消退和终止

D. 人的行为受内心活动影响

三、填空题

1. 激励是在分析人们需要的基础上，将组织目标与_____相联系，通过一定的手段在使员工的需要不断得到满足的同时，激发其_____，为实现组织目标而_____地贡献自己的力量。

2. 双因素理论把影响人们动机与行为的因素分为两类：_____因素和_____因素。

3. _____理论认为通过奖励等手段对员工的某一行为进行鼓励和肯定，可使该行为重现和加强。

案例分析

阿里巴巴如何激励员工：变"要我做"为"我要做"

激励机制通过一套理性化的制度安排来反映激励主体与激励客体的相互作用，从物质、精神等多个层面激发员工的潜力，鼓励员工的正向行为。正所谓"种瓜得瓜，种豆得豆"，有什么样的激励机制，就有什么样的企业文化。从这个意义上来说，激励机制是连接企业文化与员工行为的桥梁，是引领员工与企业一起前进的关键驱动因素。

阿里巴巴的软激励营造开放的氛围，一直是阿里巴巴发展的重中之重。激励措施，特别是软激励的有效运用发挥了重要作用。

尊重员工意愿，提供表达空间"阿里味儿"是阿里巴巴强化企业文化的一个阵地。在这一方面，员工可以直言部门主管的待遇不公，可以质疑公司的某项政策规定，甚至是集团

高管走马上任也会被反对"围攻"。用阿里巴巴一位员工的话来说，可以讨论任何事情而无论层级，发表任何观点而不论对错；即便是高管的观点，也经常被员工"减芝麻"（"减芝麻"表示不同意）。这样的例子随时随处可见。在阿里巴巴的历史上，一位被高管辞退的员工发帖历数前者的不公正，帖子发布后引发了大量同事"一面倒"的声援，但随后高管及时回应，说明原因和意见，也获得了跟帖支持。最终，在两方意见"针锋相对"的情况下，由CEO出面，把人力资源部门的负责人、当事员工和主管都叫到一起公开讨论，而且现场情况同步直播给所有员工。阿里巴巴坚持的原则是"即使是毒草，也要让它长在阳光下"。正是在这种潜移默化的培养中，每位员工都能以一种平等、客观的姿态参与到工作的讨论和执行中。也正是这些做法，使阿里巴巴开放、透明的氛围被员工真正地接纳和吸收，有效地调动了员工的能动性和创造性。

实施赛马机制，激发创新。阿里巴巴充分满足员工的施展空间和创新冲动，"赛马"就是一个很好的例子：员工只要有好的想法和创意就可以提交到阿里巴巴的项目委员会，经过审批之后，员工可以放手去做，集团会为其配备人手、资金，甚至还有期权。阿里巴巴很多好的项目都是通过"赛马"成立的。在阿里巴巴的历史上，就有刚刚转正的员工提交的项目脱颖而出，之后扩容成五六十人的团队，闯入该领域内全国第一梯队。"放任"的结果往往带来意想不到的惊喜，有些案例甚至让阿里巴巴内部员工也有点难以置信。例如，一位刚刚入职的员工"不务正业"，耗时8个月痴迷于与自身业务关联不大的技术难题，部门主管也欣然接受，而这对于双方来说都是一种"冒险"：员工可能毫无突破，而高管难辞其咎。但最终，该员工的技术方案被纳入全球性的技术标准里。

自由晋升和转岗。在职位晋升和调整机制上，阿里巴巴也同样奉行"自由"原则。例如，阿里巴巴员工的晋升并不是由主管决定，而是结合一年的工作情况由自己来判断决定的。如果员工认为自己到了晋升的某一个层次和水平就提交晋升申请，由各个部门的资深同事来进行考核，该员工做述职报告，由评委投票决定。又如，员工转岗也无须征得部门主管同意，只要接收方同意，原部门主管就要无条件放行。这是阿里巴巴包容精神最直接的体现。当然，自由不是无原则的放任。为了将自由而活跃的"分子"纳入整个组织的有机体中，使员工的自主性与企业的需求相匹配，阿里巴巴设定了一定的限定条件。例如，晋升请求是员工自己提出的，但是判断的标准是透明公开、具体明确的。转岗是没有主管限制的，但是存在一些硬性条件：首先，在现有部门至少待满一年；其次，绩效考核达到一定的水平。这样就会避免员工因为逃避而转岗，保证优秀人才的合理流动。可见，阿里巴巴激励机制的关键点在于充分尊重员工发展的意愿，并为员工提供自由发展的平台。而这种"软激励"是阿里巴巴"开放、创新"文化的真实写照，是阿里巴巴持续进行变革创新的重要推动因素。

另外，股权激励也是阿里巴巴的重要激励手段，在阿里巴巴3万多名员工中，有超过1万名阿里巴巴员工长期获益。针对不同层次员工，实施股票期权、限制性股票、分红权、股票增值权、股票支付等多种方式，让阿里巴巴员工及其他关联公司的员工受益，激发员工的工作积极性，与企业共同成长。

（资料来源：根据 https://club. 1688. com/article/58650058. htm；https://wenku. baidu. com/view/e4f24ab8ce2f0066f4332255. html 的资料改写。）

讨论题:

1. 你最欣赏阿里巴巴员工激励制度的哪一方面?

2. 阿里巴巴的"软激励"丰富了现有的激励理论,你认为其他企业可以复制吗?

第七章

协　调

本章内容要点

- 沟通的概念，沟通的作用、过程、方式和内容；
- 沟通的渠道、障碍与改善；
- 冲突的概念和类型，冲突管理的方法；
- 人际关系的概念和作用，人际交往的动因，人际关系存在的基本状态，影响人际关系的因素。

　　协调是指组织的管理者运用组织内外部资源和条件，正确处理组织内外各种关系，平衡组织成员间的权力和责任，避免潜在冲突的发生并化解现有的冲突和矛盾，以达成组织目标的全过程。协调是管理的一项重要职能，也是富有管理艺术的一个环节，更是管理工作的难点。

　　广义的协调包括组织内部协调和跨组织协调。组织内部协调的核心是有效沟通、冲突管理、建立良好的人际关系；跨组织协调的核心是建立有效的社会网络关系。跨组织协调不仅涉及管理者自身的管理技巧和管理能力，还与整个组织的内外资源禀赋、组织规模、组织环境和组织声誉等诸多因素有关，因此，跨组织协调是一项更加复杂和充满不确定性的工作。本章将从沟通、冲突管理和人际关系三个层面介绍组织协调问题。

第一节　沟　　通

　　在组织管理中，沟通是指管理者围绕组织各项活动与被管理者之间进行的信息、知识与情报的传递过程，它是实现管理目标的重要手段，也是组织良性运转的润滑剂。

　　在组织内部，管理者越来越强调建立学习型组织和合作团队，有效的部门沟通是成功的关键。组织成员树立良好的沟通意识，逐渐养成运用沟通理论和技巧进行有效的沟通，对彼此互相了解、交流协作、以满腔热情投入工作具有重要意义。在组织外部，为了实现组织之间的合作与和谐相处，组织的管理者需要掌握宣传、洽谈和公关的技巧。

一、沟通的概念和特点

　　沟通是指一方将信息传递给另一方，并期待其做出反应的过程。也就是管理者与被管理者之间、管理者之间、被管理者之间或组织成员与外部公众之间发生的，旨在完成组织目标而进行的信息发送、接受与反馈的过程。

沟通依赖于组织结构，它具有以下特点：

（1）具有明确的目的。沟通是围绕特定的管理活动而进行的，上情下达、下情上传、横向交流，目的性十分明确。

（2）渠道健全。任何组织内部都设有正式的信息沟通渠道，沟通网络纵横交错。

（3）具有计划性。沟通需要周密的计划和精心准备，需要实现制度化。

二、沟通的作用

沟通是组织内部联系的主要手段，有效的沟通有助于员工获得满意感，激励其完成任务；有助于员工更好地理解本职工作，感受局部工作与整体任务的相关性；促进组织成员之间的彼此了解、协作和团结。沟通的作用具体可以从以下几个方面来理解：

（1）收集信息，使决策更加合理和有效。沟通的过程是一个信息双向交流的过程，通过这个过程，管理者可以迅速地收集信息，在对信息处理、加工的基础上做出更加合理的决策。

（2）改善人际关系、稳定员工的思想情绪，统一组织行动。沟通是人际交往的重要组成部分，它可以消除员工内心的紧张，愉悦身心，改善气氛；沟通可以增进了解，消除意见分歧，化解冲突，达到改善人际关系的目的。

（3）组织目标和成员目标一般并不一致，通过有效的沟通，可以使组织成员的行为与组织要求趋于一致。特别是在组织变革时期，通过沟通可以消除组织成员的抵触情绪，采取合作态度。

（4）沟通对组织成员的行为具有控制作用。通过沟通，使员工了解组织规程、制度和政策，可以对组织成员的行为产生控制作用。

（5）沟通是组织与外部环境联系的桥梁。组织通过沟通成为一个与其外部环境相互作用的开放系统，据此可以争取政府和公众的理解、合作与支持，获得持久的发展机会和更多的外部资源。

三、沟通的过程

与沟通过程有关的要素包括：①信息发送主体；②信息接收主体；③沟通环境；④发出的管理信息；⑤信息编码；⑥沟通渠道；⑦管理信息译码；⑧接收的管理信息；⑨沟通的干扰；⑩管理信息反馈。沟通的过程如图7-1所示。

从图7-1中可以看到，信息发送主体为了进行沟通，必须进行编码，即把要发送的信息转化为能成功传递到接收者的形式，然后再经过适当的信息沟通渠道，传递给信息接收主体。接收主体收到发来的信息代码后，必须进行译码，即将接收到的信息还原为信息原貌。为了确认接收主体成功理解了信息的含义，以及接收主体的反应和态度，还需要有信息反馈。因此可以看出，沟通过程是一个双向的、互动的过程。在沟通过程中，还可能存在沟通干扰，如果沟通双方缺乏互相理解和交流背景，沟通就难以实现；另外，沟通干扰的多少、强弱也会影响沟通的成功与否。

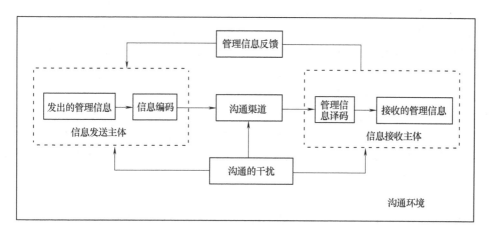

图 7-1　沟通的过程

四、沟通的方式

沟通的方式可以分为人际沟通和组织沟通；也可分为言语沟通、非言语沟通和电子沟通。这是两种不同的划分方法。

（一）人际沟通和组织沟通

1. 人际沟通

人际沟通是为了达到管理目的，进行的人与人之间的情感和信息传递、交流的过程。它是组织沟通的基础。通过人际沟通，员工可以互相了解各自的心理，表达自己的看法和意见，从本质上说，这是人与人之间的心理沟通。

2. 组织沟通

组织沟通是在特定的环境下，以组织内的人际沟通为基础进行的部门之间的纵向沟通、横向沟通、团队沟通、冲突处理、跨文化沟通等。

纵向沟通是指沿着组织的直线结构进行的上下级沟通；横向沟通是指在组织的同一管理层次上的跨部门沟通；团队沟通是指两个以上工作小组的沟通；冲突处理就是冲突预防和冲突化解；跨文化沟通是指拥有不同文化背景的员工或部门之间的沟通。

（二）言语沟通、非言语沟通和电子沟通

1. 言语沟通

言语沟通是人们最熟悉的一种沟通方式，大量的人际沟通都是通过语言和文字来实现的。言语沟通还可以分为口头沟通和书面沟通两种。

（1）口头沟通。口头沟通可能是两个人面对面的交谈，或者是一个人面对广大听众演讲，也可能是非正式的讨论或小道消息的传播等。

口头沟通建立在相互信任的基础上，优点是灵活、速度快，自由讨论，有亲切感。这对让员工统一思想、认清目标、体会各自的责任和义务有很大的好处。其不足之处是：一过即逝；对信息发送者的口头表达能力要求较高；在信息的传递过程中，存在较大的信息失真的可能性，当信息传到终点时可能已经"面目全非"。

（2）书面沟通。书面沟通是指用文字作为信息传播媒介来传递信息的沟通方式。常见的有以下几种：备忘录、报告书、通知、内部刊物和公司手册、信函等。

书面沟通的优点很多，主要表现在：以文字形式固化信息，可以使信息长期保存，易于核实、查询，这对复杂或长期的沟通尤为重要；"口说无凭，立字为据"，表现出书面沟通的权威性；书面沟通以"白纸黑字"的形式避免了信息传递过程中的随意性，从而降低了辗转传递过程中信息衰减的可能性；书面沟通可以使信息接收者以自己的阅读速度来阅读，为真正领会信息的实质性内容提供了良好的条件。

但是，书面沟通也存在许多不足，呆板、不易随客观条件的改变而及时修正；不能像口头沟通那样可以随机应变，也不能得到及时的反馈；同时，由于书面沟通文字比较规范，沟通效果也会受到接收者文化水平的限制。

2. 非言语沟通

非言语沟通是相对于言语沟通而言的一种沟通方式。它通过身体动作、面部表情、说话的语调和重音以及信息的发送者和接收者之间的身体距离来传递信息。

有些人通常把沟通过程看作一种完全用言语表达的方式。其实，非言语沟通早在语言文字使用之前就已经存在。在实际中，通过非言语沟通传递的信息要多于通过言语沟通传递的信息。我们有更多的理由相信，在"表里如一"的问题上，非言语沟通更多地反映了人的"里"，而言语沟通更多地反映了人的"表"。最近几十年对管理中的非言语沟通问题的研究逐渐丰富起来，越来越多的人开始重视非言语沟通的作用。

针对身体动作而进行的学术研究称为身体语言学，它涉及手势、面部表情及其他身体动作。不过，这是一个比较前沿的领域，目前看到的是基于感性评价和预测得到的一些结论，而不是通过规范研究所得到的结论。

非言语沟通中另一种比较典型的沟通方式是语调。语调是指个体对词汇或短语的强调。同样一个词、一句话，如果使用不同的语调，则可以反映出不同的含义。

3. 电子沟通

网络等信息技术的发展，对组织沟通带来很大影响。人们已经逐渐掌握了应用各种电子媒介传递信息，如电子邮件、视频、电话、计算机、传真机、复印机等，使沟通行为更加有效。电子沟通方式的优缺点类似于书面沟通，但是，它有更为突出的优点，如沟通的效率更高，信息获取更为方便、快捷，可以对信息加以存储、随时阅读。

五、沟通的内容

沟通的内容根据其性质、重要性，以及沟通发生在组织中的范围和层次，可以分为以下五个方面：

（1）情感沟通。人有感觉、情绪、兴趣、爱好和习惯，在组织中，成员之间常常需要在这些方面进行沟通，以达到相互了解、倾诉、调节的作用。

（2）业务信息沟通。它可以划分为工作指令、工作意见和工作建议三大类。工作指令由组织的管理者下达，执行者接受，其中包含了重要的业务信息。员工在执行工作指令时会形成自己的意见、想法，这也属于业务信息。员工形成的与业务有关的新设想、新方案和合理化建议也是重要的沟通内容。

（3）责任、权力、利益信息的沟通。组织成员都有比较明确的责任、权力和利益划分。因此，在组织管理中，不仅正常的、已能确定的责、权、利关系需要沟通，而且当环境发生变化时，会引起成员对其责、权、利的认识出现模糊和难以把握，这时尤其需要及时沟通，以重新明确责任、权力和利益的划分。

（4）制度沟通。组织的规章制度是组织良性运转的保证，因此，组织部门之间常常需要对各自的规章制度进行沟通。

（5）组织的外部沟通。组织作为一个社会系统的子系统生存于一定的环境之中，需要与外部环境的其他组织进行沟通。例如，企业需要与政府沟通，与其他企业、非营利组织沟通，与消费者和公众沟通等，而且，不同企业为建立外部合作网络，常常需要进行企业文化沟通等。

六、沟通渠道

组织内部的沟通渠道可分为正式沟通渠道与非正式沟通渠道。正式沟通渠道由组织结构或层次系统构成，非正式沟通渠道由正式系统以外的途径构成。

（一）正式沟通渠道

正式沟通渠道适合在组织系统内，依据组织规定的原则进行信息传递与交流。例如，部门之间的公函来往、内部文件传达、召开会议、上下级之间的定期情报交换等。正式沟通渠道与组织结构息息相关。

正式沟通渠道有下向、上向、横向、外向等，其表现出来的具体形态如图7-2所示。

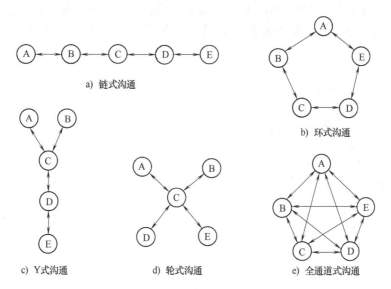

图7-2 正式沟通渠道的形态

（1）链式沟通。这是一个串状网络，其中居于两端的个体只能与内侧的一个个体联系，居中的个体可分别与相邻两个个体沟通信息。在一个组织系统中，它相当于纵向沟通网络，代表一个五级层次，逐渐传递，信息可自上而下或自下而上进行传递。

（2）环式沟通。此形态可以看成是链式的一个封闭式控制结构，表示五个个体之间依次联络和沟通。其中，每个个体都可同时与两侧的个体沟通信息。

（3）Y式沟通。这是一个纵向沟通网络，其中只有一个个体位于沟通渠道的中心，成为沟通的媒介。在组织中，这一网络大体相当于领导、秘书班子再到下级主管人员或一般成员之间的纵向关系。

（4）轮式沟通。它属于控制型网络，其中只有一个个体是各种信息的汇集点与传递中心。在组织中，它大体相当于一个主管领导直接管理几个部门的权威控制系统。

（5）全通道式沟通。这是一个开放式的网络系统，其中任意两个个体之间都有沟通联系，彼此相互了解。此网络中组织的集中化程度及主管的预测程度均较低。

上述沟通形态和网络各有其优缺点。如果管理者注重解决问题的速度，那么使用轮式和全通道式沟通较好；如果注重信息传递的精确度，那么链式、Y 式和轮式沟通较好；如果注重领导者的权威，则需要使用轮式沟通模式；如果注重通过信息沟通来提高组织成员的满足程度，则最好使用环式和全通道式沟通。

正式沟通渠道是沟通的主要渠道，大量的沟通工作依赖于正式沟通渠道。由于正式沟通带有强制性，比较规范，约束力强，沟通效果较好，因此，在组织管理中一般的信息都要通过正式沟通渠道下达及反馈。正式沟通渠道的缺点是：传播线路固定、呆板，沟通速度较慢；中间环节较多，信息容易衰减；对人员的素质要求较高。

（二）非正式沟通渠道

非正式沟通渠道是指正式组织途径以外进行信息传递与交流的途径。这些途径非常多且无定型。例如，同事之间的任意交谈，通过家人传播等，都是非正式沟通渠道。

非正式沟通渠道与正式沟通渠道不同，它的沟通对象、时间及内容等都是未经计划和难以辨别的，是由组织成员的感情和动机上的需要而形成的。这种沟通渠道不受组织监督，也没有层次结构上的限制，由组织成员自行选择。非正式沟通主要有如图 7-3 所示的四种形态。

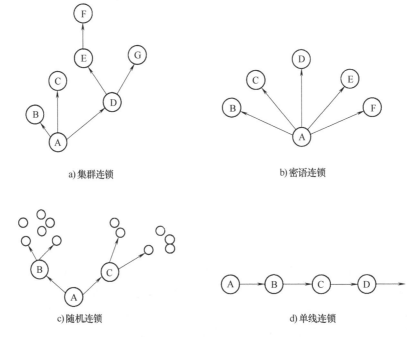

a) 集群连锁　　　　　　　　　　　　b) 密语连锁

c) 随机连锁　　　　　　　　　　　　d) 单线连锁

图 7-3　非正式沟通渠道的形态

（1）集群连锁。在沟通过程中，可能有几个中心个体，由它们转告若干个体，而且有某种程度的弹性。

（2）密语连锁。由一个个体告知所有其他个体，犹如其独家新闻。

（3）随机连锁。碰到什么个体就转告什么个体，并无一定的中心个体或选择性。

（4）单线连锁。由一个个体转告另一个个体，不间断地接续下去。这种情况最为少见。

非正式沟通渠道沟通的优点是形式不拘、直接明了、速度很快，容易及时了解到正式沟通难以提供的"内幕新闻"。其缺点表现在：难以控制；传递的信息不确切，容易失真；可能导致小集团、小圈子，影响组织的凝聚力和人心稳定。

非正式沟通渠道虽不是由组织明文规定建立的，但是在相当程度上也是组织管理所需要的。在多数情况下，来自非正式沟通渠道的信息反而会受到接收者的重视。但是，过分依赖非正式沟通渠道也有很大风险，因为采用这种沟通方式时信息被歪曲或发生错误的可能性较大，也无从查证。

任何组织中都或多或少地存在着非正式沟通渠道。对于这种沟通方式，管理者既不能完全依赖，也不能完全忽视。对非正式沟通渠道的控制可采取以下对策：

（1）要善于发现非正式沟通渠道中的关键人物，在必要时利用这些关键人物来协助传递或澄清某些事实。

（2）对小道消息产生的原因以及它所反映出来的管理问题，管理者不能听之任之，而要及时解决。

（3）在做出重大决策时，要考虑制定防止小道消息传播的措施。

（4）要培养组织成员对组织管理部门的信任和好感，这样他们比较愿意相信组织提供的消息。

（5）管理者在组织管理中不能滥用非正式沟通渠道，应以正式沟通渠道为主。

七、沟通的障碍及改善

所谓沟通障碍，是指信息在传递过程中的失真或中断。这可能存在于信息发送者方面，或存在于传递过程中，或在接收者方面，或在信息反馈方面，其主要是沟通过程中的某些干扰因素所致。管理者要正视形形色色的沟通障碍，弄清缘由，并致力改善。可从主观障碍、客观障碍和沟通方式障碍三个方面入手分析。

（一）沟通的障碍

1. 主观障碍

主观障碍大致有下述几种情况：

（1）个人的性格、气质、态度、情绪、价值观等的差别，使信息在沟通过程中受个人主观心理因素的制约。沟通中，如果双方在经验水平和知识结构上差距过大，也会产生沟通障碍。

（2）信息沟通往往是依据组织系统分层逐级传递，由于受到个人记忆力、思维能力的影响，往往会降低信息沟通的效率。

（3）组织成员对信息的态度不同，常常忽视对自己不重要的信息，不关心组织目标、管理决策等信息，而只重视和关心与自身物质利益有关的信息，使沟通发生障碍。

（4）信息的发送者和接收者之间的关系或地位不对等形成沟通障碍。例如，沟通个体相互不信任，下级对上级的畏惧感等，都会影响沟通的顺利进行。

2. 客观障碍

客观障碍主要有以下两点：

（1）信息的发送者和接收者如果空间距离太远、接触机会少，就会造成沟通障碍；社会文化背景不同、种族不同而形成的社会差异，也会影响信息沟通。

（2）组织结构中的层次太多，信息从最高决策层到下级基层单位的传递过程中容易产生信息失真，而且还会浪费时间，这是由于组织结构造成的沟通障碍。

3. 沟通方式障碍

（1）语言系统所造成的障碍。语言是沟通的工具之一，人们通过语言、文字及其他符号将信息进行传递，但是语言使用不当就会造成沟通障碍。这主要表现在：①误解。这是由于发送者在提供信息时表达不清楚，或是由于接收者接收失误所造成的。②曲解。这是由于对语言符号的记忆模糊所导致的信息失真。③信息表达方式不当。这表现为措辞不当，词不达意，丢字少句，空话连篇，使用方言、土语等。这些情况都会增加沟通双方的心理负担，影响沟通的顺利进行。

（2）沟通方式选择不当所造成的障碍。沟通的形态和网络多种多样，且各有优缺点，如果不根据组织目标和实现策略来进行精心选择，不灵活使用其原则、方法，就会产生沟通障碍。

（二）沟通的改善

每个管理者都能体会到实施沟通的实际困难，仅仅了解沟通方式、方法是不够的，还需要研究如何提高沟通效率，以使管理工作更健康、更有效地进行。一般而言，沟通的改善可以从以下几个方面着手：

（1）加强信息收集工作。信息收集是进行沟通的前提，也是进行管理决策的前提。因此，在沟通的控制中，首先应在收集信息上下功夫。要提高信息收集员的知识和能力，开辟尽可能多的渠道，力求所收集的信息完整、齐备、可靠。

（2）合理处理信息。对收集到的信息进行合理处理，也是改善沟通的一个重要环节，只有经过合理处理的信息才能进行传递。信息处理必须遵循合理、及时、系统的原则，依据其来源、时效归口处理。另外，要重视信息反馈。这种反馈是双向的，即下级主管部门经常给上级领导提供信息，同时接受上级领导的信息查询；上级领导也要经常向下级提供信息，同时对下级提供的信息进行反馈，从而形成一种信息环流。

（3）做好传递控制。要改善沟通，必须做好信息传递工作。要提高信息传递的针对性、适用性和保密性，防止信息无控制的扩散；要控制越级传递和非正式渠道的沟通。

（4）注意信息沟通检查。管理者要经常检查沟通的情况，可以采用观察、问卷、会晤、访谈以及对书面材料进行分析等多种形式，定期性与经常性相结合来检查沟通状况，适时改进、完善沟通方式或渠道。

第二节　冲　突　管　理

协调总是与冲突相伴而生，没有冲突就不存在协调问题。组织成员为实现组织目标而互相协作，在协作的过程中，由于成员在个性、成长经历等各方面存在着差异，因此冲突是不可避免的。管理者需要树立冲突管理的意识和理念，掌握正确的冲突管理的方法和技巧，协调好组织的运行。

一、冲突的定义

有关冲突的定义有很多，尽管内容各有不同，但也包括一些共同的主题。例如，冲突必须是双方感知到的，是否存在冲突是一个知觉问题；冲突是意见的对立，是一定程度相互作用的结果。

本书将冲突定义为：组织成员间由于对某一个问题或者事件存在认知差异，或者对资源配置以及责任、权利和利益分配等方面不同看法，而产生的心理层面的抵触，甚至是行为的对立。

冲突是由相互作用逐渐演变而产生的，组织的很多因素都会引起冲突，如目标不一致、对事物的解释存在分歧、在行为期望方面不一致等。这种冲突水平可能是公开的、暴力的，也可能是微妙的或轻微的。

二、冲突的类型

冲突大致可分为三种类型：个体之间的冲突、部门之间的冲突和跨组织冲突。

个体之间的冲突发生在两个或两个以上的个人之间；部门之间的冲突发生在两个或两个以上的部门之间；跨组织冲突是指两个或两个以上的组织相互之间的对抗。

三、冲突的起源

关于冲突的起源，可以运用系统的观点，从以下两个方面来分析：

（一）**资源方面的因素：人、财、物、信息等**

（1）组织成员个人的基本价值观、性格、素质、品德、知识和经验等方面的差异都可能成为产生冲突的原因。

（2）经济利益是诱发冲突产生的重要因素之一。资源的有限性和需求的无限性构成了管理的基本矛盾，常常导致冲突的产生。

（3）信息沟通渠道是否畅通、信息来源是否一致、得到的信息是否全面等也是冲突产生的原因。

（二）**组织结构方面的因素：职位和权责划分、组织的规模、劳动分工等**

（1）组织成员所在的职位不同，看待问题的角度不同，常会引起意见分歧；各种类型组织自身的职责、职权划分的混乱和矛盾也会导致冲突。

（2）规模较大的组织，常常会因为分工粗细不当而引发冲突。组织成员所负责的工作的模糊程度越高，冲突出现的潜在可能性就越大。工作范围的模糊性也增加了组织之间为控制资源和领域产生冲突的可能性。

四、对冲突的认知与行为意向

（一）认知

在冲突过程中，双方对"冲突将是什么性质"的认知非常重要，因为这在很大程度上影响到解决冲突的方法。另外，情绪对认知的影响有着重要的作用。消极情绪会导致过于简单地处理问题，降低信任感；积极的情绪则增加了在解决问题的各项因素中发现潜在联系的可能性，有助于以更开阔的眼光看待问题。

（二）行为意向

行为意向介于一个人的认知和行为之间，是指从事某种特定行为的决策。

面对冲突的主要行为意向大致有以下五种：

（1）竞争。自我肯定但不合作，即一个人在冲突中寻求自我利益的满足，而不考虑对他人的影响。

（2）协作。自我肯定且合作，即冲突双方均希望以协商的方式来寻求各自的利益，在协作中，双方的态度是坦诚的，希望澄清差异，找到解决问题的"双赢"办法。

（3）回避。自我肯定但逃避，即冲突的一方可能意识到了冲突的存在，但希望逃避或者抑制它。

（4）迁就。不自我肯定但合作，即冲突的一方由于某些方面的原因，愿意把对方的利益放在自己的利益之上，以维持相互关系。

（5）折中。合作性与自我肯定性均处于中等程度，冲突的双方都愿意共同承担冲突问题，愿意做出一些让步，放弃一些东西，分享共同利益。

行为意向界定了冲突各方的目标。在上述五种处理冲突的行为意向中，每个人的偏好不同，而且这种偏好是相对稳定的，把每个人的偏好和个性特点结合起来，可以有效地预测到不同的人处理冲突的行为意向，对处理冲突问题具有指导意义。

（三）行为

在一般情况下，一个人的优势动机常常会转变为相应的行为，不同的行为趋向又会影响到冲突是否发生或冲突的水平。

（四）结果

冲突可分为功能正常的和功能失调的两种，出现哪种情况取决于冲突发展的结果。功能正常的冲突能够提高组织的工作绩效；功能失调的冲突则会降低组织的工作绩效。

五、冲突管理的方法

（一）冲突管理的概念

冲突管理兴起于20世纪70年代，它弥补了传统的冲突处理方式的不足。传统的冲突处理方式是被动地、暂时性地解决已经发生的冲突；而冲突管理则是从管理的角度，运用管理理论来应对冲突，包括尚未发生、正在发生和已经发生的冲突事件。冲突管理的内容包括冲突预防、冲突处理和冲突后修复。

（二）正确地认识冲突

传统的组织管理者认为冲突总是不好的，应该尽量避免。但是，并非所有的冲突都是破坏性的，有些冲突是属于建设性的。此外，冲突对于组织来说是不可避免的，是一定会发生的，因此，管理者要采取积极的态度，研究并寻求冲突管理理论和技术，尽可能地利用建设性冲突，控制和减少破坏性冲突。

（三）冲突的处理方式

冲突发生的起源和其发生、发展的过程中蕴涵着冲突的处理方式，如强压、裁决、培训、改变组织结构、信息沟通和交流等。它们之间的关系大致如图7-4所示。

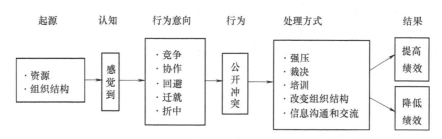

图 7-4　冲突发生、发展的过程与冲突的处理方式

1. 强压

强压就是组织的管理者运用自己的权威强行处理冲突。一般来说，强压的方式适用于以下几种情况：

（1）必须采取迅速果断行动处理的突发事件或紧急事务。

（2）需要对某些主要问题采取特殊措施，如削减费用、强制执行规章制度和纪律。

（3）处理对企业利益至关重要的问题，而且确信所采取的行为是正确的。

2. 裁决

在冲突无法界定的时候，可以通过专门的机构或者专家来裁决。这种方法的长处是简单、省力。但是，使用这种方法的权威者必须是一个熟悉情况、公正、明了事理的人，否则会挫伤组织成员的积极性，降低绩效，甚至影响组织目标的实现。

3. 培训

实行培训计划，统一有关人员的认识，协调他们的期望和目标，在部门或整个组织范围内改变工作方法和组织气氛，也是减少冲突的一种方法。

4. 改变组织结构

针对冲突中的具体问题，通过调整和改变组织结构的方式，也可以起到对冲突的限制作用。一般情况下，可以采用以下几种具体方法：

（1）把目标相同的有关部门一体化。这样，各种不同职能的成员不得不一起工作，逐渐加深了解，磨合各自的观点，可以减少冲突。

（2）采用矩阵式组织结构。这样可以将冲突表面化，让冲突者一起参与讨论、协商解决冲突。

（3）进行岗位、角色互换，让冲突双方进行角色体验，彼此加深了解。

（4）调整成员的个人职责，使分工单一，简化角色要求。

5. 信息沟通和交流

信息来源不一致、得到的信息不全面，也是冲突产生的原因之一。针对这种情况，应该加强信息的沟通和交流，了解并掌握全面情况，在此基础上进行谈判和协商，求同存异，解决问题。这种方式要求冲突双方采取积极态度，实事求是，消除消极因素。

（四）冲突管理的要点

（1）组织的工作任务及其协调应当明确。协调是组织成员完成任务的关键，管理者应对工作中的问题不断地进行修正，努力避免因日常琐事产生冲突影响任务的完成。

（2）管理者应密切注意激励措施引起的"输赢"冲突。在很多情况下，组织的激励制度往往会诱使组织的成员之间发生冲突。成员之间为获得奖赏而展开竞争，往往会导致生产效率降低。修订激励措施中阻碍组织发挥职能的部分，能加强组织的有效性。

（3）采取回避和平息策略一般效果不大。因为它们均未触及冲突的根源，在这个地方被回避或平息的冲突往往会在其他场合再次"露面"。

（4）制定规则和标准工作程序以有效地控制冲突。例如：①在解决冲突初期，减少冲突双方的直接接触；②降低表达问题的正规性；③限制过去先例的运用；④邀请第三方调节。

（5）为了得到高质量的策略和解决方法，管理者应维持部门间的建设性冲突，以迫使它们面对过去一直忽略的问题，并促进革新。从组织结构上讲，可以通过设立综合性委员会或工作小组来协调各部门的工作，让冲突促使组织更加有效地运行。

第三节　人 际 关 系

随着生产社会化程度的提高，人与人之间越来越相互依赖。从管理上来讲，研究并处理好人与人之间的关系，就成为协调组织行为、发挥组织效率的关键。

管理者是通过别人来完成工作的，因此，人际关系与领导才能、沟通技巧一样，成为有效管理的前提条件。许多学者认为，人际关系是一门艺术，管理者应当为了自己和组织的成功而实践这一艺术。

对组织成员而言，各种需求都是通过与他人的交往、得到他人的认可和帮助而得到满足的，而且，良好的人际关系已经成为个人能力的重要标志。就一个组织来说，人际关系的好坏关系到组织的凝聚力、成员的积极性以及组织是否具有成效。因此，通过卓有成效的协调工作来加强沟通、化解冲突，在组织内部建立和谐的人际关系，成为组织领导者的重要任务。

一、人际关系的概念

（一）人际关系的含义

人际关系是指人们在组织交往过程中，由于相互认识、相互体验而形成的心理关系。它反映在组织活动中人们相互之间的情感距离、相互吸引与排斥的心理状态。可以从以下几方面理解人际关系的含义：

（1）人际关系不等于参与其中的人数的总和，它的研究对象包括两个或两个以上参与者的交往认知、需要、动机、行为、态度、性格等的产生、发展、变化规律。

（2）人际关系理论不仅研究参与者本身与其现实的、潜在的交往对象，还研究交往双方的相互作用。

（3）人际关系研究还涉及相互作用的具体方式、方法的系统性，以及外部环境的变化的影响和控制机制。

（二）人际关系在社会发展中的作用

人际关系是社会关系的表现形式，它产生于组织的人际交往过程之中，又受到社会关系的制约。可以说，人际关系状况的好坏，不仅带有明显的感情色彩，还取决于人们各自需要的满足程度。双方的满足程度越高，产生密切合作的愿望就越强；相反，则会产生疏远甚至厌恶的对抗心理关系，并且这些状况最终都会通过行为反映出来。积极、正确的行为会引起对方积极合作的行为反应；消极、冷漠的行为，则会引起对方消极对立、冲突的行为反应。例如，在日常工作中，一项正确的决策会得到广大成员的积极响应，而错误或不公正的决定则会导致人们的抵制或反抗。

二、人际关系的性质

人际关系在形成与发展过程中有着自身的特性，主要表现在以下几个方面：

(一) 社会性

所谓社会性，是指人际关系是通过一定的社会关系表现出来的。每个人都在一定的社会关系中生活，自然而然地受到各种社会关系的影响与制约，所以，人际关系实际上就是在社会活动中所形成的社会关系。例如，由婚姻关系形成的夫妻关系；由血缘关系形成的亲属关系；由业缘关系形成的师徒关系；由地缘关系形成的邻里关系、同乡关系；由工作关系形成的上下级关系、同事关系等。

(二) 发展性

所谓发展性，是指人际关系是发展变化的，其根源在于社会生产力和生产关系的矛盾运动。生产力的发展带动生产关系的变化，从而推动社会进步，人与人之间的关系也会随之发生变化。

(三) 客观性

人与人之间发生的相互关系，从表面上看，似乎纯粹取决于人们的主观动机，即想与谁建立关系就与谁建立关系。其实不然，也许你可以随意选择自己的知心朋友，但却无法改变自己的血缘关系；也许你对自己的领导很不满意，但却无法改变你们的上下级关系。所以，一个人有时必须承认并接受社会中人际关系的客观事实，不可能完全凭主观愿望随意选择人际关系。这就是人际关系的客观性。

(四) 多样性

人际关系的行为模式受年龄、情感、社会、个性、情景等多种因素制约，单纯的人际关系模式是不多见的。所以，在任何一个组织中，各种人际关系错综复杂，表现为多内容、多形式、多层次。作为一个管理者，对此应该有足够的认识。

三、人际关系的作用

人际关系的作用是多方面的。建立和塑造良好的人际关系，不仅有益于人们的生活、学习和工作，而且有助于改善组织气氛，促进组织完成任务、实现目标、创造效益。这具体表现在以下几个方面：

(一) 沟通信息

信息交流既是人们获得知识和经验的重要途径，也是人们沟通感情的重要方式。和谐的人际关系不仅有助于增进组织成员之间的信息交流，使大家共享信息、交流经验，而且能促进组织意识的形成，提高组织的效能。

(二) 完善自我

组织中的人际交往，不仅是工作上的交往，也是知识、技能、经验和情感的交往。由于每个人的经历不同，其知识、技能以及应对各种工作的能力也千差万别。在同一个组织中，如果成员之间关系融洽，就可能在工作中互相学习、取长补短，促进自身素质的完善和提高。

（三）增进感情

每个人都希望有几个能推心置腹、倾诉烦恼、交流情感的朋友，而这种需要只有具备和谐的人际关系，在轻松愉快的组织交往中才能得到满足。

（四）提高效率

在一个组织中，如果人际关系良好，人与人之间感情融洽、心情舒畅、团结协作，组织成员的工作积极性和主动性必然很高，其工作效率也会随之提高；相反，如果人际关系紧张，成员之间互相猜疑、明争暗斗、四分五裂，其工作协调性必然很差，工作效率低下也就成为必然。

四、人际交往的动因

在社会生活中，人们要求交往的愿望是一致的，但交往的动因却千差万别。按美国心理学家舒茨（Schutz）的观点，不同的人寻求人际交往的愿望大致出于以下三种原因：

（一）满足容纳的需要

所谓满足容纳的需要，是指许多人都希望和别人来往、结交、建立并维持和谐的关系。基于这种动机，其表现特征为喜欢交往、沟通、包容、归属、参与、出席等，他们每时每刻都希望与人相处在一起，要求归属于某一组织。而与此相反的人，则往往愿意孤立、退缩、疏远、排斥、对立等，他们宁愿处在组织之外，喜欢隐居独处。

（二）满足控制的需要

所谓满足控制的需要，是指希望通过运用权力、权威、威望来影响、控制、支配或领导他人，而建立并维持良好关系的愿望。控制需要是许多人所共有的，俗话说的"宁为鸡头，不为凤尾"即是其具体表现。

（三）满足情感的需要

所谓满足情感的需要，是指希望在情感上与他人建立良好关系的愿望，以便能够与他人互相关心、体贴，在友善与和谐之中寻求一种精神寄托。

根据上述三种交往动因所形成的特有的人际关系，舒茨认为，它们将最终发展为三类不同特征的人际关系倾向，即包容性人际关系、支配性人际关系和情感性人际关系。

五、人际关系存在的基本状态

人际关系的具体状态是十分复杂的，在不同条件和不同阶段具有不同的表现。但是，其基本状态归纳起来有四种：竞争、协作、障碍与冲突、封闭。

（一）竞争

竞争是指个人或组织力求胜过对方的对抗性行为。它是人与人之间经常表现出来的一种关系状态。竞争对人际关系的发展具有重要的影响。

竞争可以分为个体之间的竞争和组织之间的竞争。在个体竞争的条件下，多数人只关心自己的工作，难以相互支持。为了一心战胜对方，甚至采取嫉妒、贬低、敌视、暗中捣鬼等态度和做法，影响建立良好的人际关系。另外，个体之间过于频繁的竞争会削弱人际吸引力，影响人际关系的发展。

竞争有积极和消极两个方面的作用，领导者要善于组织与利用。从人际关系的角度看，一般说来，组织竞争要优于个体竞争。

（二）协作

协作是指组织或个体之间为实现共同目标而同心协力、相互促进的合作行为。由于协作，成员之间的人际关系是融洽的、友好的。协作是一种普遍的社会现象，它所表现出来的人与人之间的关系是一种常见的状态。协作中的人际关系包含复杂的内容，通常具有互补和互利的性质。协作和竞争这两种基本状态中都既有积极方面，又有消极方面，领导者必须倡导其积极的方面，避免其消极方面，以建立良好的人际关系。

（三）障碍与冲突

障碍与冲突属于人际关系发展中的不正常阶段，两者只是程度上的差异而已。

由于种种原因使交往双方的情绪基础发生了较大改变，从而造成双方交往中的障碍与困难。其间，相互之间的猜疑和冷漠往往多于信任、理解和热情，它使原有的交往方式和信息编码失效，而采取其他新的方法进行交往。这是一种过渡型的人际关系状态，它可能使人际关系进一步恶化为冲突状态，也可能使人际关系通过问题的圆满解决而恢复和深化。

冲突状态是双方情绪严重对立和激化，甚至已经到了相互不能容忍的地步。这时人际关系矛盾已经具有对抗的性质。

（四）封闭

人际交往停止，人际关系处于功能丧失或休眠状态，称为封闭状态的人际关系。封闭状态的人际关系虽然没有交往，但它是交往的结果，其中积淀着以前交往的态度、情感和认知。人际关系封闭状态的产生必然有各种具体原因，可能是由交往的动机、目的、价值观、个性的差异造成的，也可能是由交际手段不当引起的，还有可能是由某种误会或迫于外部压力造成的，等等。研究这些原因，不仅有助于指导封闭状态人际关系的"解冻"，而且对于探讨调节和改善人际关系的一般规律具有重要意义。

六、影响人际关系的因素

在同一个组织中，人与人之间的关系错综复杂，彼此之间的亲密程度各不相同：有的能成为知己、情同手足；有的是表面和气、貌合神离；有的则是冷眼相待、势不两立。这些现象说明，人际关系的建立并非易事，它会受到多种主客观因素的影响。

（一）客观因素

影响人际关系的客观因素主要表现在以下几个方面：

1. 距离的远近性

人与人之间在空间地理位置上越接近，就越容易形成彼此间的亲密关系。例如，同一车间、同一科室、居住邻近的人，彼此接触、了解的机会较多，就更易建立亲密的人际关系。俗话说"远亲不如近邻"，就反映了人际交往中空间距离的重要性。但是应当指出，这种空间距离因素仅仅是容易形成亲密关系的因素之一。

2. 态度的相似性

共同的理想、相同的信念以及对某种问题相似的态度，是产生思想共鸣、促进感情交流的重要条件。俗话说"物以类聚，人以群分"，只有志同道合，才能走到一起，成为亲密的朋友。

3. 交往的频繁性

一般而言，人们之间接触、交往的次数越多，越容易形成共同的经验、共同的话题和共同的感受，从而建立起密切的人际关系。当然，若无诚意，只停留在一般应酬上，即使交往频繁，也只是貌合神离。例如，虽是近邻，经常见面，但每次只是打个招呼的人的关系，和与自己曾经一起从事过重要工作的人的关系相比，两种情况下建立的关系，后者要比前者密切的多。

4. 彼此的互补性

在组织活动中，往往存在着互补效应，即具有不同知识、能力、性格或气质的人所组成的组织，能互相激励、配合默契。例如，有些性格内向的人能与性格外向的人友好相处；性格急躁者能与性格稳重者成为伙伴；独立性强的人与依赖性强的人能成为很好的搭档。这些都是由于彼此的优缺点相互弥补而产生的结果。

5. 仪表的吸引性

人的仪表，包括相貌、穿着、仪态、风度等，也是影响人际关系的因素。一个相貌端正、举止文雅、穿着整洁的人往往容易给人留下良好的印象，而不修边幅、举止粗俗的人则会给人留下不好的印象。可以说，在相貌和体态方面具有魅力的人更惹人喜欢。当然，也应该看到，因仪表因素建立起来的人际关系往往是短期的、表层的；而对于长期的、深层的人际关系来说，其他因素（如态度、观念的一致性等）则要比仪表因素重要得多。

在人际关系建立的过程中，除上述因素外，一个人的能力、特长、社会背景，甚至年龄、籍贯等也可能成为影响人际关系的因素。例如，有的人因为有某些特长令人羡慕而受到别人的尊重和喜爱；在异国他乡，仅是同一国籍、同一民族、同一种语言，就足以使人们彼此之间产生好感，建立密切的关系。

（二）主观因素

影响人际关系的主观因素主要表现在以下几个方面：

1. 人际知觉的偏见

人际知觉实际上是推测与判断他人的心理状态、动机和意向的过程，它是构成人际交往的基础。但在实际中，由于受到主观条件的限制，很难全面、正确地看待别人，从而造成歪曲的人际知觉，即产生偏见。常见的人际知觉偏见有以下几种：

（1）首因效应。在知觉活动中，首先出现的信息对知觉者造成的强烈影响，称为首因效应（也称为第一印象）。在现实生活当中，特别是在接触新环境、认识新人物的时候，第一印象往往给人留下最深刻的印记。当与陌生人相处时，相互间的衣着、习惯、言谈、举止与风度等，都会产生最初的判断或评价。尽管很多人都明白，这种初见印象往往有很大的片面性，但人们仍会不自觉地习惯于这种第一印象，并且会影响其对知觉对象以后一系列行为的解释。

（2）近因效应。在知觉活动中，最后出现的信息会对知觉者造成强烈的影响，这种影响称为近因效应。有人曾做过这样一个实验：分别对甲、乙两组介绍一个人的性格特征，对甲组先介绍这个人的外倾性特点，隔一段时间再介绍其内倾性；而对乙组介绍的顺序则刚好相反。然后考察甲乙两组对该人留下的印象发现，甲组普遍把该人想象为内向型，而乙组则普遍将其想象为外向型，这就是近因效应在起作用。

（3）晕轮效应。它是指对一个人的某些品质形成印象后，会掩盖对其他品质的知觉，是一种以点带面的反应。晕轮效应往往在判断一个人的道德品质或性格特征时表现得最为明显。例如，如果根据某些事实认为某人好，往往会跟着把其他好的品质也加到他身上，而对其缺点毫不介意；反之，若根据某些事实认为某人不好时，则会把其他不好的品质也强加到他身上，对其优点也给予不信任的解释。

（4）刻板效应。它是指根据过去的经验对某一类人所持有的固定看法，一般是一种泛化的、笼统的，甚至以某种固定词组表述的看法。当知道某人属于某类组织时，就会把属于某一类别的各种特征赋予其身上，以共性代替个性，这常常会引起认知错误。例如，一般人认为老年人办事稳重，又容易墨守成规；年轻人有进取心，但办事不牢等。事实上，并非完全如此，因为事物之间的联系是错综复杂、千变万化的。这种不区分一般与个别的刻板效应，势必会影响对人的全面了解，造成对人际关系的不良影响。

2. 自我认知的偏见

所谓自我认知，是指人们对自己的认识和评价。一个人对自己的认识往往比对别人的认识更为复杂，因为自我认知除受认知因素影响外，还受其动机、需要、愿望等其他心理因素的影响。因此，对自己的认识和评价，往往很难做到各方面都恰如其分，常常容易过高或过低地估计自己，这样就必然会影响其与周围人的关系，产生矛盾。例如，对自己估计过高就容易骄傲自满、主观武断，行动上盛气凌人，对别人的评价反而偏低，轻视别人；对自己估计过低，则又容易自卑、缺乏自信，过分依赖他人、轻信他人。这两种情况都不利于人际关系的协调。自我认知是个人行为的出发点，只有正确地认识自己，才能在实践中做出恰如其分的行为选择。特别是作为一个管理者，更要努力提高自我认识的水平，虚心听取别人的意见，努力缩小自我认知与他人对自己认识的差距，正确地对待自己，并有意识地去控制和改造自己的意识与行为。

总之，影响人际关系建立和发展的因素是复杂的，并且它们之间相互交错、互相影响。研究和掌握这些因素，对建立和保持人们之间和谐、融洽的人际关系，增强组织的团结，发挥组织的潜能都具有积极的现实意义。

七、人际关系的平衡

作为组织的管理者，一个非常重要的任务就是使组织内的人际关系处于平衡状态；否则，就会形成不和谐的氛围，影响成员之间的协调与合作，最终导致组织效率的下降。

人际关系平衡是指由认知所产生的态度构成的人际关系的和谐状态。人与人之间的关系状况，不仅取决于彼此之间的交往，而且往往牵涉第三者（可能是人或事物）。英国心理学家纽科姆（Newcomb）提出了"A-B-X"模式来表达这种关系，其中，A 是一个认识主体，B 是另一个认识主体，X 是第三者。纽科姆认为，A 与 B 之间能否形成协调的关系，同他们对 X 的态度有密切关系。若 A 与 B 对 X 的态度一致，他们的关系就协调、平衡；若 A 与 B 对 X 的态度不一致，他们的关系就紧张、不协调。为了消除彼此之间的紧张状态，双方会进行意见沟通，希望并努力恢复协调一致的关系。当态度仍不能取得一致时，其友好程度会受到更严重的影响。在 A-B-X 系统中，A 与 B 之间的平衡状态取决于下列几种因素：

（1）A 与 B 的亲密程度。A 与 B 越亲密，当 B 对 X 的态度与 A 不一致时，他们的关系就越紧张。

（2）X 对 A 的重要程度。X 对 A 越重要，当 B 对 X 的态度与 A 不一致时，他们的关系越紧张。

（3）A、B 因 X 而发生相互作用的频数。若 A 与 B 对 X 的态度不一致，那么，因 X 引起 A、B 发生的相关次数越多、程度越深，他们的关系就越紧张。

（4）A 与 B 对 X 的分歧程度。A 与 B 对 X 的分歧越大，他们的关系就越紧张。

（5）A 对自己所持态度的自信程度。若 A 与 B 对 X 的态度不一致，A 越感到自己对 X 的态度正确，那么他们的关系越紧张。在这种情况下，为了消除紧张，恢复平衡，需要在 A 与 B 之间加强沟通，通过交换意见，使 A 与 B 之间的关系发生改变。其改变过程可用图 7-5 来表示。

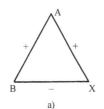 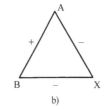 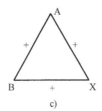 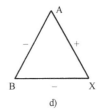

图 7-5   A-B-X 系统

图 7-5 中，三者之间的关系用正负号来表示，正号表示喜欢或重要，负号表示讨厌或次要。那么，从图 7-5 中可以看出：

1）A、B 对 X 的态度不一致，所以关系出现紧张（见图 7-5a）。

2）A 改变了对 X 的态度，使自己的态度与 B 一致，从而消除了紧张，恢复了平衡状态（见图 7-5b）。

3）B 改变了对 X 的态度，使自己的态度与 A 一致，也恢复了平衡状态（见图 7-5c）。

4）A 与 B 未能就 X 达成一致意见，A 仍坚持自己的态度，但觉得 B 与 X 相比，与 X 发生关联更有价值，于是便形成了一种新的平衡，其间的关系也将因此而改变（见图 7-5d）。

八、人际关系的改善

前面分析了组织中冲突产生的原因，针对冲突产生的原因，人际关系的改善可以从以下两个方面入手：

（一）改善人际交往的素质

每一个组织成员都应该努力改变不良的人际关系反应特质，改善自己的人际交往素质，遵循正确的人际关系准则。

1. 平等准则

平等是协调人际关系的前提。作为领导者，没有平等观念，就不可能协调好人际关系。人的基本愿望大多是一致的，每个人都希望得到别人的尊重和平等对待。这里所说的平等包括政治平等、法律平等、经济平等、人格平等。

2. 诚信准则

诚信是协调人际关系的关键。诚信是指讲信用、守信用。要想取信于人，领导者应该做到守信、诚实、不轻易许诺。

3. 利益准则

利益是协调人际关系的基础。这种利益不仅包括物质利益，而且包括精神利益。"投之以桃，报之以李"，这是最直接的物质互利。但是，随着生活水平的不断提高，人们更希望得到精神和情感方面的满足，希望得到别人的尊敬和关心，在友善与和谐中追求一种精神寄托。所以，在下属做出成绩和贡献时，要及时给予鼓励，不仅是物质鼓励，更重要的是精神鼓励。

（二）克服管理工作的不足

管理工作中的不足包括沟通不良、过分竞争、非正式组织的消极作用以及领导方式不当等。组织的领导者应该重视这些问题，采取有力措施，改善组织的人际关系。

首先，要营造团结、友爱、和谐、进取的组织氛围。良好的组织氛围有助于组织内部良好人际关系的形成。

其次，要注重人际关系的培训。经过近 100 年的研究，人际关系已经发展为一门独立的学科。既然是一门学问，就不是仅仅凭实际工作的经验能"悟"出来的。因此，领导者必须注重人际关系的培训，不断改善人际关系的特质，提高处理人际关系的技巧。

再次，领导者还要注意自身形象。领导者的形象会直接影响到其对人际关系的处理。优秀的领导者会在工作中表现出较强的才干，让人信服；处处以身作则，正派、公道，令人尊敬；对人平等、谦和、礼让、平易近人，令人接近。形象实际上也是一种威信，是一种号召力、吸引力、影响力，以及由此产生的集体向心力。但威信不是自封的，也不是别人捧起来的，而是靠自己的一言一行、一点一滴的业绩浇铸起来的。所以，作为一个领导者，工作一定要勤奋努力，积极开拓，不断树立起自身的良好形象，这是改善人际关系的重要手段。

最后，一旦组织内部出现人际关系失衡或破坏的状况，必须及时进行调解和帮助，借助组织的力量恢复人际关系的平衡。

复 习 题

1. 协调职能包含的核心内容有哪些？
2. 什么是沟通？
3. 沟通具有哪些特点？
4. 沟通有什么作用？
5. 沟通过程涉及哪些要素？
6. 描述沟通的过程。
7. 什么是人际沟通？
8. 什么是组织沟通？
9. 什么是言语沟通？
10. 什么是非言语沟通？
11. 什么是电子沟通？
12. 简述沟通的内容。
13. 沟通主观障碍包括哪些内容？
14. 沟通客观障碍包括哪些内容？

15. 什么是冲突？

16. 冲突有哪些类型？

17. 哪些因素可能引起冲突？

18. 面对冲突的行为意向有哪些？

19. 冲突的处理方式有哪几种？

20. 什么是冲突管理？冲突管理的要点有哪些？

21. 什么是人际关系？

22. 人际关系是怎样建立起来的？

23. 影响人际关系建立的主要因素有哪些？影响如何？

作 业 题

一、判断题

1. 冲突总是不好的，应该尽量避免。 （　　）

2. 针对冲突中的具体问题，通过调整和改变组织结构的方式，可以对冲突进行限制。 （　　）

3. 在吸引听众注意力方面，发布信息的方式比发布信息的内容更重要。 （　　）

4. 管理人员有必要使自己成为某领域的技术专家，这样才能与组织成员进行有效的沟通，并实施有效的管理。 （　　）

5. 组织的各项活动必须借助沟通得以展开，管理与沟通密不可分。 （　　）

6. 就一个组织来说，人际关系的好坏关系到组织的凝聚力、成员的积极性以及组织是否具有成效。 （　　）

7. 人际关系就是参与组织的人数的总和。 （　　）

8. 障碍与冲突都属于人际关系发展的不正常阶段，两者只是程度上的差异而已。 （　　）

二、单项选择题

1. 下面哪个表述对非正式组织的解释不正确？（　　　　）

A. 组织成员在心理、兴趣和情感等方面的倾诉需要正式组织之外的途径

B. 非正式组织都有协作意愿、自觉的目标、制度与责任分工

C. 非正式组织可能对正式组织具有积极作用

D. 抵制变革、倾向保守、滋生谣言是非正式组织可能产生的几个主要消极作用

2. 许多组织设有意见箱、接待日、走动管理等管理办法，是为了（　　　　）。

A. 上行沟通　　　　　　B. 下行沟通　　　　　　C. 非正式沟通　　　　　　D. 反馈沟通

3. 某大学由于课程安排问题，教师与行政人员经常出现矛盾。因为通常在学期末由教务秘书向每位教师口头通知课程安排结果，由于教务秘书是年轻人且是留校生，教师往往会感到自己在受学生辈的指挥和领导，感觉不舒服。后来因为偶然的原因，课程安排改为书面形式，直接邮寄到每一位教师家中。此后，不知不觉中大部分的矛盾就消失了。这一问题的解决可以认为是由于（　　　　）。

A. 职权系统的改变　　　　　　　　　　B. 双方态度的改变

C. 人际关系的改变　　　　　　　　　　D. 沟通渠道的改变

4. 管理人员一般需要具备多种技能，如概念技能、人际技能、技术技能等。高层管理人员对这些技能的需要，按迫切性排序为（　　　　）。

A. 首先是概念技能，其次是技术技能，最后是人际技能

B. 首先是技术技能，其次是概念技能，最后是人际技能

C. 首先是概念技能，其次是人际技能，最后是技术技能

D. 首先是人际技能，其次是技术技能，最后是概念技能

5. 人际关系行为学派认为必须以下面哪项为中心来研究管理问题？（　　）

A. 人与人的关系　　　　　　　　　B. 人的个性特点

C. 文化关系　　　　　　　　　　　D. 心理分析

三、多项选择题

1. 下列关于沟通的说法，正确的是（　　）。

A. 快乐的人总有较高的效率

B. 想当然地认为对方已经明白了自己的意思，这是损害沟通有效性的一个主要障碍

C. 沟通是双向的信息交流

D. 从听众那里获得反馈的最好方法是询问他们："你们有什么问题吗?"

2. 沟通是组织内部联系的最主要手段，它的作用在于（　　）。

A. 有效地完成组织的核心任务

B. 实现信息的有效传递与情感的互访，增强组织的凝聚力

C. 沟通是企业与外部环境联系的桥梁

D. 以上三个都对

3. 通常，冲突的类型大致分为（　　）。

A. 个体之间的冲突　　　　　　　　B. 部门之间的冲突

C. 跨组织冲突　　　　　　　　　　D. 以上三个都不对

4. 一般而言，信息沟通的改善可以从以下几个方面着手（　　）。

A. 加强信息收集工作　　　　　　　B. 合理处理信息

C. 作好传递控制　　　　　　　　　D. 注意信息沟通检查

5. 人际关系的作用具体表现在（　　）。

A. 促进信息沟通　　　B. 完善自我　　　C. 控制他人

D. 增进感情　　　　　E. 提高效率

6. 由于受到主观条件的限制，很难全面、正确地看待别人，造成歪曲的人际知觉，即产生偏见。常见的人际知觉偏见有（　　）。

A. 首因效应　　　B. 近因效应　　　C. 晕轮效应　　　D. 刻板效应

四、填空题

1. 广义的协调包括＿＿＿＿和＿＿＿＿两个方面，前者的核心是＿＿＿＿、冲突管理、＿＿＿＿；后者的核心是＿＿＿＿。

2. 个体之间的冲突发生在＿＿＿＿之间；＿＿＿＿发生在两个或两个以上部门之间。

3. 行为意向介于一个人的＿＿＿＿之间，是指从事某种特定行为的＿＿＿＿。

4. 沟通依赖于组织结构，它具有以下特点：①＿＿＿＿；②＿＿＿＿；③＿＿＿＿。

案例分析

米其林的内部沟通与协调

全球轮胎科技的领导者"米其林"逾百年前于法国的克莱蒙费朗建立，为了进一步加强在中国市场的发展，又于1989年在北京成立了首个在中国大陆的代表处，负责产品推广

及筹备分销网络。米其林现以遍及五大洲、拥有75家工厂和超过13万名员工的雄厚实力，在全球市场中雄踞同业榜首。米其林之所以能获得如此骄人的业绩，与其企业内的沟通与协调管理方式密不可分。尊重员工是公司信奉的价值观，并将员工当作公司的战略合作伙伴。

米其林提倡尊重人的文化，公司并不挖墙脚，而是因地制宜，在系统内部培养人员，满足每个员工的职业发展需要。米其林的中高层管理人员基本都是从内部晋升走上今天的岗位的，而公司的员工流失率也不到市场平均水平的一半。米其林内部如此和谐的工作环境，离不开其有效的内部沟通与协调管理。

一、职业生涯经理和直接主管的沟通

一个员工来到米其林公司，有两个人会对他的职业生涯发展产生重大影响：一个是他的直接主管，另一个是他的职业生涯经理。员工的直接主管负责他目前的职业培训；职业生涯经理为员工未来的职业发展负责。职业生涯经理和主管一起做岗位的后备人员计划。在米其林公司，没有任何一个主管拥有某个员工，员工是公司的签约者。如果职业生涯经理的意见是对的，员工表达的也是同样的期望，即使主管觉得这个人干得很好，不希望他调走，他也不会被强行留住，公司只会尊重员工的选择。这要归功于职业生涯经理和直接主管的良好沟通。

二、职业生涯经理与员工的沟通

新员工在加入米其林的前三年，公司会要求职业生涯经理与员工每年做一次面谈。三年之后，当经理对员工已经有了很深的了解，公司则会要求每两年必须跟员工面谈一次。当然，这个过程中如果公司或者员工有任何需求，经理要随时准备抽出时间和员工进行沟通。

另外，职业生涯经理会通过一些渠道进一步了解员工的工作。例如，他们会密切关注每年员工的绩效管理结果；部门经理和员工一起做未来的规划，分析员工的强项和弱项等。通过双向沟通，人力资源部门会知道员工的工作意向，并了解到哪些员工有更大的潜力在特定岗位上成为未来内部提升的首选，在满足员工发展需求的同时，合理配置公司的内部资源。

三、不间断的员工培训

市场上直接招聘员工成本也许会更低，但从市场招聘的人员不一定符合米其林的要求。技术含量的特殊性，使得胜任米其林工作的一些专业人员和管理人员至少需要花费三年甚至六年的时间来培养，而市场上基本没有完全符合米其林要求的人才。进入公司后，为满足工作所需而不断提升个人技能是必不可少的。因而，无论对于员工还是公司来说，人才培训都是一种保障。培训可以有效提升员工的自信心，降低其内心的不安全感，促进其与公司共同发展。

为了让新入职的员工对米其林的百年文化有充分了解，用人部门和培训部门会给员工做入职引导，介绍企业的历史和价值观、人力资源政策等，并为其引荐同事，与相关的工作部门接触，以便其对工作环境有所熟悉。为了让员工适应米其林的环境，公司还有一个"哥们系统"：每个新员工都会在相关部门找到一个"哥们"，在他工作第一个月内对他进行指导，帮助他熟悉公司。人力资源部门会给每个"哥们"一个预算，支持他们进行简单的活动，让新员工在遇到问题的时候不会感到无助或者陌生。

四、变革中的沟通

米其林中国区销售及市场总部位于北京，但一些服务性部门都在上海，沟通上有些不便之处。在管理层决定将部分上海部门迁至北京总部之前，曾让职业生涯经理们与受到影响的员工进行沟通，跟他们说清原因，询问其意愿，并根据情况对人员做出了重新调整和安排，以尽最大的努力满足员工的需求。

米其林认为外部环境总在不断变化，维护公司内部稳定的关键在于公司和员工关系的维系，这需要一个坦诚的氛围。公司的原则是要在非常透明的环境下与内部员工及时沟通，并协调好各方关系，避免人员之间出现冲突和摩擦。

米其林曾经与国内企业进行过并购重组，并购中最重要的是价值观的融合，非常具有挑战性。刚开始的时候，有的员工有抵触情绪，对新公司没有信任感。在这种情况下，米其林没有急于在新公司中实施职业生涯管理系统，也没有实施阶段性职业发展流程评估和年度评估。为了消除员工的抵触情绪，新公司给管理人员提供了很多培训机会，让他们用足够的时间理解米其林的文化。公司将技术人员送到海外，外籍员工会手把手地把方法教给中方员工，通过不断的沟通，教给员工正确的方法，带动文化的融合。此外，公司还引进了很多外方专家，把尊重员工和客户的理念传达给员工。

（资料来源：根据 http://www.hr.com.cn/p/1423413362 的资料整理而成。）

讨论题：

1. 米其林的沟通与协调方式有哪些？你认为哪些沟通与协调方式相对较为成功？
2. 结合本案例，谈谈你对跨国经营企业如何通过内部沟通实现跨文化管理。

第八章

控　制

本章内容要点
- 控制的概念，控制与计划的关系，控制的重要性；
- 控制的过程；
- 控制的类型：按控制的时点、结构、来源和手段分类；
- 实施有效控制的原则和技巧；
- 控制的方法：预算控制与非预算控制；
- 控制的典型领域：生产、成本、质量、财务、库存和人员等。

任何一个组织，无论计划制订得多么完善，组织机构设置得多么合理，领导方式与激励手段采取得多么有效，都不可能保证所有的活动都完全按照计划执行。在计划的实施过程中，由于组织内外因素的影响，计划的实际执行情况与所应达到的目标之间必然会存在一定的偏差。那么，如何保证有效地执行计划呢？这就需要控制。

第一节　控制的含义

一、控制的概念

控制就是管理者保障实际活动与规划活动相一致的过程。随着管理实践活动的深入，人们对控制的认识也越来越充分，不少管理者对控制提出了自己的观点。

管理科学的先驱法约尔曾这样描述控制："在一个企业中，控制就是核实所发生的每一件事是否符合所规定的计划、已发布的指示及所制定的原则。其目的是要指出计划实施过程中所出现的缺点和错误，以便改正和避免再犯。对一切的事、人和工作活动都要控制。"

孔茨也说："控制工作就意味着确定标准、执行标准、衡量执行情况，并采取措施努力纠正偏差的一系列工作。"

因此，可以认为，所谓控制，就是根据事先规定的标准，监督检查各项活动，并根据偏差或调整行动或调整计划，使两者相吻合的过程。简单而言，控制就是管理者确保实际活动与规划活动相一致的过程。

控制作为管理工作最重要的职能之一，是管理过程不可分割的一部分。管理中的计划、组织和领导等其他职能，必须伴随有效的控制职能，才能真正发挥作用，组织的整个管理过程只有依靠控制职能才能得以有效运转，循环往复。同其他管理职能一样，控制职能是组织中各个层次的管理者必须承担的主要职责。

二、控制与计划的关系

控制与计划的关系相当密切。如果说计划工作是谋求有连续性的、一致性的以及彼此衔接的计划方案，那么控制工作则是做到务必使一切管理活动都按照计划进行。因此，计划与控制实质上是一个问题的两个方面。

控制与计划的关系具体表现在以下几个方面：

（1）计划为控制提供衡量的标准。没有计划，控制就成了无本之木；而控制是计划得以实现的必要保证，离开了适当、必要的控制，计划将流于形式。

（2）计划和控制的效果分别取决于对方。计划越明确、详细和全面，控制工作就越容易进行，效果也就越好；而控制越准确、合理和有效，就越能保证计划的实现，并能提供更多的反馈信息，从而提高计划的质量。

（3）许多有效的控制方法首先就是计划方法，如预算、目标管理、网络分析技术等。

（4）计划工作本身必须要有一定的控制，这样才能保证计划工作的质量；控制工作本身也需要有一定的计划，离开了计划，控制工作将寸步难行，更谈不上达到控制的真正效果。

三、控制的基础与前提

控制工作的开展必须建立在一定的基础与前提之上，如果忽视了这些基础与前提，控制工作将无法进行，更不用说达到控制的效果了。控制的基础与前提主要有以下几点：

（一）控制要有明确、完整的计划

前面已经提出，控制与计划是同一个问题的两个方面。计划是控制的依据，没有计划，就没有控制的标准，也就无法进行控制。计划制订得越详细、越全面、越完整，控制工作也就越有效。所以，要做好控制工作，前提之一就是做好计划工作。

（二）控制要有明确的组织结构

控制工作的目的就是发现偏差、纠正偏差，进而保证组织目标的实现，所以必须知道一个组织中应由谁来对计划执行中的偏差负责，应由谁来采取措施纠正这一偏差。通过建立专职控制职能的组织机构，配备专门的人员并规定其权力和责任，可解决由谁来控制的问题。因此，明确的组织结构的存在是控制工作的又一个前提。同样，组织结构越明确、越完整，控制工作就越有效。

（三）控制要依据有效的信息

控制工作实质上是一个施控者向受控者传递指挥和决策信息，受控者向施控者反馈执行信息的过程。没有信息的传递，控制就不能进行。控制必须依据有效的信息，如果没有准确、全面和及时的信息，就难以保证控制的有效性。为了保证获得有效的信息，必须在组织中建立完善的信息传递网络和机制，从而保证信息的畅通。

四、控制的重要性

概括而言，控制的重要性就是保证组织活动与计划一致，以实现组织的目标。具体而言，控制的重要性主要表现在以下几个方面：

（一）控制是组织适应环境的重要保障

一个组织要想生存发展，就必须适应环境。任何组织的计划都是在确定计划前提条件的基础上制订的。从这个意义上可以认为，计划就是组织为适应环境所做的准备。事实上，在计划的实施过程中，组织内外环境会不断地发生变化，而且在制订计划时所确定的前提条件也不可能十分精确，这就使得原有计划不再适应变化的环境。通过控制活动，管理者可以及时了解环境变化的程度和原因，从而采取有效的调整行动，使组织与环境相适应。

（二）控制是提高管理水平的有效手段

任何组织在其发展过程中，都不可避免地会犯一些错误，出现一些失误，而控制则是组织发现错误、纠正错误的重要手段。通过控制可以发现管理活动中存在的问题，并且使这些问题得到解决。由于发现问题、解决问题是管理水平提高的重要标志，因此，控制是提高组织管理水平的有效手段。

（三）控制是强化员工责任心的重要手段

要使员工尽职尽责、切实地负起责任来，就必须让他们知道自己的职责是什么，绩效是如何评价和考核的，以及在评价的过程中有效的绩效标准是什么。通过控制工作，可以不断地对下级的工作进行评估，给其持续不断的压力，使其更好地负起责任，高效地完成所承担的任务。

第二节　控制的过程

尽管控制的对象各不相同，但控制的过程基本是一致的，大致可分为以下四个阶段：①确定控制标准；②衡量实际工作绩效；③将实际工作绩效与标准进行比较并分析偏差；④采取管理行动纠正偏差。控制的过程如图 8-1 所示。

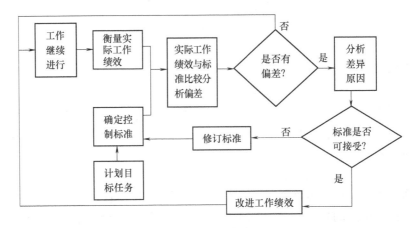

图 8-1　控制的过程

一、确定控制标准

（一）控制标准概述

简单地说，标准就是评定工作绩效的尺度。标准是控制的基础，离开了标准就无法对活动进行评价，控制工作也就无从谈起。因此，控制标准是控制能否有效实行的关键，没有切实可行的标准，控制就可能流于形式。

控制标准来源于计划目标，由于计划的详细程度和复杂程度不一样，计划目标不一定适合控制工作的要求，需要将其细化或具体化，并制定相应的控制标准。这是管理者实施控制的第一阶段，也是有效控制的基础。

（二）常见的控制标准

控制的标准多种多样，有定量化标准和定性化标准两大类，相比较而言，定量化标准更能保证控制的准确性。因此，在实际控制工作中，应尽可能地采用定量化标准。常见的控制标准主要有以下四种：

（1）实物量标准。实物量标准即非货币标准，如耗用的原材料和劳动力、完成的产品产量等。

（2）价值标准。价值标准即货币标准，用来反映组织的经营状况，包括成本标准、收益标准、资金标准等。

（3）时间标准。它是指完成一定工作所需要花费的时间限度，如工时定额、交货期、工程周期等。

（4）质量标准。它是指工作应达到的要求，或产品与劳务所应达到的品质标准，如产品等级、合格率等。

（三）控制标准的要求

控制标准必须满足一定的要求，才能保证控制工作的有效性。这些要求主要有以下几点：

（1）简明。对标准的说明和表述要明确，通俗易懂，易于理解和接受。

（2）适用。标准要以计划为基础，要有利于组织目标的实现。

（3）可行。标准不能过高，也不能过低，应该是绝大多数员工经过努力都可以达到的。

（4）易于操作。标准要便于比较、衡量、考核过程中的使用。

（四）制定控制标准的方法

实际工作中，常用的制定标准的方法有以下三种：

（1）统计方法。它是指利用历史资料，在统计分析的基础上，制定当前工作的控制标准。这些历史数据可以是本单位的，也可以是外单位的。这种方法成本低廉、简便易行。但由于历史与现实之间存在差距，在历史资料基础上制定的标准往往不够准确。用统计方法制定的常见标准有市场占有率、投资回报率、产品产量等。

（2）工程方法。它是指通过对控制对象进行全面、科学的分析，以分析所得到的数据和参数为基础制定的控制标准。这种方法制定的控制标准准确性高，但成本高、耗时长。用工程方法制定的常见标准有劳动定额、生产线节拍、维修间隔等。

（3）经验估算法。它是指由经验丰富的管理者来制定标准。这种方法是以上两种方法的补充。其优点是运用面广、简单易行；但不足之处在于以经验为依据，科学性不强。

二、衡量实际工作绩效

衡量实际工作绩效是控制工作的第二个阶段，也是控制过程中工作量最大的阶段。该阶段的主要内容就是通过采集实际工作的数据与信息，了解和掌握工作的实际情况。衡量实际工作绩效的两个核心问题是衡量什么和如何衡量。

事实上，"衡量什么"在衡量工作之前就已经得到了解决。在确定控制标准的过程中，依据计划目标制定出的各种控制标准就是所要衡量的内容。所以，这里主要介绍如何衡量。

"如何衡量"，也就是用什么方法来衡量。在实际中，应根据具体情况具体分析。常用的衡量方法有如下几种：

（一）口头汇报

口头汇报分为正式汇报和非正式汇报两种。正式汇报往往用于某些公众场合，如会议等；非正式汇报往往是一对一的情况通报和信息沟通，如电话交谈、个别交谈等。这种方法的优点是方便快捷，能够得到立即反馈；其缺点是不便于存档查找和重复使用，而且汇报的内容容易受到汇报人的主观影响。

（二）书面汇报

书面汇报往往在计划结束或告一段落后进行，是将实际工作中采集到的数据以一定的方法进行加工处理后得到的文字资料，如会计报表、经济报表等。这种方法的优点是节省时间，效率较高，而且易于保存；其缺点是资料的应用价值受到原始数据真实性和全面性的影响。

（三）直接观察

直接观察就是由负责控制的人员亲临工作现场，通过观察、与工作人员现场交谈来了解工作的实际情况。这种方法给管理者提供了关于实际工作情况的第一手资料，从而避免了可能出现的遗漏、忽略和信息的失真。特别是对基层工作人员的工作情况进行控制时，直接观察是一种非常有效的方法。但这种方法也存在许多局限性，如费时费力、不能全面了解各方面的工作情况等。

衡量实际工作绩效实际上是一个信息的收集过程。任何信息收集过程都要注意所获信息的质量问题。因此，在利用上述方法进行衡量工作时，要特别注意所获取信息的准确性、及时性、可靠性和实用性。随着信息技术的发展，越来越多的企业建立起管理信息系统（MIS），这就使信息的获取变得非常方便、快捷，从而大大减少了衡量实际工作绩效的工作量，为有效控制的实施创造了良好的条件。

三、将实际工作绩效与标准进行比较并分析偏差

获得了实际工作绩效的结果后，接下来第三个阶段就是将衡量结果与标准进行比较，并对比较的结果进行分析。

比较的结果有两种可能：一种是存在偏差；另一种是不存在偏差。需要注意的是，只有实际工作绩效与标准之间的差异超出了一定的范围，才认为存在偏差。偏差有两种情况：一种是正偏差，即实际工作绩效优于控制标准；另一种是负偏差，即实际工作绩效劣于控制标准。出现正偏差，表明实际工作取得了良好的绩效，应及时总结经验，肯定成绩。但正偏差如果太大也应引起注意，这可能是因为控制标准制定得太低，这时应对其进行认真分析。出

现负偏差，表明实际工作的绩效不理想，应迅速、准确地分析其中的原因，为纠正偏差提供依据。

偏差产生的原因是多种多样的。例如，某企业某月的实际销售额低于计划的销售额，原因可能是销售部门工作不力，可能是产品质量有所下降，可能是竞争对手降低了产品价格，也可能是宏观经济因素引起的需求疲软，还可能是该月的销售计划制订得不切实际。因此，对于造成偏差的原因，管理者应仔细分析。一般而言，造成偏差的原因可归结为三大类：计划或标准制定得不合理、组织内部因素的变化以及组织外部环境因素的变化。

（一）计划或标准制定得不合理

计划或标准制定得过高或过低，都会造成偏差。在制订计划或标准时不切实际、盲目乐观，把目标定得过高，有时甚至根本达不到，如过高的利润目标、市场占有率等，这种情况就必然出现负偏差；相反，在制订计划或标准时过于保守、低估自己的实力，把目标定得太低，很容易达到，这种情况就容易出现正偏差。

（二）组织内部因素的变化

这是指组织中人、财、物等资源的供给配置状况或人员行为的结果等与计划中的前提条件不符，具体包括生产的物质条件、资金的供给、员工的工作态度和工作能力等。如果这些组织内部因素、现实情况与计划的前提条件不符，就会导致偏差的产生。例如，质量管理部门的工作不力会造成产品质量下降，生产设备的故障会导致生产任务不能及时完成等。

（三）组织外部环境因素的变化

这是指组织外部环境因素，如经济、技术、政治、社会、供应商、顾客、竞争对手等因素与计划中的前提条件不符。这种不符会导致偏差的产生。例如，利率的上升会造成财务费用的增加，竞争对手加大促销力度会造成销售额的下降等。

四、采取管理行动纠正偏差

采取管理行动纠正偏差是控制工作的最后一个阶段，可使工作的实际情况与计划相一致。

由于偏差是控制标准与实际工作绩效之间的差距，因此，纠正偏差的方法也不外乎以下两种：要么改进工作绩效，要么修订控制标准。

（一）改进工作绩效

如果偏差分析的结果表明计划或标准是符合实际情况的，偏差是由于实际工作绩效不理想所产生的，那么管理者就应该采取一定的纠正行动来有针对性地改善实际工作绩效。这种纠正行动可以是管理策略的调整、组织机构的变动、培训计划的改变以及人事方面的调整等。例如，发现造成销售收入下降的原因是由于产品技术陈旧，就要通过增加研发投入来改变这种状况；当发现工人完不成生产任务的原因是操作不当，就需要对其提供额外的培训，使其熟练掌握操作技术。

（二）修订控制标准

如前所述，产生偏差的原因可能来自不合理的标准，标准制定得过高或过低都会造成偏差的出现。当发现控制标准不切实际时，管理者应仔细分析，重新修订标准，使其符合实际情况。管理者应特别注意，当其他因素都正常时，如果出现偏差，就可能是标准有问题，而不是实际工作绩效有问题。

第三节　控制的类型

按照不同的分类标准，控制可分为多种类型。

一、按控制的时点分

根据控制时点的不同，控制可以分为反馈控制、同期控制和前馈控制。三者之间的关系如图 8-2 所示。

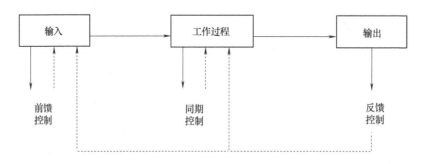

图 8-2　反馈控制、同期控制和前馈控制三者之间的关系

（一）反馈控制

反馈控制是指发生偏差后，与控制标准进行比较，并对已经发生的偏差进行修正。反馈控制是管理控制工作最传统也是最主要的方式。它的控制作用发生在行动之后，其特点是把注意力集中在行动的结果上，力求"吃一堑，长一智"，提高下一次工作的质量。

尽管组织中大量采用反馈控制，如产品质量控制、员工工作绩效的考评等，但反馈控制也有其局限性。由于反馈控制作用在工作结束之后，即它是在偏差已经发生才采取纠正措施来实施控制的，而此时已经造成损失。例如，2008 年汶川地震，造成约 9 万人身亡、直接经济损失 8451 亿元人民币。这种损失已经发生，造成了无法弥补的伤害，人们只能通过总结经验教训，制定今后防止类似灾害的应急预案。另外，反馈控制会存在时滞，即从衡量实际工作绩效，与标准进行比较，分析偏差产生的原因，制定纠偏措施，再到实施纠偏措施，需要花费一定的时间，这就是反馈控制的时滞现象。由于在纠偏时，实际状况可能出现新的变化，导致制定的纠偏措施可能与新状况不相适应，所以时滞现象会影响控制效果。

（二）同期控制

同期控制也称为现时控制，是一种在工作进行之中进行的控制。其特点是发生在工作进行之中，对偏差随时纠正。同期控制的目的是改进本次活动而非下次活动的质量。

同期控制是一种主要为基层主管人员所采用的控制方法。基层主管人员通过深入现场亲自监督检查、指导和控制下属人员的活动，确保工作效率，避免失误，可以使活动按预定的计划进行。监督是指按照预定的标准检查正在进行的工作，以保证目标的实现；指导是指主管人员针对工作中出现的问题，根据自己的经验协助下属改进工作。很显然，同期控制的有效性取决于主管人员的个人素质、工作作风、指导方式以及下属对其指导的理解程度。主管人员的"言传身教"具有很大的作用，如带新手进车间工作，师傅要进行现场示范。因此，同期控制对主管人员的要求较高。

同期控制是一种同步控制，控制效果取决于实时信息的获取。信息技术的发展为实时信息的收集和传递提供了有力的保证，大大提高了同期控制的应用范围和控制效果。例如，许多超级市场和百货商店的电子收款机能够把每天的销售额及时地传送到中心数据库，企业主管能够立即获得库存量、销售量、总利润及其他各种数据资料。随着信息技术的发展和普及，信息传递迅速，不仅提高了管理人员的工作效率，还极大地提高了组织的效率。现在，同期控制已经突破了现场的限制，很多时候可以实现异地控制。例如，一次高难度的手术，可以运用网络视频技术将手术过程中病人的各项医学指标传输给世界各地的权威人士，进行群体会诊，通过对指标的分析，对手术过程进行全面的指导和控制，从而大大提高手术的成功率。

（三）前馈控制

前馈控制是一种在活动开始之前进行的控制，如对原材料的检查、对员工的选拔和培训。其特点是能在偏差发生之前就采取各种预防措施，防止或尽可能地减少偏差的出现，从而把偏差造成的损失降到最低，做到"防患于未然"。

前馈控制主要是分析"过程"的影响因素对系统输出的影响关系，在可测的输入量和干扰量产生不良影响以前，及时采取纠正措施，消除它们的不良影响，控制"过程"的影响因素。例如，全面质量管理（TQM）中要实施预先控制，就是控制产品形成过程的影响因素——"4M1E"（即人——Man；机械设备——Machine；材料——Material；方法——Method；环境——Environment），使这些因素处于"控制状态"，从而预防偏差的出现或把由于偏差出现而造成的损失降到最低。

企业中有许多前馈控制的事例。例如，为开发一种新产品而对员工进行培训；为提高产品质量首先控制原材料；工厂在需要高峰来临之前添置机器设备、安排人员、加大生产量，以防供不应求。从这些例子不难看出，前馈控制将注意力放在行动的输入端，使得在一开始就能将问题的隐患消除。

前馈控制的优点首先是控制在工作开始之前展开，因此可以防患于未然，避免反馈控制的时滞和对已经造成的损失无法挽救的缺陷；其次，前馈控制适用于一切领域的一切工作，所有的组织活动都可以采用。但是，前馈控制是相当复杂的，这无疑对管理者提出了极高的要求。事实上，正如决策理论学派的西蒙所指出，相对于复杂多变的世界而言，人的理性是有限的，往往获得的决策只能是满意解、次优解。因此，在管理实践当中，人们不能完全依赖于前馈控制，还需要另外两种控制手段来加以补充。前馈控制对活动信息的要求很高，需对"过程"的影响因素及其发展规律有比较透彻的了解，因此控制的成本也很高。

二、按控制的结构分

根据控制的结构不同，控制可以分为集中控制和分散控制。

（一）集中控制

集中控制是指由一个集中控制机构对整个组织进行控制。在这种控制方式中，把各种信息都集中传送到集中控制机构，由集中控制机构进行统一加工处理。在此基础上，集中控制机构根据整个组织的状态和控制目标，直接发出控制指令，控制和操纵所有部门和成员的活动。

集中控制方式比较简单，指标控制统一，便于整体协调。当企业规模不是很大且信息的获取、存储、加工和处理方面的效率和可靠性较高时，能够进行有效、及时的整体最优控制。但是，随着企业规模扩大及复杂化，集中控制方式会暴露不少弊病。例如，由于信息量增加，传输环节负担很重，导致决策的延迟和失误，而且缺乏灵活性和适应性，机构的变革和创新会很困难。

（二）分散控制

分散控制是指由若干分散的控制机构来共同完成组织的总目标。在这种控制方式中，各种决策及控制指令通常是由各局部控制机构分散发出的，各局部控制机构主要是根据自己的实际情况，按照局部最优的原则对各部门进行控制。

分散控制能够适应企业结构复杂、功能多样的特点。每个控制机构接收的信息量较少，便于及时处理和更快做出决策。由于分散控制对信息存储和处理能力的要求相对较低，控制机构可以较小，因而便于革新。同时，由于决策分散，各局部控制机构可以并行，这样不仅在一个给定的时期内有可能处理更多的工作，而且分散了风险。个别控制机构的失误不会影响整个控制工作的进行。但是，分散控制存在局部间协调困难、横向联系较差等问题。

三、按控制的来源分

根据控制的来源不同，控制可以分为正式组织控制、群体控制和自我控制三种类型。

（一）正式组织控制

正式组织控制是由管理人员设计和建立起来的一些机构或人员来进行控制。例如，规划、预算和审计部门等都是正式组织控制的典型例子。组织可以通过规划指导成员的活动，通过预算来控制费用，通过审计来检查各部门或各成员是否按规定进行活动，并提出更正措施。在企业中，普遍实行的正式组织控制的内容有：操作标准化、保护企业财产的安全性、质量标准化、防止滥用权力以及对员工的工作进行指导和评价等。

（二）群体控制

群体控制基于群体成员的价值观念和行为准则，它是由非正式组织发展和维持的。非正式组织有自己的一套行为规范，虽然这些规范往往是不成文的，但对其成员却有很强的约束力。群体控制可能有利于达成组织目标，也可能给组织带来危害，所以要对其加以引导。

（三）自我控制

自我控制即个人有意识地按某一行为规范进行活动。例如，一个员工不愿意收受回扣，可能是由于他具有诚实、廉洁的品质，而不单单是怕被发现遭处分。这种控制成本低、效果好，但要求人员有较高的素质，要求上级给予下级充分的信任和授权，还要把个人活动与成果报酬联系起来。

四、按控制的手段分

根据控制所用的手段不同，控制可以分为直接控制和间接控制。

（一）直接控制

直接控制从字面上来理解，是指一种施控人员与被控制对象直接接触进行控制的形式。实现直接控制的关键是对施控人员的精心选择和有针对性的培养，因为工作能力强、业务水平和综合素质高的施控人员在控制中将会不犯或少犯错误，控制效果将是高质量的。

（二）间接控制

间接控制是相对于直接控制而言的，通常是指不对运行过程直接干预，而是通过间接的手段，如国家宏观控制手段的税收、信贷、价格等措施和政策，企业奖励和分配政策等，用来引导和影响运行过程，从而达到控制的目的。

第四节　有效控制的实施

所谓有效控制，就是以比较少的人力、物力、精力与时间使企业的各项活动处于控制状态。一旦企业的某项活动出现偏差，实施有效控制能够及时纠正，而且能使偏差所导致的损失降到最低程度。

一、有效控制的要点

要使控制工作取得预期的成效，管理者在设计控制制度或实行控制时，除了应选择合适的控制方法、手段外，还要特别注意以下几方面的要求：

（一）控制工作应建立客观标准

有效的控制要求有客观的、准确的标准，通常最有效的标准是数量标准。尽管管理工作难免会受许多主观因素的影响，但对下属工作的评价不应仅凭领导者主观决定，因为人的主观意识有时会存在偏见，影响准确性和公正性。

（二）控制工作应具有灵活性

组织计划制订之后，在实施的过程中会遇到许多动态变化的因素，为了适应这种复杂情况，控制系统必须具有很强的包容性和灵活性。例如，在检测预报系统失常情况下，适时调整控制策略和手段，以确保在动态变化中完成计划任务，实现计划目标。

（三）控制工作应具有系统性

组织的计划目标和任务经过分解和归类会形成组织各部门的分目标和子任务，这是一个分解协调、不同层次结构互相支持、互相依赖的目标任务系统。为了控制整体工作过程，控制工作必须与之对应，要具有系统性。若只注意局部控制，各个局部控制不能互相配合，很难达到理想的控制效果，因此，要求组织控制工作必须具有全局性、局部渗透性和互相协调性。

（四）控制工作应讲求经济性

管理者在进行控制时，通常认为控制得越完善越好。实际上，控制是要花费成本的，若控制工作所支出的费用大于控制所取得的收益，则该控制是无效率的。因此，控制工作必须讲究经济效益。当然，经济效益是相对的，它随缺乏控制引起的耗费情况与实施控制带来的经济效益而有所不同，也随经营业务的重要性及规模大小而有所不同。例如，进行全国经济普查，了解我国的综合经济情况，虽然成本很高，但是为了更合理的国家经济调控是值得的。若仅为了参考，花费同样多的成本去调查另一个国家的经济情况，就显得不值了。

（五）控制工作应保证员工的可接受性

一般来说，员工愿意接受有用但不过度严格的控制系统。如果大多数员工认为无论怎么努力都无法达到控制标准，那么这个控制系统就是不能被员工接受的。控制系统要强化正面行为，而不只是控制负面行为，要让员工参与控制标准的制定和控制过程，这样可以使他们理解和接受相应的控制措施，积极配合组织的控制工作。

二、有效控制的原则

有效的控制应遵循以下一些原则：

（一）反映计划要求原则

控制的目标是实现计划，每项计划各有其特点，因而相应的控制工作也有很大的不同。在制定控制标准、选择信息收集方式、采用何种方法评定绩效等方面，都需要按不同计划的特殊要求和具体情况来设计，只有这样，才能达到好的控制效果。

（二）组织适宜原则

控制还必须反映组织结构的类型和状况。组织结构既然是对组织内各个成员担任什么职务、有何权力和责任的一种规定，它自然就成为明确执行计划和纠偏职责的依据，因而也就成为控制工作的依据。控制工作只有适应企业的组织结构，并由健全的组织结构来保证，才能够顺利进行。

（三）控制关键点原则

为了进行有效的控制，需要特别注意衡量工作绩效的关键因素。对一个管理者来说，应把握计划执行的大局，过分注意计划的细节既没有必要又浪费时间，要将注意力集中于计划执行中的一些主要因素上。只有找出控制的关键点实施控制，才能提高控制效果，达到控制全局的目的。

（四）例外原则

例外原则是指管理者要特别注意例外偏差，即那些超出一般情况的特别好或特别差的情况。不过，对例外的关注不应仅仅依据偏差的大小而定，还必须考虑相应的工作或标准的重要性，即强调例外和关键点相结合，因为关键点上的例外偏差是最应予以重视的。例如，管理费用高出预算 5% 可能影响不大，而产品不合格率上升 1% 却可能造成产品滞销。

（五）控制趋势原则

有时控制现状比较容易，但控制现状所预示的变化趋势则比较困难。然而，要使控制有效，控制变化趋势则显得非常重要。一般来说，趋势是多种复杂因素综合作用的结果，是在一段时间内逐渐形成的，并对管理工作的成效有着长期的影响。趋势往往容易被现象所掩盖，不易被觉察，也不易控制和扭转；而且当趋势已经明朗时，再进行控制就来不及了。因此，控制趋势的关键在于从现状中揭示倾向，特别是在趋势刚显露苗头时就敏锐地觉察到。

三、有效控制的技巧

（一）采用积极而有效的控制艺术

控制是上级主管部门对下级工作的控制。上级在下级心目中的形象、工作能力等将直接影响到下级对控制的态度与看法，因而必须注意控制艺术，如领导艺术、语言艺术、批评艺术等。

（二）不带偏见的控制态度与做法

控制者与被控制者都会因感情、爱好及习惯等，对其他人有一定的看法；加上长期在一起共事，一些人可能会对另一些人有一定的偏见。这种偏见实质上是一种情感因素，它对于处在下风的一方总是不利的。因而在控制过程中，一定要坚持客观公平而不能带有偏见。

（三）利用人际关系实施控制

在企业的诸多人际关系中，有一些由于感情、偏好、亲戚、同学与朋友等自发形成的良好关系。在这些关系中，如果某个有影响力的人同其他人有较好的关系，则此人的行动对其他人的行动都会起影响作用。因此，要实施有效控制就要注意利用这种关系。

（四）运用"事实控制"

这是指在制定纠正措施时，必须根据偏差及其产生后果的实际情况进行分析，坚持从实际出发，从问题出发，让事实说话，而不能根据管理者的权威或臆断来分析。

第五节　控制的方法

在管理实践中，对不同方面的控制会运用不同的控制方法。常见的控制方法可分为两大类：预算控制与非预算控制。

一、预算控制

（一）预算的概念

预算是一种计划技术，是未来某一个时期具体的、数字化的计划。其实，预算也是一种控制技术，而且是在管理控制中使用最广泛的一种控制方法。编制预算实际上就是控制过程的第一步——制定控制标准。由于预算是以量化的方式来表明管理工作的标准，具有很强的可考核性，因此有利于根据标准来评定实际工作绩效，找出偏差。

预算清楚地表明了计划与控制之间的紧密联系，是一种转化为控制标准的计划。预算的编制为组织的控制工作提供了十分完美的基础。

（二）预算的种类

按照不同的内容，预算可分为经营预算、投资预算和财务预算三大类。

（1）经营预算。经营预算是指企业日常发生的各项基本活动的预算。它主要包括销售预算、生产预算、直接材料采购预算、直接人工预算、制造费用预算、单位生产成本预算、销售及管理费用预算等。

在经营预算中，最基本的就是销售预算，它是销售预测的详细说明。由于销售预测是计划的基石，企业主要是靠销售产品和提供服务的收入来维持经营费用的支出并获利的，因此，销售预算是预算控制的基础。

生产预算是根据销售预算中的预计销售量，按产品品种和数量分别编制。在生产预算编制好后，还应根据分季度的预计销售量，经过对生产能力的平衡，排出分季度的生产进度日程表，或称生产计划大纲。

在生产预算和生产进度日程表的基础上，可以编制直接材料采购预算、直接人工预算（即直接工资及其他直接支出预算）和制造费用预算。这三项预算构成企业生产成本的总和。

销售及管理费用预算包括制造业务范围以外预计发生的各种费用明细项目，如销售费用、广告费、运输费等。

对于实行标准成本控制的企业，还需要编制单位生产成本预算。其中最基本和最关键的是销售预算，其他各项预算都是在销售预算的基础上编制的。

（2）投资预算。投资预算是对企业各类投资活动所做出的预算，一般包括新建厂房、购买机器设备、上新的产品项目以及其他方面的投资预算等。投资活动，无论是长期的还是短期的，都将涉及企业最主要的投资限制因素——资本支出，因而对于这种涉及企业资本的预算计划，必须做到具体和明确，要能回答以下问题：何时进行投资、投资金额、资金来源、预期收益等。尤其是长期投资预算，应当与企业战略以及长期计划紧密联系起来。

（3）财务预算。财务预算是指企业在计划期内对企业的资金收支、损益情况以及财务状况的预算。由于企业经营预算和投资预算的内容都将最终反映在财务预算中，财务预算也称为总预算。企业的财务预算主要包括现金预算、预计利润表和预计资产负债表。

以上三大类预算是相互联系的，一起构成了企业的预算体系。各种预算之间的关系如图 8-3 所示。

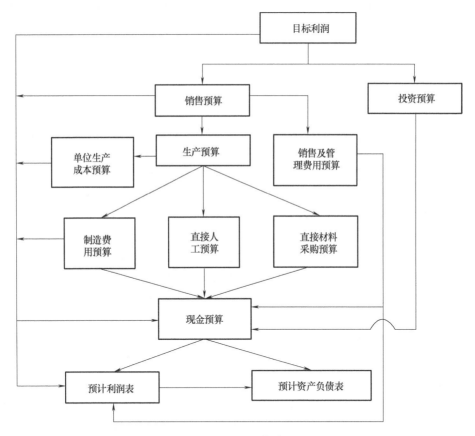

图 8-3　企业预算体系

（三）预算控制的一般程序

对于企业来说，进行预算控制一般需要经过如下程序：

（1）深入了解企业在过去财政年度的预算执行情况和企业在未来年度的战略规划，以此作为企业制定预算的重要依据。

（2）围绕企业的战略规划和企业内外部环境条件，根据企业各种预算之间的关系，制定出企业的总预算。

（3）将企业总预算确定的任务层层分解，由各部门、基层单位以及个人参照制定本部门、本岗位的预算，上报企业高层管理部门。

（4）企业高层决策者在综合企业各部门实际上报的预算之后，调整部门预算，将最终确定的预算方案下发各部门执行。

（5）组织贯彻落实预算确定的各项目标，在实施过程中予以监控，及时发现问题并采取相应的措施。

（四）有效预算控制的保障

预算是一种很好的控制工具，但要很好地发挥预算控制作用，还必须做到以下几点：

（1）高层主管部门的支持。有效的预算控制离不开高层主管部门对预算编制和执行的支持。高层主管部门积极支持，就会使各部门重视预算的编制工作，从而保证预算的质量，这就为有效的预算控制提供了坚实的基础；高层主管部门支持预算的执行，就会使预算真正成为行动的标准，并能有效地保障预算的实现。

（2）各级预算执行部门参与预算编制。让各级预算执行部门参与预算的编制工作，一方面能保证预算的合理性和可行性，另一方面会使各执行部门对预算有一个全面的理解，从而能自觉地执行预算。研究表明，参与预算编制对管理者的激励有正面影响，原因有两个：①如果预算目标被看作是在自己控制下制定的，而不是外部强加的，那么预算更易被接受。②参与预算编制使信息交换效率更高。制定预算的过程实际上是上级与下级高效率交流信息的过程，在这个过程中，上级可以了解下级的专长和能力，下级可以了解企业的总体战略。

（3）充分的信息。预算的编制和执行都需要充分的信息。充分、准确、全面的信息是编制合理预算的必要条件；保证预算的有效执行，同样需要及时、全面的信息。

（五）预算控制的优缺点

预算作为一种广泛应用的控制方法，既有优点，也有缺点。

1. 预算控制的优点

（1）明确。各项工作成果数字化，使人一目了然。

（2）便于控制。因为有了明确的标准，有利于控制工作的开展。

（3）便于授权。预算的编制工作需要各执行部门的参与，因此，预算的编制过程也是一种授权过程。

2. 预算控制的缺点

（1）预算目标取代企业目标。预算是实现企业目标的一种手段，但是现实中，组织中各部门和成员在执行预算时，往往把实现预算作为自己所追求的唯一目标，而忘记了自己的首要职责是保证组织目标的实现，这就造成计划执行过程中各部门之间以及局部利益与整体利益之间协调的困难。

（2）缺乏灵活性。计划一旦量化成为预算后，就会给人一种不可更改的感觉，从而使得预算控制缺乏灵活性。

（3）成为效率低下的保护伞。在应用预算控制时，人们往往把上一期的费用支出作为下一期预算的基数。因此，在编制预算时，有些部门会在上一期的基础上提高所需费用的申请数，即使这个申请数在审批时会被削减，也会造成预算经费高于实际所需的数量，从而导致组织费用支出的增加，同时，也掩盖了某些部门效率低下的问题。

二、非预算控制

(一) 监督检查

监督检查是一种最古老、最常见和最直接的控制方法。它的具体形式是：各级管理人员在对下级人员执行计划的过程中进行实地检查和评价，发现问题立即采取措施予以纠正。这是管理控制中不可缺少的控制方式之一。

由于监督检查是一种直接的、面对面的控制，因此，上级管理人员获得的信息具有相当高的真实性和及时性，这就能从根本上保证控制工作的有效性；另一方面，监督检查还有助于上级管理人员与下级人员之间的沟通与了解，有利于营造良好的组织氛围。

当然，上级管理人员也必须注意监督检查可能产生的消极作用。如果这项工作未能被下级人员所理解，其自尊心可能会因此受到伤害而产生消极情绪。

(二) 报告制度

报告是用来向负责实施计划的主管人员全面、系统地阐述计划的进展情况，存在的问题及原因，目前已经采取了何种措施，收到了何种效果，预计还将出现何种问题，以及希望上级给予何种支持的控制方式。报告是主管人员掌握计划执行情况和实施控制的基本方式，因此，任何组织都必须建立起一整套有效的、规范化的报告制度，形成时间上定期、任务上定人、内容上定性、格式上定型等规范。此外，对于重点活动和重要项目，要能做到随时报告。

通常运用报告制度进行控制的结果，取决于报告的质量。一份优秀的报告必须做到适时，突出重点，能指出例外情况，而且简明扼要。

(三) 比率分析

一般来说，仅从组织经营管理工作成效的绝对数量很难得到准确的结论。例如，仅从一个企业年获利 500 万元这个数字很难得到一个确切的概念，因为人们并不知道该企业的规模有多大、资产是多少、销售额是多少，该行业的平均利润水平是多少，该企业上年和历年所创的利润是多少，以及企业的其他情况。因而，在对企业的生产经营状况进行判断之前，必须首先分析所获取数据之间的内在关系，相互对照才能说明一些问题，这种方法就是比率分析。比率分析是一种非常有益和必需的控制方法。企业经营活动分析中常用的比率可以分为两大类，即财务比率和经营比率。财务比率主要说明企业的财务状况，而经营比率主要用来反映企业的经营状况。

除了上述几种方法外，常用的非预算控制还有审计法、程序控制以及前面讲到的网络分析技术、盈亏平衡分析法等。

第六节　控制的典型领域

在企业中，控制的典型领域主要集中在生产、成本、质量、财务、库存以及人员等。

一、生产控制

(一) 生产控制的作用

生产控制是生产管理的重要职能，是实现生产计划和生产作业计划的重要手段。虽然生产计划和生产作业计划对日常生产活动已做了比较周密而具体的安排，但随着时间的推移，市场需求往往会发生变化。此外，由于生产准备工作不周全或受生产现场偶然因素的影响，计划产量和实际产量之间也会产生差距。因此，必须及时监督和检查，发现偏差，对生产活动进行调整。这就是生产控制。

生产控制是指实时调度各项与产品生产相关联的作业活动，根据活动过程反馈的信息，通过对生产系统状态的评价，决定调整各项活动的内容，以确保计划目标的实现。

（二）生产控制的基本内容

生产控制的内容包括生产计划制订与实施之间的整个过程。具体包括以下几个方面：

（1）作业安排。生产计划和生产作业一旦确定，就要按照计划安排人力、机器、物资供应等方面的准备工作，以保障生产能够顺利进行。

（2）测定偏差。在生产过程中，按预定的时间及顺序检查计划的执行情况，掌握实际完成量与计划完成量之间的偏差。生产过程是否产生偏差，可以通过各种活动信息的收集与分析获知。

（3）纠正偏差。根据偏差产生的原因及其严重程度采取相应的处理方法，并及时将偏差情况向生产管理部门反映，以便管理人员及时调整生产计划。

（4）提供信息。将生产过程进行和完成的情况汇总成报告，为质量控制、库存控制和成本控制等工作提供必要的信息。

（三）生产控制的程序

不同生产类型，生产控制的程序都大体相同，一般包括以下几个步骤：

（1）制定生产工作标准。

（2）分配生产任务，维持生产系统正常运行。

（3）收集、记录与传递生产信息。

（4）评价成果，即通过个人观察、分析统计报告和分析生产记录等形式进行评估。

（5）进行短期或长期调整。

二、成本控制

（一）成本控制的意义

成本控制是在企业生产经营过程中，根据一定的控制标准，对产品成本形成的整个过程进行经常性的监督和控制，从而使各种费用支出和劳动消耗限制在规定的标准范围内，以达到企业预期的目标。

成本控制对于企业具有重要意义。首先，成本控制是企业增加盈利的根本途径，直接服务于企业的目标；其次，成本控制是企业抵抗内外压力、求得生存的主要保障；最后，成本控制是企业发展的基础。

（二）成本控制的原则

成本控制的基本原则可以概括为以下三项：

（1）经济原则。这是指因推行成本控制而发生的成本，不应超过因缺少控制而丧失的收益。

（2）因地制宜原则。这是指成本控制系统必须个别设计，以适合特定企业、部门、岗位和成本项目的实际情况，不可完全照搬别人的做法。

（3）领导重视与全员参加原则。这是指成本控制要培养领导干部、管理人员、工程技术人员和广大员工的质量意识，使其认识到成本控制的重要意义，从而积极参与成本控制活动。

（三）成本控制的程序

成本控制包括事前控制、事中控制和反馈控制三个阶段，这三个阶段的工作包括如下内容：

（1）事前控制。事前控制就是在设计阶段的成本控制。产品设计阶段应配合企业的总目标和全盘计划，制定目标成本，编制标准成本和预算，并将指标层层分解并下达到各责任单位。将成本控制的目标进行必要的宣传，提高广大员工成本控制的自觉性和积极性。

（2）事中控制。事中控制就是在执行过程中的成本控制。要有专人进行实地观察，根据分解的指标记录有关的差异，及时进行信息反馈。由于成本支出遍及企业的各车间、各部门，必须由各车间、各部门从全局观念出发，努力做好成本控制工作。

（3）反馈控制。反馈控制即执行以后，就实际成本提出报告，将实际成本与目标成本之间的差异加以分析，查明原因和责任归属，决定下期工作的改进。有时随着情况的发展，还应修订原定的限额。

总之，成本控制包括以下几个方面的内容：

（1）确定目标成本。

（2）将实际发生的成本与目标成本进行比较。

（3）分析差异，查明原因，进行信息反馈。

（4）把目标成本加减脱离目标的差异，计算产品的实际成本。

以上成本控制的程序如图8-4所示。

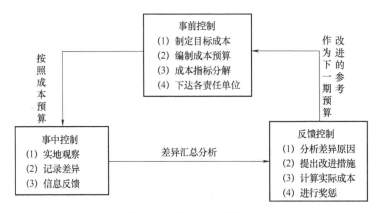

图8-4　成本控制的程序

三、质量控制

（一）质量与质量控制

所谓质量，有广义和狭义之分。狭义的质量仅指产品的质量；广义的质量除了产品质量，还包括工作质量。产品质量是指产品满足消费者需要的功能与性质。这些功能与性质具体体现在以下五个方面：性能、寿命、安全性、可靠性和经济性。工作质量是指企业为了保证和提高产品质量，在经营管理和生产技术工作方面所要达到的水平。工作质量是产品质量的保证。

质量控制是对达到质量要求所必需的全部职能活动的控制，包括质量标准和质量计划的制订，以及对所有产品、过程和服务方面的质量形成过程的监督和控制，其中还包括为保证和控制质量而进行的组织设计。质量控制是企业生产经营过程控制的一个重要环节，其根本目的在于保证本企业所生产的产品或所提供的服务达到一定的质量水平，以满足顾客需要，维持或提高企业的市场占有率，从而保证企业的生存和发展。

（二）全面质量管理

在企业质量控制活动中，采用较多的是全面质量管理。全面质量管理是指把企业作为产品生产的一个完整的有机体，以提高和确保质量为核心，动员和组织企业各部门及全体人员，建立一套科学、严密、高效的质量保证体系，运用各种专业技术、管理技术和行政管理等手段，分析并控制影响质量的因素，以优良的质量、经济的方法和最佳的服务向用户提供物美价廉的产品而进行的一系列管理活动。简单地说，全面质量管理是由企业全体人员参加，用全优的工作质量保证生产全过程质量的管理控制活动。

全面质量管理具有如下特点：

（1）实行全过程管理。这种质量控制方法的基本思想是：优质产品是设计和制造出来的，而不是检验出来的；越是处于开始阶段的问题，对产品质量的影响就越大。基于这样的思想，全面质量管理强调将质量思想贯穿于从用户调查、产品开发直至生产、销售、售后服务的全过程中，实行全过程管理。

（2）全部工作保证。产品是经由一系列的工作形成的。对产品质量的控制不能只着眼于产品本身，而应着眼于产品赖以形成的全部工作，对工作的质量进行控制。这就是要建立一个包括全部相关的工作过程或阶段在内的质量保证体系。

（3）全员参加。企业的全体员工都要参与质量管理。质量控制绝不仅仅是质量部门的事，它跟每一个人都有关系。只有每一个员工都树立了质量思想，积极参与全面质量管理，才能真正收到效果。为此，企业应积极建设质量文化，通过建立质量管理小组来开展群众性的质量控制活动。

（三）全面质量管理的程序

全面质量管理活动最基本、最重要的工作程序是 PDCA 循环，它是提高产品质量和管理工作质量的有效手段。所谓 PDCA 循环，就是在质量控制和管理活动中，将其分为计划（Plan）、实施（Do）、检查（Check）和处理（Action）四个阶段，共八个具体工作步骤。

1. 计划阶段

计划阶段拟定质量标准和质量目标，制订活动计划、管理项目和措施方案。其中，又包括四个具体步骤：

（1）分析现状，找出存在的质量问题。

（2）分析产生问题的原因。

（3）找出主要原因。

（4）拟定措施，制订计划。

2. 实施阶段

（5）将制订的计划和措施具体组织实施和执行。

3. 检查阶段

（6）把实际执行的结果与预定的计划目标进行比较，找出偏差，分析成功的经验和失败的教训。

4. 处理阶段

（7）肯定已取得的成绩，并制定成标准加以巩固。

（8）没有解决的遗留问题则转入下一个 PDCA 循环。

PDCA 循环的四个工作阶段和八个步骤如图 8-5 所示。

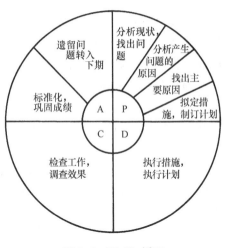

图 8-5　PDCA 循环

四、财务控制

所谓财务控制，是指企业对财务活动的控制，也就是对资金的取得、投放、使用和分配的控制。常见的财务控制方法有财务预算、财务分析和财务审计。

财务预算在前面已做过介绍，这里只介绍财务分析和财务审计。

（一）财务分析

财务分析是指运用财务报表数据，对企业过去的财务状况和经营成果及未来前景的一种评价。它包括财务比率分析和财务损益分析。

1. 财务比率分析

财务比率分析即通过计算实际的财务比率并将其与目标值比较，以发现问题，并及时采取提高或降低比率的措施。财务比率分析常用的指标包括：

（1）反映盈利能力的比率

$$销售利润率 = 净利润/销售收入$$
$$投资报酬率 = 税前利润/投资总额$$

（2）反映偿债能力的比率

$$流动比率 = 流动资产/流动负债$$
$$速动比率 = （流动资产 - 存货）/流动负债$$

（3）反映负债能力的比率

$$负债比率 = 负债总额/资产总额$$

（4）反映资金周转情况的比率

$$存货周转率 = 销售成本/平均存货额$$
$$资产周转率 = 销售收入/资产平均总额$$

2. 财务损益分析

财务损益分析的基本方法是损益平衡（或称盈亏平衡）方法。由第三章第五节可知，其计算公式为

$$临界产量 = 总固定成本/（单位产品售价 - 单位产品变动成本）$$

当企业的产量处于临界产量时，销售收入等于总成本，企业盈亏平衡；当实际产量低于临界产量时，企业发生亏损；实际产量高于临界产量时，企业可获利。

（二）财务审计

财务审计是指根据审计原则，通过价值形式对生产经营活动中的财务运行状况进行独立

的审查和评价。其目的是保证经济组织所提供的财务报告既能真实反映企业的财务状况，又能符合国家所颁布的有关财务运行规则和会计原则。根据审计机构和人员的不同，财务审计可分为外部财务审计和内部财务审计两大类。外部财务审计由组织外部的专门审计机构来进行；内部财务审计则由本企业的财务人员进行。

五、库存控制

企业的生产要正常、连续地进行，库存是不可避免的。但库存占用了大量的流动资金，库存量过大，会造成极大的浪费，因此，对库存的控制是非常重要的。所谓库存控制，就是通过对库存量的掌握和调整，来保证企业生产经营过程的物资需求，合理安排库存资金占用，以求得最佳的总体效益。

加强企业的库存控制，应该主要做好以下几方面的工作：对物料实行分类管理、物料采购量的确定及采购时间的确定等。

（一）对物料实行分类管理

企业生产所需的物资材料种类成千上万，每种物资的控制方法根据其数量和资金占用情况而有所不同，其中常用的方法是 ABC 分类法。

ABC 分类法把企业库存的全部物料，根据占用数量与占用金额的多少，分为 A、B、C 三类。其中，A 类是指数量占总数量 10% 左右，而金额却占总金额 60% 左右的贵重物料；B 类是指数量占总数量 20% 左右，而金额占总金额 20% 左右的一般物料；C 类物料是指数量占总数量 70% 左右，而金额只占总金额 10% 左右的物料。

通过分类，对各类物资实行不同的管理：A 类品种少，但资金占用大，是库存控制的重点，应严格控制库存数量，严格盘点，采购间隔期尽量短，以利于加速资金周转；C 类品种多，但资金占用小，可适当延长采购间隔期，简化管理；B 类介于 A 类和 C 类两者之间，其控制可根据具体情况，采取适当的管理方式。

（二）物料采购量的确定

物料采购量的大小不仅取决于物料需求量的大小，而且也取决于采购的方式。物料采购方式总体上可分为定期采购方式与定量采购方式两种。定期采购方式是指采购间隔期事先确定，而采购量不定的采购方式；定量采购方式是指每次采购量事先确定，而采购间隔期不定的采购方式。下面分别研究不同采购方式下采购量的确定。

1. 定期采购方式下采购量的确定

这种方式是指根据企业产品生产的特点以及供应商的特点、采购渠道等因素，事先确定采购间隔期，然后根据采购间隔期确定采购量的方法。采购量可以用下列公式计算

采购量 = 平均每日需要量 ×（采购时间 + 采购间隔期）+ 保险储备定额 − 实际库存量

2. 定量采购方式下采购量的确定

这种采购方式是指根据企业的实际情况，事先确定一个订货点量，当实际的库存量低于订货点量时，就应提出订货的方法。在这种采购方式中，采购量的计算公式为

采购量 = 平均每日需要量 × 采购时间 + 保险储备定额

上述两种计算方式中，"采购时间"是指从订购到货物验收入库所需要的时间。

（三）采购时间的确定

一般来说，在确定采购时间时，应考虑实际的库存量。通常情况下，当实际库存量达到保险

储备定额时，就应该提出采购。当然，若有特殊要求，则应结合具体情况而定，不能一概而论。

六、人员控制

控制工作从根本上说是对人的控制，因为其他几方面的控制都要靠人来实现。所以，人员控制是管理控制中最主要的内容。

人员控制最常见的方法就是监督检查和绩效评估。监督检查前面已经介绍过。绩效评估是一种非常正规的方法，通过绩效评估可以鉴定员工的近期绩效。如果绩效良好，员工就应该得到奖励，激励其更好地工作；如果绩效达不到标准，管理者就应该想办法解决，并根据偏差的程度给予员工相应的处分。常见的绩效评估方法有评核尺度法、重要事件法和小组总结评估法等。

除了上述方法外，在实践中还经常使用其他一些方法，这里不再介绍。

复 习 题

1. 什么是控制？
2. 组织为什么需要控制？
3. 简述控制与计划的关系。
4. 简述控制的基础。
5. 简述控制的过程。
6. 什么是控制标准？常见的控制标准有哪些？
7. 常用的衡量工作绩效的方法有哪些？
8. 将工作结果与控制标准进行比较会出现偏差。什么是正偏差？什么是负偏差？它们的出现说明了什么？
9. 什么是反馈控制？
10. 什么是反馈控制的时滞？
11. 什么是同期控制？
12. 什么是前馈控制？
13. 什么是集中控制？
14. 什么是分散控制？
15. 要使控制有效，需要注意哪些要点？
16. 有效控制要遵循哪些原则？
17. 按照不同的内容，预算一般分为几类？
18. 什么是企业的经营预算？
19. 什么是企业的投资预算？
20. 什么是企业的财务预算？
21. 简述预算控制的一般程序。
22. 非预算控制有哪几种？
23. 什么是生产控制？
24. 生产控制包括哪些程序？
25. 什么是成本控制？

26. 什么是质量控制?

27. 什么是全面质量管理?

28. 简述全面质量管理工作程序的 PDCA 循环。

29. 什么是财务控制?

30. 什么是库存控制?

讨 论 题

1. 谈谈在你的学习、生活中如何使用前馈控制。

2. 请结合一具体控制工作的实例,谈谈如何进行有效控制。

3. 请举一生活中常见的失控例子,分析其产生的原因。

作 业 题

一、判断题

1. 计划为控制提供衡量的标准,没有计划,控制就成了无本之木。 ( )

2. 控制是为了保证计划的实现,所以计划就是控制标准。 ( )

3. 控制过程就是管理人员对下属行为进行监督的过程。 ( )

4. 衡量实际工作要在工作完成之后才能进行。 ( )

5. 偏差是控制标准与实际工作绩效之间的差距,因此纠正偏差就是修订控制标准。 ( )

6. 反馈控制作用在行动结果之上,力求"吃一堑,长一智",改进下次工作的质量。 ( )

7. 控制应该突出重点,但不能强调例外原则。 ( )

8. 成语"亡羊补牢"的含义就是同期控制。 ( )

二、单项选择题

1. 控制工作得以开展的前提条件是 ( )。

A. 建立控制标准　　　 B. 分析偏差原因　　　 C. 采取矫正措施　　　 D. 明确问题性质

2. "治病不如防病,防病不如讲卫生。"根据这一说法,以下几种控制方式中,哪一种方式最重要? ( )

A. 前馈控制　　　　 B. 同期控制　　　　 C. 反馈控制　　　　 D. 集中控制

3. 进行控制时,首先要建立标准。关于建立标准,下列四种说法哪一种有问题? ( )

A. 标准应考虑实际情况　　　　　　　 B. 标准应越高越好

C. 标准应考虑实施成本　　　　　　　 D. 标准应考虑可行程度

4. 就客观条件,尤其是对管理者需要的信息量和可靠性而言,要求最高的控制类型是 ( )。

A. 同期控制　　　　 B. 反馈控制　　　　 C. 前馈控制　　　　 D. 集中控制

5. 所有权和经营权相分离的股份公司为强化对经营者行为的约束,往往设计有各种治理和制衡手段,包括:

① 股东们要召开大会对董事和监事人选进行投票表决。

② 董事会要对经理人员的行为进行监督和控制。

③ 监事会要对董事会和经理人员的经营行为进行检查监督。

④ 要强化审计监督，等等。

这些措施是（　　）。

A. 均为前馈控制

B. 均为反馈控制

C. ①前馈控制，②同期控制，③、④反馈控制

D. ①、②前馈控制，③、④反馈控制

三、多项选择题

1. 管理控制按控制时点的位置可分为（　　）。

A. 前馈控制　　　　　　B. 直接控制　　　　　　C. 更正性控制

D. 同期控制　　　　　　E. 反馈控制

2. 在盈亏平衡分析中，将成本分为（　　）。

A. 产品成本　　　　　　B. 管理成本　　　　　　C. 变动成本

D. 销售成本　　　　　　E. 固定成本

3. 有效控制的原则有（　　）。

A. 反映计划要求原则　　B. 组织适宜原则　　　　C. 控制关键点原则

D. 例外原则　　　　　　E. 控制趋势原则

四、填空题

1. 控制过程包括＿＿＿＿、＿＿＿＿、＿＿＿＿和＿＿＿＿。

2. ＿＿＿＿控制强调防止错误的发生。

3. ＿＿＿＿控制注重于对已发生的错误进行检查改进。

4. 直接观察就是由负责控制的人员＿＿＿＿，通过观察、与工作人员＿＿＿＿来了解工作的实际情况。

5. 计划和＿＿＿＿实质上是一个问题的＿＿＿＿方面。

6. 加强企业的库存控制，应该主要做好以下几方面的工作：对物料实行＿＿＿＿、物料采购量的确定及＿＿＿＿的确定等。

7. 人员控制最常见的方法就是＿＿＿＿和＿＿＿＿。

案例分析

古德纳兄弟股份有限公司

古德纳兄弟股份有限公司（简称古德纳兄弟公司）由 T. J. 古德纳和罗斯·古德纳兄弟共同创建，公司的主要业务是从几家大型生产厂商购进轮胎，再批发给其他汽车零售商。除此之外，他们还向轮胎制造商、其他零售商收购轮胎次品，减价卖给学区、社区及拥有小型车队的公司。

古德纳兄弟公司雇用伍迪作为其在亨廷顿地区的轮胎销售代表。伍迪住西弗吉尼亚州最西边的城市亨廷顿，他认真工作，是一位能干的成功销售人员。但是，伍迪有个坏习惯，并逐渐发展成很严重的问题——强烈的赌博嗜好。除了常向朋友艾尔借钱外，有两个赌马者因为伍迪欠他们几百美元而威胁他。因此，伍迪陷入了困境。

一、伍迪发现了一个解决办法

有一次，在回家的路上，伍迪突然想到一个摆脱财务困境的方法：对公司实施偷窃。采

取这个方法的原因有两个：一是他认为与交通罚单相比，偷窃的性质似乎会轻一些；二是他实施起来比较容易得手。在古德纳兄弟公司的几年里，伍迪对公司杂乱无章的会计实务和松散的存货及其他资产控制措施了如指掌。高层管理人员经常向员工宣扬的只是"数量、数量、数量"，以低于竞争对手的价格出售，占领市场。古德纳兄弟公司的平均毛利率为17.4%，大大低于市场平均水平24.1%。如此低的毛利率势必导致利润降低，为了弥补这个劣势，公司尽量缩减经营费用，包括在内部控制制度方面的支出。

公司为 14 个销售机构分别配备了 10~12 名员工，1 名销售经理，2 名销售代表，1 名接待员兼秘书、记账员，还有 5~7 人负责搬运轮胎。在仓库管理方面，除了一把挂锁外，没有任何安全防范措施。每个销售地区存货的价值都在 30 万~70 万美元。由于缺乏健全的内部控制制度，T. J. 古德纳和罗斯·古德纳兄弟几乎完全依赖员工的正直与诚实。

古德纳兄弟公司的每个销售营业部有一套会计电算化系统，除了亨廷顿营业部的记账员，销售经理和销售代表也可以不受限制地接近会计系统。由于销售和购买业务发生比较频繁，记账员忙得晕头转向，所以经常由销售代表自己直接把交易金额输入会计系统。销售代表还定期进入系统，完成顾客账目的更新。销售代表通常是在一张便利贴上草草记录交易的细节，而不是及时填写规范的销售订单、订购单和贷项通知单。每个销售营业部必须对存货进行年终盘存，并与存货永续盘存记录保持一致。公司管理层会根据盘存提供的数据对营业部的存货损耗情况进行监督。该公司经常会从生产厂家那里购买到轮胎次品，这些次品会有一些小瑕疵，无法通过零售或批发的方式销售出去，只能定期在一家轮胎处理工厂销毁。但是，这个过程并未记录在会计账簿中，只有到年末盘点存货时才会进行相应调整。

二、暗中贩卖轮胎

当地的一家管道设备公司要为其运输队购买轮胎，伍迪告诉这家公司：古德纳兄弟公司要处理一批旧货，这批货以现金方式销售，而且价格低廉，深受管道设备公司青睐。就这样，伍迪用自己的大货车把货运到客户手中后，收到了 900 美元的现金。有时，伍迪会自己偷偷把卖掉的轮胎算在订购量大的顾客账户中，因为这样做能让他减记亨廷顿营业部会计记录的存货余额。如果有客户向他抱怨要为根本没有购买的商品付账时，他会跟他们道歉，并更正他们的账户余额；如果没有被他们及时发现，而直接付了款，就间接支持了伍迪的偷窃计划。

由于各种原因，伍迪的客户常常要求退货，伍迪填写了客户取消交易的贷项通知单后，往往不会把轮胎运回仓库，而是直接再卖掉。他会把轮胎委托给大的轮胎零售商销售以增加销量，当代销商返还未卖出的轮胎时，伍迪常向其他顾客卖掉其中一部分并收取现金。最后，伍迪提议由他再把报废的轮胎运到西弗吉尼亚州的轮胎处理工厂销毁。而这项工作一般是由运输工人完成的，毫无疑问，被伍迪运走准备销毁的大部分轮胎并不是次品。

（资料来源：根据迈克尔 C. 克纳普. 当代审计学：真实的问题与案例［M］. 北京：经济科学出版社，2006. 资料改写。）

讨论题：

1. 古德纳兄弟公司在经营过程中，内部控制存在哪些问题？

2. 从全面质量管理的角度出发，设计一个或多个内部控制措施或程序，改进古德纳兄弟公司存在的内控问题。

第九章

比 较 管 理

本章内容要点

- 比较管理概述；
- 美国的管理；
- 日本的管理；
- 中国的管理；
- "金砖国家"的管理；
- 亚洲新兴经济体的管理。

本章将探讨不同国家和地区在管理上的差异和相似之处，主要内容包括比较管理的产生与发展、美国的管理、日本的管理、中国的管理、"金砖国家"的管理、亚洲新兴经济体的管理。

第一节　比较管理概述

比较管理注重在不同的环境和条件下，对企业和管理体系的差异和相似之处进行研究与探索。这种对比既可以在小组织和大组织之间进行，也可以在不成功的企业和成功的企业之间进行；既可以在不同国家和地区之间进行，也可以在发达国家和发展中国家之间进行。

一、比较管理学产生的背景

（1）随着科学技术的发展，人们的生活联系越来越密切。每年世界生产的产品30% ~ 50%是通过国际商业活动产出的，其中大部分来源于遍布世界各地的跨国公司。国内外各企业的管理人员日益需要从全球范围思考问题，并且已经认识到外在的竞争压力。今天，没有任何企业和行业可以回避这种外来竞争，日益激烈的市场竞争使人们认识到，必须从全球范围来计划企业的运作。

（2）比较研究方法在管理研究中的应用是不可避免的。人们在衡量某一事物时，一般都是以另一事物作为参照物来进行的。比较研究法是通用的，它不仅可以应用于管理学，还可以应用于诸如经济学、社会学、文学等领域的研究。

（3）在研究某个特定的组织和管理现象时，通过对不同管理模式的比较，可以拓宽研究的广度和深度；同时，通过对不同文化和制度的研究，也可以使人们更好地了解外来文化，培养对人类事务多样性的鉴赏力，有利于同其他具有不同文化背景的人进行交流和合作。

（4）通过不同管理模式的比较研究，组织内部的管理人员可以更准确地认识、定位各自所生活的环境和文化。"不识庐山真面目，只缘身在此山中"，人们通常认为自己能够理所当然地了解自己所处的环境和文化，但事实并非如此。例如，20多年前，美国许多商学院的教授以为，西方尤其是美国拥有创造性的管理思想和卓有成效的管理方法。但是，日本和中国经济的崛起，使这些人认识到情况并非如此。不同国家和地区的不同环境和文化在管理中起着至关重要的作用。

由此可见，对每个管理人员和管理专业的学生而言，比较管理理论是十分重要的。今天相互联系的世界，需要各国企业的管理人员从全球范围角度思考问题，而且需要在全球范围内进行计划、组织和营销，以适应世界经济一体化的发展趋势。

二、比较管理中的各种理论

比较管理学从20世纪中叶产生至今，学术界将其内容大致划分为五种：发展经济论、环境论、行为论、开放系统论和文化管理理论。现在最受人们关注的是文化管理论，即从文化角度对管理进行研究。下面分别对这五种观点做简要介绍。

（一）发展经济论

这种观点形成于20世纪50年代，哈伯逊和麦耶（Harbison & Myers，1959）的著作是这一理论的最佳代表。这种观点的基本前提很简单：在实现高速工业和经济增长的过程中，管理投入的资金起着重要作用。该理论主要侧重从宏观上对管理发展趋势进行考察，其基本假设是强调在国家工业化过程中存在一个内在的、必然的逻辑。其基本模式假定，一个社会由农业—封建社会过渡到工业—民主社会的道路分为四个阶段。他们得出的结论是，经济发展四个阶段的每一阶段都对应着某一特定的管理哲学，而且所有管理制度最终将趋向于参与制或民主制（Y理论）的管理哲学。

（二）环境论

法莫和理查曼（Farmer & Richman，1965）的著作是环境论的典型代表。该理论也是一种宏观方法，它的基本假设是管理效率是由外界环境因素决定的，如政治、经济、文化和教育水平等。与前一理论相比，法莫和理查曼将管理放在一个更广阔的范围内进行分析。但是，由于这种理论过分强调外在因素的作用，而完全忽视了内在组织变量的作用，因而其影响十分有限。

（三）行为论

这种观点认为文化因素，如管理哲学、行为方式、价值观和信仰等，在管理实践和提高管理效率中起着决定性作用，通过文化因素来说明个人和组织的行为方式。因此，它基本上是一种微观观点。它主要侧重于以下三个方面：民族特性；管理者对管理哲学概念、活动态度和洞察力的掌握；特定的社会条件中普遍的信仰、价值观和需求层次。这种理论的缺点在于大多数研究忽视了对组织效率的估计。事实上，导致组织和个人行为方式不同的还有可能是其他外部原因或环境变量，如企业规模、现有技术、政治经济和市场等。

（四）开放系统论

这种理论主要应用开放系统模型来研究组织及其环境之间的相互作用。它认为环境可分为：组织环境，涉及诸如规模、技术、企业人力、物力等能够在管理人员控制下的变量；业务环境，包括政府、社区消费者、股东、雇员等，这些研究主要是在接触面（组织与业务环境之间）的相互作用，及其与以利润、市场份额等衡量的组织效率之间的相互关系，以及前者对后者的影响；社会环境，主要是指宏观环境。这种理论研究将组织作为整体来处理，有积极的一面，但同时由于变量界定不清而导致预测结果的失真和可信度下降，使得这一理论不能被人们普遍接受。

（五）文化管理论

文化管理论是近些年出现的，主要研究文化在比较管理中的作用。虽然比较管理学学者很早就认识到环境的重要性，但是当对管理行为进行解释时，他们对文化的认知又产生了模糊。从 20 世纪 60 年代起，涌现出了一批检验管理理论文化属性的著作，然而，大多数比较管理研究在方法上的水平与人们的期望相差甚远。

现在文化管理论没有形成非常完善的理论体系，但是它在社会中的影响日益扩大，近些年来，在交叉文化管理和比较管理领域有可喜的进展。例如，霍夫斯泰德（G. Hofsede）从四个维度阐述了"文化"这一概念，并且用这些方法描述了不同的国家和社会；克利（L. Kelley）和沃思利（R. Worthley）应用了一种创造性的研究设计，从其他环境因素中分离出文化因素。

三、各种管理模式的比较

从以上介绍可以看出，研究者在对管理进行分析研究时，是从不同角度或方面进行的，但总的来讲，可以概括为三个主要方面：生产力、生产关系和上层建筑（即文化、政治法律等）。因此，可以将比较管理学的研究对象在三维框架中展开：一是生产力方面，可分为高、中、低三个不同层次的生产力水平。主要代表为：发达国家，如美国；中等发达国家，如韩国、新加坡等；发展中国家，如中国、巴西等。二是生产关系方面，主要从市场结构划分。它可分为：商品型经济关系，以美国、日本为代表；转轨型经济关系，以中国为代表；自给型经济关系，这种经济关系现在几乎不存在，主要代表为西方中世纪和中国古代的经济管理模式。三是文化方面，主要分为东方文化和西方文化。东方文化的主要代表是中国的儒家文化，它着重调节人际关系和矛盾，所以又称为人文文化；西方文化的主要代表是科学主义。

（一）欧美管理模式

这是第二次世界大战后西方的最新管理模式。这种模式的主要特征是：生产力高度发展，商品经济关系已经完全成熟，管理呈现出一系列新趋势。例如，管理的整体化趋势，具体表现为管理的信息化和经营化；管理的战略性趋势，表现为管理过程的立体化，战略意识渗透到具体的管理过程中；管理的多变性趋势，表现为节奏和频率的加快，权变管理和以现实为中心的管理；管理的非理性化趋势，表现为管理不仅要重视人的理性因素，同时也要注意人的非理性因素，这就是现代管理中的人本主义思想；管理的科学化趋势，表现为管理过程中大量最新技术和科学方法的应用。

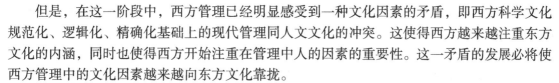

但是，在这一阶段中，西方管理已经明显感受到一种文化因素的矛盾，即西方科学文化规范化、逻辑化、精确化基础上的现代管理同人文文化的冲突。这使得西方越来越注重东方文化的内涵，同时也使得西方开始注重在管理中人的因素的重要性。这一矛盾的发展必将使西方管理中的文化因素越来越向东方文化靠拢。

（二）东亚管理模式

这是东方高度商品化和市场经济的一种经济管理模式，主要是指亚洲新兴经济体的管理模式。这些国家或地区的经济在过去几十年里取得了很大的成就，实现了经济的高速增长。这一成就的出现主要得益于在经济实行市场化的过程中，有机地将儒家文化和科学文化相结合，吸取了两种文化的长处。它们的成功无疑给中国走向现代化指出了一条道路：在经济发展的过程中，要逐渐完成从自然经济向商品经济转变，逐渐形成法律完善的社会。这些国家或地区在经济发展中，通过加强政府的宏观力量来推动经济的迅速增长，这在一定程度上摆脱了自由资本主义经济运行过程中经常出现的无政府状态。

（三）日本管理模式

日本管理模式的最大特点在于它的文化特色。这种文化被人们称为合金文化，它是以东方文化为基础，汲取西方文化的精髓交融而成的。这种文化非常有利于日本的社会生产力和商品化的发展。从生产力层次上讲，日本虽然已经进入高层次阶段，却属于高层次中较低的水平，其经济实力与西方最发达的国家相比还有一定的差距。但正是由于日本在发展过程中吸收了他人的优势，日本经济才能够快速发展。同时，由于日本的文化是外来的，缺乏文化底蕴，从而造成了其内部的摩擦和矛盾，使日本在成为工业发达国家以后陷入了严重的经济衰退。

（四）苏联、东欧的管理模式

这种管理模式的最大优点是国民经济的宏观控制力量强。由于这些国家生产的社会化程度较高，只要经济计划严格按照客观经济规律制定，它们的经济就能够快速发展，形成了一套独特的管理模式。在中华人民共和国成立初期，很多东西都是从苏联照搬过来的，包括管理模式。然而，不管是在苏联还是在中国，由于高度的计划经济，市场机制难以发挥作用；又由于公有制企业微观活力的矛盾未能很好地解决，大大制约了社会生产力发展的速度。东欧剧变的结局，主要是由宏观失控造成的。所以，现代经济的发展必须完成微观活力和宏观调控的衔接，注重市场机制的作用。

从历史发展的过程来看，管理模式的发展形成了这样的格局：在自然经济低生产力水平阶段，与之相协调的是以行政管理为主的古代管理思想；在经济发展进入了下一个阶段后，现代管理思想开始出现；在更高生产力水平阶段，各国形成了各自独特的管理模式。

四、管理原则与理念的比较

在企业管理中，管理者会涉及三个最基本的问题，即管理目标、管理的方法和手段以及管理的依靠对象。这就需要管理者能够充分依靠全体员工的力量，通过建立管理规则和秩序，正确把握企业的经营和发展方向，采用相应的对策实现管理目标。建立管理规则和秩序，涉及的是法规、法则的问题；把握规律，采取对策，实现目标，则必须依靠理性精神和理性力量。由此可见，情、理、法三者的结合对管理水平的提高起着重要的作用。下面对美国、日本和中国三个具有代表性的国家进行分析，来比较情、理、法三者的作用以及未来的发展趋势。

（一）以"法"为中心的美国管理模式

如前所述，美国管理模式表现的是一种西方科学主义的文化背景。科学主义思维的基本要求就是依靠法规、条例来进行管理，其五大原则是精确、量化、分解、逻辑和规范。由此可以断定，其所制定的管理模式是强化规则、秩序和逻辑程序，以制度为中心，以防范为特征。这种以法规为核心的管理模式，反映了科学主义的管理原则和要求。

公司治理机构充分体现了其制约和被制约、监督和被监督、激励和被激励的关系，从而使美国管理带有强烈的防范性特征。

在人类管理发展史上，美国式的西方管理提供了科学管理的绝大部分内容：行为科学管理中属于"独立人"方面的全部内容，以及现代管理系统中关于计算机、数学模型、新科学管理方法的大部分内容。由于制度的建立克服了传统管理中的无序状态和放任状态，因而构成了全部管理的基础，如果不经过科学管理阶段，就不可能建立这样有效的管理模式。

（二）以"理"为中心的日本管理模式

理性是一种现实性，没有理性就不能面对现实、正视矛盾。但是，过分强调理性则会限制事业的发展。日本式理性到目前为止帮助其取得了很大的成功，然而，其内在缺陷最终会遏止其文明进步的节奏和频率。

日本的管理理性由三大要素组成，即生存理性、危机理性和人文理性。这三大要素使日本具有强烈的理性精神，在管理上走出了自己独特的道路。其主要表现为20世纪50年代初期日本式管理由"三个不足"而形成三大特点，即由市场饱和而形成战略管理特点，由质量低劣而形成质量制胜战略，由人才奇缺而使日本管理一开始就注重管理中对人才的培养和人力资源的开发。

日本的这种理性精神使其对一切先进的东西都具有一种认同感。他们的理性使他们看到了自己的不足和他人的长处，同时对任何外来的文化不采取盲从态度，信奉"存在即合理"的原则。但是，由于日本历史上几乎一切有价值的东西都是外来的，这使得日本成为一个特别看重利益的国家。

（三）以"情"为纽带的中国管理模式

与西方科学文化不同，中国文化是一种人文文化、伦理型文化，善于协调人际关系，追求群体和谐。东方人比较看重人在群体中的地位和作用，强调个体对群体的义务和贡献，同时也需要群体对个体的关照和扶持。

中国以"情"为纽带的管理模式在现代化管理中产生了极大的影响。首先，沟通频率的提高增加了群体内部成员的认同感。其次，组织的整合功能较强。由于其内协效应高而促使实现目标的力量集中，从而减少了阻力，更有利于组织目标的实现。最后，部门之间的协调成本和费用也会降低，并使各部门之间产生互补效应，有利于整个组织整体功能的发挥。由此可见，以"情"为纽带的管理模式，由于内部情感交流频繁，成员之间认同效应高，易于采取一致的行动，从而减少了成员之间的协调成本，提高了管理效益。

但是，这种管理理念过于强调人的作用和价值的实现，忽略了条例管理和制度效应，从而过分注重人事关系；而在强调任务和规则方面，表现出一种非理性的精神。

第二节 美国的管理

20 世纪以来，美国经济一直处于世界领先地位，美国的管理理论和实践是西方资本主义国家的典型代表。

一、文化因素

美国是一个由多国移民组成的国家，由于各国文化不同，当移民带着以个体方式存在的不同文化进入美国社会时，很难形成统一的文化背景，结果只能以多样化形式共存。美国是一个十分推崇个人主义和英雄主义的国家，非常重视个体在群体中的作用，以至于很多人认为个人主义在美国历史发展中起着举足轻重的作用。同时，美国在历史上进行了较为彻底的资产阶级民主革命，重视法律和平等竞争的权利。这种多元文化的特点深刻地影响着美国的企业，使美国企业行为具有以下典型特征：

（1）以追求企业利润最大化为终极价值目标。美国企业是独立自主的经济组织，一切活动都是一种经济活动或是经济活动的变形，强调最大利润、组织效率和劳动生产率。因此，利润最大化就成了组织活动的终极价值目标。

（2）奉行个人主义和能力主义。这里的"个人主义"与一般意义上的"自私"不同，其核心内容是每一个人都可以成为自己前途的主人。在经济管理中，美国人的行为明显带有个人主义色彩，强调把个人的自我实现、领导才能和财富作为生活的目的，而且在这三者之中，美国人将"取得成就"，即将自我实现看作是人生最大的需求，优先于领导才能和财富。

（3）重视法律和契约。比较东西方文化的特点可以发现，西方文化在追求卓越、追求自我价值实现的过程中，形成了一种由独立人格构成的西方社会。这种社会是一种契约型社会，即在社会发展的过程中逐渐将这种契约关系用某种法定形式规定下来，所以西方社会是一种法制较健全的社会。这一特点在管理上的表现就是规范管理、制度管理和条例管理，即在管理中特别注重建立规章制度和条例，严格按规则办事，追求制度效益，从而实现管理的有序化和有效化。

（4）推崇英雄主义和权威主义。美国企业往往把对公司做出重大贡献的人物视为英雄。一个著名的例子就是美国克莱斯勒公司的总裁李·艾柯卡（Lee Iacocca）。他在克莱斯勒濒临破产的时候出任主管，在拯救公司的过程中发挥了显著的作用，受到了人们的广泛称赞。在许多人眼里，他是一个富有想象力、远见卓识、功成名就的英雄。该公司的再度辉煌被看作是他努力工作和优秀领导才能的体现，而且他被誉为"具有男子汉气概的领袖人物"，成为美国人心目中的英雄。这种对英雄的崇拜必然会造成权威主义，即企业领导者喜欢运用权力影响造就员工对其崇拜和顺从的心理。

二、宏观经济体制

美国的经济体制究竟如何呢？美国人奉行的是资本主义式的自由企业，强调发展私营企业，希望生产资料都集中在生产部门。然而，最新的调查表明，在德国、英国和美国之中，美国的公营部门在经济中的比重是最高的。因此，美国的经济可以说是建立在资本主义原则上的私营和公营混合并存的"混合经济"。

美国主张自由的资本主义制度，但这种自由只是一种向内的自由，美国经济对外存在着相当严重的封闭性。这里所说的封闭性，主要是指经济发展的侧重点在国内，而不是国外。美国的国内分配政策促成了一个庞大中产阶级的出现，从而为各种商品和服务提供了一个相当大的国内潜在市场，这种国情使得美国企业都具有一种强烈的国内导向性，很多企业专心发展国内市场，有的根本无法顾及海外市场。

美国经济活动的活跃在很大程度上依赖于国内发达的银行系统和金融市场。首先，美国的银行系统极其发达。据英国《银行家》杂志统计，2011 年全球前 1000 家银行中，美国的银行占了相当比例，其中有三家银行跻身前五位。另外，美国的金融市场也很发达。美国金融市场分为货币市场和资本市场两个层面，各自的运行都有自己的一套规范化的程序和严格的法规。美国的一些交易场所，如纽约证券交易所、芝加哥期货市场，实际上都是世界性的交易场所。不管是短期（一年以内）的货币市场还是长期的资本市场，在解决企业发展资金来源问题上都起着不可替代的作用。

三、政企关系

美国人认为，在自由资本主义企业制度中，公共部门和私营部门必须分离，在社会上，无论是在政策水准还是思想水平方面，这种分离都得到了各政党和广大公司的认同与支持。

在某些特殊场合，联邦政府对私营部门的事务也要进行干预，企业和组织必须遵守特定产业活动的有关联邦条例和行政措施。国会建立了许多专门部门，其目的是实施国会颁布的法律。这些机构包括联邦通信委员会、联邦贸易委员会、联邦药品委员会等。正如人们所预料的那样，工商界强烈反对这种政府干预，政府和工商界之间由此形成了一种敌对关系。在政府和企业的关系中，对企业影响最大的法律是《谢尔曼反托拉斯法》（1876 年）。这一法律的制定是为了阻止工业权力的过分集中，鼓励竞争力量自由地相互影响、相互作用。在打破石油等若干大行业形成垄断局面中，它发挥了重要作用。但是，有些人认为反托拉斯法已经过时，该法律的思想重点是基于价格竞争，这种推理并没有考虑其他竞争压力，如对产品质量的要求及制造厂家的服务。

另一层政企关系则表现在美国的对外和国防政策上。在过去的几十年里，美国国会通过了许多法令以禁止工商界向被认为是对美国不友好的国家出售敏感性技术。例如，法律规定，未经国防部的特许，不能向未经认可的政府出售与国防有关的技术。

四、企业组织结构

美国企业常见的组织结构有以下几种：

（一）职能组织结构

凡是制造单一产品种类的公司，大多数采用职能组织结构。它的特点是公司由总管或总裁牵头，各个职能部门（制造、财务、市场营销、销售、人力资源管理等）都向其报告工作；每个职能部门各自独立运营，为整个组织提供服务。

（二）产品组织结构

采用这种结构的企业实行分权经营，划分若干个产品组，每个产品组都有自己的总经理，其下设有相应的职能部门，对产品总经理负责。

（三）地域性组织结构

该组织结构是根据市场的地点来划分整个企业组织的。在美国，公司典型的地域性结构可能包括东部、南部、西部和中部。在跨国经营中，可以设置单一的国际部，或者采用更为复杂的针对某个洲或某个国家的组织结构。

（四）模块式组织结构

该结构是一种纵横并存的组织结构。"纵"是指职能部门；"横"是指某一产品或项目组。这种结构要求其成员在横向系统中向其小组领导人或者项目负责人报告，在纵向系统中向职能部门负责人报告；在直观上表现为纵横交错的形式。

五、管理特点

（一）重视全面质量管理

当今美国管理仍然十分强调全面质量管理（TQM），尽管全面质量管理现在显得有点过时，不过把全面质量管理视为一种竞争优势的思想一直被美国企业重视。美国的质量管理以核心价值观念为基础，通过策略的制定、统计程序控制技术的应用、记忆授权等方式达到不断提高质量的目的。其中以核心价值观念最为重要，包括满足客户需求、全面参与、奖励制度、缩短周期时间、无错胜过纠错、对质量信息的反馈进行管理、长远目标、合作开发、共同责任等多个方面。

（二）决策方面

美国企业是自上而下进行决策的，决策速度很快，最终决策由上级做出，在此之前也常常让下级参加讨论。重大决策具有法律效力，上下级之间的意见交流一般是通过命令渠道。因此，美国管理决策方式的优点是对外界环境变化反应速度快、责任明确。但是，这种方式也存在明显的缺点，即不利于调动中下层人员的管理积极性。

（三）计划管理方面

美国企业在计划控制方面的特点主要体现在以下几点：

（1）重视对未来市场的预测和战略性计划的研究。

（2）将新产品计划放在中长期计划的首要地位。

（3）强调企业的内外因素，运用现代化的预测技术。

（4）使各种计划富有弹性。

（5）依据情况的变化对计划进行修订。

（6）在制订计划时，企业与政府的联系较少。

（四）人力资源开发方面

人才竞争越来越关系到一个企业的前途，关系到一个国家、一个民族的前途。美国政府和企业特别重视从各种渠道网罗人才，形成完备的人才培养体系。一般情况下，美国企业强调职前训练和专业训练，同时注重对职业技术和管理方面的培训。企业一般实行全员培训，针对企业各类不同人员制定不同的培训制度和方法，强调理论与实际的联系，并为外协厂培训人才，以利于产品的推销。

（五）倾向于硬性管理

美国企业特别重视生产经营目标、组织结构和规章制度，这三方面正是被Z理论的创立者和传播者称为"硬性管理"的三个要素。在美国企业中，强调结果而不重视过程也正是这一特点的集中表现。

第三节　日本的管理

作为后来居上的发达资本主义国家，日本经历了一个非常特殊的历史发展过程：日本在短短的半个世纪里就完成了明治维新以来由封建社会向资本主义社会过渡的社会革命，同时也完成了由封建落后的殖民地经济向发达的资本主义经济过渡的产业革命。在 20 世纪上半叶，虽然经过了第二次世界大战的毁灭性打击，但是在战后的 20 年里，日本又一次成为世界上举足轻重的经济强国，究其原因就是管理起到了重要作用。

一、管理思想及其文化背景

由于日本今天的资本主义制度是经过明治维新革命后逐渐演化而来的，其管理思想尽管随着生产力的发展发生了很大的变化，但其思想仍然属于东西方不同文化的双重影响下的管理思想的范畴。在日本管理的发展过程中，一方面，极力批判和排斥封建主义的旧习惯和旧思想；另一方面，大力引进和宣传欧美的自由主义、个人主义、功利主义和实用主义等思想。正是西方近代思想和理论的传播，为日本走上经济强国之路打下了深厚的思想基础。

日本民族文化历来受中国传统文化的影响。早在古代，中国的儒学，包括孔子、孟子、朱子等人提倡的礼教和为人哲学就已经传到了日本，而且产生了极大的社会影响。公元 604 年，日本圣德太子制定了《十七条宪法》，其中引用了多部中国儒家经典，如《尚书》《论语》《左传》《礼记》《孟子》等。公元 645 年，由留唐学生和僧侣发动的"大化革新"，给日本文化注射了儒家文化的强心剂。德川幕府时期，朱子的儒学被作为社会的行为准则，而且针对不同的年龄、性别、出身、社会地位的人规定了不同的行为准则。光辉灿烂的中国儒家文化奠定了日本文化的基础。日本吸收唐文化时，儒学文化正处于发展的鼎盛时期，日本有幸吸收了儒家文化的精华。当然，日本对儒家文化的吸收也不是盲目的，而是有针对性的。

19 世纪中叶，对西方科学文化的全面吸收成为日本管理变革的新开端。1853 年，美国人首先用舰炮轰开了日本的大门。此时日本正处于封建社会的没落时期，日本武士首先采取武力拒外的策略，但遭到了失败。于是日本明智地进行了倒幕运动，全盘西化，以"集万国之能长"为兴国宗旨。进入 20 世纪中叶，日本吸收了先进的西方管理思想，如 X 理论、Y 理论、超 Y 理论、现代科学管理理论等。由此决定了日本企业文化的如下特点：

（1）受儒家文化的影响，但对其进行了实用主义的改造。它全盘接受"和为贵"的思想，并且将这一思想做了修改，不是以"仁"为主，即不以内省修身为主，而是以"忠"为主，这就使得以和谐为宗旨的中国儒学转变为以进取为主的日本儒学。在日本，和谐只是一种手段，是实现外向型进取的手段，由此便产生了日本内协外争的管理思想特征。

（2）信奉家族主义和资历主义。日本社会的一大特征就是家族主义，也有人称之为团体主义。在社会组织中，日本人更多地强调环境机构而不是个人品质。当一个日本人面对一个外部团体时，他树立自己信誉的方式不是以"我是谁"为措辞，而是考虑"我属于哪个团体"。之所以会形成这种特点，主要在于日本的"家文化"。这种家文化的特点不是以血缘为纽带，而是以财产为纽带。因此，日本的家族主义更具有社会意义，在推行家族主义管理方式时，能够更容易得到企业员工的认同，日本企业的凝聚力也由此而来。

（3）个人主义和集体主义处理得比较好。日本人虽然强调个性的发展和个人能力的提高，但却是以服从集体为前提的。正因为如此，注重群体精神的日本社会形成了足以与欧美竞争的企业家阶层。在日本的集体主义精神中，包含一种武士道精神，即力求通过自身努力而为主人奉献的精神。群体精神和武士道精神的良好结合使日本企业的发展深受其益。

二、产业结构与宏观经济政策

日本的产业结构有两点需要特别注意：首先，日本整个社会形成了以银行或贸易公司（综合商社）为核心的六大企业集团，它们是三井、三菱、住友、富士、第一劝银以及三和。这六大集团有四个特点：①各集团内的成员企业相互持股，形成了纵横交错的资本结构，你中有我，我中有你，既能共同发展，又能相互制约；②各企业集团内形成了银行的主导地位，以保证企业长期稳定地发展，一旦企业遇到挫折，银行定会鼎力协助，共渡难关；③互派高级职员，或者说，银行向其集团的企业派出董事，以监督企业的运作；④集团内各企业的社长每隔一段时间聚会一次，交流信息、协调意见。

日本自1971开始实行金融自由化政策，但直到1983年美国正式要求日本开放金融市场和资本市场后，日本的金融体制才发生了根本的变化。1984年日本大藏省通过的《金融自由化和日元国际化的现状和展望》文件，标志着日本的金融体制走出了"限制与封闭"的时代。日本的金融自由化的主要内容有：利率自由化，到1979年年底已经实现了存款、贷款、证券等利率的自由化；扩大经营范围，自1982年实行新银行法起，银行和证券公司的经营范围日益扩大，从事银行、信托、保险、证券等各项业务活动；国际资金交流的自由化，通过金融自由化，促进了日元国际化、日本海外金融业务的扩大和外国机构的进入，同时还使企业摆脱了对银行的过分依赖。

三、政企关系

日本政府和企业的关系是世界上少有的一种高度合作型的政企关系，这种关系的形成有其深厚的历史根源。早在日本明治维新时期，经济权力就由政府和企业共同分享。日本政府为了迅速实现现代化，特意创建了一些行业，目的是给企业提供一种经济支持，政府将建好的厂房和设备转移给私营部门；而在运转过程中，日本政府保留了对企业的一定控制权。由此可以看出，日本及其企业是在完全相互支持的条件下运作的。也有一些人认为，日本的经济是国家垄断资本的典型实例。

日本政府对企业施加影响的主要手段是通过大量的经费支持和激励，让一些企业或行业按照政府制定的长远经济政策来发展。一般而言，日本的企业对政府的行政指令是非常尊重的，并会付诸实施。其主要原因是如不遵照执行，将会受到严厉惩罚。例如，如果政府取消经费资助，许多企业就可能垮台，这也是政府影响企业的一种手段。此外，政府公务员退休后往往进入大企业担任高薪管理职务，企业也会向一些官僚提供竞选经费，这些都是政府与企业形成密切关系的因素。

四、企业组织结构

日本公司采用了各种形式的组织结构，如职能结构、部门结构或细胞型结构。但是，在日本式管理中，组织结构的作用仅在其次。一般来说，管理模式是职能部门和职员之间关系的一种模式，目的是指导员工为公司的目标而工作。在日本，由于鼓励下级管理人员参与决策，所涉及的人员都具有责任感，高级管理人员会将权力下放到团体，内部交流的方式由人际关系的派系代替了正式的安排，这一点正是日本管理体制的精髓。

日本企业组织形式在第二次世界大战后经历了三次大的变革。第一次是1946年以后，受战争和日本民主化影响，企业界开始进行组织结构的调整，加上吸收美国管理的经验和方法，使当时的企业及其管理的状况大为改善。第二次是20世纪50年代中期，日本引进美国一些新的经营组织形式和理论，如事业部组织、报告制度、常务会制度、划分职权等组织规程以及技术、市场、计划等部门强化措施。这次变革使日本企业的组织水平基本达到了国际新型企业组织的水平。第三次是在20世纪80年代，变革的重点主要在四个方面：精简机构、提高效率；增设国内外销售机构、拓展市场；强化技术开发；培训人才。日本经历了这三次组织变革后，企业大致有三种组织结构：一是整个公司统一结算、统一管理的高度集中结构；二是全公司统一结算分级管理的半集权结构；三是分头结算、分级管理的分权结构。

五、日本式管理的特点

日本成功的关键在于有效地将东方儒学与西方科学文化加以结合，从而融合两种文化之长，再加之日本的社会特点，便形成了一种独有的管理特征。

（1）日本式管理的最大特点，就是其理性精神表现得很充分。由于日本的自然条件比较恶劣，生存资源奇缺，因而产生了一种强烈的生存欲望，这就使日本有一种其他民族所不具备的生存理性；当日本向海外观察时，它的旁边是强大的东方巨人，而西方的入侵使它更加感受到危机的存在，这就是日本管理思想中所具有的危机理性的根源；由于日本接受了儒家文化思想，因而作为东方文化的人文理性思维便被日本文化所继承。正是由于这三大理性的存在与统一，日本民族具有强烈的理性精神。

（2）日本的经营管理具有战略管理的特色。不管是在20世纪初还是第二次世界大战以后，在日本融入世界之前，都已经有许多实力强劲的国家，因此，日本一开始就从整体角度考察所面临的世界环境，从整体上把握竞争对手的长处和短处，抓住别人的短处，发挥自己的长处。中国古代很多著作都成为日本企业界的置业宝典。三洋电器公司的前总裁井植薰在他的《三洋成功之路》一书中提到，当他打算把某个经理提拔为高级经理时，就给他送一本《三国演义》和一份注释小册子，注释小册子是为了帮助他们准确地理解文言文，以免误解。

（3）日本企业以质量为中心，以弱胜强。日本管理实行的是以质量管理为中心的管理模式，这包括引进国外先进技术的"技术立国"路线；"综合就是创造"的日本式技术开发之路；在追求规模经济效益的同时，注重实现产品的多功能、多款式；依靠全体员工进行质量管理的质量进步战略，等等。正是由于实行以质量为中心的管理模式，日本企业才牢牢地抓住了顾客的需求和市场的变化。

（4）以"和为贵"为核心的群体管理。日本式管理特别重视"和为贵"准则，但是他们绝不认为"和"是目的，而仅仅认为"和"是一种外向拓取的工具。内部的高度和谐造就了日本企业的高度整体性，当其他东方人还在为克服"内耗"而费尽心思时，日本人由于其价值观、行为方式和个人对群体的服从，早已形成内协的格局。

（5）重视人力资源的开发。在第二次世界大战中，日本失去了大量的熟练劳动力，劳动力质量低下成为日本发展的严重障碍；加之日本地域狭小，资源极其缺乏，迫使战后的日本花费大力气进行熟练劳动力的培养。他们重视教育投资，走"教育立国"之路，迅速培养自己的人力资源，积累人力资本存量，从而走上了高技术的发展道路。日本这种高度重视人力资源的开发方式可以弥补物质资源缺乏的不足。由于这种趋势与战后世界经济发展态势相吻合，因此，日本仅用了短短几十年时间就完成了经济和管理的现代化改造。

（6）决策的柔性化。这主要表现在企业经营决策的程序上，企业在决定重大方针时，不是突出经营者的个人负责制，而是强调由整个领导集团来决定方针政策；同时，在进行决策前，企业领导还要征求全体员工的意见，经过反复的酝酿磋商，才最终做出决定。日本企业的这种决策方式，优点是可以集思广益、群策群力，也比较容易贯彻；缺点是整个决策时间长，有时议而不决、责任不清。当然，日本也不断从美国引进责任制度，克服决策过程中的不足之处。

第四节　中国的管理

任何国家的管理都植根于民族文化的土壤之中，且无不带有时代的烙印。古代中国是通过比较农业文明与游牧文明，把握汉民族与周边民族各自的文化特征；而近代中国则是通过对比东方农业文明和西方工业文明，不断重新认识自己的文化特质。目前，在建立具有中国特色的社会主义市场经济中，也必须从民族文化中汲取精华、去除糟粕，在引进和吸收国外先进管理思想、管理方法的同时，结合我国国情，不断总结具有中国特色的管理思想和方法。

一、文化因素

我国的管理思想主要受到传统文化的影响。

（一）中庸之道和集体主义

中庸之道的"中"是指为人处世要有一个"度"，要适应，如果超过这个"度"，就是"过"，即过犹不及；而"庸"则是一种经久不渝、永恒的力量。只有做到适应一切事物本身的规律与要求，才会产生一种强大而永恒的力量，这就是中庸之道的内在根源。随着传统的演变，中庸之道已经发展成不偏不倚、允当适度的意思。

与中庸之道密切相关，中国社会的理想人格不是强烈的自我表现，而是一种温和谦让的君子风度和方式。人们以群体利益作为个人利益的参照系，要求每个社会成员通过道德修养提升思想境界，融个体于群体之中，个体的欲望和价值以群体的欲望和价值为转移。同时，这种中庸之道也受到中国社会宗法制和小农经济的影响，更加关心和维护群体利益，调节人与人、个人与社会的关系。

（二）集权主义

中国传统社会是一个中央高度集权的社会，先秦思想家韩非就曾设计过"事在四方，要在中央，圣人执要，四方来效"的政权形式；东方的专制主义早在 2000 多年以前的秦汉时期就已经在中国确立，并且一直影响到当代。中华人民共和国成立后长期实行的计划经济体制，也体现了高度集权的特点。但实践证明，权力的过分集中并不能把事情办得更好，要想充分发挥中央和地方的积极性，就要下放相应的权力。实行社会主义市场经济后，它成为整个经济活动中资源配置的市场调节主要手段。

（三）天人合一与知足常乐

作为农业社会的典型特征，中国传统文化倡导一种"乐天知命"和"知足常乐"的价值观和行为趋向。在中国传统文化中，由"天"象征的客观世界的规律被看得极为重要，"顺应天命""安贫乐道"成为一种理想的行为准则。对客观世界的过分重视造成对人自身能力的认识不足，而且对客观世界的变化产生一种恐惧心理，这使得中国人倾向以自身的良好行为来顺应自然。同时，中国人还注重追求协调与和谐、安稳、平和而节奏较慢的社会生活。

（四）阳刚与阴柔

中国传统文化的哲学底蕴是儒、道两家不同的价值系统。儒家和道家有着不同的思维方式和心理模式，它们相互刺激、相互影响，推动民族精神和文化的前进，共同构成了中国传统文化的主流。儒家具有某种程度阳刚的特征，道家则具有阴柔的特征。儒、道两家的人生哲学和社会哲学之间是既相互对立，又相互补充的关系。儒道互补，阴阳交错，刚柔相济，便使进退取守皆可从容对待，使中国人无论在得意和失意时都可在心理上保持平衡，而且皆可从这一文化背景中寻找到支撑点。

二、国家宏观政治经济环境

中华人民共和国成立之前，政治腐败，内忧外患，经济落后，民不聊生。中华人民共和国的成立，标志着国家统一和各民族大团结的崭新局面得以确立，从此，中国走上了自我发展的道路。近70年的发展中，中国在经济发展道路上遇到过很多波折，但是在建设有中国特色的社会主义理论指导下，仍然取得了举世瞩目的成就。

在政治上，实行中国共产党领导的多党合作和政治协商制度。中国共产党和各民主党派团结合作、相互监督，共同致力于建设有中国特色的社会主义和统一祖国、振兴中华的伟大事业，这是具有中国特色的政党制度。中国是人民民主专政的社会主义国家，中国共产党是社会主义事业的领导核心，是执政党；各民主党派是各自所联系的一部分社会劳动者和一部分拥护社会主义的爱国者的政治联盟，接受中国共产党领导，同中国共产党通力合作，共同致力于社会主义事业的亲密友党，是参政党。

在经济上，实行了社会主义市场经济体制和改革开放的总方针。向社会主义市场经济体制的转变，是从党的十一届三中全会开始的。这以后经历了中共十二大的"计划经济为主，市场调节为辅"，中共十三大的"社会主义有计划商品经济的体制应该是计划和市场内在统一的体制"，到1992年10月，在中共十四大上正式提出了建立社会主义市场经济体制。党的十四届三中全会通过了《中共中央关于建立社会主义市场经济体制若干问题的决定》，正式确立了建设社会主义市场经济体制的总体规划和行动纲领。在社会主义市场经济中，除国家宏观调控对资源配置起基础性的作用外，主要通过价格杠杆和竞争机制的功能，有效地配置资源，并对企业进行有效的改造，实现优胜劣汰，同时运用市场对各种信息反应比较灵敏的优点，促进生产和需求的及时协调。在所有制结构上，实行以公有制为主体，个体经济、私营经济、外资经济为补充，多元经济成分长期共同发展，不同经济成分可以自愿实行多种形式的联合经营。

在经济发展中，中国实行了改革开放的总方针，主要包括：坚持全面改革，改革以往经济体制和政治体制中的弊端，进一步解放和发展生产力。坚持对外开放，进一步发展对外经济技术交流和合作，为加快我国科技进步和提高经济效益创造更好的条件，这其中包括引进先进的技术和科学的管理方法；积极吸引和利用外资；组建合资企业，创办各类经济特区等一系列措施。

三、企业管理

（一）管理思想

根据党的十二届三中全会通过的《中共中央关于经济体制改革的决定》中阐述的思想，国家实行简政放权、政企分开，并确定了所有权同经营权适当分离的原则，接着在中共十四大上提出了建立社会主义市场经济体制。为了实现这些目标，必须进一步转换企业经营机制，建立现代企业制度。其基本特征为：①产权关系明晰；②自主经营，自负盈亏；③所有者按出资额享有权益；④政府不干预企业的生产经营活动；⑤建立科学的企业领导体制和组织管理体制。

（二）企业领导体制

过去，中国企业的领导体制大致经历了"一长制"阶段、党委领导下的厂长负责制、革命委员会、党委领导下的厂长负责制的恢复以及厂长负责制五个阶段。厂长负责制有助于强化厂长对企业生产经营的决策权威，在特定时期对我国企业的经营和发展起到了促进作用。但是，这种领导体制存在两个问题：一是厂长和党委的关系未能很好解决；二是对企业主要负责人的激励约束机制不健全，常常出现企业负责人滥用权力的情况。随着我国社会主义市场经济的发展和现代企业制度的引入，我国企业的领导体制发生了重大转变。大中型企业内部普遍建立起由股东会、董事会、监事会、经理层构成的既相互依赖、又相互制衡的治理结构，党组织在贯彻党的路线、方针、政策上发挥监督保证作用，从而改变了以往企业领导体制中权力不明、责任不清、缺少监督制约、内耗过大的状况。

（三）人力资源管理

随着中国社会主义市场经济的推进，人才的作用被越来越多的企业所重视。中国企业经历了一场从"人事部门"到"人力资源管理与开发部门"的变革。一些跨国公司对人力资源开发和管理的理念和做法，对中国企业的影响很大。很多企业开始注重对职工的培训，如对员工的岗位专业培训和对企业管理人员的技术培训等。

（四）劳动立法

中国的绝大多数企业都设有工会，据统计，中国共建有各级工会组织184.5万个，工会会员达到2.39亿人，全国企业法人单位建会率超过60%。工会在保护职工合法权益、协调企业领导和职工关系方面做了大量工作，与党组织配合，参与企业重大问题的决策，对可能会影响到职工利益的事情进行先期阻止。1994年8月第八届全国人民代表大会常务委员会第八次会议通过、2009年8月修订的《中华人民共和国劳动法》，2007年6月第十届全国人民代表大会常务委员会第二十八次会议通过、2012年12月第十一届全国人民代表大会常务委员会第三十次会议修订的《中华人民共和国劳动合同法》，规定了劳动者享有的各种权利。这两部法律的出台和实施在保护劳动者合法权益方面起到重要作用，提供了有力的法律武器。

第五节 "金砖国家"的管理

一、"金砖国家"的由来

传统的"金砖四国"是指巴西（Brazil）、俄罗斯（Russia）、印度（India）和中国（China）。由于这四国的英文首字母组成的 BRIC 与英语单词 Brick（砖）类似，因此被称为"金砖四国"。2010 年南非（South Africa）加入后，五个国家的英文首字母组成的英语单词变为"BRICS"，并改称为"金砖国家"。金砖国家拥有全球 30% 的领土面积，拥有人口约 28 亿人，约占世界人口总数的 40%。2016 年，"金砖国家"的 GDP 总量占世界份额约 22.4%，同时 GDP 增量占世界增量的 1/3。"金砖国家"是世界上引人注目的新兴经济体，其经济的高速增长引发了人们对其管理模式的广泛关注。

二、"金砖国家"的发展经验

近年来，巴西、俄罗斯、印度、中国和南非等国经济发展迅速，经济总量出现飞跃式增长，国力大大增强，其经济规模在世界经济中从微不足道到举足轻重，同时也涌现出像塔塔公司（印度）、淡水河谷公司（巴西）这样的世界 500 强企业。下面分析一下"金砖国家"的发展经验。

（一）巴西："世界经济的原料基地"

作为南美经济大国，巴西彻底摆脱了金融危机的影响，经济发展平稳，出口增长迅速，通货膨胀率得到控制。2016 年，巴西国内生产总值约 1.8 万亿美元，在"金砖国家"中次于中国和印度，成为世界第九大经济体。

1. 政府一系列政策的出台

从 2003 年开始，巴西政府实施财政紧缩和减支增收等政策，全力抑制通货膨胀、稳定汇率，使美元储备持续增加；通过发行债券购买美元，扩大外贸出口，增加贸易顺差，吸纳外国资本。这一系列政策促使其经济出现持续增长。

2. 活跃的资本市场

巴西拥有拉丁美洲最大、全球第四大证券交易所——巴西圣保罗证券期货交易所。其长期稳定的经济前景促使经济增长和利率下降，降低了资本成本，促成了资本市场的活跃。投资的低风险水平吸引了大量的外国直接投资，而银行也增加了向私人企业的贷款，为企业的发展搭建了良好的融资平台。

3. 富饶的自然资源

巴西拥有得天独厚的自然资源，铁矿石等矿产资源储量在世界上名列前茅，大豆等农产品产量和出口量均居世界前列。这些资源和产品在国际市场上供不应求，价格不断攀升，使巴西的贸易顺差加大。此外，乙醇等生物能源的开发、利用和出口，改变了巴西依赖能源进口的局面。富饶的自然资源使巴西的经济发展具有很强的可持续性。

（二）俄罗斯："世界经济加油站"

近 10 年来，俄罗斯经济得到了稳定持续的增长。进入 21 世纪以来，俄罗斯居民实际收入增加了 1.5 倍，失业和贫困水平降低了一半，经济稳步发展。2016 年，俄罗斯国内生产总值约 1.28 万亿美元，排名世界第 12 位。

1. "石油美元"政策

"石油美元"政策为俄罗斯谋求"钱生钱"提供了可能。2004 年，俄罗斯用石油出口超额税收收入成立了"稳定基金"，并将该基金分拆成"储备基金"和"下一代基金"。"储备基金"用于购买收益不大但安全可靠的有价证券；"下一代基金"用来投资包括公司股票、房地产等在内的高风险资产，以实现收益最大化。"石油美元"使政府预算较为宽裕，为推进各项改革计划提供了必要条件。

2. 谋求经济转型

为实现经济可持续发展，俄罗斯逐步引导国内投资和消费，在国际市场上发展有竞争力的新兴产业，创造新的经济增长点。其目的在于降低经济发展对能源工业的依赖程度，并逐步实现由资源型经济向发展型经济转变。

3. 提高民生水平

政府财政状况的改善使俄罗斯国家公务员、教师、医生等预算单位的职工工资得以提高，居民实际工资的增长速度超过 GDP 的增长速度，财政支出的 1/3 用于教育、医疗、救济等社会公共领域，退休人员的养老金有所保障并得到改善，建立了一套完善的社会福利体系。

（三）印度："世界办公室"

从 1947 年独立至今，印度在经济和社会发展的各个领域都取得了长足的进步。2016 年，印度国内生产总值约 2.26 万亿美元，排名世界第七位。

1. 服务业繁荣

印度的服务业在其 GDP 中的比例超过 50%。目前，印度服务业中发展较快的是旅游、餐饮、金融、软件、租赁、广告、市场开发、电信和咨询业务等。其中，以技术支持服务、研发和软件制造为代表的信息技术产业发展最为突出，产值约占印度 GDP 的 8%，印度 IT 产业在全球 IT 产业中处于强势地位。另外，印度拥有约占 65% 的世界离岸信息服务业和 46% 的世界外包业。

2. 国际资本注入

印度良好的经济发展前景吸引了大量的外国直接投资，已成为全球范围内继中国之后对外资最具吸引力的"第二股力量"。2016 年，印度吸引绿地投资约 623 亿美元，连续第二年成为全球绿地投资第一目的地，超过中国（591 亿美元）和美国（481 亿美元）。外国直接投资的增加，为印度增加了大量的就业机会，推动其经济快速发展。

3. 企业国际化经营

印度企业对外投资发展迅速，尤其是一些希望成为跨国公司的制造型企业，如塔塔（Tata）钢铁公司，不断寻求海外扩张的机会。印度的银行业也在积极向国外扩张，如印度国有银行在很久以前就开始在国外设立分支机构。软件、汽车、酒店、钢铁、电信等许多行业的印度企业品牌，都在全球拥有较高的国际影响力和认可度。

（四）中国："世界经济发动机"

近年来，中国以年经济增长率约 7% 的速度持续高速发展，居民生活水平不断提高，国家综合实力不断增强。2016 年，中国国内生产总值约 11.22 万亿美元，成为世界第二大经济体。

1. 改革开放政策

改革开放政策调整了中国的计划经济体制。从农村开始的"家庭联产土地承包责任制"改革，提高了农民的生产积极性，增加了农民收入；允许私人办企业，国有企业的自主经营和市场化，激发了中国的经济活力。伴随着对内改革，中国同时实行了对外开放政策，引进外资和技术，解决了中国经济发展初期的资金短缺和技术落后问题，使中国经济逐步步入快速发展的轨道。

2. 市场经济模式

允许多种所有制企业发展，鼓励个人以市场主体身份从事市场活动，提升了私有经济成分对国民经济的贡献；企业实行市场化经营，参与市场竞争，进行股份制改革，提高了企业的运营效率和市场竞争力；建立并完善证券市场、银行体系，为企业提供了融资渠道。这种市场经济模式提高了社会资源的配置效率和生产效率。

3. 科技创新战略

实行科技创新战略，包括知识创新、技术创新和管理创新。建立完善人才培养体系和人才引进方式，支持创造性的科学研究，为经济和社会的发展提供知识和人才储备；鼓励企业在引进、消化的基础上开展产品、工艺、技术的创新活动，实行企业和科研机构的联合，促进科技成果向现实生产力转化。在借鉴国外管理方法的基础上，探索中国管理模式，创新管理理念。科技创新战略的实施，提高了中国企业的国际竞争力，加快了建设创新型国家的步伐。

（五）南非："非洲门户"

南非地处南半球，位于非洲大陆的最南端，陆地面积为 122 万 km^2。2016 年，南非在世界 GDP 排名中位居第 39 位，国内生产总值约 2941 亿美元，是整个非洲大陆 GDP 的 1/5。南非是非洲的经济强国，其工业产值占非洲的 40%，消费能力占 50%，铁路网络占 80%。无论作为创新中心、理想的投资目的地，还是重要的新兴市场经济体，南非都拥有巨大的潜力。

1. 矿产资源丰富

南非是世界五大矿产国之一，黄金、铂族金属、锰、钒、铬、硅铝酸盐的储量居世界第一位。现已探明储量并开采的矿产有 70 余种，拥有除石油和铝矾土之外的所有矿产资源，总价值达 2.49 万亿美元，居世界矿业大国之首。其中，铂族金属矿资源价值高达 2.2 万亿美元，占世界铂族金属价值的 90%。南非是世界第五大钻石生产国，产量约占世界的 8.7%。南非戴比尔斯（De Beers）公司是世界上最大的钻石生产和销售公司，目前控制着世界粗钻石贸易的 60%。

2. 坚实的工业基础

南非的工业产品主要有钢铁、金属制品、化工、运输设备、机器制造、食品加工、纺织、服装等。其中制造业产值约占南非 GDP 的 25%。钢铁工业是南非制造业的支柱，有六大钢铁联合公司、130 多家钢铁企业。南非的电力工业发达，发电量占非洲的 2/3。南非沙索（Sasol）公司的煤与天然气合成燃油技术居世界领先水平，是目前全球唯一的大规模生产煤合成燃油的企业。

3. 非洲的金融中心

南非具有发达的金融体系。作为非洲大陆上流通市值最大的证券交易市场，约翰内斯堡的上市公司市值已经占据全非洲上市公司总市值的 75% 左右。此外，约翰内斯堡交易所也是流动性最好的市场之一，以经营出色和管理完备而赢得了国际投资者的青睐。

三、"金砖国家"公司管理比较分析

下面主要以经济规模较大的巴西、俄罗斯、印度和中国为例，来比较"金砖国家"公

司管理的差异。

1. 在公司治理结构方面，无论是最基础的法律规定，还是在实际中的运行，都存在较多差异

法律体系不同。巴西的法律体系是基于罗马法典构建，并被归类于法国法典，在投资者保护方面是全球法律体系中较差的；俄罗斯在传统上属于欧洲大陆法系国家，现行公司立法也有对普通法系的借鉴；印度的法律体系建立在英国普通法系基础上，理论上提供了世界较高水平的投资者保护；中国属于大陆法系国家，随着法律体系的不断健全，为投资者提供了良好的法律保障。

在董事会结构方面，巴西、俄罗斯、印度均采取了单层董事会制度；而中国则具有平行双会式的董事会和监事会制度，这一方面提供了双层监管，另一方面也有可能造成职权冲突。在董事会规模方面，巴西设有较低的人数限制，而俄罗斯则偏好规模较大的董事会；在董事任期方面，俄罗斯最短，印度最长，巴西和中国适中，过短的任期有可能使董事无法较好地履行职责，过长则有可能导致"内部人控制"问题。

在董事会独立性方面，巴西和俄罗斯未做要求，中国和印度均要求独立董事的比例不低于1/3，但这均远远不及欧美等发达国家的要求。在领导权结构方面，巴西、印度和中国均没有规定，只有俄罗斯明令禁止董事长和总经理两职兼任。理论上，两职合一会削弱董事会对管理层的监督。在董事会会议频率方面，巴西、俄罗斯未做要求，中国规定一年至少两次，印度为四次。一般来说，太少的会议不能使董事充分交流信息，太多则易流于形式。在信息披露方面，俄罗斯和印度均有规定，而巴西和中国则没有硬性规定。

总体来看，印度和俄罗斯的法律规定较为严格，结构较为完善；巴西的法律体系最为薄弱，尽管近年来大力推行的公司治理准则提供了较高的要求，但由于其非强制性，难免约束力不足；中国的法律规定则是在借鉴别国经验的基础上不断改进而来的，仍处于探索阶段，还需要逐步完善。

2. 在所有权集中度、所有者结构等方面均存在不同程度的差异

首先，从所有权集中度来看，比较第一大股东持股比例，巴西和俄罗斯的所有权较为集中，第一大股东持股50%以上的公司占70%以上，而印度和中国所占比例较低。

其次，从所有者结构来看，巴西和印度为典型的家族主导，其家族控股公司比例占50%以上，中国的家族控股公司也占有相当比例；俄罗斯和中国为典型的政府主导，其国有控股比例分别约占30%和50%，而巴西和印度国有股较低。

总之，上述四国均存在所有权高度集中、金字塔结构和交叉持股普遍、大股东侵占少数股东利益等问题，仍需进一步优化所有权结构，加强投资者权益保护。

3. 资本市场比较

在过去的十几年里，"金砖国家"的资本市场迅猛发展。然而，在看到各自巨大成就的同时，也要注意到各国资本市场的运行机制具有不同的特点。

巴西资本市场的创新之处，在于圣保罗交易所设立了"新市场"层级，对加入的上市公司提出了更高的监管要求和投资者保护水平，在提高公司自身治理水平的同时，也有助于吸引投资，进一步推动了资本市场的发展。俄罗斯资本市场在政府的大力监管和积极推动下，出现较快的恢复和发展，随着2006年市值进入世界前十，已逐步进入成熟阶段。印度资本市场历史最为久远，现如今具有较高的市场监管水平、不断增强的信息透明度、全自动交易系统以及多样化的交易产品，尖端的科技和现代化的市场机制为印度资本市场发展带来巨大进步。中国资本市场从产生到发展不过 20 年左右，其间由于制度环境的制约，曾经历了较长时期的下滑走势，但随着政府和市场的共同推动和持续改革，进入了转折性的加速发展阶段，但仍具有"新兴加转轨"的特征。

四、"金砖国家"的企业管理特点

"金砖国家"由于高速发展并取得显著成就而备受世界关注，其经济增长对世界经济尤其是金融市场产生了重大的影响。但是，由于"金砖国家"历史文化背景和自身发展经历的不同又各具特色，下面分析除中国之外其他"金砖国家"的企业管理特点。

（一）巴西的企业管理特点

1. 良好的企业经营环境

巴西是一个制度与西方接轨的国家，没有复杂的宗教冲突，也没有敌对邻国，政治风险比较低；巴西经济基础稳固，经济政策成熟；能源丰富，风力发电潜力巨大，石油储量丰富，为企业生产提供了廉价的原材料和能源保障；企业资本回报率高，尤其是投资金融领域；巴西对所有境内的外国独资或合资企业均实行国民待遇，在巴西境内投入外资无须事先经政府批准，只要通过巴西有权经营外汇业务的银行将外汇汇进巴西，即可在巴西投资建厂或并购巴西企业；外资企业的利润支配及汇出限制较少；各州有权制定有利于地方发展和引进外资的鼓励政策，给外资企业提供一定的减免地方税收政策；巴西人口众多，并具有不同层次的消费水平和习惯，内需较大，企业拥有广阔的销售市场。

2. 企业"绿色"发展模式

巴西的环保政策和法律十分严厉，不仅限于保护现有的森林、水源，还对工业设施的投资建设提出了一系列要求。所有投资者都必须经过环保部门严格的审批，才能进入巴西市场。

巴西的淡水河谷公司是世界第三大铁矿石生产企业，一直致力于实现生产活动的可持续发展，在各运营地区广泛开展了自然环境的恢复、维护和保护工作，如监测空气质量，提高水循环利用率，投入大量资金保护生物多样性，维护森林和公园等。仅在帕拉州，淡水河谷在社会和环境方面投入了大量资金。巴西著名的化妆品企业 Natura 为了减少产品对环境的影响，坚持 20 多年向用户回收产品旧包装重复利用，其营业收入的 2% 就来自"旧罐重装"。许多巴西企业并没有把环保看成额外成本，反而看成是有好处的。

3. 发达的劳工市场

巴西无论是采取军人政权、联邦制还是总统制，一直实行市场经济，劳工市场体系发育比较健全，劳动力的配置、流动和管理没有体制性障碍。巴西国内劳动力资源丰富，劳动力市场化成熟，企业可采用的招聘方式很多，如媒体广告、员工推荐、网络沟通、大学挑选、专业公司协调等，可以为企业提供丰富和廉价的劳动力资源，降低了企业的用工成本。

（二）俄罗斯的企业管理特点

1. 俄罗斯的文化特点

俄罗斯地处欧、亚两洲，在发展过程中不断受到西方和东方文化的影响，形成了独特的俄罗斯文化，具有强烈的民族个性和宗教意识，表现出诚实、人道、善良等特征。俄罗斯的文化特征和世界经济发展趋势相互碰撞，促使其社会转型。

2. 管理模式的发展趋势

俄罗斯企业管理的现状是：一部分企业的经营者由于不是专业的管理人员，当企业发展到一定程度的时候，缺乏对企业的控制力；一部分企业在形式上接受了一些西方管理文化，试图对管理技术基础进行改造，但并没有实质性的改变；大部分企业还是坚持苏联企业的管理模式，成功的较少，失败的较多，基本没有形成一套既符合国情，又符合新经济发展潮流的管理模式。但是，俄罗斯企业管理模式仍然呈现出以下三种变化趋势：

（1）从传统管理模式向新型管理模式转化。在全球经济一体化的形势下，企业之间的竞争日渐激烈，传统的企业管理模式已经不能适应企业经营与竞争的需要。因此，俄罗斯许多企业在寻求一种新的企业管理模式，进行自主的管理模式调整与改革，以适应新技术、新工艺、新市场和消费者偏好的需要。

（2）与外来企业管理模式相融合。俄罗斯在历史上一直受到亚洲文化和欧洲文化的双重影响，因此，在本国企业管理现状的基础上，善于借鉴他国的管理模式，取长补短，将理性管理与非理性管理相结合，突出一个"新"字，特别注重国外企业的理念、价值观、文化等软因素与本土企业管理模式的融合，以增强企业在国际竞争中的认同感。

（3）管理模式趋于多样化。俄罗斯企业在生存和发展过程中，由于所处发展阶段和跨区域经营环境的差异，很多企业采取了多样化的管理模式，以适应企业所处发展阶段和不同地域环境差异的要求。例如，有的企业采取个性化的管理模式，彰显企业特色；有的跨国公司特别注意跨文化管理模式，使企业融入当地的经营环境。

（三）印度的企业管理特点

1. 集体利益高于一切

印度文化提倡社会集体共赢，认为集体比个人更重要，教导人们如何去促进整个社会的发展，而不是一味满足个人的欲求。企业强调集体的发展，而不是强调个人利益。Infosys 是印度一家领先的软件公司，它的建立者希望员工通过辛勤的工作、饱满的激情和团队的合作为企业工作，每一个员工都应是企业的所有者，共同分享企业创造的利润，只有这样，才能使印度成为世界上有影响力的国家。

2. 员工的忠诚与引导式管理

印度企业的员工对企业非常忠诚，这与印度教的教义有着密切关系。员工对企业的忠诚表现在日常工作上，如很多印度人一辈子服务于同一家公司，很少跳槽。他们将工作当成实现自我能力的一种手段，而并非为了工作而工作。

在企业内部，管理者从人生和事业的角度来激励下属，而非使用期权、股票等外在激励。管理者不是把重心放在"管理"上，而是如何调动下属的潜力。印度企业的领导者总是积极地促进和帮助周围的人不断发展和进步，他们的目标就是让周围的人认清自身的潜能，唤醒潜在的斗志。

3. 追求社会责任

深受印度教教义影响的印度人，在企业发展上并没有走欧美企业那种追求高风险的盈利模式，而是追求平稳的发展。印度企业注重"不求回报"，回报社会的行动远远高于其他发展中国家。例如，萨蒂扬公司在印度的医疗、义务教育等方面都进行了巨大的投入，并与青少年基金会联系，希望能够帮助贫困地区的孩子继续学习。塔塔集团是经营信息及通信、工程、材料、能源、消费品、化工品及服务业七大类业务的大公司，其每年66%的收益都会捐助给慈善事业。

（四）南非的企业管理特点

1. 低廉的劳动力成本

南非多年来一直是周边各国，尤其是莫桑比克、马拉维、斯威士兰、莱索托、津巴布韦等国大量劳工的打工地，其数量占这些国家劳动力的很大比重，甚至更远的坦桑尼亚与赞比亚也有在南非的打工者。尽管南非这些外籍劳工的待遇不如南非本国劳工，但他们在南非的收入要高于在本国的收入。廉价的劳动力用工成本为南非企业的低成本运营提供了可能，如其支柱产业——制造业主要就是靠流动工人发展起来的。

2. 企业安全生产战略

通过长期的严格依法治理安全隐患和大量采用科技手段提高矿山安保水平，如今南非在矿山安全管理、安全设备技术开发、矿井救援、瓦斯抑爆等方面均居世界领先地位。

在矿山安全设备的研制上，南非已达到世界先进水平，高精度瓦斯分析仪、被困人员定位仪、井下救援通信系统以及阻燃气体灭火系统、井下紧急呼吸机、便携式自救器等一系列矿井安全及救援产品均在国际市场获得广泛好评。

3. 企业国际化经营

20 世纪 90 年代，南非的公司由于无力到国外投资，便选择了国内公司互相并购的发展方式。因此，南非的企业版图上充满了联合大企业，这些公司处于复杂的交叉持股状态。步入国际市场后，为增强投资实力，南非的很多跨国公司往往会卖掉非核心资产，许多公司从一心面向国内、受到束缚的联合企业变成关注特定市场的全球公司。政府资本控制的逐渐放松和能够在伦敦证券交易所上市，大大促进了南非公司的海外扩张。

第六节　亚洲新兴经济体的管理

广义的东亚新兴经济体包括东盟十国、中国、韩国及中国台湾和中国香港地区。限于篇幅，本节先对其发展模式进行比较分析，然后主要对韩国、新加坡、中国台湾和中国香港地区（本书将它们简称为"亚洲新兴经济体"）从文化背景和管理特点两个方面进行阐述、分析和比较。

一、东亚四类经济发展模式比较

第二次世界大战结束至 20 世纪 60 年代初期，东亚十个经济体虽然经济发展进程不同，但经济发展水平的差距并不悬殊。然而，目前的情况有很大的不同，它们之间存在着明显的社会经济差异，而且这种差异与世界其他地区相比是最大的。

从共性的角度考察，在 20 世纪 70 年代初至 90 年代初，东亚主要发展中经济体相继形成了至少四种不同类型的经济发展模式：①"亚洲新兴经济体"（新加坡、韩国、中国台湾、中国香港）外向型经济发展模式；②东盟三国（马来西亚、泰国、印度尼西亚）综合型经济发展模式；③菲律宾拉美型二元断裂性经济发展模式；④中国和越南过渡型经济发展模式。从特性的角度考察，东亚每一个发展中经济体的经济发展模式各有其特点。统计数据表明，属于同一类型的经济体中，其人均 GNP 与经济增长率要素组合、经济结构变动情况、外部平衡状况以及社会经济发展水平差距甚大。

（一）"亚洲新兴经济体"外向型经济发展模式

"亚洲新兴经济体"经济发展模式呈现出有别于其他类型发展模式的特征：

（1）高储蓄、高投资和高出口增长之间形成良性循环，带动经济持续快速增长。人均GNP接近中等发达国家或地区的水平，被世界银行列为高收入国家或地区。

（2）产业部门的结构转换具有跨越性特点。第一产业在GDP中的比重快速下降，第二产业中的新兴制造业在GDP中的比重陡然上升，产品高度面向出口，第三产业超前性、跨越性发展，并向国际化、信息化迅速迈进。

（3）具有较强的外部平衡能力。除韩国外，其他三个经济体的对外贸易均为顺差，经常账户长年持续巨额盈余，外汇储备丰裕，无外债负担。

（4）反映经济发展的社会经济指标，包括人均预期寿命、婴儿死亡率、医疗卫生与营养、人民大众受教育程度、收入分配和贫困缓解等普遍得到明显改善，有的达到甚至超过发达国家或地区的水平。

然而，从特性角度来考察，"亚洲新兴经济体"的人均GNP显然处在两个不同的档次上，新加坡和中国香港要比韩国和中国台湾高出 1~2 倍。经济增长源要素组合差异也很大。在经济发展早期，新加坡和中国香港主要依靠劳动投入与资本投入，韩国和中国台湾则主要依赖美国提供的军事和经济援助、土地改革、进口替代工业和农产品出口等全要素生产率。20 世纪 60 年代之后，全要素生产率在新加坡和中国香港的经济增长过程中发挥着日益重要的作用。新加坡倚重面向出口工业政策、外国直接投资带来的技术创新和金融改革深化；中国香港则主要得益于金融业先行发展与深化以及自由贸易政策。技术创新对韩国与中国台湾的经济快速增长也起了关键性作用。韩国着重利用国外贷款购买成套设备技术，并在此基础上进行模仿、改造、创新；中国台湾则主要通过引进外国直接投资与当地企业合作的方式获得先进的技术，经济结构的演变过程折射出不同的特点。韩国和中国台湾表现为从农业部门向工业部门再向高新技术制造业部门转换的特点；新加坡和中国香港则从服务业部门低生产率活动（如仓储贸易和非正式城市部门）向制造业部门、现代金融部门、现代商业贸易、运输与通信等部门迅速转移，工业化发展进程呈非同步性。

（二）东盟三国综合型经济发展模式

东盟三国的经济发展模式凸显以下特点：

（1）经济增长与贸易出口在十多年间呈良性互动增长状态，人均GNP有了很大提高。马来西亚被世界银行列为中上等收入国家，泰国和印度尼西亚则为中下等收入国家。

（2）注重各经济部门之间的平衡发展。农业部门仍然占有重要地位，但在GDP中的比重已显著下降。工业增长很快，资源型传统制造业和劳动密集型非传统制造业发展很快，服务业也得到较快发展。

（3）存在不同程度的外部不平衡。这主要是由外资的盈利汇出、债务偿还、外贸逆差、国际收支经常项目赤字造成的。

（4）经济增长与社会发展之间的关系得到改善，但仍存在较大差距。人均预期寿命、医疗卫生与营养、婴儿死亡率、受教育程度等指数大有改善，绝对贫困指数随着经济增长有所降低，但收入分配不均现象仍比较严重。

这三个经济体的经济发展模式的差异性也很突出，人均GNP差距很大，经济增长源也不尽相同。20 世纪 80 年代之前，马来西亚和印度尼西亚的资本投入除了利用本国储蓄外，主要是用海外融资方式向外借贷和利用外国的直接投资；泰国则主要依靠大量的美国军事和经济援助。20 世纪 80 年代中期之后，贸易出口和技术进步、金融部门对外开放等成为马来西亚和泰国经济增长的主要动力。经济结构变动表现出明显的多样性和非同步性。马来西亚的工业化经历了四个阶段；泰国则为三个阶段；印度尼西亚的工业化发展阶段具有较模糊的特点，表现为从石油制成品出口的增加到非石油制成品出口的增加。20 世纪 90 年代之后，经常账户赤字以泰国为甚，贸易逆差是主要因素；印度尼西亚的对外负债数额最大。三国各项社会经济指标差距甚大：马来西亚的各项指标远高于中等收入国家的平均水准；泰国的大部分指标达到中等收入国家的平均水准；印度尼西亚大部分的社会经济发展指标仅达到中低收入国家的水平。在收入分配方面，泰国严重不平衡，马来西亚次之，印度尼西亚较为均衡。

（三）菲律宾拉美型二元断裂性经济发展模式

菲律宾的经济发展模式反映出以下特点：

（1）国内低投资率。这是因为国内储蓄率和生产率都比较低。菲律宾经济年均增长率较低，并伴随着"高涨—崩溃"反复循环经济发展周期的特点。菲律宾被世界银行列为中下等收入国家。

（2）各经济部门之间的发展很不平衡。土地分配极其不公，致使农业发展滞缓；工业发展长期处于停滞状态，尤以制造业为甚；服务业发展相对较快，但公共基础设施、金融服务明显滞后。

（3）贸易与经常项目长期处于逆差与赤字状态。国际收支平衡主要依靠劳务收入和外国贷款弥补。

（4）社会两极分化十分严重，部分人民生活贫困。

（四）中国和越南转轨型经济发展模式

中国和越南的经济发展模式具有以下一些共同特点：

（1）经济增长呈持续高速增长态势，经济的发展建立在工农业快速稳步发展、投资与出口大规模扩张的基础上。人均 GNP 水平虽然较低，但增长速度很快。

（2）部门经济结构发生了很大的变化。中国已经改变了以重工业为中心的畸形经济结构，建立了有重点的协调发展的部门经济结构。越南则在逐渐发展重工业和基础工业。

（3）贸易和资本的对外依存度大幅上升。

（4）一些主要社会经济发展指标，包括人均预期寿命、医疗卫生与营养、婴儿死亡率、孕产妇死亡率等有了很大的改善。绝对贫困人口大幅减少。

中国的经济增长速度比越南更快。2006—2015 年，中国的 GDP 年均增长率约为 9.3%，同期，越南约为 6.1%，中国的人均 GDP 约是越南的 1.5 倍。部门经济结构变化也不同。20 世纪 90 年代初期，中国已经从一个传统的农业国转变成为工业国；越南在革新开放以前长期执行优先发展重工业的方针，可是越南至今仍是一个农业国。从人均预期寿命、医疗卫生与营养、婴儿死亡率、孕产妇死亡率等社会经济综合发展指标方面来看，中国明显好于越南。

二、文化背景比较

"亚洲新兴经济体"都受到过中国传统文化的巨大影响：韩国在历史上就和中国存在着

千丝万缕的联系，而且千百年来一直受中国儒家文化影响极深；新加坡虽然是一个移民国家，但华人占75%以上；中国香港虽然曾长期受英国统治，但其内在的文化因素仍然是中国的儒家文化；中国台湾与祖国大陆同祖同根，文化习俗和中国大陆一脉相承。所以，它们都是中国儒家文化的继承者、崇拜者和追随者，在它们身上至今体现着儒家文化的忠孝、仁爱、勤俭、吃苦耐劳、拼搏、礼仪、服从家长的精神。但是，由于各种历史原因，这些国家或地区越来越多地吸收了西方的科学主义。在这些国家或地区，大多数人注重民主、讲究科学，时间效益观念极强，有强烈的个人意识和进取心，他们追求金钱、崇拜财富、锐意创新。尤其是新一代管理者，多半是留美、留欧的学子，他们的世界观、人生观、价值观和经营管理方式越来越不同于他们父辈成功的"发迹之路"了，而是开始不断西化、向西方靠近，所以，可以说"亚洲新兴经济体"是东西方文化的交汇点。当然，由于本民族的不同特点和受双方文化影响的大小不同，它们之间在许多方面有着各自不同的特点，相互之间也存在着较大区别。

（一）韩国

韩国企业文化与儒家文化特色有直接的联系，但更多地倾向于日本而与中国不同。韩国企业文化主要有以下特点：

（1）强调集体主义精神和团体意识。企业十分重视将公司培养成一个大家庭，所有员工都有一种作为一家人的共同意识和"爱社如家"的思想感情，提倡个人服从集体、个人利益服从集体利益；提倡人与人之间的和谐与默契，在这个大家庭中，大家能够彼此和睦相处，互帮互谅，齐心协力解决企业存在的问题。

（2）强调以人为中心的经营理念。企业的管理方式因人而异，努力寻求工作、个人、组织之间的最佳合作；企业管理者注重对从业人员的尊重、关心和信任。

（3）强调改善领导艺术，提高工作绩效。企业成功的关键在于保持员工奋发的朝气，把每个员工变为自己的代理人，充分发挥每个人的作用。

（4）强调重教招贤。企业制胜的关键是人才，人才不仅要培养，更要使其发挥作用。前任现代集团会长认为，"不管是谁，只要有能力，就把企业的经营权交给他"。韩国企业为广招贤士，多以公开招聘和特殊招聘的方法选拔所需人才，从而使企业成为人才聚集的大舞台。

（二）新加坡

新加坡是一个集体主义倾向十分明显的国家，权力差距较大。与其他国家相比，其最大的特色是避免不定局面的意识很强，不随意冒险，凡事讲法律、讲规矩、讲准则条文、讲团结一致的士气，整个社会井然有序；同时，新加坡又是一个移民和多民族国家，加上这几十年来实行的开放政策和外向型经济，世界各地，尤其是欧美在该国的投资日益增多，使其成为一个国际性的贸易国家。新加坡法律的严密性和全面性在全世界都是闻名的，这使得新加坡的犯罪率很低。除了国家的法律、法规全面而严密外，新加坡企业管理方面的规则条例也是相当多而严厉的，如缺勤要如何处理，出现事故要负什么样的责任，发式、衣着、言谈举止也要符合一定的要求，尤其是在服务业，要求从业人员对顾客礼貌周到，连微笑都要符合标准。

（三）中国香港

中国香港受儒家文化影响极大，但由于曾长期受英国统治，外商投资和来往世界各地的客商很多，同时又是一个国际性的商业都市，所以其文化特征比较复杂。总的来说，是在集体主义的前提下，夹杂着浓厚的个人主义和英雄主义倾向。财富至上、金钱主义在这里盛行，仁者志士、三教九流在此皆有一席之地。

中国香港是一个完全开放的地区，香港特别行政区政府对其经济发展和社会进步采取的措施是不干预政策。当然并不是说政府什么也不管，而是通过价格机制这只"看不见的手"来自发调节，使社会保持一种相对均衡的自然态势，并使社会资源得到充分有效的利用。同时，香港的法律也相当严格，特别注重运用法律手段管理经济，通过经济立法贯彻施政意图，把整个社会的经济活动纳入法制化轨道。

香港虽然经济发达，但其文化品位高低不齐，社会上少部分人受传统封建迷信影响，信奉阴阳五行和风水轮回，但大多数公司和企业都非常注重提倡积极向上的精神和士气。

（四）中国台湾

台湾是中国的一个岛屿，与祖国大陆同根同祖，但地域狭窄，发展空间有限。其居民阳刚意识很强，致富的欲望强烈，并且受美国等西方文化、价值观的影响极大。

三、"亚洲新兴经济体"的管理特点

"亚洲新兴经济体"的成功令世人瞩目。韩国的宏观调控、新加坡的以法治国，都给东亚工业文明带来了一系列的助推效应。中国香港具有一种"东方威尼斯"精神，充分体现了现代更新的东方文化、强烈的自主意识、冒险精神和对命运的一种抗争精神。中国台湾管理的成功，同其实行严格管理是分不开的。在该地区规范、秩序的市场经济环境下，儒家文化内在的和谐效应、凝聚效应、文化效应得到了发挥。由于各国家或地区自身发展经历的不同，因而又具有各自不同的特点。

（一）韩国：宏观控制

韩国自然资源匮乏，20世纪50年代尚属传统封闭式的农业经济，但仅仅经过了20多年的努力，韩国经济发生了翻天覆地的变化。韩国的成功和它发展外向型经济是密不可分的，但这一切又是韩国政府努力创造适应商品经济外向型发展环境的结果。

（1）有步骤地利用外资，大力吸收国外直接投资。后进国家迅速发展经济，首先必备的条件是要有足够的资金，在国内产业阶级尚未发展起来时，只有依靠外资。而引进外资的最好方法是吸收外资对本国进行直接投资，这就需要有一个良好的投资环境。韩国政府采取了许多措施开放国内市场以供外商投资，对外商投资项目的政策不断放宽，如取消外商投资最高限额、投资者可自由汇出本金、对外商投资采用自动批复政策。

（2）引进国外先进技术，推进本国产品升级换代。在20世纪60年代初，韩国就开始积极引进外国资金和技术，并且为了使这些技术能够更好地产生经济效益，政府要求各企业在引进技术时注意技术引进和自主研究相结合、技术引进和产品开发相结合、技术引进和技术开发相结合。对新技术的引进、消化和输出，在很大程度上推进了韩国工业生产能力的升级换代，国家权力在这里起到了积极的推进作用。

（3）充分利用人才资源，重视人力资本投资。由于受儒家思想影响，同时也是消化外来技术的需要，韩国在经济振兴中十分重视人力资本的投资。韩国不仅重视培养熟练劳动力，而且着重扶持产业阶级，特别是一些颇有成效的企业家。

（二）新加坡：经济自由主义与市场政策

新加坡曾被"大英帝国"统治了一个多世纪。它地处亚洲大陆的东南端，而且在太平洋和印度洋的交界处，是天然良港。1965年，新加坡完全脱离马来西亚而成为一个独立的国家，政府开始推行一系列工业化改造的政策。用了不到20年的时间，新加坡经济就由单一的转口贸易经济变成了现代化的多元化经济。1979年，英国前首相威尔逊访问远东，目睹此景，感慨万千："我们首创了工业革命，但我们的工业革命经历了150年，而你们进行这种非凡的革命只用了15年。"

（1）实行经济自由主义政策。新加坡是一个国际自由港，几乎没有什么关税保护，也不像大多数发展中国家那样实行外汇管制和国内价格管理。政府允许资金自由流动，对私人投资和国外投资均不加限制。

（2）国家干预的市场政策。新加坡政府对本国经济生活干预的程度之深、范围之广、效率之高，远非任何一个国家可比。新加坡的国家政权不仅占有全国大部分土地，而且直接经营作为国家经济命脉的部分重要企业，甚至还对本国劳动力、资金来源以及产品分配实行控制。

正是由于新加坡实行自由经济主义和政府市场政策的结合，新加坡的经济实力不断提升。新加坡不同于一般西方国家的混合经济体制，它的政府干预和市场机制的作用都超过了西方国家。政府的积累率特别高，因而能使政府作为最大的资本家直接参与经济活动；由于新加坡是国际自由港，加之长期受自由主义经济思潮的熏陶，因此，在国家干预范围之外，自发力量又往往超过西方国家。正是这两种力量的巧妙结合，使新加坡较快地实现了一种平衡的多元化经济结构。

（三）中国香港：冒险精神

中国香港具有东亚"亚洲新兴经济体"中别具一格的管理模式。香港历史上长期由港英当局全权管理，回归祖国后，中国中央政府对香港地区实行"一国两制、港人治港、高度自治"的基本方针。由于香港地区的特殊环境使其形成了自己独有的特征：高度开放的自由港；政治权力只是保障自由竞争环境的形成，而对经济运行本身并不采取干预政策。

（1）具有强烈的自主意识，具有冒险精神和创业精神。香港人这种精神的形成与下面三个因素有关：①受西方文化熏陶将近一个世纪，西方社会的"自主人格"特性已经深深地烙印到香港人的心中；②由于由西方人管理，没有正统的人文文化的政权；③由于自由港性质，人们的活动自由度大，从而造就了香港人完全自主的观念意识和品格，形成了一种独特的香港精神。

（2）相信命运，具有一种潜意识的幸运感。香港人始终用乐观精神对待命运，对明天充满信心。这一特点的形成主要有三个原因：一是香港人能够自我支配命运；二是基于平等基础上的竞争使不少人取得成功；三是香港的环境特别鼓励人们去创业。

（3）高频率、快节奏的工作习惯和生活习惯。这是现代商品精神赋予香港人的一种价值观念。经济的快速发展使时间价值大大提高，人们对有限的时间变得十分珍惜；而社会的繁荣又给人们提供了充分活动的环境条件，从而形成了拼命工作、享受的基本价值观念。

（4）独辟蹊径，勇于进取。在香港成功的企业经营家，大都能够看准机会，勇于进取，独辟蹊径。在创业初期，他们准确地选择经营领域，而在事业取得进展以后，又能从成功中看到潜在的危机，在转产和扩大规模中争取更大的成功。

（四）中国台湾：严格管理之道

到目前为止，中国台湾企业的经营管理大致可分为四个阶段：1961 年以前为"生产导向"阶段，此时台湾各厂商主要注重改进生产管理、提高生产率和解决分配效率问题；1962—1972 年为"销售导向"阶段，这一时期台湾厂商的做法是尽快将生产出来的产品推销出去；1972—1982 年为"营销导向"阶段，这一时期台湾更加注重营销管理，更多地从消费者利益和需求角度考虑生产；1982 年以后，台湾管理进入"系统管理"阶段，加快了从日本、美国引进有效管理方法，深化探索，充分发挥人文文化的优势，逐渐形成了一种独具特色的管理模式。

（1）民主化运动和市场经济发展环境的形成。台湾当局为了使经济由传统经济向商品经济转轨，实行了各种政策：①在台湾推行土地公有化运动，消除农村封建生产关系；②对政府机构的人事组织进行大规模更新，将大量受过西方教育的中青年扶持到领导岗位；③将发展外向型经济作为基本的发展策略；④完善各种商品经济法规，创造良好的宏观环境。

（2）严格管理，建立管理秩序。东方文化的基本缺陷，就是非规范化、非逻辑化，思维方式带有很大的模糊性，因而接受西方管理的关键是建立严格的管理之道，形成基本的管理模式。在台湾，凡是经营管理成功、发展速度快的企业，在严格管理方面都做得很好。

（3）灵活应变的外向经营策略。台湾经济进入世界市场以后，密切注视世界市场产品结构的变化，跟随国际形势的不断变化调整自己的产业结构，相继实行了以下经营策略：①高附加值经营，即高利润经营，不断开发新产品，创造新市场，追求产品的功能优化和个性化，以高附加价值产品招揽顾客；②全员经营，使各员工均参与企业经营，发挥最大才智；③提案制度，这实际上是全员经营的具体化，即让每个员工就工作方法、工作安全、环境改善、推销方式、制度改良、降低成本、提高利润等方面提出建议方案；④推行 ABC 式管理，即重点经营管理；⑤重视国际市场信息的研究与捕捉，促进企业的营销活动。

四、"亚洲新兴经济体"的管理比较分析

与西欧不同，"亚洲新兴经济体"的管理由于商品经济发展基本条件形成的差异、现代化的外界压力大、各自遇到的矛盾不同以及受儒家文化的影响程度不同，形成了各自不同的特点。

（1）管理的特色不同是因为现代化进程中各自遇到的矛盾不同。韩国遇到的矛盾是及时解决政治上的高集权和经济上高自由之间的冲突；新加坡遇到的矛盾是如何尽快吸收国外资金和提高国有企业经济效益；中国香港遇到的矛盾是如何更多地利用自由港特点，求得经济发展的总体平衡；中国台湾遇到的矛盾是如何克服政党内部腐败的问题和传统文化的负面影响，最终形成一个比较廉洁的统治集团，变"人治"社会为"法治"社会。

由于各自遇到的主要矛盾不同，导致"亚洲新兴经济体"形成了不同的管理模式，韩国重国家宏观调控，新加坡重法制管理，中国香港更多地注重创新，中国台湾则注重规范管理。

（2）受儒家文化的影响程度不同，也形成管理模式上文化结构方面的差异。韩国对儒家文化进行了积极的改造，减少了儒家文化的负面影响；新加坡更多地注重经济现代化和人民生活水平提高的结合，利用宏观手段为人民创造一个安居乐业的环境；中国香港完全实现了西方商品文化和儒家文化的结合；而中国台湾则是儒家文化的正统地域，因而受儒家文

的负面影响也较大。

（3）不同的外向型经济发展道路带来了管理模式的差别。新加坡和中国香港都是弹丸之地，内部缺乏市场，在外向型经济发展的道路上，首先从出口导向开始，而缺乏一个进口替代阶段。香港企业完全以世界市场为其进取方向，而新加坡则是大量引进外资，同时利用国家力量创办企业。韩国和中国台湾有其自身的内部市场，在外向型经济发展的道路上，基本走完了一个完整的发展阶段，企业产品生产和市场开拓既注重内部市场，又重视国际市场。

（4）政府在改革中的作用不同，也使其各自的管理模式存在差异。在"亚洲新兴经济体"经济发展模式形成的过程中，各经济体的政府或当局对经济发展所起的作用各不相同。韩国政府、新加坡政府和中国台湾当局在经济发展早期，主要采取直接干预手段，对增长潜力和能创造就业机会的特定部门进行积极的干预。但在经济起飞之后，这三个经济体的政府或当局对经济的干预便逐渐从直接转为间接，从有形转为无形。香港特别行政区政府对经济历来实行自由放任的不干预政策，强调市场机制和自由企业制度。其作用表现在制定经济发展战略和经济计划，制定引资优惠政策，支持与补贴公共商品供给，重视工业教育和职工技术教育、社会基础设施建设，扶持新兴产业和高科技产业等方面。对"亚洲新兴经济体"的管理比较，如表9-1所示。

表9-1 "亚洲新兴经济体"的管理比较

项 目 国家和地区	儒 家 文 化	市 场 环 境	宏 观 状 况	思 想 意 识
韩国	对儒家文化进行改造，吸取有用之处，对儒家文化有一种亲切认同感	有较好的国内市场，目前国内提倡使用国货	政治上高度集权，采用国家力量进行现代化建设，内协外争原则强	有一种强烈的自强不息的精神，在管理中对自己独创感兴趣
新加坡	作为个体受儒家文化的影响较深，血缘关系比较牢固	以国际市场为主，更注重国内建设，利用国家力量促进社会发展	采用西方法治管理治理经济，外来资本所占比例很大	新加坡华人更愿意到跨国公司或国有企业做一名好员工，对国家依赖性强
中国香港	商品文化、儒家文化及西方科学文化的高度统一，但企业精神深受儒家文化的影响	完全对世界开放，以世界市场为环境条件	实行一国两制，高度自治，采取自由经济政策	有强烈的自主意识和奋斗精神，相信命运
中国台湾	儒家文化正统地区，强调规范管理、科学管理，以弥补儒家文化的负面影响	内部市场较好，外向型经济快速发展是其迅速崛起的主要原因，对大陆市场依赖性强	当局对宏观控制强，经济发展方面采取较为宽松的政策	有强烈的危机意识和自信心，经济上的成功带来精神振奋

综观这些管理模式可以看到，由于经济的快速发展，人的观念也在改变。血缘关系开始淡化，而实业、效益和时间观念在增强，理性主义精神日益渗透到华人企业之中。传统的道

德观念在不同的生产力层次中取得完全不同的效果。"亚洲新兴经济体"的现代化历程，向人们充分展示了儒家文化现代化的基本轨迹。

复 习 题

1. 简述比较管理学中不同的理论及其异同。
2. 简述中、美、日管理模式中情、理、法三者的地位和作用。
3. 简述"金砖国家"的管理特点。
4. 简述"亚洲新兴经济体"管理模式的形成过程及其在经济发展中的作用。
5. 简述中国和日本管理模式在文化背景上的异同。
6. 如何吸收国外经验，加强国有企业的管理？

作 业 题

一、判断题

1. 美国政府对私营部门的事务不进行任何干预，企业和组织只要遵守联邦法律即可。　　（　　）

2. 日本资本主义制度是经过明治维新革命后逐渐演化过来的，其管理思想受西方文化的影响，所以日本管理模式是西方资本主义管理模式。　　（　　）

3. 比较管理分析的三个主要方面是生产力、生产关系和上层建筑。　　（　　）

4. 日本企业组织形式在第二次世界大战后经历了三次大的变革。　　（　　）

5. "金砖国家"的共同特点是都有廉价的劳动力。　　（　　）

6. "亚洲新兴经济体"都是中国儒家文化的继承者、崇拜者和追随者。　　（　　）

二、多项选择题

1. 第二次世界大战后世界的主要管理模式有（　　）。

A. 东亚管理模式　　　　　　　　　　B. 欧美管理模式

C. 苏联、东欧的管理模式　　　　　　D. 日本管理模式

2. 多元文化深刻地影响着美国的企业，使美国企业行为具有的典型特征为（　　）。

A. 利润最大化为企业的终极价值目标

B. 奉行个人主义和能力主义

C. 重视法律和契约

D. 推崇英雄主义和权威主义

3. 美国企业在计划控制方面的特点主要体现在（　　）。

A. 重视对未来市场的预测和战略性计划的研究

B. 将新产品计划放在中长期计划的首要地位

C. 依据情况的变化对计划进行修订

D. 在制订计划时，企业与政府的联系较少

4. 日本企业文化的特点为（　　）。

A. 受儒家文化的影响　　　　　　　　B. 信奉家族主义

C. 个人主义和集体主义处理得比较好　　D. 信奉资历主义

5. 日本的管理特征为（   ）。

A. 理性精神表现得很充分　　　　　　　B. 具有战略管理的特色

C. 以质量为中心　　　　　　　　　　　D. 以"和为贵"为核心

6. "金砖国家"包括下面哪些国家？（   ）

A. 俄罗斯　　　B. 印度　　　C. 越南　　　D. 巴西　　　E. 中国　　　F. 南非

7. "亚洲新兴经济体"是指（   ）。

A. 日本　　　　B. 韩国　　　C. 新加坡　　　D. 中国香港　　　E. 中国台湾

三、填空题

1. 在企业管理中，管理者会涉及三个最基本的问题：_____、_____、_____。

2. 美国的经济是建立在_____的_____和_____的"混合经济"。

3. 日本政府对企业施加影响的主要手段是通过大量的_____，让一些企业或行业按照政府制定的_____来发展。

4. _____年8月八届人大第八次会议通过、2009年8月修订了《中华人民共和国劳动法》。

5. 台湾是中国的一个岛屿，与祖国大陆同根同祖，但地域_____，发展空间_____，其居民阳刚意识_____，致富的欲望_____。

案例分析

海尔的跨国文化冲突管理

海尔1998年开始进入国际化战略阶段，并于2005年开始实施全球化品牌发展战略。从中国走向世界的过程中，海尔的文化也在不断创新、发展。在开展跨国业务时，由于地域的差异性，巨大的文化差异使海尔不可避免地面临来自不同国家或地区的文化体系冲突，首先就是要解决员工的文化融合问题。由于价值观、民族文化的差异，来自不同文化的管理者和员工之间、员工和员工之间必然会产生各种冲突。

虽然文化的差异给海尔开展国际化经营带来了巨大的挑战，但是，海尔通过各种有效的冲突管理方式，以文化适应为主导，探索出了解决跨国文化冲突的方案，成功地实现了与不同国家之间的跨文化融合。

以下是海尔跨国文化冲突管理的一些具体做法：

一、注重本土人力资源管理

海尔的高层管理者认为，海尔在海外的本地化不仅仅是单纯的产品海外移植销售，更加需要引入海外的资金与人力资源，目标是做到在当地融资、在当地融智。首先，这种方法不仅可以有效地降低管理成本，还可以充分地利用本地员工的地域优势，获得更多与本土文化相适应的经营发展提议，能够在较大程度上克服外派人员的语言障碍，减少文化差异、生活习惯等因素的影响；其次，使用当地资金与人力资源，可以帮助企业迅速融入本国社会，避免本国人民对外来企业与产品的排斥心理，在融合本地文化的过程中，形成适应本地的企业价值观，做到从产品的移植到品牌的移植；最后，使用本地相关资源有利于刺激本地经济发展，可以充分地改善与东道国之间的关系，并且更容易为本地消费者所接受。例如，海尔在美国的南卡来罗纳州投资建厂，从上至下选用的员工都是当地人，人力资源本地化在美国得到充分体现。

二、引导跨地域文化融合

海尔在跨国发展中一直很注重文化的交融，并在融合过程中建立以企业价值观为导向的人力管理模式。海尔认为，在文化相互作用的过程中，首先需要确认彼此间的规则，做到"取其精华，去其糟粕"；其次是要理解文化间存在的差异，对多元化的文化要有包容的心态，不同文化之间没有先进或落后、强势或弱势之分，公司内部不同国家的员工都应该对对方的文化有更多的理解和认同；最后，文化冲突管理过程中要尽可能以企业文化与价值观为基础，通过共同的经营理念、企业精神以及对文化差异的尊重，为员工普及跨国文化之间的差异方面的知识，并提高他们对跨国文化的认知，改变员工原有不适应企业发展的行为模式。

例如，美国人在工作中对人格自由十分看重，对中国企业在管理上要求统一着装、工作时间不听音乐、厂区内不得吸烟等工作要求往往难以接受。对此，海尔管理层通过各种深入浅出的蕴含海尔文化以及中国文化的故事，对员工进行循序渐进的思想引导，使得带有中国特色的海尔文化最终能够被本地员工接受。海尔跨国文化传播的成功并不是抛弃原有的中国式海尔文化的精髓，反而是在文化交融过程中对原先的海尔文化进行了升华。

三、加强员工文化培训与学习

由于各国文化之间存在较大的差异，因此，培训与学习对于跨国公司的管理来说，显得尤为重要。海尔在招聘本地新员工时，为了防止本国文化与海尔文化之间产生激烈的冲突，要先进行40个小时的培训教育。在此过程中，对新员工进行公司文化和价值理念的熏陶，只有认同并接受海尔价值观的员工才能被录用。

海尔更注重对管理层的文化认同与同化。因为在一定程度上，管理者可以通过以身作则将海尔文化更快、更广泛地传播到员工群体中，并促使员工对海尔文化的认同，从而影响其工作行为。因此，海尔对管理者的要求相较一般员工更高，不仅需要认同海尔文化，还需要理解、体会海尔文化的精髓，将此融入企业的经营发展战略中。另外，管理者还需要具备融合海尔文化与本国文化的能力，促进具有本国文化特色的多元海尔文化的形成，加强企业的内部凝聚力与本国竞争力。海尔企业内部会悬挂诸如"EXCELLENT PEOPLE PRODUCE EXCELLENT PRODUCTS""CUSTOMER IS ALWAYS RIGHT"等醒目的标语以强化员工对海尔文化的学习，加快实现国与国之间不同文化的融合。

（资料来源：根据 http://www.wangxiao.cn/hr/6763276484.html 的资料整理而成。）

讨论题：

1. 海尔是如何处理跨国文化冲突的？谈谈你对这些方法的看法。
2. 你认为还有其他什么方法可以有效处理跨国文化冲突？

第十章

管理与伦理

本章内容要点

- 伦理道德的内涵、结构、功能与现状；
- 管理伦理的作用、影响因素及提高途径；
- 企业伦理的含义、必要性及企业伦理范畴。

组织或个人不可能摆脱社会而独立存在。为了自身的生存和发展，组织或个人必然要与其他组织或个人发生这样或那样的关系。伦理和道德正是维系这种社会关系和秩序最基本、最重要的规范。

第一节 伦理道德的含义与功能

一、伦理与道德

伦理与道德这两个概念无论是在中国还是在西方社会，都源远流长。

在我国古代典籍中，道德的含义比较广泛。"道"的最初含义是道路，如"周道如砥，其直如矢"。所以，"道"一般是指事物运动变化的规律或规则，后来引申为应遵循的原则、规范，即行为原则，其重于客观方面；"德"与"得"相近，是行为的结果，一般是指人在实行"道"的过程中内心有所得，即人们认识了"道"，内得于己，外施于人，便是"德"，其重于主观方面。"道德"两字合为一词，即指人的行为合于理，利于人，是人们在社会生活中所形成的道德品质、道德境界和调整人与人之间关系的道德原则及规范。

关于"伦理"，根据许慎的《说文解字》："伦，从人，辈也，明道也；理，从玉，治玉也。"也就是说，伦的本意是类、辈，含有次序、等差之意，引申为人与人之间不同辈分的关系；理的本意为治玉，带有加工而又显现其本身纹理的意思，引申为处理人与人之间关系的行为准则。孟子曾把人与人之间的辈分关系划分为五种，提出了所谓"五伦"说，《孟子·滕文公上》中有"圣人有忧之，使契为司徒，教以人伦：父子有亲，君臣有义，夫妇有别，长幼有序，朋友有信"。在这里，"父子""君臣""夫妇""长幼""朋友"就是封建社会人与人之间的关系，即"五伦"；而"亲""义""别""序""信"就是用以调整、处理五伦的原则或规范，即"伦常之理"。因此，"伦理"一般是指处理人与人之间相互关系应当遵循的道理和规范。

在西方，道德与伦理原先都是风俗、习惯的意思。公元前4世纪，古希腊思想家亚里士多德第一个建立了伦理学，尔后，伦理学便作为一门重要的学科在西方日益发展起来。而伦理学研究的对象就是道德及其发展规律。所以，在西方伦理史上，"道德"与"伦理"二词长期以来是互相通用的。

由此可见，"伦理"与"道德"从词源意义上看是基本相通的，在一定意义上可以相互替代，本书对此也不再区分。

二、伦理道德的结构、功能及评价

（一）道德规范体系

任何组织或个人都不可能脱离社会而独立存在。为了自身的生存和发展，组织或个人都必然要与其他组织或个人发生这样或那样的关系（可称之为道德关系），故而它们之间可能产生这样或那样的冲突。那么，为了消除冲突，化解矛盾，维护社会秩序的稳定，就必须有某些道德准则来调整人们的行为，这些道德准则就构成了道德规范体系。道德规范体系一般由核心的道德价值取向，基本的道德原则，重要的道德规范，最本质、最普遍的道德范畴，以及由此产生的各个特殊领域的道德要求组成。

不同社会由于生产力水平、人类认识程度以及由生产关系、社会关系决定的道德关系不同，因而产生了适应不同时代、带有这个时代内容和社会性质特征的道德规范体系。例如，我国2001年颁布的《公民道德建设实施纲要》中指出："社会主义道德建设要坚持以为人民服务为核心，以集体主义为原则，以爱祖国、爱人民、爱劳动、爱科学、爱社会主义为基本要求，以社会公德、职业道德、家庭美德为着力点。"并提出了公民基本道德规范，即"爱国守法、明礼诚信、团结友善、勤俭自强、敬业奉献"。因此，现阶段社会主义道德规范体系应包括：一个道德核心——为人民服务；一个基本原则——集体主义；五个主要道德规范——爱祖国、爱人民、爱劳动、爱科学、爱社会主义；二十字的公民基本道德规范——爱国守法、明礼诚信、团结友善、勤俭自强、敬业奉献；三个特殊行为领域的道德要求——社会公德、职业道德、家庭美德。

现阶段用于指导和影响人们道德行为的重要道德范畴主要有：

1. 善恶

所谓善，是指某一行为或事件符合一定的社会道德原则和规范所表述的要求；所谓恶，是指某一行为或事件不符合一定的社会道德原则和规范所表述的要求。这一道德范畴要求人们在采取行动、追求目标时，首先要心存善恶观念，做有利于社会发展和进步的活动。

2. 义务

所谓义务，是指在现实社会关系中，依据一定的道德原则和要求，自己对他人、社会负有一定的使命、职责或任务。任何个人或组织在同他人及其他社会组织的交往中，不管自己是否意识到，总是客观存在着某种应尽的义务，因而应当采取应有的行动来履行这些使命、职责和任务。

3. 良心

所谓良心，是指人们在履行对他人和社会义务的过程中所形成的道德责任和自我评价能力，是一种人们自觉意识到并隐藏于内心的使命、职责和任务，是人们的道德意识、道德观念、道德情感、道德信念和道德意志等多种因素相互作用的结果。这一道德范畴要求人们通过道德教育和道德修养培养和唤醒道德良心、自觉意识，并主动承担道德义务。

4. 公正

所谓公正，是指主体在处理调节人际关系和社会实践中不偏不倚，公平、中正。这一道德范畴要求人们在发展机会上公平竞争，在权利行使、义务担当和报酬获取上对称对等，在奖惩与功过评价上客观公平。

5. 诚信

所谓诚信，是指主体在处理调节人际关系和社会实践中要诚实守信，即要言行一致、表里如一、实事求是、信守合同、信守诺言、忠于职守、知错就改、合法经营、公平竞争，而不是采取投机取巧、弄虚作假、谎报成绩、隐瞒错误等不正当手段。

6. 勤奋

所谓勤奋，是指主体在劳动中通过认真工作，勤勤恳恳，不断自我勉励，努力苦干，履行对他人和社会的义务。只有通过自强不息的奋斗，才能获取荣誉、幸福和成功。

（二）道德的功能

道德在人们自身生存和发展过程中到底起到哪些作用呢？归纳起来，其作用和功能主要表现在以下几个方面：

1. 调节功能

道德具有通过评价等方式来指导和纠正人们的行为和活动，以达到协调人际关系、维护社会秩序的能力，即道德具有调节功能。人们交往中的一切关系和活动都是道德调节的范围，它可以依靠大多数成员的评价性看法和倾向性态度，对社会道德现象进行褒贬评价，以调节人们的行为，此为社会舆论调节；也可以依靠人们在长期社会生活过程中积累起来的道德经验和所形成的社会风尚，对人们的行为进行约束和规范，此为传统习惯调节；另外，还可以通过道德教育和修养，将外在的道德规范内化为人们内心的道德信念和良心，使人们能自觉按照社会道德要求行事，依此来调节人们的行为，此为内心信念调节。

2. 教育功能

道德可以通过评价、命令、指导、示范等方式和途径，运用塑造理想人格、榜样等手段，培养人们的道德信念、道德情感和道德品质，即道德具有教育功能。因此，应根据一定社会的道德要求对人们进行系统的道德教育，使其形成相应的道德认知；另外，要加强人们的道德修养，唤起人们完善自我、完善社会的热情，使其自觉地将外在的道德知识变为内在的道德信念。

3. 激励功能

道德具有激发人们的内在积极性和主动性，促使人们自我肯定、自我发展、自我完善的功能。在社会生活中，道德不仅包含人们"现有"的行为规范，而且包含人们"应有"的行为规范。"应有"的行为规范一般反映了社会发展的客观必然。人们为了获取社会的认同、成就和荣誉，实现自己的道德理想，就会按照"应有"的道德规范行事。因此，道德能引导和激发人们参与社会的主动性和积极性，即道德具有激励功能。

（三）道德评价

人们的行为和活动是否符合当时的道德范畴？如何才能使人们的行为和活动符合当时的道德范畴？最重要的手段就是道德评价。

1. 道德评价的含义

道德评价是指人们依据一定的道德准则，利用社会舆论、传统习惯和内心信念等手段，对自身或其他个体和群体已经发生的行为以及其他道德现象所做的善恶价值判断。由此可以看出，道德评价是以人的行为作为评价对象，以善恶为评价标准，以社会舆论、传统习惯和内心信念等作为评价手段的。

2. 道德评价的意义

在道德评价过程中，当某种行为符合一定社会道德原则和规范要求时，行为者就会受到社会舆论的赞扬，内心感到愉快和满足，其行为不仅被广为传播，而且被广泛效仿；反之，当某种行为违背一定社会道德原则和规范要求时，行为者就会受到社会舆论的谴责，内心感到不安和自责，从而使其行为得到约束和控制。故道德评价对人们的行为和品质起着重要的裁判作用。只有通过道德评价，才能使人们养成高度的道德责任感，激发人们的道德义务和良知，才能增强人们道德修养的自觉性。只有通过道德评价，人们才懂得什么是善，什么是恶，什么应该做，什么不应该做，从而肯定善行，坚持善行，否定恶行，消除恶行。道德评价的过程就是人们推行、宣传、灌输道德原则和规范的过程，也是人们接受一定道德要求的过程，是道德发挥功能的重要途径；道德评价越正确、越广泛，道德功能的发挥就越充分，道德对社会的作用就越有力。如果离开了道德评价，道德就失去了应有的意义。

3. 道德评价的依据

要进行道德评价，首先必须明确道德评价的目的。根据道德评价的含义可知，道德评价的目的在于判断人们的行为是否符合道德规范，尤其在于判断人们行为的善恶。

如何才能对一个人的行为做出善恶判断呢？这必须进一步明确道德评价的依据。在道德实践中，任何正常人的行为都是在动机支配下做出的，同时，任何行为都会产生一定的后果。所以，在评价人们行为的善恶时，一般来说，既要考虑行为动机的善恶，又要考察行为结果的善恶。要联系动机看效果，通过效果看动机，把动机和效果有机地结合起来作为道德评价的依据；而不能只考虑动机或只考虑效果，做出单方面的判断。

三、目前企业生产运营中存在的道德问题

企业是社会经济生活中最重要的组织。作为一个经济实体，企业有追逐利润的本性；但企业为了生存和发展，不可避免地要与其他企业、组织或个人发生联系。在这种联系中，企业应遵循什么样的道德信条？是简单地追求利润最大化，还是以社会的持续发展为己任，在社会发展中求生存？在"义"与"利"的平衡中，许多企业存在思想和行为误区，最主要的表现如下：

1. 一些企业在经济活动中不讲信用、不讲商誉，存在反经济道德、反伦理经营

有的人认为，市场经济的本能是放任，企业只是一个经济实体，它的唯一目标是追求利润。这意味着企业是一个经济动物，甚至是一台钞票生产机器，因而忽视了管理者道德、企业道德和社会责任的建设，致使目前在生产经营过程中出现了大量不讲良心，不尽自身义务，违反公正、诚信、勤劳原则的非道德事件，出现了"人为物役""见利忘义""重利轻

义""信用危机"等严重的非道德现象。

（1）对投资者（股东）方面。许多公司制企业内部虽然建立了较完整的治理结构，但股东大会、董事会、监事会及管理层之间的制衡机制不完善，董事会、监事会的独立性不够，对高层管理人员的激励约束机制不到位，内部监管制度不严，致使企业内部人控制、代理人在职消费和经理人道德风险现象严重，损害了股东利益；尤其是许多上市公司，连续多年不分红，对外部的信息披露也不及时、不完整、不真实、不规范，有的公司甚至利用投资者对信息的依赖性，有选择、有目的地披露信息，中小股民根本无从了解公司的经营真相，利益受损严重；另外，许多企业为了达到"圈钱"的目的，与相关中介机构合谋骗取上市资格；还有许多上市公司高管及相应的中介机构违反财经纪律，编造不实的公司财务报表，伪造假账，以保住上市资格或粉饰盈利水平，套现个人收益。股市上"蓝田股份"的信息瞒报、"琼民源"的年报造假、"ST 棱光"的刻意推延信息，以及"郑百文""亿安科技""银广夏""安然"等事件，都说明了这一问题的严重性。

（2）对消费者方面。①定价问题。有些企业利用自己的行业垄断地位，对产品实施高价垄断或强行搭售；或利用消费者对产品制造成本、质量辨识方面的信息不对称等，先定高价再以打折方式进行销售，有意对消费者进行误导、隐瞒甚至欺诈；或商家合谋定价，使消费者丧失选择权。②促销宣传问题。有些企业通过发布吹捧广告、虚假广告，或在人员推广中隐瞒重要信息，欺骗、误导消费者。③产品质量问题。有些企业生产的产品或提供的服务未达到规定的标准，产品以次充好、以旧充新、缺斤短两，甚至从事制假、售假活动，如媒体曾曝光的金饰品含金量不达标、树胶冒充蜂胶、硫黄熏姜、贝壳粉冒充珍珠粉、假狂犬疫苗、商品房及路桥等建设中出现的"豆腐渣"工程等。尤其是国内近些年来频繁发生的各种食品安全事件，如 2004 年阜阳有毒奶粉事件，2005 年苏丹红事件，2007 年南京冠生园陈馅月饼事件，2008 年三鹿三聚氰胺奶粉事件，2011 年"瘦肉精"事件等。④产品决策问题。一些企业为追逐利益，开发一些有争议的产品。例如网游行业，据统计，目前在中国市场销售的网络游戏大约 95% 是以刺激、暴力和打斗为主要内容的，而且游戏越刺激，上网参与的人数越多。许多家长认为，网游企业在追逐高盈利的过程中成为青少年网瘾问题的最大推手，其行为应加以规范。以上各种事件均反映了企业道德的严重缺失。

（3）对同业竞争者方面。在实际经营中，一些企业急功近利，为提高自己的市场份额，采取不正当手段打击竞争对手。例如，一些厂商对同业竞争者恶意低价倾销；还有一些不法厂商盗版、冒用名优标志，仿冒知名商标特有的名称、包装，侵占同行专利和知识产权，出现了如山寨手机横行等现象；另外，一些没有资质的建设单位通过串通招投标和行贿等手段获得工程，造成重大人员伤亡和财产损失事故，如 2009 年上海在建楼盘整体倾倒事件，2010 年上海"11·15"外装修高层公寓大火烧死 58 人事件等；而一些企业从事违反商业道德的商业间谍活动、商业诽谤活动或恶性竞争现象也屡见不鲜，如 2010 年 7 月发生的两家奶粉企业的"网络恶意公关"事件、2010 年 10 月两家互联网巨头在网上的"口水大战"等。这些事件均反映出企业道德理念的模糊和淡薄。

（4）对内部员工方面。主要表现在：有些厂商在招聘员工时存在户籍歧视、年龄歧视、地域歧视、性别歧视、学历歧视等现象；有些企业漠视员工的健康和福利，强制员工超时加班，无理克扣加班费，强迫学生工进行高强度劳动，雇用童工，恣意拖欠员工工资，不注重员工生产安全防护以及职业病防治，隐瞒工伤情况逃避赔偿责任，不给员工缴纳必要的养老和医疗保险，甚至不与员工签订劳动合同，致使员工在遇到职业病、欠薪、辞退等问题需要投诉时，找不到凭据等。例如，2009 年河南 28 岁农民工为证明身患职业病，在两年维权求医无果的情况下，不惜开胸验肺；2010 年 5 月，南海本田部分工人由于工资待遇过低等原因停工，由此引发本田在华四家汽车工厂停产。这些事件均引起了社会的高度关注，甚至震惊。

（5）对供应商与债权人方面。主要表现在：有些企业的采购人员在购买原材料、零部件时，不是考虑对方原材料、零部件的质量、价格，而是看对方有没有按照货款给予个人提成或回扣；有些企业虚报注册资本、虚假出资欺骗合作者，或在经济合同中有违约、欺诈行为；有些企业出于获取银行贷款等目的，虚增资产和收入规模，粉饰财务报表；有些企业拖欠供应商货款或银行等金融机构的债务，逾期不还，甚至为恶意逃债而转移财产、申请破产。

（6）对政府及社会方面。主要表现在：有些企业对国家偷税骗税和走私骗汇等；还有些企业不顾环境保护法规的制约，超标排污或违法排污，对周边单位、社区、居民的利益造成严重危害。例如，财政部曾对中央重点投资的 78 家企业进行检查的结果发现，以假发票报账、私设"小金库"侵占国有资产等违规问题，以及隐瞒收入、多计费用，少缴或迟缴税款，甚至欠缴巨额税款等问题较严重。而 2010 年上市公司紫金矿业渗漏造成汀江重大水污染事故更发人深省。据查，紫金矿业存在环保隐患和环保违规操作已有 10 多年。即使上市以来，该公司的环保问题也始终没有完全解决。2010 年 5 月 26 日，紫金矿业因存在严重环保问题被环保部通报批评，7 月 3 日再次因废水泄漏造成汀江水域大量鱼虾死亡。由于其未及时披露，放任污染环境，7 月 12 日其 A 股和 H 股被停牌。随后有关部门对该公司进行了最高限度的处罚（罚款 956 万元）。但处罚公告一出，紫金矿业股价不降反而冲高涨停，堪称"妖股"。市场分析人士认为，这是因为 956 万元的罚款甚至不足其年净利润的 3‰，过低的经济惩罚低于市场预期，对企业没有震慑力，相反，却成为促进股市飘红的"利好"。整个事件折射出企业在处理社会责任和经济效益方面，政府在监管以及处理地方经济发展和环保方面，全体公民尤其是股民在看待环保方面，均存在值得思考的问题。

2. 一些个人及企业忽视了伦理道德对经济生活的引导和制约作用

有的人认为，对市场的管理与调控是政府和法律的行为，市场经济就是法制经济。过去，人们虽然对经济生活中的反道德、反伦理现象深恶痛绝，但仍只是被动地等待着某一天用完善的法制来规范市场经济，而放弃和忽略了道德对经济活动的引导与制约作用，放弃了管理过程中的道德努力。不过，政府和法律的规范只是一种外在的规范，而任何外在的规范都必须由人来认识、理解和执行。因此，当目前有大量有法不依、执法不严的现象存在时，就应考虑道德、伦理的调节、教育、激励及约束作用，并通过社会舆论等将这种外在的规范以法的精神积淀、内化于人的心灵深处，成为人们的内在道德自觉，并用以指导人们进行符合社会要求的行为。在现实经济生活中，这两种规范应该是互为补充、互为促进的：法律具有硬性调节的作用，道德则具有软性调节的价值。只有"软硬兼施"，充分发挥道德与法律在市场经济条件下协调社会经济活动的功用，才能有效地保障社会主义市场经济的顺利发展。可以说，市场经济的内在发展要求经济伦理规范，目前严峻的管理道德问题说明市场经济也是道德经济，在管理过程中应加强道德努力。

第二节　管理伦理

一、管理伦理（道德）的概念

从字面上说，"管理伦理"可以做两种解释：一是"管理者的伦理（道德）"；二是"管理组织的伦理（道德）"。管理组织即企业管理、行政管理、社会管理的各种对象，它可以是企业，也可以是社会其他单位。"管理者的伦理（道德）"与"管理组织的伦理（道德）"两者之间是有一定区别的，但也有一定联系。应该说，"管理者的伦理（道德）"是"管理组织的伦理（道德）"的基础，前者对后者起着最重要的影响作用。因为管理者的伦理道德选择以及决策中的道德趋向必然影响管理组织的道德行为；作为导向，也必然影响管理组织中个体的道德行为。正是基于此，在本节中，把管理伦理（道德）论述的内容限制在管理者的道德行为和价值选择的范围内。在这个限制下，管理伦理或管理道德可以被确定为"管理者在管理实践中应当遵循的道德原则和道德规范"。有关管理组织的伦理（道德）将在第三节"企业伦理"中阐述。

二、管理与伦理

管理的目的是使组织达到预定的目标，管理的本质是协调。而伦理道德也有协调、激励、教育的功能，因此，对于管理来说，伦理道德是其内在的要求，研究伦理道德可以使管理理论更好地服务于管理实践。事实也证明，有效的管理必然散发着伦理的馨香，而这种伦理的馨香反过来又会促进管理的高效化。

（一）管理必须要有良好的道德环境

管理的重要内容是对人的管理。对人的管理并不是简单地用各种规章制度对被管理者进行捆绑和约束。人不同于其他动物或木石、机器，人是有思想、感情、意志、性格、兴趣等精神活动的"万物之灵"，有主观能动性和创造性，因此，管理工作在考虑物质条件的同时，必须十分注意人的精神因素。也就是说，管理工作应该营造一个适宜人们生存和发展的环境，让人们的聪明才智、积极性、创造性得到充分的发挥和实现，保持旺盛的进取心及高昂的士气。这种适宜的环境，不仅包括政治环境、法律环境、经济环境、社会文化环境、技术环境，也包括道德环境，即组织中人们的道德风尚的培养，道德伦理关系的建立以及人的思想觉悟、精神状态、道德品质、道德心理、道德信念、道德舆论等。所以，从另一方面说，管理工作不仅要与政治环境、法律环境、经济环境、社会文化环境、技术环境相适应，而且要有一个良好的道德环境。

（二）管理主体必须要有良好的道德风范

作为管理的主体，管理人员自身素质的高低对被管理者有至关重要的影响。管理者的道德信条、道德风范、道德实践，对其追随者及下属会产生导向作用、潜移默化作用和同化作用，管理者的言传身教、以身作则，可以促进良好道德风尚的形成和发展。有学者认为，并不是所有创造了利润的生意人都能称为"企业家"，企业家的桂冠不是用钞票买得的，赚钱不是企业家唯一的或最重要的特征。从根本上说，企业家代表着一种素质层次和境界，其中最重要的素质之一就是道德素质。如果一个人的道德素质低下，他赚的钱越多，对社会的危害就越大，人们也不会称其是"企业家"。所以，作为管理主体必须有良好的道德风范。

（三）伦理道德本身就是一种管理手段

在管理工作中，可以运用多种手段，如法律手段、经济手段、行政手段、政治手段，还可以运用道德手段。从伦理道德的功能可以看出，伦理道德具有调节、教育和激励的作用，它本身就是一种管理的手段。一个组织可以用一定的道德标准、价值尺度作为自己行为的标准；用一定的道德原则、规范作为自己行动的纲领。例如，为了进行有效的管理，人们制定出各种公约、民约，在各个行业中形成了相应的职业道德规范等。

道德手段与法律手段、行政手段、政治手段等相比，具有其不可替代的特殊功能。从其作用方式和效果看，法律、行政、政治、经济手段是强制性手段，尽管可以收到明显的效果，但毕竟是一种外在力量，往往不能使人心悦诚服地接受。这在效果上可能造成一种"暂时效应"。一旦经济运行出现"障碍"，已经建立起来的新秩序仍然有被冲破的危险。例如，走私、非法倒卖、制造伪劣产品、行贿受贿等行为，虽在我国的政策法令中明令禁止，但有些人仍明知故犯。说到底，这是因为他们在金钱的诱惑下，丧失了应有的道德良知。而道德是以良心、社会舆论、传统习惯等形式规范着人们的行为，通过教育，逐步使人们从内心体验什么是善与恶、美与丑、崇高与卑鄙，从而把道德原则变成自身信念，自觉抵制各种负面效应，进而达到行为合理化的"持久效应"。另外，从调节范围上看，道德手段比法律等手段触及的领域更广，如买卖公平、交易公正、诚实守信、服务态度良好等，都依靠道德伦理的调节和约束。

（四）伦理道德本身就是一种管理组织形式，体现了一种管理关系

20 世纪 70 年代末至 80 年代初，许多西方学者曾探讨了日本、韩国、新加坡等东亚国家以及中国台湾和香港地区第二次世界大战后经济迅速崛起和发展的原因，结果发现其中的重要原因是：这些国家和地区的企业管理中体现了东方儒家的伦理和思想。这些成功的企业大多数在起步时都是以"家庭企业"或"家族式企业"的模式出现的。其实这种企业模式就是在东方儒家伦理和思想的基础上，建立起管理组织和管理关系。例如，饮食、杂货、文具、修表、修锁、刻印、裁缝等小店，店主一般是家长，雇员几乎都是家庭成员。这种"家庭企业"的生产和分配法则是"各尽所能，各取所需"；当家庭企业的业务量增加到一定数量，超出家人的能力范围时，企业主可能总揽企业中的经营大权，指派家人担任企业中的重要职位，共同经营企业，此即"家族式企业"。这些"家庭企业"或"家族式企业"一般归家庭所有，规模不大，不重视企业组织结构和各种规章制度的建立，而更倾向于利用"人情规则"和"需求规则"进行管理。这种以伦理道德为内在约束建立起来的企业组织形式，有其存在的价值和必然性。日本与东亚经济的发展，在某种程度上也证明了这种管理组织形式的合理性和有效性。

（五）伦理道德能调节组织内部关系，起到团结和凝聚作用

从一方面看，伦理道德是使规章制度运行并发挥作用的润滑剂。规章制度具有一定的强制性，它能否发挥作用，在很大程度上取决于人们的道德觉悟。另外，规章制度主要是面向群众的，只有群众乐于接受，才会自觉遵守。这就表明规章制度要依靠一定的道德力量作为基础。

从另一方面看，伦理道德与组织文化具有互动的作用。从本质上讲，伦理道德是文化的

重要构成部分，而组织文化的核心是以人为本，形成组织的价值观和组织精神，依此增强群体的凝聚力。这其实又属于伦理道德的范畴。有关学者通过对西方七国的100多家企业的研究发现，企业文化是创造企业财富的源泉，也是企业竞争力的源泉。日本企业的成功证明了这一点，而且目前企业家也都认识到了这一点。松下电器公司是日本成功的大企业之一，公司的创始人松下幸之助在管理上充分利用了企业文化。而其在培植企业文化中，潜移默化地对员工进行了大量的职业道德教育，员工职业道德的加强和深入，使其企业文化具有了坚实的群众基础。日本著名企业家涩泽荣一在《论语与算盘》一书中向世人提供了一种具有日本特色的管理模式："论语＋算盘"。如果把"算盘"理解为企业的管理与经济效益的获取，那么"论语"显然就是道德，尤其是中国传统道德的代名词。"论语"与"算盘"的结合，就是道德与经济的结合。日本企业管理道德化，增强了企业的凝聚力。有的学者采用实证分析的方法讨论了推动"亚洲新兴经济体"发展的五大儒家伦理思想：

（1）家族主义。其内涵是强调个人对家庭所应尽的义务，包括忠于家庭、孝顺父母、家人互助。而为了尽到上述义务，个人在工作生活及为人方面必须谨守某些原则，如做事有恒、负责尽职、工作认真、工作勤奋、一技之长、生活节俭、为人谦虚、遵守纪律及自我约束。

（2）谦让守分。强调个人要守本分，凡事要谦让为怀、容忍别人，为此也必须谨守某些原则，包括中庸之道、牺牲小我成全大我、长幼有序、遵守规范、己所不欲勿施于人、稳扎稳打及尊重传统等。

（3）面子关系。其主要内涵是个人为保护面子而重视保有财富（如追求财富、量入为出）、谨守上下关系（如服从权威、服从上司）、注重人情世故（如礼尚往来、人情关系）的行为。

（4）团结和谐。其主要内涵是人与人之间的交往要重视和谐；团体的成员必须有团结精神，热爱集体，以共谋团体的成功。因此，个人应该诚实守信，工作认真、勤奋，不断学习新知识。

（5）克难刻苦。其主要内涵是强调个人应具有不怕吃苦（刻苦）的精神，同时也要有冒险犯难、追求创新的行为。

（六）伦理道德是评价管理工作优劣的有效手段

众所周知，管理不仅具有技术属性，而且还具有社会属性。管理是一种社会活动，它总是在一定的历史条件下和一定的社会关系中进行的，因而必然会采取一定的社会组织形式，以制度、法规、准则来承担、执行管理职能。可以说，管理活动就是一种道德活动。所以，管理工作的好坏，管理人员的素质、品德高低等均可以通过社会舆论进行评价和裁定。因此，伦理道德是评价管理工作优劣的一种有效手段。

三、影响管理伦理（道德）的因素

结合前面对伦理与管理关系的阐述可知，由于管理者在组织中的特殊地位，管理者的道德对企业组织的道德及组织中员工的道德有深刻的影响，所以，作为一个管理者，不仅要遵守普遍的道德标准，还要有高于普通人的良好道德风范。那么，影响管理者道德行为的因素有哪些呢？

斯蒂芬·罗宾斯（Stephen P. Robbins）在《管理学》一书中列举了影响管理道德的各

种因素。他认为："一个管理者的行为合乎道德与否，是管理者道德发展阶段与个人特征、组织结构设计、组织文化和道德问题强度的调节之间复杂的相互作用的结果。"因此，管理者道德发展的阶段、个人行为的特征、组织结构设计、组织文化、道德问题的强度等都是影响管理者道德行为的重要因素，它们决定了管理者面对道德困境时，到底是选择道德行为还是非道德行为。罗宾斯的论述具有重要的启发意义，在现代管理中具有重要的应用价值。现对此分析如下：

（一）管理者的道德发展阶段

西方道德心理学家通过实验发现，人们的道德发展可归纳为三个发展阶段：前惯例阶段、惯例阶段、规范与原则阶段，它们代表了人们道德发展的不同水平。处于前惯例阶段的人们，其道德选择仅受个人利益的影响，其行为特征是为避免物质惩罚而谨遵规则，或只在符合直接利益时才遵守规则；处于惯例阶段的人们，其道德选择受他人期望的影响，其行为特征是做自己周围的人所期望做的事，或通过履行他人所认同的准则、义务来维护传统的秩序和标准；处于原则与规范阶段的人们，其道德选择具有自主性，受自己认为正确的个人行为准则的影响，其行为特征表现为遵循自己长期所形成的道德准则，而不受外界的影响。斯蒂芬·罗宾斯认为，管理者达到的道德阶段越高，就越倾向于采取符合道德规范的行为。

（二）管理者道德行为的个人特征

一个成熟的人一般都有相对稳定的个人价值准则和道德规范，即对正确与错误、善与恶、勤奋与懒惰、公平与偏倚、诚信与虚假等基本信条的认识。这些认识是个人在长期生活实践中发展起来的，也是教育与训练的结果。管理者通常也有不同的个人准则，它构成了管理者道德行为的个人特征。由于管理者的特殊地位，这些个人特征很可能转化为组织的道德理念与道德准则。

（三）管理者的自信心强度

在管理过程中，一般要求管理者的谋与断、胆与识是统一的。但管理者作为一个个体，其能否把自己的价值认识转化为行动以及在多大程度上转化为行动，是"寡断"还是"立断"，其个性品质中的自信心强度是极为重要的决定因素。所以，斯蒂芬·罗宾斯认为，管理者的自信心强度对管理者的道德选择至关重要。实验表明，自信心强的人比自信心弱的人更能克制冲动，也更能遵循自己的判断，去做自己认为正确的事，从而在道德判断与道德行为之间表现出一致性。

（四）管理者的自我控制能力

斯蒂芬·罗宾斯在《管理学》一书中提出了"控制中心"的概念。"控制中心"即"衡量人们相信自己掌握自己命运的个性特征"，它实际上是管理者自我判断、自我控制、自我决策的能力。罗宾斯把控制中心区分为内在与外在两个方面。他认为具有内在控制中心的人，自信能控制自己的命运，故更可能对自己的行为后果负责任，并依据自己的内在标准指导行为，从而在道德认识与道德行为之间表现出更大的一致性；具有外在控制中心的人则常常是听天由命，一般不大可能对其行为后果负个人责任，而更可能依赖外部的力量，因此，他们在道德认识与道德行为之间常表现出很大的差异性。

（五）管理组织结构的设计

合理的管理组织结构可以对组织中的个体道德行为起到明确的指导、评价、奖惩作用，因而也就对管理者的道德行为有约束作用。为此，首先，要做到减少组织结构设计中的模糊性，因为"模糊性最小的设计有助于促进管理者的道德行为"。而减少模糊性的最重要的方法就是制定严格、正式的规则和制度。其次，组织要根据内外环境和条件的变化，适时调整自身的组织结构。其管理层次设计要有助于各级、各部门管理者的分工与协作，这样才能在组织管理层形成和谐、有效的人际关系，也才能够协调、激励管理者的道德行为和道德信念，进而为员工确定出可接受的和期望的行为标准。因为"上级行为对个人道德或不道德行为具有最强有力的影响"。再次，组织要有一个合理的绩效评估系统。其合理性表现在：要用科学的方法制定出切实可行的评估指标和评估程序，要从客观、全面的角度评价每一位员工。如果仅以成果作为唯一的评价标准，则会使人们在指标的压力面前"不择手段"，从而增大违反道德的可能性。最后，激励的强度和频率，尤其是报酬的分配方式、赏罚的标准是否合理，也是影响管理道德行为的重要方面。因为它直接与道德的一个重要标准——公正相联系，组织分配中公正的程度关系着人们对道德的选择，也关系着人们对道德的信念和坚持。

（六）管理组织的文化建设

斯蒂芬·罗宾斯认为，管理组织的文化建设对管理道德的影响主要表现为两个方面：一是组织文化的内容和性质；二是组织文化的力度。一个组织若拥有健康的和较高道德标准的组织文化，这种文化的向心力和凝聚力必然对其中每个人的行为具有很强的控制力，这一点在前面管理与伦理关系的论述中也已做了详细阐明。另外，组织文化的力度对管理道德也有着很大的影响。如果组织文化的强度很大并且支持高道德标准，那么，它会对管理者的道德行为产生强烈的和积极的影响；相反，在较弱的组织文化中，即使人们具有正确的道德标准，在遇到矛盾和冲突时也难以坚持原有的道德标准，从而导致管理者的非道德行为。现代企业中的承诺制之所以难以得到长期和始终的坚持，组织文化的强度不够应该是一个重要的原因。大家都有这样的感觉：一个缺乏强烈道德感的人，如果受到规则、政策或组织文化理念的约束和熏陶，他做错事的可能性就很小；相反，一个非常有道德的人，长期在一个允许或鼓励非道德行为的文化环境下，也可能会被腐蚀。

（七）道德问题的重要程度

斯蒂芬·罗宾斯认为，道德对于管理者的重要程度对管理者的道德选择具有重要意义。这其实是关于管理者对道德评价的认识问题。管理者如果比较在意道德评价，认为道德问题很重要，就会自觉遵循道德规范和道德原则，并且会不断提高自身的道德水平；否则，他就会我行我素。具体来看，管理者的道德问题重要程度主要表现在管理者对以下几个问题的判断：管理者对其道德行为产生的危害或受益的可能性的认识；管理者与其道德行为的受害者或受益者的关系接近程度；管理者对其道德行为的受害者或受益者受到多大程度的伤害或利益的关注度和内心感受；管理者对社会舆论的在意程度和内心反映；管理者的道德行为对有关人员的影响和集中程度的大小；管理者的道德行为与所期望的结果之间持续时间的长短，等等。

四、提高管理伦理（道德）的途径

管理伦理的重要性说明了提高管理伦理的必要性，而由影响管理伦理的因素分析可知，提高管理伦理可从如下几个方面入手：

（一）提高管理者的素质

由前面分析可知，管理者的道德发展阶段、自信心、自控能力等都是影响管理道德的重要因素，而这些因素其实也是管理者素质高低的体现。要改善管理道德，首先要提高管理者的素质。这是因为，一方面，由于担任管理职务具有相当大的职权，而组织对权力的运用往往难于进行严密、细致、及时、有效的监督，所以权力能否被正确运用，在很大程度上只能取决于管理者的良知；另一方面，因为每个组织相对社会来说都是极小的，对社会的影响不大，所以调整组织道德的是伦理规范，而组织的道德水准如何则完全取决于组织主要负责人的个人修养。尤其在现代社会中，随着人力资源在组织中作用的提高和管理对象的高知识化，管理者个人道德力量的作用在增强。组织的制度约束越弱，这一作用就越凸显。否则，如果管理者素质低下，极可能转向腐败或极易造成决策失误，导致组织夭折。法约尔认为，一个人在组织阶梯上的位置越高，就越难明确其责任范围。避免滥用权力的最好办法就是提高个人素质，尤其是要提高其道德方面的素质。

那么，现代企业的管理者必须具备的道德素质有哪些呢？

（1）必须具备全新的经营价值观念。例如，竞争意识、创新精神、协作观念、服务思想、效益观点等。作为企业家（管理者），在他的心中应该是事业至上、群体为重、国家民族利益高于一切的。为此，他应本着强烈的责任心，担负起自己的义务，以效益为中心，树立服务与协作意识，不断创新，勤奋努力，积极参与竞争。如果企业家（管理者）的人生价值观是积极向上的，人生目标和需求层次是崇高的和刚性的，则其必然会主动克服性格等天生因素方面的弱点，努力培养和调整自己的专业素质，不断地走向成功。

（2）必须具备正确的工作价值观。工作价值观是企业家（管理者）对管理工作中各要素重要性及先后次序的认识与判断。企业家（管理者）如何认识领导与权威、专制与民主、权力与责任、传统与现代、公平与效率、资本与劳动以及客户信誉与长远利益等关系，将直接影响到其实际的管理质量与管理水平的发挥。如果一个企业家（管理者）唯我独尊，组织中的其他成员只是其追随者、模仿者甚至轿夫，他们只是在其成功的领导下才荣获恩赐和庇护，那么，该企业家（管理者）的管理方式一定是粗暴的，企业的寿命也不会太长久。所以，企业家（管理者）应树立正确的工作价值观，善于从各方面调动员工的积极性和创造精神，以最终达到企业目标。

（3）必须坚持集体主义原则。一个企业肩负着对国家、社会和员工的义务和责任，员工、国家和社会也应为企业的发展提供良好的运营环境，它们之间是一个互动的、统一的集体。故作为企业的管理者，就要正确处理和协调国家、企业和员工个人之间的利益关系，三者要统筹兼顾，坚持集体主义原则。企业的活动不得侵犯国家利益或损害员工的个人利益，当个人利益同企业利益、国家利益发生矛盾，或企业利益与国家利益发生矛盾时，前者应当服从后者，后者也应尽量照顾前者的利益。

（4）必须坚持人道主义原则。作为管理者，在生产活动中一定要珍惜人的生命价值，尊重员工的主人翁地位，友好、平等地对待广大员工，严于律己，宽于待下，关心员工的生产与生活，善于听取他们的意见，努力改进企业的经营管理，用自己的技术业务专长竭诚为社会公众服务。

（5）必须坚持公正原则。管理者在企业的生产经营活动中要坚持物质利益分配公正、用人公正、奖惩公正，在对外交往中坚持社会公正。为此，管理人员应作风正派，办事公道，言行一致，率先垂范；坚持按劳取酬，知人善任，唯才是举；对下应一视同仁，不拉帮派，不分亲疏；对上则不曲意逢迎，不拍马屁，不哗众取宠，敢于提出自己的观点；与其他企事业单位的交往也应遵守互利互惠的原则，与广大社会公众的交易或服务更应公平合理。

（6）必须坚持诚信原则。管理人员要诚实守信，不搞欺诈。无论是企业与国家之间、企事业单位相互之间，还是企业的投资者、管理者与从业人员之间，管理者与顾客之间，管理者都要诚实守信地履行协议、契约、合同，在企业的一切经济活动和日常的交往中说实话、讲真情，不欺骗、不愚弄。

那么，如何提高管理人员的道德素质？一般可以通过选拔和道德培训来进行。一个成熟的人一般都有相对稳定的个人价值准则和道德规范，即关于对正确与错误、善与恶、勤奋与懒惰、公平与偏倚、诚信与虚假等基本信条的认识。这些认识是个人在长期生活实践中发展起来的，在进入企业前就已经形成，要改变并不容易，它们可以代表一个人的素质高低。所以，对企业而言，在提拔和聘用管理人员时，首先要选择素质高的人员，而把那些在道德方面不符合企业要求的申请者排除在外；另外，企业还可以通过各种形式，如开研讨会、专题讨论会、考试、宣传等对管理人员进行道德教育和培训。通过道德教育和培训向管理者灌输企业经营精神和文化价值观，加强其道德认识，陶冶其道德情操，锻炼其道德意志，树立其道德信念，培养其道德习惯，以此提高其管理素质。这方面的工作还可与职业道德修养联系起来进行。

（二）要求管理者以身作则

道德准则要求管理者，尤其是高层管理者应以身作则。传统的中国伦理强调"内圣外王"，也就是说，领导作为王者，首先必须是一个圣者。"圣"的境界固然难以达到，但在道德上严格要求自己，以自己的道德行为为员工做示范，则绝对是必需的。所谓"上行下效""上有所好，下必甚焉"的道理就是如此。正如罗宾斯所说，高层管理者通过他们的言行和奖惩建立了某种文化基调，这种文化基调向员工传递和暗示了某些信息。例如，如果高层管理者公车私用，无度挥霍，这等于向员工暗示，这些行为是被允许的；又如，如果领导选择关系户作为提升或奖赏的对象，则表明靠拉关系这种不正当的方法获得好处不仅是可取的，而且是有效的，于是"关系文化"就可能盛行，人们的注意力就可能不集中在工作实绩的创造上，而是转向人际关系方面的钻营；而如果领导当众惩罚投机者，员工就会得出这样的结论——投机是不受欢迎的，是要付出代价的。所以，不良的纪律来自不良的领导。企业领导者如果不能严于律己、以身作则，则势必会导致企业内部形成管理松弛、制度涣散、风气败坏、上行下效的局面。因此，管理者律己不严，就不能严整纲纪；只有以身作则，才可能军令如山、执法如山。例如，海尔集团总裁张瑞敏在处理次品冰箱时，并没有借助任何制度化的行政处罚或宣传手段，而是靠"亲手砸"这一非程式化的道德表现来树立"质量至上"的企业精神。

（三）加强管理者的职业道德修养

职业道德是指个人在从业过程中应遵循的与职业活动相关的道德行为准则，这是个人道德行为特征最具体、最重要的表现。我国历来讲究"师德""艺德""医德"等职业道德。例如，我国唐代著名医学家孙思邈在《千金方·大医精诚》篇中，就精辟地阐明了医生所应有的道德。他认为，医生应以高度的责任感，认识到"人命至重，有贵千金"；医生的职责是治病救人，因此，"若有疾厄来求救者，不得问贫贱富贵，长幼妍媸，怨亲善友，华夷愚智，普同一等，皆如至亲之想"；在诊治疾病时要专心致志，"纵绮罗满目，勿左右顾眄"。因此，要提高管理者的道德修养，必须加强职业道德建设。

职业道德建设一般有相关的两个方向：一个方向是员工道德；另一个方向则是组织领导者、管理者的道德。两者相互联结、相互作用，构成一个完整的职业道德模式。习惯上，一讲职业道德，似乎便是针对广大员工的思想与行为，而各行各业的领导者、管理者都不包括在内，好像领导者、管理者的道德水平天生就很高。这是一种误解。其实，职业道德教育的客体与主体是相对的，而不是绝对的。广大员工需要接受职业道德教育，各行各业的领导者、管理者也需要接受职业道德教育。可以说，职业道德教育和一般道德教育一样，人人是教育者，人人也是被教育者。职业道德教育同道德教育、文化科学教育一样是终生的，应不断反复进行。但职业道德建设的关键环节在于管理者的道德水平，只有管理者的职业道德建设好了，各行各业广大员工的职业道德建设才会迎刃而解。

党的十四届六中全会文件《中共中央关于加强社会主义精神文明建设若干重要问题的决议》中，对我国从业人员的职业道德规范做了明确定义："爱岗敬业、诚实守信、办事公道、服务群众、奉献社会"。若撇开此文件不说，单结合前面所述的道德范畴"善恶、良心、义务、诚信、公正、勤奋"来看，要提高管理者的职业道德修养，就必须坚持"五业"精神。《经济人与道德人：市场经济与道德建设》一书中就详细论述了职业道德建设中的"五业"精神。所谓"五业"精神，是指从业人员对其所从事的职业应当具有的"责业"精神、"廉业"精神、"勤业"精神、"敬业"精神和"爱业"精神。

1. "责业"精神

"责业"精神，就是从业人员对其所从事的职业要有一定的责任心，要有对本职工作认真负责的态度和精神。从业人员在职业活动中，一般有参加管理的权利、休息的权利和领取劳动报酬的权利等；与此相对应，从业人员就应遵循国家规定或组织契约与社会习惯，承担其相应的职责和义务。例如，从业人员应当承担遵纪守法、努力生产、爱护企业财产等责任。这是职业道德对从业人员最起码的要求。

2. "廉业"精神

"廉业"精神，就是从业人员在"责业"精神的基础上，在职业活动中为了保证企业的整体利益和自身根本利益，廉洁自律的精神。市场经济的核心是商品交换，而商品交换要实行等价交换。从业人员在职业活动中奉行商品交换的原则，就必须廉洁自律。因为各种"以职谋私"和"以权谋私"的行为，违背了商品交换的原则，扰乱了商品交换的平等性、公平性、公正性、有序性，破坏了市场经济机制的正常运行。如果从业人员缺乏"廉业"精神，为一己之私而"以职谋私"或"以权谋私"，搞行业不正之风和腐败活动，就必然使企业内部整体利益受到损害，破坏企业形象，降低企业的竞争力，严重损害企业的长远利益。而且他也必将为企业所不容，丧失从业资格，丧失自身在职业活动中得以生存和发展的机会，甚至可能触犯职业纪律和国家法规。因此，一个从业人员只有做到廉洁自律，才能保证职业责任的履行。"廉业"精神是保证从业人员自身职业利益的实现、保证企业利益的实现、保证社会整体利益的实现的基本道德要求。

3. "勤业"精神

"勤业"精神，就是从业人员在职业活动中，勤奋努力地工作，以期更好地实现职业利益的一种职业道德精神。市场经济是一种竞争性经济，每一个企业在市场经济活动中都作为一个竞争主体进入市场，参与竞争。企业为了在竞争中获得生存和发展的有利地位，更好地实现自身的利益，就必须不断努力改进工作，提高劳动生产率和工作效率。这就势必要求每一个从业人员在自己的工作岗位上不仅要认真负责地工作，而且还要勤奋努力地工作，以优质的服务和产品质量以及高效的工作成果，在激烈的市场竞争中赢得相对优势，这样才能保证企业的生存和发展，使职业利益更好地得以实现。另外，在"按劳分配""多劳多得"的分配方式下，个人物质生活水平的提高、工资奖金的增长，与自身的工作效益和劳动生产率也紧密相连。从业人员只有勤奋工作和劳动，才能不断地增加收入，改善生活条件。随着"铁饭碗"被打破，人事制度和劳动用工制度的改革，企业有权选用员工。为了保证企业自身在市场经济中的竞争实力，企业必然会在最大限度内择优录用素质较高的员工，而缺乏"勤业"精神的从业人员首先就会被企业所淘汰。这在客观上促使从业人员为了在竞争中获得相对优势，努力培养自身的"勤业"精神。

4. "敬业"精神

"敬业"精神，就是从业人员在"责业""廉业""勤业"的基础之上，在职业活动中，逐渐形成的一种对自身职业的崇敬心理。往往表现为在职业活动中，从业人员不仅不允许自己做有损于本职业的事情，也不能容忍他人做有损于自身职业的事情。因而，具有"敬业"精神的从业人员能够自觉地"责业""廉业""勤业"。这种精神是比"勤业"精神更高一个层次的职业道德精神。"敬业"精神的形成，首先是"责业""廉业""勤业"精神长期实践并逐渐内化的结果。从业人员最初在职业活动中"责业""廉业""勤业"，主要或完全是为了获得物质与精神的报酬和避免惩罚而采取的表面服从行为。此时，从业人员的道德阶段处于罗宾斯所说的"前惯例阶段"。由于职业组织奖惩保障制度的坚持、完善及职业组织的吸引力，从业人员渐渐地在职业活动中被"责业""廉业""勤业"的精神所同化，能够自愿地接受和履行其职责和义务，而且从内心深处相信这些职业道德精神的合理性和神圣性，使这些职业道德精神逐渐成为自己内在道德素质的有机组成部分，一种对本职业崇敬的心理和感情便油然而生。这时，"责业""廉业""勤业"对从业人员来说，既不是一种单纯的自愿行为，更不是一种服从行为，而是一种真正自愿自觉的行为。达到"敬业"精神境界的从业人员，已经使自己的职业行为开始超越利益的狭隘范围，成为向更高职业道德境界发展的必然阶梯，这就是罗宾斯所说的高层次的道德阶段。

5. "爱业"精神

"爱业"精神是从业人员在"敬业"精神的阶梯上进一步迈进的必然结果。它表现为从业人员不仅将自身的价值和名誉与本职业紧密相连，而且滋生出一种深厚的热爱之情。这种热爱之情会使从业人员与其从事的职业融为一体，职业实践成为其生命的内在要素，成为其自我实现的必然要求。这是最高的职业道德境界。在这个境界，从业人员已经完全超越了利益的束缚，无论他所从事的职业在世人眼中的价值如何，其实际的收益多少，都不能动摇他对自己所从事职业的责任心、崇敬心和热爱之心；无论在职业活动中遇到多少艰难险阻，他都会义无反顾地奋勇向前。

从以上职业道德建设中"五业"精神的关系来看，"五业"精神其实是在职业活动中的五个道德层次和道德境界。这五个道德层次和道德境界是向上发展、相互联系的，只有做到了前者才能上升为后者。由于人们的素质存在差异，人们相应地处在不同的道德层次和道德境界上。因此，在职业道德建设中，应当从实际出发，一方面对不同素质的人提出不同道德层次和道德境界的要求；另一方面要在不断提高从业人员素质的基础上，指引和倡导他们达到更高的职业道德层次和职业道德境界。

（四）培植组织文化

由前面分析可知，伦理道德与组织文化具有互动作用：加强道德建设可以促进和稳定组织文化的形成；而组织在培植组织文化的过程中，可以潜移默化地对职工进行职业道德教育，可以分辨、控制、支持及影响个体的道德行为。所以要提高管理道德，必须加强组织文化的建设。

一般来说，组织文化的培植和塑造可经过四个阶段：设计阶段、培养阶段、分析阶段和强化阶段。在设计阶段，组织可根据自身情况、外界社会经济环境、组织所处的历史时期及组织的发展经营目标，确定自身健康有力的组织文化内容。其主要包括：精神文化层，即组织经营理念、经营哲学、经营的道德规范和准则、组织员工共有的价值观；制度文化层，即组织成文的或约定俗成的制度、习惯习俗和礼仪、组织的结构形式、组织员工的生活方式、人际关系等；物质文化层，即组织外在的表现形式，如厂容、厂貌、员工工作态度、工作条件、产品的质量、企业的品牌形象等。组织文化的三个层次之间相互联系、相互作用，共同构成完整的组织文化体系，其中精神文化层是核心层。确立了组织文化的内涵，组织就要在长期的生产经营实践中有意识地灌输、激发、培养组织文化。例如，可分期分批地对管理人员进行培训、宣传，由此把组织文化的内容通过管理者示范、传播渗透到组织的每个角落，在组织中形成广泛的组织文化氛围。当组织文化在员工中得到认同后，其运转过程中还会暴露出一些问题，组织要及时对此分析、改进。随着组织的发展和社会的进步，还要不断充实、丰富和提高组织文化的内涵，使组织文化在动态中得到不断强化。总之，加强组织文化建设，通过组织文化的熏陶和潜移默化的影响，可以培养高素质的员工，进而为组织的发展做出卓越贡献。

（五）独立的社会审计与监察

罗宾斯指出："一种重要的制止非道德行为的因素是害怕被抓的心理。按照组织的道德评价决策和管理的独立审计，提高了发现非道德行为的可能性。"英美国家靠发挥注册会计师的"经济警察"作用来保证经营者披露的财务会计信息的真实可靠性；西方发达国家的企业普遍设有企业伦理顾问，并颁布《企业伦理宪章》。因此，进行独立的社会审计与社会监察是改善管理伦理（道德）的重要手段。

根据我国的实际情况，要做到这一点，必须注意以下两个方面：

（1）审计监察必须是"独立的"和"社会的"。审计监察必须是"独立的"，即审计与监察必须不受同级管理层的制约，否则很容易造成"共同舞弊"，形成审计和监察的虚伪；审计监察还必须是"社会的"，即审计监察必须面向社会，接受社会大众的监督。进行社会监督的主体应该是消费者、经营者、新闻媒体及行业协会等社会团体，其监督权可以通过举报、公开批评、舆论监督等方式实施，其中新闻媒体的参与至关重要。

（2）审计监察必须是制度化的，但又不能是程式化的。因为组织对外界的干预一般都有很强的"对策能力"，即所谓的"上有政策，下有对策"，再加上一些地方保护主义和本位主义者的容忍和纵容，所以，程式化的审计监察很可能在"有准备"的情况下了解不到真实的情况。因此，解决这一问题的有效办法是经常地、随机地进行审计和监察。

（六）制定道德标准和行为准则，加强道德评价

要提高管理伦理（道德），还必须大力弘扬"诚信"观和新的"义利"观。加强"诚信为立身、立业之本"，以"为事不以诚，则事败"为戒。在"诚者，天之道也；诚之者，人之道也"的求索过程中，自觉树立一种现代意义上的、有助于体现社会主义"共同富裕"精神的、有道义的"义利"观。古语说得好："君子爱财，取之有道。"这"道"在市场经

济中就具体表现为经营者要追求效率，不忘公平；崇尚竞争，不忘协作；注重交换，不忘原则。从而在取"利"的过程中，不但要追求"为什么"，同时也要懂得"怎样做"，将取"利"的功能价值与伦理价值结合在一起。另外，还要加强道德评价，通过树立道德模范来影响人们的行为，如大力宣传讲商誉、有信用的企业家，以弘扬社会正气。在市场经济大潮中，虽然出现了诸多"反经济信用行为"，但是也有不少企业及企业家靠自己的商誉和信用，在获得巨大经济效益的同时，得到了社会公众的赞誉。他们既赢得了商誉和经济效益，又弘扬了社会正气。又如，加强员工的绩效评价，对绩效好的管理者、经营者进行奖励、提升，等等，这些都可提高人们对道德问题重要性的认识，是提高管理道德的重要途径。

（七）加强法制建设，通过制度保障的强制约束来保证市场经济的严肃性

改善管理伦理（道德）还必须大力整顿和规范市场秩序，进一步健全市场法规，严格执法，严肃财经纪律。各级政府和有关职能部门对违反金融、外汇、工商行政管理法规、违反市场管理条例、非法从事工商活动、扰乱市场秩序的行为必须给予坚决打击；从事经营、管理、财务、财会、财税及市场中介服务工作的人员，必须杜绝弄虚作假、有章不循、各行其是的做法，对各种违反法律法规、财经纪律的行为要严肃查处，绝不姑息；对行贿受贿、抗拒打假执法的犯罪分子及包庇他们并从中贪污受贿的贪官污吏，必须坚决依法严厉打击，绝不手软。只有这样才能保证市场经济的公平竞争和等价交换原则不受侵害，从制度上保障经济活动的双方都有一种信用保证。只有当那些外在的约束体系在长期的经济活动中被有效实行并逐渐内化为经济活动主体的自觉意识以后，才能真正保证市场经济活动规则的普遍有效性，从而在市场经济的大潮中，以一种健全的现代人格重视道德规范的导向，以一种内在的自觉认真遵守外在的规章。

第三节　企业伦理

一、企业伦理与企业社会责任

企业伦理（Business Ethics）就是关于企业这一管理组织的伦理道德。企业从事经营活动，首先需要投资者投入资金，需要全体员工努力生产。另外，企业是一个开放系统，其经营活动必然在一定的社区和自然环境中进行，故其要享受社区提供的服务，从环境中获取自然资源。当然，为了获取利润，企业更要创造、发现并满足顾客的需求，要与竞争者争夺市场份额、争夺人才，还要接受政府的指导和调控，接受债权人和供应者提供的贷款、材料、技术等。那么，在与各种利益主体进行交往时，企业应遵循何种原则？应该有或不应该有什么样的行为？其实，这正是企业伦理研究的内容。企业为了降低背德行为所造成的实质性损害，应通过建立遵从目标和教育培训，使企业的成员明白道德行为的重要性，并构筑起伦理的防火墙，把背德行为造成的损失降到最低。因此，企业伦理就是关于企业经营活动的善与恶、应该与不应该的行为规范，就是关于怎样正确处理企业与利益相关者之间关系的规范。目前在美国，大部分大企业都已经建立了企业伦理机制，包括建立制度、设立机构、培训员工等，这与美国政府参与企业的监管有关。美国政府在1991年公布了《量刑指南》（Sentencing Guideline），该指南要求企业建立伦理机构和伦理审查制度，并且把这个制度作为企业犯罪时豁免的一个基本前提。而2002年的安然事件和世通事件给美国社会敲响了警钟，对企业伦理的讨论进入了一个新阶段。美国修订了《量刑指南》，强化了对企业伦理准则实施的约束，企业伦理也成了大学商学院的标准课程中不可或缺的部分。

关于企业社会责任（Corporate Social Responsibility，CSR），斯蒂芬·罗宾斯认为："企业社会责任是指超过法律和经济要求的、企业为谋求对社会有利的长远目标所承担的责任。"它区分了社会责任和社会义务，认为一个企业只要履行了经济和法律责任，就算履行了社会义务，而社会责任则在社会义务的基础上加上了为社会长远发展必须分清是非、遵守道德准则的要求。另外，根据哈罗德·孔茨及海因茨·韦里克在《管理学》一书中的定义，企业的社会责任就是"认真地考虑公司的一举一动对社会的影响"，即企业为社会的福利、稳定和发展而必须关心的多方面责任。而在国际标准化组织（International Standard Organization，ISO）于 2010 年 11 月 1 日出台的《社会责任指南》（ISO 26000）中，"社会责任"术语被定义为："社会责任是指组织通过透明和道德的行为为其活动和决策给社会和环境造成的影响所承担的责任。这种担责行为应致力于可持续发展、健康和社会福利，考虑利益相关方的期望，符合适用法律和国际行为规范，并被整合到整个组织及其关联实践关系之中。"该标准规范覆盖了组织治理、人权、劳工实践、环境、公平运营实践、消费者问题、社区参与与发展七个方面的内容。由此可见，企业社会责任是指企业应该承担的，对社会及不同相关利益主体所负的经济责任、法律责任和道德责任。这三者之间的关系是：履行经济责任是企业的中心任务，但履行经济责任必须以履行法律责任和道德责任作为前提和基础。

企业伦理与企业社会责任有着密切的联系。在企业社会责任问题还没有引起人们重视、企业社会责任概念还没有提出以前，企业为了自身利益及长期生存，也肯定要追求经济效益，要接受国家法律的约束。换句话说，企业社会责任概念的提出主要是针对企业道德责任而言的。所以，企业社会责任与企业道德、企业伦理在内容上是一致的，要求企业履行社会责任，实质上就是要求企业讲求伦理道德，企业伦理的核心是企业社会责任。目前我国学术界对企业伦理和企业社会责任这两个概念并未严格加以区分，都是作为企业伦理的一部分来处理的。由于我国学者和企业界对企业社会责任方面的研究和实践更深入，下面将主要围绕企业社会责任来讨论。

二、企业社会责任的对象

不同的企业承担的社会责任有所不同，如银行的社会责任完全不同于制造厂商所应承担的义务。也就是说，不同企业对不同的利益主体承担不同的、特定的社会责任。但归结起来，每个企业都要面对如下几个主要的利益主体：投资者（所有者）、消费者（顾客）、债权人（供应者）、员工、同业竞争者、政府、社会等。

（一）投资者

一般来说，个人企业、合伙制企业的投资者就是经营者，投资者的利益目标就是企业的利益目标，作为所有者的个人和企业组织之间没有法律上的区别。除个人企业、合伙制企业外，目前在我国还有大量公司制企业。在此类企业中，经营权和所有权是分离的，企业在法律上是独立的法人。那么，企业对投资者或股东就应承担责任。企业对投资者或股东承担的基本责任是：企业的经营要使投资者收回投资并使其增值，即要保证股东权益最大化，提高投资收益率和股票的价值。这是企业的"纲"。

（二）消费者

企业的成败归根结底取决于消费者，消费者是企业的衣食父母。企业通过对消费者需求的创造、发现和满足来获得应有的报酬；如果产品积压、滞销，企业的经营活动就难以正常开展。我国 1993 年 10 月 31 日第八届全国人民代表大会常务委员会第四次会议通过，2013 年 10 月 25 日第十二届全国人民代表大会常务委员会第五次会议通过第二次修订的《中华人民共和国消费者权益保护法》中，已明文规定了消费者享有的权利包括安全权、知悉权、自主选择权、公平交易权、获得赔偿权、结社权、获取知识权、人格民俗受尊重权和监督权。企业对消费者是诚实还是欺诈？是否给消费者提供了最好的产品（质优、价廉）？是否给消费者提供了最优的服务？在产品宣传方面是否存在弄虚作假？是否给予消费者充分的知情权？产品的价格是否公道？产品的性能、质量、价格是否匹配？是否倾听了消费者的抱怨和投诉，并积极做出了改进？这些都是企业面对消费者应认真考虑的责任。例如，目前某些企业的制假售假活动、强行搭售行为等都侵害了消费者的权益，又如，我国广告法明确规定，不能提供虚假的广告宣传欺骗消费者；再如，国家规定在法律和行政监管的控制下，烟草广告可以在一定范围内批准发行，但在学校以及未成年人活动场所应严格限制烟草广告，对此企业必须遵守，等等。

（三）债权人

企业的债权人（供应者）是指向企业提供原材料、零部件、资金和技术的个人或企业。企业对这些个人或企业的社会责任包括：信守合同，到期偿还债务；公平交易，不收受回扣；以诚信为本，与债权人（供应者）形成一种平等互利、长期协同发展的关系。如果做不到这一点，不仅债权人（供应者）的经营活动会受到影响，企业的信誉也会受到损害，进而形成连锁反应，造成整个社会的信用危机。例如，企业之间的"三角债"问题、逃避债务问题、合同违约问题等。因此，企业承担对债权人（供应者）的社会责任，对企业、对社会都是有利的。

（四）员工

企业离不开员工，员工是企业的支柱，因而企业不能忽视对员工所承担的责任。企业对员工承担的社会责任主要表现在以下几个方面：企业对员工的承诺怎样兑现；员工生活的基本权利和发展空间是否得到保障；对下属在工作中是非功过的评判是否公正；对员工的报酬、调动、晋升是否合理；是否为员工提供了良好的工作条件和职业保证等。

（五）同业竞争者

企业在生产经营过程中与同业竞争者处于同一市场，为了抢占有限的市场，必然会在原材料、人力、技术、资金等供应及产品销售方面发生竞争。为了形成一个良好的竞争环境，保证市场经济的健康发展，企业与同业竞争者之间的竞争行为必须遵守公认的商业道德，按公平、公正及相应的市场规则有序进行，坚决抵制不正当的竞争行为。这就是企业对同业竞争者应有的社会责任。例如，不侵犯竞争者的商业秘密，不捏造散布虚假事实损害竞争者的商誉，不恶意倾销，不垄断等。

（六）政府

我国过去长期以公有制为主，政企职责不分，国家对企业管制过严，企业缺乏自主权。改革开放以后，企业的所有制形式开始多样化，尤其是随着我国现代企业制度的建立，企业在经营方式、产供销活动、资金筹集使用、人员任免提拔、用工办法、工资和奖惩等方面均享有自主权。企业享有这些权利，无疑也要尽相应的义务。例如，企业作为国家的一分子，要在遵守国家法律、接受政府的指导和管理方面负有社会责任，即企业应遵纪守法，按时足额纳税，支持城市建设和教育发展；要根据国家发展规划，结合市场需求，制定本企业的发展计划和目标，为国家政治经济的稳定和繁荣做出贡献等。

（七）社会

企业作为社会最基本的经济单位，其生产运作及所有的经济活动都要在社会中进行，它不仅要与各利益主体发生联系，而且要与社区、环境发生联系。因此，企业对社会，乃至整个地球、人类的发展都应尽自身的义务，对保护和增加整个社会福利应承担责任。因此，企业首先应使社会、社区成为居民更好的生活场所，采取措施控制生产过程中的污染，同时大力发展"清洁生产"工艺，尽量减少生产对环境的破坏，使公众免受污染之害，使财产、健康、生命免遭威胁；其次，企业还应积极参与社会性的环保公益活动，与政府、环保团体等携手参与环境的治理和改善；最后，企业应对社会的长远发展负责，有效利用资源。社会中有些资源是有限的，尤其是一些自然资源不可再生，从人类社会的长远发展考虑，企业应尽可能地改进工艺，节约生产过程中的消耗，有效利用资源。当然，企业还应对保障社会就业负责，为社会提供尽可能多的就业机会；积极参与本地社团组织及慈善事业活动，为增加整个社会福利尽力尽责。

三、企业承担社会责任的意义及必要性

企业在追求自己的利润时，一般也会使社会受益，即企业的目标和社会的目标在许多方面是一致的。例如，企业为了生存，必须生产出符合顾客需要的产品，从而满足社会的需求；企业为了发展，要扩大规模，自然会增加员工人数，从而解决社会的就业问题；企业为了获利，必须提高劳动生产率，改进产品质量，改善服务，从而提高了社会生产效率和公众的生活质量。但是，如前所述，有的企业为了获利，可能生产伪劣产品，可能不顾员工的健康和利益，可能造成环境污染，可能损害其他企业的利益。为此，政府颁布了一系列保护公众利益的法律，如《环境保护法》《反不正当竞争法》《消费者权益保护法》《劳动法》《合同法》《产品质量法》等。政府通过这些法规来调节企业与社会公众的利益。一般说来，企业只有遵守这些法规，它在谋求自己利益的同时才会使公众受益。但法律不可能解决所有问题，企业有可能在合法的情况下从事不利于社会的活动。因此，企业还要受到企业道德和伦理的约束，不仅要接受政府有关部门的行政监督，而且要接受社会公众和舆论的监督，进一步协调企业和社会的矛盾。当然，企业的社会化可能会负担过量的成本，降低其产品在市场中的竞争力，从而有可能降低企业的经济效益。但企业作为社会中的一员，必须担负起自己的责任，而且从长远发展来看，这也是企业长期发展的必由之路。具体来看，主要包括以下几个方面：

（一）企业承担社会责任、遵循伦理道德可以降低个体交易成本，增加社会福利，达到双赢的目的

从福利经济学家的观点来看，效率与经济活动中所有成员的福利状况有密切联系。如果一个人可以在不使任何他人境况变坏的条件下使自己的境况变得更好，那么，这时的资源配置被称为"帕累托效率最优配置"，或称获得了"帕累托效率"。如果一个人的最优是通过损害他人的利益实现的，这并未给整个经济体系的效率带来任何改善，那么这种状况就是违反企业商誉、企业信用和企业伦理的，被称为"反经济信用行为"。

"反经济信用行为"的蔓延一方面造成社会道德、社会信用的滑坡；另一方面也扰乱了

社会经济秩序，使经济缺乏效率，并破坏社会福利。然而，很多人并没有意识到"反经济信用行为"的社会后果和经济后果，以为市场经济就是挣更多的钱，企业的活动就是为了追求企业利益的最大化。只要能挣到钱，当企业与企业之间的利益发生冲突、矛盾时，有的企业就会投机取巧、坑蒙拐骗，为了自己的利益去损害他人利益。但企业的活动并不只发生一次，今天你骗了别人，明天你也可能被别人骗。长此以往，实际上谁也没有从行骗中得到额外的好处，因为总的财富数量并没有增加，自己的所得就是别人的所失，今天的所得就是昨天的所失。不仅如此，由于每个企业都不得不拿出大量精力来捉摸如何投机取巧，以及如何防止上当受骗，实际上总的社会财富反而减少了。与其这样，不如遵循一定的规则、道德和行为规范，依此来约束大家的行为，以求整体利益最大化。学者法兰西斯·福山（Francis Fukuyama）在《信任——社会道德与繁荣的创造》一书中指出，经济活动无法脱离经济伦理和企业道德的文化背景，也无法离开国家宏观政策和企业经营管理的价值导向。1998 年诺贝尔经济学奖得主阿马蒂亚·森（Amartya Sen）也说过："一个基于个人利益增长而缺乏合作价值观、不惜牺牲经济信用为代价的社会，在文化意义上是没有吸引力的，这样的社会在经济上也是缺乏效率的。以各种形式出现的狭隘的个人利益的增进和道德的牺牲，不会对我们的福利产生任何好处。社会是如此，企业也是如此。"

因此，企业遵守制度不仅符合社会的道德规范，有利于社会福利的增加，而且对企业本身也是有利的，这是一种双赢的做法。

（二）企业承担社会责任、遵循伦理道德可以提高企业的商誉，增加企业的效益

所谓商誉，是指企业的一种特殊的信誉。具有商誉的企业，在同等条件下能获取比正常投资报酬率更高的超额收益。所以，提高企业的商誉，也可以增加企业的效益。

但是，企业商誉的形成必须有坚实的道德基础。商誉一般是由于企业优越的地理位置，悠久的发展历史，有效的管理水平，高效的组织机构，优良的员工素质，优质的产品质量、售后服务和合理的产品价格，以及良好的企业形象等多种因素共同作用的结果。在影响商誉形成的诸多因素中，核心是企业的产品、价格、服务、员工素质和公共形象等。而高素质的员工队伍依托于企业坚实的文化底蕴和高标准的道德要求。只有在这种高标准的道德要求及企业文化的熏陶下，企业及管理者才能本着强烈的责任心和义务感为消费者提供价廉物美的商品和优质的服务，才能充分履行自己的社会责任，也才会最终获得消费者的高度评价和认可，创造出受人欢迎的公众形象，赢得社会信誉，从而吸引更多的消费者、员工和投资者，企业也就能获取更多的利润。

实际上，从长远的发展来讲，企业对自己的道德要求越高，对自己的发展就越有利。如果说一个企业一开始就以金钱为核心价值观，而把消费者的利益抛在一边，那么这个企业是不可能维持长久的。唯有诚信至上、信誉至上，企业才能百年不衰。例如，在德国有一个公司叫阿尔迪（ALDI），属于折扣店，专卖最便宜的食品，但都是名牌产品，质量绝对有保障。它对顾客有一个承诺，就是最低价格。它有一个行为准则：永远不提高商品的利润率。为此，它用尽一切手段把成本保持在一个跟同行业相比最低的位置，而利润永远不会超过 2%。也就是说，如果成本能降下来的话，它会把利润让给客户。正是因为坚守这一承诺和行为准则，这个企业最终成为德国零售领域最大的企业，经营这个企业的家族也成了德国最富有的家族。又如，曾经的一场"火烧温州鞋"事件，使假冒伪劣的"温州鞋"遭到灭顶之灾。地处温州的制鞋企业——中国奥康集团从中受到启发，认真吸取教训，踏实地打造企

业的商誉和信用，一跃成为我国制鞋业的明星企业。

美国《财富》杂志每年都会邀请 8000 余名高级管理者、非执行董事及金融分析家对年销售额在 5 亿美元以上的 300 家企业作企业信用和企业业绩相关度的评估和研究。评估的内容包括管理质量、产品或服务的质量、创新能力、希望长期投资的价值、金融状况的可靠性、吸引开发并留住人才的能力、对社区和环境的责任、企业商誉和企业信用带来的企业形象状况等。从以往的调查结果看，80% 的被邀者认为管理质量是最重要的指标。但是，近年来"对社区和环境的责任、企业商誉和企业信用带来的企业形象状况"逐渐上升为首要指标，而且这个指标与企业经营业绩呈正相关关系。所以，从企业管理的角度看，建立在经济伦理基础上的企业活动有利于企业商誉的提高。现代企业拥有雄厚的资金、先进的技术、优秀的管理人员，应当而且能够承担企业的伦理责任和相应的经济信用。

（三）企业承担社会责任、遵循伦理道德可以增加企业的核心竞争力

为了在激烈的市场竞争中取得竞争优势，企业必须抓住自己的核心竞争力。那么，企业的核心竞争力到底是什么？有人说是高科技，也有人说是企业的组织制度。其实企业要做到优秀，功夫应下在企业核心价值观上。高科技可以学，组织制度可以制定，但企业全体员工内在的、伦理层面上的东西却是很难移植、模仿的。从这个意义上说，企业的道德、价值理念才是最终意义上的第一核心竞争力。所以说，现代企业产品的质量竞争、价格竞争、服务竞争，归根结底是企业经营理念的竞争。学者查尔斯·汉普登-特纳（Charles Hampden-Turner）和阿尔方斯·特龙佩纳斯（Alfons Trompenaars）曾对美国、英国、德国、意大利、瑞典、日本、新加坡等国家的 15000 名企业经理进行了调查，出版了《国家竞争力——创造财富的价值体系》一书。书中指出，不同的企业在创造财富的过程中都受到各自独特的价值体系的影响，但是有一点是相同的，那就是绝大多数的企业经理人都认识到，从事"反经济信用行为"的企业，其成本大大增加了。因为现代社会信息传播的速度极快，社会舆论的监督力度也在不断增强，企业一旦做出"反经济信用行为"，几乎马上就会被曝光，它的最重要的无形资产——商誉就会受到严重破坏，从而影响企业的竞争和发展。

（四）企业承担社会责任、遵循伦理道德可以赢得更多的合作者

一般来说，企业重视商誉和信用，会赢得更多的合作者的信赖和支持。南开大学企业管理系曾通过对天津 68 家公司的调查发现，如果原料供应商的老客户在原料市场疲软的时候，没有转移到要价略低的新供应商，那么将有 43.83% 的原料供应商很受感动，并愿意在今后原料走俏时，同等条件下优先考虑该客户；有 41.98% 的原料供应商深受感动，会与该客户建立相互信任的关系，在以后原料走俏时，也帮对方一把，即使稍微吃点亏也愿把货卖给该客户。由此可见，在互惠互利基础上的合作关系会更长久、更有利于共同的发展。

（五）企业在道义上有责任解决社会问题

很多社会问题（如噪声污染、空气污染、水污染、资源浪费、工业安全、消费者权益、计算机犯罪等）都是由企业造成的，企业在道义上有责任积极参与解决。如果企业不承担更多的社会责任，人们会转而要求政府监管企业，这会给企业带来很多限制。因此，企业应该积极主动地承担自身的社会责任，以提高自身的商誉，促进企业的发展。例如，在国际市场上，缺陷汽车产品召回是司空见惯的事情。所谓缺陷汽车产品召回，即投放市场的汽车，由于发现设计和制造方面存在缺陷，不符合有关的法规标准，有可能导致安全及环保问题，

厂家必须及时向国家有关部门报告该产品存在的问题、造成问题的原因、改善措施等，提出召回。目前实行缺陷汽车产品召回制度的国家有美国、日本、韩国、加拿大、澳大利亚及欧洲各国等主要汽车生产国。我国四部委曾制定了《缺陷汽车产品召回管理规定》，于 2004 年 10 月 1 日开始施行；之后国务院又制定了《缺陷汽车产品召回管理条例》，于 2013 年 1 月 1 日开始施行。国内许多汽车生产厂家从自身利益考虑，已经自觉地加入到为用户免费更换有缺陷的汽车零件的行列。

（六）企业在承担社会责任、遵循伦理道德过程中可以发现投资机会，拓宽自身的发展空间

企业在承担社会责任时，可能会发现、发掘一些发展机遇和有利可图的投资机会，使企业在解决社会问题、取得社会效益的同时，也能获得重大的经济效益。例如，根据原国家经济贸易委员会颁布的 6 号令要求，从 2001 年 1 月 1 日起，在全国范围内全面禁止生产、销售、使用一次性发泡塑料餐具。但是，此前使用量高达每年 10 万 t 的一次性餐具，不可能一日之间消失殆尽，这些 100 年都不会腐烂降解的"白色幽灵"对地球环境的威胁依然存在。如何解决这个问题呢？其实，可以利用这些"扔进垃圾堆的资源"加工 PS 颗粒，进行二次利用；还可做成建材、日用品、强力胶等，成本将大大降低，这可为企业提供发展的机遇。另外，诸如空气污染治理技术与设备、水污染治理技术与设备、固体废弃物及除尘处理技术与设备、节能和可再生能源利用技术与设备、资源综合利用与清洁生产技术与设备、环保材料和药剂等环保产业均蕴藏着巨大的商机，都可能成为新的经济增长点和新兴产业。这虽然是对经济活动中带来负面效应进行补偿的产业活动，但发展环保产业可以提高经济增长的合理性和持续性，从而提高经济增长的质量和数量，对企业本身和社会发展均有好处，是一种长期的自利。

（七）企业承担社会责任已经成为国际贸易中的新规则

全球第一个社会责任国际标准体系——SA 8000（Social Accountability 8000）目前已经成为重要的第三方认证准则。它是由总部设在美国的社会责任国际组织（SAI）发起，并联合欧美部分跨国公司和其他一些国际组织，根据国际劳工组织（ILO）公约、联合国儿童权利公约及《世界人权宣言》，于 1997 年制定的。其主要内容包括童工、强迫劳工、安全卫生、结社自由和集体谈判权、歧视、惩罚性措施、工作时间、工资报酬及管理体系九个要素，旨在通过有道德的采购活动改善全球工人的工作条件，最终达到公平而体面的工作条件。随着 SA 8000 标准的实施，我国出口到欧美国家的服装、玩具、鞋类、家具、运动器材及日用五金等产品都已经或将要经过 SA 8000 标准审核。据此，专家认为，SA 8000 认证已经成为发达国家继反倾销、绿色壁垒之后，针对发展中国家的一种新型贸易壁垒。我国出口企业要想成为全球供应链中的一员，就必须接受社会责任标准检查，即验厂和通过社会责任标准体系认证。因此，承担社会责任不仅可以使我国企业突破贸易壁垒和市场壁垒，获得一张进入国际市场的通行证，而且对快速提升企业品牌形象、进入和拓宽国际市场具有至关重要的作用。

四、企业伦理建设

近年来，随着企业社会责任在我国的发展，它已经得到越来越多人和企业的认识和认可，一些相关的国际组织和倡议也渐渐被国内企业认识和接受，如全球契约组织（Global

Compact)、碳信息披露项目（CDP）、全球报告倡议组织（GRI）、赤道原则（Equator Principle）、联合国环境规划署（UNEP）等。目前我国每年发布《企业社会责任蓝皮书》，每年召开"中国企业社会责任国际论坛"，每年进行"中国企业社会责任榜"排名，而且越来越多的企业开始每年发布企业社会责任报告或可持续发展报告。另外，企业社会责任的衡量越来越量化。除道琼斯可持续发展指数（DJSI）、英国富时社会责任指数等以外，2007 年 12 月国内资本市场第一只社会责任型投资指数——泰达环保指数发布，2009 年 8 月上证社会责任指数也正式对外发布，这些为指导我国社会责任投资（Socially Responsible Investing，SRI）提供了依据。而《上市公司社会责任指引》《中国银行业金融机构企业社会责任指引》等的出台也促进了上市公司和金融企业强化社会责任意识和积极承担社会责任。可以预见，未来人们可能会把企业社会责任看成企业的基本因素，或看成是企业生命中的空气与水。

企业伦理建设可分为外部的由社会进行的企业伦理建设，和内部的由企业自身开展的企业伦理建设，本书只讨论后者。而企业自身的伦理建设问题实质是企业伦理的管理问题。按照管理的一般原理，加强企业伦理建设，必须加强企业伦理的领导、计划、决策、协调和控制。本书将从这五方面提出企业伦理建设的思路。

（一）加强企业伦理领导

加强企业管理伦理建设，就要加强企业伦理的领导。根据本章第二节的论述，管理者的道德水准及行为会直接影响员工的道德选择，也影响企业伦理准则的制定及执行，影响企业在行业中的经营惯例，进而决定企业的伦理水平。而管理者的行为是否合乎道德，则取决于其道德素质的高低。因此，企业管理者的道德水平决定着企业伦理建设的程度和水平，企业伦理建设要求管理者具有较高的道德素质并能够模范地遵守企业的伦理规范。因此，加强管理者伦理水平的建设，提高管理者对企业伦理建设的认识并且为提高企业伦理道德建设付出努力，是加强企业伦理建设的首要措施。

（二）制定企业伦理守则

企业伦理守则（或道德规范）是企业处理与所有者、员工、消费者、供应者、竞争者、国家、环境等内外部各种关系的指导原则。企业伦理守则可以表现为以企业使命、企业宗旨、企业精神等形式规定下来的笼统的一般规范，也可以表现为详细的、明了的、成文的行为具体规范。例如，松下公司的企业伦理守则就是"产业报国、光明正大、团结一致、奋斗向上、礼节谦让、适应形势、感恩报德"七精神；而我国政府目前正在倡导企业牢固树立和认真落实"以人为本，全面、协调、可持续"的科学发展观。制定必要的企业伦理守则就是对企业伦理做相应的计划或规划。只有有了企业伦理守则，企业管理者和员工才能够有共同的价值观，也才能够按照此伦理守则进行统一决策和行动，进而规范企业管理者和员工的行为。因此，制定企业伦理守则是加强企业伦理建设的关键措施。

（三）进行企业伦理决策

所谓伦理决策，就是指企业进行决策时，不仅要分析决策给企业本身带来的直接的、内部的经济效果，还要考虑企业决策可能给社会及其他利益相关者带来的企业外部的、近期和远期的、有形和无形的效果。也就是说，企业在进行决策时，还应该考虑与员工、社会、环境、竞争者、消费者、债权人等的关系，进行必要的伦理分析。所有企业的决策都可能会使一些群体和个人受益，而使另外一些群体和个人受损。如果决策时能考虑社会分析和伦理选择，那么对管理者本身、企业和社会都是有益的。管理者只有进行了伦理分析，才能做出更好的决策，更清晰地向利益相关者解释其行为的理由，也才能保证在企业获益的同时，保证其他利益相关者的权益。为此，企业必须明确与决策相关的国家法律法规，这是最低要求的行为规范；还要明确相关的伦理规范、社会准则、行业经营惯例；确认利益相关者，倾听其意见，分析决策对他们的影响；另外，企业还应考虑长远的、难以量化的商誉、顾客忠诚度、员工满意度等。《道德管理的力量》一书中提出了三个简便易行的伦理检查项目，辅助现实中的伦理决策，即该决策合法吗？其带来的长短期利益平衡吗？自我感觉好吗？

（四）普及企业伦理教育

未来企业的竞争是人员素质的竞争，尤其是企业员工伦理素质的竞争。员工伦理素质高，有助于员工集体意识的提高，易于员工以企业为家的归属感和责任感的培养，也易于员工积极性和能动性的调动和发挥。而企业伦理教育正是提高企业员工伦理素质的重要途径。通过企业伦理教育，可以培养员工良好的道德品质，使员工形成正确的善恶观念，进而使其转化为内在的道德情感，树立起正确的道德信念，促使员工主动扬善避恶；并使员工能不屈服于外部的、眼前的利益和诱惑，形成良好的道德习惯，自觉、一贯地坚持良好的道德原则。企业伦理教育一般需要有威望的施教者，采取形象、生动、翔实的数据或实例，不断启发员工，渗入企业的经营理念和价值观念等，告诉员工什么是应该提倡的，什么是应该反对的，并使员工能最终理解、接受和自觉执行。日本企业伦理教育的内容十分广泛，"明朗、爱和、喜劳"是他们教育的中心内容，即倡导保持明快、开朗的心态，与人和谐相处，高高兴兴地工作。由此可见，普及企业伦理教育的实质就是企业的伦理守则在员工中的贯彻和协调，因而也是企业伦理建设的重要措施。

（五）强化企业伦理控制

伦理控制就是根据企业的伦理规范和守则，对企业及员工的行为进行监督、检查、评估，发现问题及时采取措施。强化企业伦理控制，首先，要从招募德才兼备的员工（包括管理人员）开始。因为一个人在进入企业前形成的价值观念一般不易改变，而这又会影响到其行为选择。故企业在招聘时，就应该把道德水平不符合企业要求的申请者排除在外。其次，企业要严格奖惩制度，奖励遵守企业伦理规范的行为和个人，惩罚违反企业伦理规范的行为和个人。例如，对改进生产安全措施、热情为顾客服务、抵制金钱诱惑、保守公司秘密的员工进行奖励，以激励他人效仿；而对违反企业道德的员工给予惩罚。只有这样才能加深员工对规范的认识。再次，企业对自身的行为必须始终如一，不能朝令夕改。只有始终如一地遵守伦理规范，才不会使规范流于形式，成为一纸空文；也只有坚持始终如一的作风，才能使员工树立坚定的道德信念。最后，企业要适时进行道德审计，对企业的各种伦理活动进行系统的描述、分析和评价，及时了解企业的伦理状况，及时纠正偏差。

随着我国社会保障体系的建立，国有企业逐步挣脱了"企业办社会"的束缚，然而企业应该有计划地主动承担对员工、供应者、消费者、所有者、竞争者、国家、环境和社区的社会责任，实现企业利益和社会发展的双赢。这是一种必然的义务，也会演变成一种自觉的行为。盛洪先生在《高尚的帕累托佳境——谈经济学理想与道德理想的一致性》一文中有一段话说得很好："在今天，虽然人们对商业行为的态度已相当宽容，却仍经常将'利'与'义'、经济与道德对立起来，尽管不见得偏袒哪一方。其实，越来越多的人正认识到，诚实、守信、公平以至利他主义不仅对与之打交道的其他人有好处，从长远看是对自己也有好处。这个道理很简单。赫伯特·西蒙有一句话很精辟地阐述了这个道理：最成功的生物是对其环境最有益的生物。同样，最成功的企业是最能为消费者和公众带来利益的企业。短斤少两、偷工减料等盘剥消费者的行为，为了眼前的蝇头小利而不惜背信弃义的行为看似精明，实则是雕虫小技。所以大多数真正成功的大企业家是那些悟出了其中道理的人……在这些大企业家身上，我们已经分不清到底是因为他们道德高尚，所以他们成功，还是他们为了成功，才去遵从道德。总之因为道德目标和经济目标极为一致，已经难分彼此了。"

复 习 题

1. 什么是企业道德？什么是管理道德？什么是职业道德？简述管理者的道德与管理组织的道德的关系。

2. 关于道德的几种观点，哪一种在企业家中最流行？为什么？列举并论述若干伦理准则的好处及局限性，谈谈你对提高管理道德水平的看法。

3. 假如你是一家大公司的主要管理人员，你将怎样把伦理准则在本组织中实现"制度化"？

4. 在决定个人可能有的道德问题强度上，有哪些影响因素？

5. 如何避免企业经理人的道德风险？

6. 如何化解目前企业界的经济信用危机？

7. 假如发觉企业的目标与社会责任有冲突，作为组织内的中层管理人员，应怎样处理？

8. 许多大企业越来越注重公众形象，环保意识也日益增强。试分析我国企业是否担负起了环境保护的社会责任。

9. 如何加强企业伦理建设？

10. 为什么现今企业的社会责任引起了人们的注意？你认为企业应当承担社会责任吗？为什么？

11. 试说明社会责任对企业的影响，并分析我国国有企业承担社会责任的策略。

讨 论 题

1. 详细分析各种传播媒体（如报纸、杂志、广播电台、电视、网络）上的几则广告，说明它们是如何说实话或不说实话，是否歪曲宣传产品、隐瞒重要情况，以及做未经证实或无法证实的广告宣传？

2. 你认为政府对企业进行管理和控制的必要性如何？分别详细描述政府应当干预和不应当干预的若干情况，说明你的根据。

3. 在多大程度上企业比环境重要？在多大程度上环境应当居于首位？请详细说出你的理由。

4. 对你来说，社会责任意味着什么？作为大学班级的一员，请你总结出几条你认为最重要的伦理准则。

5. 选读或讨论近期发生的有关伦理问题的事件。把班级划分成几个组，每个组由其发言人提出该组的分析，并提出合乎道德规范的决策。

6. 讲一个你亲身经历的不道德的企业行为的例子。

作 业 题

一、判断题

1. 伦理和道德是维系社会关系和秩序最基本、最重要的规范。　　　　　　　　（　　）

2. 伦理一般是指处理人们之间相互关系应当遵循的道理和规范。　　　　　　　（　　）

3. 没有道德评价，道德的功能就不能充分发挥，道德对社会就失去了应有的作用。（　　）

4. 道德评价的依据是其行为结果的善恶。　　　　　　　　　　　　　　　　　（　　）

5. 企业只是一个经济实体，它的唯一目标是追求利润。　　　　　　　　　　　（　　）

6. 许多人认为，对市场的管理和调控是政府和法律的行为，市场经济就是法制经济，而不应考虑道德伦理对经济的约束作用。　　　　　　　　　　　　　　　　　　　　　　　　　　（　　）

7. 伦理道德本身就是一种管理手段和管理组织形式。　　　　　　　　　　　　（　　）

8. 管理组织文化的建设对管理伦理也有较强的影响。　　　　　　　　　　　　（　　）

9. 多家商场统一商品售价是为顾客着想。　　　　　　　　　　　　　　　　　（　　）

10. 不管采用何种形式，只要能产生轰动效应，就是一则成功的广告。　　　　（　　）

11. 企业以低于成本的价格销售商品只是个体的行为，与其他企业无关。　　　（　　）

12. 企业履行自身的社会责任从长远看是一种自利。　　　　　　　　　　　　（　　）

13. 解决环境问题所需的代价昂贵，企业不应被迫承受这一负担。　　　　　　（　　）

二、单项选择题

1. 社会主义道德建设的核心是（　　　）。

A. 集体主义　　　　　　　B. 爱国主义　　　　　　C. 爱岗敬业　　　　　D. 为人民服务

2. 道德的功能主要表现为调节、教育和（　　　）。

A. 监督　　　　　　　　　B. 激励　　　　　　　　C. 管理　　　　　　　D. 奖惩

3. 道德评价的出发点是（　　　）。

A. 道德准则　　　　　　　B. 道德行为　　　　　　C. 道德信念　　　　　D. 道德责任

4. 社会主义道德建设的基本原则是（　　　）。

A. 培养共产主义新人　　　B. "五爱"　　　　　　　C. 为人民服务　　　　D. 集体主义

5. 道德评价的手段或表达形式主要包括社会舆论、传统习惯和（　　　）。

A. 社会意识　　　　　　　B. 信仰环境　　　　　　C. 社会风尚　　　　　D. 内心信念

三、多项选择题

1. 影响管理伦理的因素主要包括（　　　）。

A. 管理者的道德发展阶段　　　　　　　　　B. 管理者道德行为的个人特征

C. 管理者对道德问题的认识程度　　　　　　D. 管理者的自信心强度及自我控制能力

E. 管理者的学识水平

2. 消费者对企业提供的商品享有以下权利（　　　）。

A. 安全权　　　　　　　　　　B. 知情权　　　　　　　　　C. 选择权

D. 赔偿权　　　　　　　　　　E. 公平交易权

3. 管理伦理与企业伦理的关系是（　　　）。

A. 管理伦理是企业伦理的基础　　　　　　　B. 管理伦理就是企业伦理

C. 企业伦理受管理伦理的影响和制约　　　　D. 企业伦理是管理伦理的基础

4. 企业的社会责任是指企业应该承担的，对社会及不同相关利益主体所负的（　　　）。

A. 经济责任　　　　　　　B. 法律责任　　　　　　C. 道德责任　　　　　D. 政治责任

5. 社会主义道德的基本内容/规范包括（　　　）。

A. 爱祖国、爱人民　　　　B. 为人民服务　　　　C. 集体主义

D. 爱社会主义　　　　E. 爱劳动、爱科学

四、填空题

1. 现阶段，用于指导和影响人们道德行为的重要道德范畴主要有善恶、义务、_____、_____、_____和勤奋等。

2. 在人们自身生存和发展过程中道德所起的作用主要表现在道德具有_____、_____和_____的功能。

3. 现阶段，社会主义道德规范体系应包括一个道德核心：_____；一个基本原则：_____；五个主要道德规范：_____、_____、_____、_____、_____；二十字的公民基本道德规范：_____、_____、_____、_____、_____；三个特殊行为领域的道德要求：_____、_____、_____。

4. 西方道德心理学家通过实验发现，人们的道德发展可归纳为三个发展阶段：_____、_____、_____，它们代表人们道德发展的不同水平。

5. 提高管理人员的道德素质可以通过_____和_____来进行。

6. 要提高管理者的职业道德修养，就必须坚持"五业"精神。所谓"五业"精神，就是指从业人员对于其所从事的职业应当具有的_____精神、_____精神、_____精神、_____精神和_____精神。

7. 一般来说，组织文化的培植和塑造可经过四个阶段：_____、_____、_____和强化阶段。

案例分析

互联网企业应该如何承担社会责任？

当今社会，基于互联网技术构建起了许多信息发布、信息交互、信息利用和交易平台，涌现出了诸如搜索引擎、综合门户、即时通信、电子商务、O2O等许多互联网企业。这不仅改变了人们的生存和生活方式，也改变了传统的商业模式和产业生态。互联网企业如何基于自身的商业模式，承担相应的社会责任，给传统的企业社会责任理论带来新的挑战。2016年"五一"放假期间，"魏则西事件"刷爆了互联网，加之此不久前发生的"血友病贴吧事件"，百度公司再次被推上舆论的风口浪尖，互联网企业的社会责任问题也再度成为焦点。

一、事件回顾

陕西大学生魏则西，2014年4月被查出患有滑膜肉瘤。随后其父母带着他到各大城市求诊，但均被告知希望不大。不过魏则西的父母并未放弃。在通过百度搜索找到排名领先的某医院有先进疗法后，魏则西的父母先行前往考察，并被该医院医生告知采用与国外大学合作的生物免疫疗法可治疗该病。于是，魏家东凑西借了20多万元，魏则西开始了在这家医院先后四次的治疗。但在花光所有钱后仍无济于事，2016年4月12日，魏则西去世。当天，有人在知乎提问"魏则西怎么样了？"魏则西的父亲用魏则西的知乎账号回复了网友儿子去世的消息。原来，之前魏则西曾在知乎上讲述了自身求医的过程：医院是在百度上搜索到的，排名领先，疗法说得特别好，"有效率达到百分之八九十"。结果后来才知道，生物免疫疗法是被国外临床淘汰的技术。

魏则西去世后，他生前辗转多舛的求医经历通过多篇网文持续发酵、引发同情，网民纷纷指责百度"无良，只顾赚钱没有担起社会责任"。大家认为魏则西之所以过世，是因为他用了百度的搜索，找到了排名领先的某医院；而它之所以排名领先，是因为投放了广告。4月28日，针对自媒体曝出"魏则西事件"存在的涉事医院外包诊所给民营机构（莆田系）、百度竞价排名等问题，百度方回应称：百度第一时间对这家医院进行了搜索结果审查，该医院是一家公立三甲医院，资质齐全。针对网友对魏则西所选择的这家医院的治疗效果及其内部管理问题的质疑，5月1日百度方再次回应称：百度正积极向发证单位及相关部门递交审查申请函，希望相关部门能高度重视，立即展开调查。虽然百度回应及时，但每次回应后网上声讨的浪潮却愈加反弹，矛头更指向了2016年1月百度"血友病贴吧"承包事件和长期受到质疑的"竞价排名"盈利模式。《人民日报》于5月1日发文评论：《魏则西之死，拷问企业社会责任伦理》。5月2日，中央网信办会同国家工商总局、国家卫生计生委成立联合调查组进驻百度公司，开始对此事件及互联网企业依法经营事项进行调查并依法处理。5月9日，调查组给出的结论是："相关关键词竞价排名结果客观上对魏则西选择就医产生了影响"，并对百度提出三大类、多项整改要求。百度随即回应，提出从六个方面全面落实。

二、事件对百度的影响

很多人都没有料到"魏则西事件"会产生如此大的社会反响。经过此事件，百度进行了阶段性整改，包括：已对全部医疗类（含医疗机构、医药器械、药品等）机构的资质进行了重新审核，对2518家医疗机构、1.26亿条推广信息实现了下线处理。而据摩根大通研报，百度2014年总营收中，医疗广告占15%~25%，其中30%~50%来自民营医院。百度对医疗广告收费比非医疗行业高近10倍。

显然，清理现存的推广内容不是治本之道，根本应是改变百度生成搜索结果的机制。百度的核心盈利模式是竞价排名，最大的问题也出在竞价排名。砸钱占据垄断性的信息入口，会造成劣币驱逐良币的挤压效应，但也正是竞价排名成就了互联网巨头百度。调查组要求百度改变竞价排名机制，提出以信誉度为主要权重的排名算法；调查组还要求百度"建立完善先行赔付等网民权益保障机制"。

由此看来，"魏则西事件"之后，百度应要好好审度。不转型，就要面对监管的压力、舆论的声讨、合作伙伴的抛弃；转型，则要损失当前的收入，在不熟悉的领域参与激烈竞争，争取一个完全看不到结果的未来。

（资料来源：根据 http://finance.sina.com.cn/sf/news/2016-05-03/092728859.html；http://mt.sohu.com/20160510/n448667719.shtml；http://news.xinhuanet.com/local/2016-05/02/c_1118783885.htm 的资料整理而成。）

讨论题：

1. 你认为还有哪些主体应担责，各自的责任应如何划分？百度是否应为广告主背书和担责？百度到底应该承担什么责任？

2. 类似百度这样的搜索引擎、门户网站、平台类网站，应该是对用户更善意，还是对广告主更善意？其商业利益底线在哪里？

3. 互联网企业为什么更需要担负社会责任？

第十一章

21 世纪管理的发展趋势

本章内容要点

- 文化管理出现的必然性；
- 企业文化理论；
- 文化管理；
- 知识经济的兴起；
- 知识管理。

人类已经跨入了 21 世纪。回顾 20 世纪，是管理理论和实践飞跃发展的 100 年：管理理论从无到有，从片面到全面，从经验到科学，从重物到重人，从硬管理到软管理，经历了巨大而深刻的变化，也为 20 世纪世界经济发展做出了卓越的贡献。因此，有人形容"科学技术和管理是现代经济发展的两个车轮""管理是企业发展最重要的软件"。展望未来，管理实践和管理理论面临更大的创新和挑战。从目前来看，管理发展呈现出两个较明显的趋势：一是文化管理的趋势；二是知识管理的趋势。

第一节 文化管理的趋势

一、文化管理出现的必然性

文化管理的出现并不是人们的主观随意创造，而是生产力与生产关系矛盾发展的必然结果，是大工业文明发展到一定时期对管理理论提出的必然要求。可以从以下几方面来分析：

（一）从"经济人假设"到"自我实现人假设"的深刻变化

科学管理的基本假设——工人都是追求经济利益最大化的"经济人"，他们除了赚钱糊口外，没有其他的动机。因此，他们都是懒惰的、怕负责任的、没有创造性的，对他们只能用严厉的外部监督和重奖重罚的方法进行管理，金钱杠杆是唯一的激励手段。在泰勒所处的时代，即 19 世纪末至 20 世纪初，生产力低下，工人远远没有解决温饱问题，也许"经济人假设"在当时不无道理。但即使在当时，有觉悟的工人也绝不是纯粹的"经济人"，轰轰烈烈的工会运动就是证明。随着生产力的迅速提高，发达国家的工人逐步解决了温饱问题，"经济人假设"陷入了困境，工人的劳动士气低落重新困扰着企业主。20世纪30年代，在霍桑试验的基础上，美国管理学家梅奥提出了"人群关系论"，正式提出工人不是"经济人"，而是"社会人"，他们除了经济需要之外，还有社会需要。影响工人士气的主要因素不是物质条件，而是社会条件，特别是工人上下左右的人际关系。在此基础上发展起来的行为科学，进一步把人的需要划分为生存、安全、社交、自尊和自我实现五个层次。对于解决了温饱问题的工人，满足其生存需要和安全需要的物质激励杠杆已越来越乏力，而设法满足工人的社交、自尊、自我实现等高层次的精神需要，成为激励工人、赢得优势的关键手段。在"社会人假设"之后又出现了"自我实现人假设"，即认为大部分人在解决组织的困难时，都能发挥较高的想象力、聪明才智和创造性，而在现代工业社会条件下，普通人的才智只得到了部分发挥。因此，在组织中不仅要建立亲善的感情和良好的人际关系，还应创造一个使人能够发挥才能的工作环境。而这一切都需要营造和谐向上的企业文化氛围。

（二）从有形资源管理为主到无形资源管理为主

全球经济在过去50年已经由一个几乎纯以制造业为主的经济体系转型为一个以智能、技术和服务为主的经济体系。在美国，制造业人数1980年占34%，1940年则占57%，1900年占76%。通用汽车企业与微软公司相比，通用汽车公司作为工业时代的堡垒，其全球设施和库存量均居世界前列，它的资产价值为400亿美元；而微软公司有形规模较小，是原材料库存较少的公司，但资产价值却达2000亿美元。这究竟是什么原因呢？随着企业越来越重视无形资产甚于有形资产，人们衡量一个企业不再只看固定资产的价值，而是其拥有的管理技术和能够适应环境变动不断发展的长远性——战略、创意、品牌、企业形象、人力资源、销售渠道、服务、客户关系、权变、抗风险能力等，而这些几乎都是看不见、摸不着的，这也是专家们谈论最多的——管理的软化趋势。随着硬管理向软管理的转化，对企业成功的定义也发生了变化。资产、规模、产值、技术设备，这些有形资产是过去衡量一个企业成功的主要指标，但有形资产的增加毕竟是有限的。而随着地球可利用资源的不断减少和竞争的加剧，对上述无形资源的开发和利用，将决定企业未来的生存和发展。

管理有形资源主要使用定量化的科学方法、现代科学技术及计算机网络的发展，这使许多复杂系统和模型的求解变得容易。但无形资源的管理主要取决于人的因素，并且很多无形资源都是以人为载体的（如知识、战略、客户关系）。因此，人力资源在现代企业竞争中成为决定企业经营成败的关键性因素。人是有情感的，任何轻视感情的管理都不会成功。只有建立优秀的企业文化，团结人、关心人、鼓舞人、培养人，以人为本进行管理，才能使企业在未来的知识经济竞争中立于不败之地。

（三）从集权管理到分权管理的发展

随着市场竞争的加剧、通信手段的现代化，世界变小了，决策加快了，决策的复杂程度空前地提高了，对决策及时性和科学性的要求导致决策权力的分散，各种形式的分权管理纷纷出现。特别是近20年来，跨国公司大量涌现，这种分权化的趋势更为明显。过去，泰勒时代以高效率著称的直线职能制组织形式，即金字塔形组织，由于缺乏灵活性而逐渐失去了活力，代之而起的是事业部制、矩阵式组织以及重心移至基层的扁平型组织。这些分权式组织的特点是有分工但不僵化，重效率而不讲形式，决策权下放给最了解情况、最熟悉问题的下属企业和公司，组织等级层次大幅度减少，管理弹性大幅度增强。随着金字塔结构的改变，柔性组织和分权管理的发展，企业的管理控制方式也发生了巨大的变化。

科学管理是依靠金字塔形的等级森严的组织和行政命令的方式，实施集中统一指挥和控制的，权力和责任大多集中在上层。现在，权力下放给各事业部或者跨国公司的地方分公司了，再加之地理位置相距遥远，直接监督就更不可能。分权化管理的企业靠什么维持庞大的企业（或跨国公司）的统一呢？靠什么形成数万名员工的整体感呢？靠什么把分散在世界各地、不同民族、不同语言、不同文化背景的员工队伍凝聚起来呢？只能依靠共同的价值观、共同的企业目标、共同的企业传统等因素，即靠共同的企业文化。例如，法国阿科尔公司在 1976 年还是一家开设单一旅馆的小企业，在短短 10 年间发展成为取得全球领导地位的巨型跨国公司。该企业飞速发展的秘诀是什么？它怎样使分散在 72 个国家、用 32 种商业牌号从事各种业务活动的 5 万名员工保持凝聚力呢？董事长坎普说："我们有七个词的共同道德：发展、利润、质量、教育、分权、参与、沟通。对这些词，每个人都必须有相同的理解。"世界上最大的快餐企业——美国麦当劳快餐公司，其遍布世界六大洲 100 多个国家和地区的连锁店，不是靠行政命令和直接监督统一起来的，而是靠独具特色的企业文化形成了不可分割的整体。

网络技术的发展和知识经济的兴起，使"虚拟企业"和在家里上班成为可能。对于没有办公楼、不上班共同工作，而且各自在家里计算机前自主安排工作的员工，经理人员应怎样对他们实施激励、领导和控制？怎样使他们自觉地积极工作，主动地开动脑筋，愿意开发自己的潜能，并出色地与他人合作？有效的手段只有一种——依靠企业文化的神奇力量。核心价值观将成为全体员工自觉工作、自我约束的精神动力，也成为凝聚公司员工的思想纽带。

二、企业文化理论

20 世纪 80 年代初出现了对企业文化理论的研究热潮，许多管理学者将其评价为"管理理论的第二次革命"（第一次革命是指从经验管理到科学管理）。那么，什么是企业文化理论？企业文化理论与以往的管理理论有什么不同？企业文化理论是如何出现的？下面就来一一回答这些问题。

（一）企业文化理论的出现

现代企业文化理论最早出现在美国。美国是当今管理科学最发达的国家，从科学管理、行为科学到企业文化理论的产生和发展，形成了对世界管理科学最有影响的学派。1982 年，由美国哈佛大学教授特伦斯·迪尔（Terrence E. Deal）和管理顾问阿伦·肯尼迪（Allan A. Kennedy）合著的《企业文化：企业生活中的礼仪与仪式》一书出版，标志着企业文化理论的正式产生。他们通过研究发现，成功而杰出的大企业都具有明确的经营哲学，员工遵循共同的价值观念和行为准则，并有各种用来渲染和强化这些文化内容的礼仪和习俗。每个优秀的企业都有各具特色的文化，潜移默化地影响着企业的人和事。迪尔和肯尼迪认为，优秀的企业文化会给企业带来巨大的商机和利益。

20 世纪 70 年代末，日本经济迅速崛起，一跃发展成为世界经济强国，对美国在世界经济中的强国地位造成了巨大的冲击。在日本持续、强劲的经济增长和市场竞争中，美国企业在很多领域被日本企业超过。在震惊中，美国教授、学者、企业家开始研究探索，甚至很多美国学者亲赴日本进行多年研究，著书立说。他们经过多年的研究发现，日本的成功是因为日本人成功地建立了一套独特的管理体系，包括团队精神、年功序列工资、终身雇佣制、丰田生产（精益生产）方式、全面质量管理（TQC）等内容，而融合其中的企业文化是其管理体系的独特之处。美国在对美日企业的比较研究中，发现了两国企业管理中的文化差异，得出了美国的竞争对手不是日本人或德国人，而是自己的企业文化落后的结论。20世纪80年代以后，美国学者又将这一研究转移到对美国企业管理模式的研究上。美国学者发现，美国的很多大公司也有自己的企业文化。例如，IBM公司早在20世纪二三十年代的老托马斯·沃森时代就创立了"追求卓越，顾客至上，尊重个人"的优秀企业文化。1982年，迪尔和肯尼迪撰写的《企业文化》一书系统地阐述了一套新的管理理论，提出了人是企业中最宝贵的资源，而管理他们的方法必须通过文化的潜移默化和熏陶，而并非泰勒和韦伯的"理性模式"。健康有力的企业文化不仅能指导员工的日常言行、工作，而且还能使员工感到满意，并培养他们奋发进取的精神，这是决定企业成败的关键。美国管理学家哈罗德·孔茨在他的《管理学》（亚洲篇）书中写道："近三年来，管理类畅销书中有1/4是《Z理论》《日本式管理的艺术》《企业文化》《追求卓越》，其发行量已达到百万册，并且仍在不断增长。这些书给人们灌输这样一种观念，即在业绩上创造纪录的那些公司都拥有强大影响力的企业文化。"

（二）企业文化理论的内容和特征

1. 企业文化的含义

近20年来，国内外学者纷纷从不同角度、运用不同的方法对企业文化理论进行了深入的探索和研究，对企业文化的含义提出了许多见解和观点，但至今仍没有形成统一的定义。在此，根据国内外学者的研究和企业实践，对企业文化的含义表述如下：

企业文化是在一定的历史条件下，企业及其员工在生产、经营和变革的实践中逐渐形成的共同思想、作风、价值观念和行为准则，是一种具有企业个性的信念和行为方式。它包括价值观、行为规范、道德伦理、风俗习惯、规章制度、精神风貌等内容，而价值观处于核心地位。

企业文化的含义分为狭义和广义两种。狭义的企业文化是指企业在生产经营实践中形成的一种基本精神和凝聚力，以及企业全体员工共有的价值观念和行为准则。广义的企业文化除了狭义的企业文化内容外，还包括企业员工的文化素质，企业中有关文化建设的设施、组织结构、规章制度等。就企业文化的结构层次来看，可分为三个层次：第一是物质文化层次，是指企业环境和企业文化建设的"硬件"设施等，是企业文化结构的最外层；第二是制度文化层次，包括企业中的习俗、习惯和礼仪，以及成文的或约定俗成的制度等，是企业文化的中间层；第三是精神文化层次，是企业文化的核心层，主要是指企业精神、理念、经营哲学，企业员工共有的价值观念、行为准则等以人的精神为依托的内容。它是企业文化的最深层，是企业文化的源泉。企业文化的三个层次之间是密不可分、相互作用、相互影响的关系，它们共同构成一个完整的结构体系。

2. 企业文化的内容和特征

企业文化的内容一般包括外显文化与内隐文化两个部分。企业的外显文化是企业文化的外在表现形式，是指企业全体员工协调、适应外界环境、社会变化及与其他交往关系中逐步形成的企业风尚。人们认识和了解企业，首先是通过企业的外显文化获得印象。企业的外显文化主要体现在企业的物质文化、文化教育、技术培训和娱乐等方面，一般具有外观性、服务性、约束性、可传性和易变性的特点。外观性是指人们能看得见、摸得着，通过观察和感觉而显示出来的东西。主要是指企业的硬文化，如厂容、厂貌、建筑设施、机器设备、产品造型、外观、质量以及文化设施等。服务性是指产品、质量、售后服务等方面在顾客和社会中所产生的服务形象。约束性体现在外显的企业领导制度、组织形式、人际关系、规章制度等方面，具有明显的控制作用。可传性是指通过宣传、交流学习、模仿，易于输出和输入，具有传播性。易变性是指企业的外显文化处于企业文化的表层，易受外来文化及其他各种文化的影响和干扰，具有动态变化的特征。企业的内隐文化居于企业文化的深层结构中，主要是指企业的精神文化，它是企业为达到总体目标而一贯倡导、逐步形成、不断充实并为全体员工所自觉奉行的价值观念、道德规范、工作态度、行为取向和生活观念，以及由这些因素融汇、凝聚而成的企业精神风貌。

企业文化作为一种观念形态，相对其他管理理论和实践经验而言，具有以下特征：

（1）整体性。企业文化是将企业作为一个整体进行综合研究，不仅研究企业精神、企业哲学及企业道德伦理，还研究企业环境、文化礼仪、仪式、模范英雄人物。更重要的是，它不仅研究个别事物，而且重在探索企业整个系统的系统效应，为企业领导者和管理人员提供理论依据，为广大员工积极工作创造优良的环境和有利的条件。

（2）凝聚性。企业文化是在企业全体员工中形成的共同的价值观念，它使员工相互之间有更多的共同语言、共同目标、共同精神，在企业中产生强烈的向心力和凝聚力。

（3）稳定性。企业文化的形成总是与企业的发展相联系的，是一个长期渐进的过程。企业文化一旦形成，就必然相对稳定地存在，不会轻易消失，不会因企业领导者的更换，以及组织制度、经营策略和产品方向的改变而发生重大的变化。

（4）时代性。任何健康、进取的优秀企业文化都是时代精神的体现，并随着时代精神的发展而前进。同时，它还受到时代政治、经济、文化、社会形势的影响，因而要紧跟时代步伐，以新的、进取的、健康的思想观念来丰富企业文化的内容。

（5）人本性。企业文化非常重视员工的主体性，要求员工意识到自己是企业的主人。它强调人的理想、道德、价值观、行为规范等在企业管理中的核心作用；在生产经营管理过程中关心人、尊重人、信任人，使全体员工互相尊重，团结奋进，积极参与企业管理，推动企业发展。美国企业管理的专家和学者经过大量调查研究表明，对员工的尊重、信任会激发员工的积极性，提高员工的创新精神。事实证明，当企业领导者不尊重、不信任员工，将他们视为无关紧要的人员时，他们也会按照对无关紧要人员的要求给企业回报；若领导者把他们看作核心人员，他们更会自尊、自强，以核心人员的要求尽最大的努力实现领导者的愿望，为企业做出优异的成绩。

（三）企业文化理论对管理理论的突破

科学管理使企业管理走上了规范化、制度化和科学化的轨道，极大地推动了生产效率的提高，同时在实践中也暴露出其本质的弱点——对工人的忽视，在生产高效化、机械化的同时将人工具化，使工人对工作的厌恶情绪增加，劳资矛盾越来越激化。科学管理也被称为理性管理，因为它认为只有数字资料才是过硬的和可信的，只有正式组织和严格的规章制度才是符合效率原则的。因此，在管理上过多地进行定量分析，把管理当成纯粹的科学，而忽视了一个最重要的事实：人是有思想、有感情的，并为思想感情所支配。管理不仅是科学，更是艺术，这是一个本质性的规律。

产生于 20 世纪 30 年代、流行于六七十年代的行为科学，力图纠正和弥补科学管理的不足。20 世纪 80 年代兴起的企业文化理论是这种努力的最新成果。它完整地提出了与科学管理不同的管理思想和管理框架，提倡以人为中心的高度重视观念和感情因素的非理性管理模式——文化管理。文化管理模式并不排除理性因素，而是使之与非理性因素相结合，并以非理性因素为主。

企业文化理论相对于科学管理和行为科学而言，在以下几方面发生了显著的变化：

（1）管理的中心发生了变化。科学管理是以物（技术、生产、财务）为中心进行管理，而文化管理是以人为中心进行管理。在文化管理下，人既是管理的出发点，又是管理的落脚点。在企业内以员工为中心，不仅注重用人，更注重培养人；在企业外以顾客为中心。如果说科学管理是非人性化的管理，那么文化管理就是人性化的管理。尊重人、关心人、培养人、激励人，以人为核心进行管理成为企业管理的关键。

（2）对人的研究方法发生了变化。科学管理主要研究生产效率、生产方法、组织结构等，即使涉及人，也是研究如何让人去适应工作，而忽视人的存在，认为"人只不过是工业机器上的恒温零件"。行为科学对人的研究，也主要是研究人的个体，它从人的心理入手，研究人的需要、动机、行为及其之间的相互关系，揭示需要和行为产生的规律性，从而去设置目标（物质奖励、精神奖励），满足人的需要，对人进行激励并引导其行为，使其在追求目标的过程中为组织实现所期望的目标。然而，人是复杂的，人的需要不仅因人而异，即使是同一个人的需要，在不同的时间、不同的环境也会经常变化。因此，要想激励每一个人的行为，其难度可想而知，而且常常会事倍功半，令企业的管理者头痛。而企业文化是研究人的整体，将企业看成是由人组成的系统，研究在企业系统中如何建立正确的价值观、经营理念和行为道德准则，并且使员工认同这种价值观，主动、积极、努力地工作，积极进取，从而迸发出巨大的力量，推动企业前进。所以，优秀的企业文化往往会带来事半功倍的良好效果。

（3）研究的目的发生了变化。无论是科学管理还是行为科学，对人的研究、激励无论多么科学，其目的都是"利用人"。科学管理是用简单、粗暴的专制独裁手段去命令人们工作；行为科学是用温和、科学的利益驱动和提升晋级来促使人们工作。尽管两者形式不同，但都是把人作为一种工具，去达到企业经营的目的，是一种低级的管理思想。而企业文化理论研究人的目的发生了根本性的变化，不是"利用人"，而是"为了人"。其包括两层含义：一是在企业内部，以人为本、以员工为中心进行经营管理。企业文化不仅激励、鼓励员工积极工作，还把对员工的培养、教育放在首位，积极鼓励、引导员工参加企业举办的各种培训、学习，很多企业还建立了自己的培训学校、管理学院、大学。在一个变化越来越快的时代，新的科学技术、各种信息层出不穷，知识更新速度越来越快，每一个人要想赶上时代，都要不断学习、不断进取。通过学习和培训，可以使企业员工的知识、素质保持在较高水平上。科学管理把人视为成本，而文化管理则是把人视为待开发的、潜力巨大的资源。二是在企业外部，以顾客为中心进行经营管理。不仅给顾客提供满意的产品，更重要的是给顾客提供满意的服务，与顾客建立密切的合作关系。例如，美国的波音公司让顾客参与，一起来设计产品，以达到更贴近顾客、赢得顾客的目的。日本松下公司的文化理念是注重顾客利益，以合理的价格提供高质量的电子产品，注重公司员工的福利和成长。

（4）管理特色的变化。科学管理的特色是纯理性管理，排斥感情因素；而文化管理的特色是将理性与非理性相结合，是有人情味的管理，强调人与人之间的交流、沟通、平等和关心。例如，日本的企业家庭味很浓，很多员工都是以企业为中心，积极参与工作。有的企业在员工过生日时，还会送去鲜花和生日蛋糕。企业的关心温暖着员工的心，也使员工更加努力地工作，从而在企业中营造了良好的文化氛围。

现代企业文化理论所代表的不只是像精益管理、走动式管理那样的另一种管理模式，它所代表的是对企业管理看法和观念的根本转变。它是在 20 世纪 80 年代初期对管理科学、行为科学、文化学等当代管理理论的研究和探索中逐渐形成的。企业文化反映了大工业文明发展到一定时期对管理提出的新要求，企业之间的竞争已从有形资源竞争为主发展到了无形资源竞争为主的时期。有形资源的潜力是有限的，而无形资源的潜力是无限的，企业文化正是这种潜力无限的无形资源。

三、文化管理

（一）文化的含义及特征

文化属人类学、社会学范畴。最简单的一种定义认为，文化是在特定的社会环境中，人们办事的行为方式。人们总是遵循他们已经习惯的行为方式，这种行为方式构成一个社会的文化模式。社会的不同就在于它们文化模式的不同。一个公司、企业也是一个小社会，当一个公司具有独特的行为方式时，人们就说该公司具有自己的企业文化。还有的学者认为，文化就是人类中某一群体所拥有的一套价值观、信念规范、态度、习俗以及普遍的生活方式。这个群体也许是一个部落，也许是一个地区或国家。有的观点还认为，文化是能够对人群加以区别的东西。

文化的特征包括以下八个方面：

（1）自我感和空间感。自我感在不同的文化中大不相同，有的社会的自我认同以谦逊或忍耐表现出来；有的社会则以咄咄逼人的态度表现出来。在空间感上，有的文化是人与人之间保持一种距离，而有的文化则需要人与人之间保持亲密感；一些文化对个人的地位讲究尊卑有序，而另一些文化则更为灵活和开放。每一种文化都以独特的方式确认自己。

（2）沟通方式和语言。沟通系统，无论是语言的还是非语言的，都可以将不同文化的人群区别开来。

（3）服饰与仪表。它包括外表的服饰、装饰、身体的装饰（如文身）等，这些都是因文化而异的。例如，日本的和服、非洲人的文身、英国人的礼帽与雨伞、爱尔兰男人的裙子等。

（4）食物与饮食习惯。在这一点上，不同的文化差异性较大。例如，美国人喜欢吃牛肉，而这在印度是被禁止的。饮食习惯也是不同的，如饮食工具可能从手到筷子，直到成套的餐具。

（5）时间观念。时间观念也是因文化而异的。一般而言，德国人以严守时间著称，而拉丁人则对守时不太在意，在一些文化中，是否守时是由年龄和地位决定的。以季节来计时的时间观念在不同的文化中也是不同的。在世界上一些地区以春、夏、秋、冬来表示季节，而另一些地区则用雨季、旱季来表示季节。

（6）人际关系。人际关系在不同的文化中差异也很大。例如，在印度，通常是母亲、父亲、孩子、叔父叔母、舅父舅母生活在一个大家庭中。在这种家庭中，每个人的角色已经被定位——以男性为一方，以女性为另一方。在有些社会中，被认可的婚姻关系是一夫一妻制，而有的社会则通行一夫多妻或一妻多夫制。在有的文化中，社会和家庭的权威角色是男性，有的则是女性，还有的文化中男女的地位是平等的。

（7）价值观和规范。从价值观系统看，文化都为其设定了一套行为规范。这些为社会成员所认可的标准的范围既包括工作伦理或乐趣，也包括对儿童的绝对服从的要求或纵容；既包括妻子对丈夫的严格遵从，也包括妇女的完全解放。

（8）信仰和态度。信仰是区分不同文化的一个最主要的标志。从某种程度上说，宗教表达了人们对生活中重要事物的哲学认识，它在受到文化影响的同时也在影响着文化的发展。

从管理角度研究文化，应注重文化对管理的影响及文化与管理的关系。其内容包括跨文化研究、对不同文化中能够对管理实践产生影响的文化变动因素的研究、处于不同国家和文化中管理者的管理态度和实践方面的特点研究等。

（二）跨文化管理

跨文化管理的兴起，直接原因是国际贸易和跨国公司的运作，主要研究在跨文化条件下如何克服异质文化的冲突，进行卓有成效的管理。其目的是在不同形态的文化氛围中，设计出切实可行的组织结构和管理机制，最合理地配置企业资源，特别是最大限度地挖掘和利用企业人力资源的潜力和价值，从而最大化地提高企业的综合效益。

国外对跨文化管理实践的研究有两种思想学派：一派认为，文化差异并不重要，因为管理原则和实践有其普遍的适用性；另一派认为，文化存在着差异，在管理实践中认识这些差异十分重要。目前，在这一领域的研究观点、争论很多，也取得了一些成果。研究涉及民族文化差异及对管理的影响、跨文化企业的计划与战略、组织与控制、沟通与协调、对跨国管理人员的培养、跨国组织的变革与重塑等问题。

根据美国学者威廉·大内（William Ouchi）的研究，美国和日本的企业文化具有以下共同特征：

（1）为员工提供了一个待人诚实、批评中肯的场所。

（2）人们相互信任，关系友好，一起工作。

（3）同心协力的团队工作方式。

（4）走动式管理。

（5）将人才视为企业最宝贵的资源。

美国学者研究不同国家管理者的管理模式时，对 14 个国家的 3500 名管理者进行了调查，得出的结论是管理者的态度存在着高度的相似性；另一方面，管理者之间存在的差异约有 25% 缘于国家之间的差异。

美国学者还对美国和欧洲管理者的价值观进行了研究，认为欧美人在观念上最显著的差异表现在对待时间的态度上。他们好像是背靠背站着，欧洲人看到的是过去和现在，而美国人看到的是现在和未来。欧洲人对待时间的态度源于他们重视经验、智慧、稳定、常规、必然性、质量、多样性等因素；而美国管理者朝前看的态度则是因为他们看重活力、流动性、非正规性、数量以及整个组织。

欧美管理者对待下级的态度也有很大的不同。许多欧洲管理者高度重视工人的兴趣爱好，并为此投入金钱和时间，但这种关系经常带有浓烈的家长制色彩，而且管理层与下级之间存在着不小的社会差距；然而，美国管理者则喜欢他们的下级有更强的参与积极性。

同美国管理者相比，欧洲管理者的态度更为保守，在进行变革方面有更多的限制。欧美人对待休闲消遣的态度也不同，研究认为，欧洲人比美国人更加会放松、更加会享受休闲活动。在欧洲人的价值观中，休闲是最具有价值的生活内容之一。

美国学者还发现，印度、美国和英国三国的管理者在管理模式上有极强的相似性。他们认为这可能与三国管理者普遍使用英语有关，与管理有关的理论和实践有大量的文化内涵已经固化在英语语言中，这便导致了在管理领域的思想也有一定的趋同性。

美国人西罗特（Sirota）和格林伍德（Greenwood）研究了一家大型跨国电气制造公司，向工作在 46 个国家的子公司和分支机构的大约 13000 名员工发放了包含 200 个多项选择题的调查问卷，结论由不同国家的三个不同的工作部门（销售、技术和服务部门）做出。他们在世界范围内对不同职业和不同国家进行比较后发现，员工的目标有惊人的相似性——员工们最主要的目标就是全身心地谋求取得个人成就的发展机会。虽然不同国家之间存在的差异相对较小，还是有可能识别并将某些国家划分为一个"国家族"。在"国家族"中，其目标几乎是相同的。

学者们还对印度和美国管理中的人际关系进行了比较。在美国文化中，自由选择是一项重要的价值观，所以，在人际关系中，员工天生注重参与。而在印度，自由选择并不是大多数人的价值观。印度的工作机会较少，所以在公司里工作的人主要关心的是工作是否稳定。正因为如此，主管或领班可以对下级实施有效控制。所以，解雇、下岗或其他的纪律措施等负面刺激的效果在印度非常明显，而在美国则比较平淡。

对美国和日本的管理进行比较得出结论，美国的管理特征是：强调个人主义，在人际关系中提倡独立性；促进竞争，鼓励员工参与，鼓励员工向具有更高技能的优秀人才发展；决策过程迅速且自上而下，鼓励正视冲突和面对问题，使矛盾得到化解；重视政策、规程和制度，忽视人际交流、沟通，员工对公司的归属感不强，所以也就没有太大的忠诚可言；变革常常是突然、彻底和"外科手术"的方式；聘用和提升以个人的成就来决定，并不考虑工作的稳定性。日本的管理特征则是：强调个人的"集体主义精神"，提倡融洽和谐的人际关系，鼓励员工的参与，强调个人的品质而不是个人的能力，员工有强烈的归属感和高度的忠诚；对员工的提拔、聘用重视资历。

研究还认为，儒家思想的管理方法在中国台湾和中国香港及东南亚国家的华人企业中非常普遍。儒家思想体现在五种对应关系中：君—臣，父—子，夫—妻，兄—弟，年长—年轻。在这五种关系中，强调前者的地位以及后者对前者的服从，雇员被看作是"孩子"，讲究"面子"，尊重权威，十分重视社会地位。在中国企业中，人际关系在决策、沟通、谈判中发挥着很重要的作用。传统的中国人极有事业心，"好男儿志在四方"。弗兰克（Franck）和特沙奥（Tsao）总结了在儒家文化圈中引导人们成功的九个因素：

认——接受教育，掌握知识，培养理解能力。

忍——耐心及责任感。

韧——坚忍不拔。

谨——小心处置包括资本在内的资源。

仁——善意处事待人。

慎——谨慎，尤其要细心和切合实际地计划行事。

诚——个人对组织和社会的责任。

勤——勤勉努力并坚持不懈。

俭——节俭。

文化模式是千差万别的。每一种文化模式都有独一无二的结构，因而它抚育的民族也都有一套独特的价值观念。不仅东方文化不同于西方文化，即使同是东方文化，印度、日本与中国也有很大的不同。虽然整个东方文化是偏重躬行实践的，但中国以儒家思想为核心的文化模式，其实践在于修身、齐家、治国、平天下，它的价值主题是鼓励人们积极进取。而印度教的教义，实践的目的在于从利益和各种欲望中解脱出来，实现精神超越是它的最大价值；它不是鼓励人们积极进取，而是修行来世，为此要舍弃现世的一切物质利益和欲望，以达到人生最高境界。日本文化强调遵守社会的等级秩序和法则，各依本分，否则就会被视为"无理"。从这些方面，人们就能够了解文化模式对跨文化管理产生的影响了。

（三）文化与管理的关系

1. 管理也是一种文化

美国著名管理学家彼得·德鲁克在其《管理学》一书中明确地把管理与文化联系起来。他认为，管理不只是一门学科，还应是一种文化，有其价值观、信仰、工具和语言。管理是一种社会职能，隐藏在价值、习俗、信念的传统里，以及政府的政治制度中。管理是而且应该是受文化所制约的。管理也是文化，它不是无价值的科学。

一个特定民族、社会、文化圈的特定文化对管理过程的渗透和反映，就形成了所谓的"管理文化"。"管理文化"主要是指管理的指导思想、管理哲学和管理风貌，包括价值标准、经营哲学、管理制度、行为准则、道德规范、风俗习惯等。

2. 文化也是一种管理手段

文化对企业管理和发展具有十分重要的作用。关于这一点，可以从以下几方面得到体现：①它是用共同的价值标准培养企业意识的一种手段，可以统一成员的思想，增强企业的内聚力，强调员工的自我控制；②它能激励员工奋发进取，提高士气，重视职业道德，形成创业动力；③它是一个企业改革创新和实现战略发展的思想基础，有助于提高企业对环境的适应能力；④它有利于改善人际关系，使组织产生极大的协同力；⑤它有利于树立企业形象，提高企业声誉，扩大企业影响。事实上，世界上许多成功的企业都有自己独具特色的"管理文化"。例如 IBM 公司，其创始人沃森十分重视经营哲学和文化管理，早在 20 世纪 20年代就为公司确定了"以人为核心，向所有用户提供最优质服务"的宗旨，明确提出了为员工利益、顾客利益、股东利益服务的三条原则。又如美国的惠普公司，之所以有今天的成就，在于它确立了自己的管理模式。这种管理模式的基本思想是：只要公司给员工提供了良好的环境并信任他们，他们就能做好工作。惠普公司有关心和尊重个人以及承认个人成就的传统，很早就开始实行长期雇佣政策。这一切都有利于激发员工的主动性和创造热情，使惠普的产品总是居于同类产品中的领先地位。

3. 文化与管理具有共生性

文化与管理的共生性，主要是指管理也是伴随着文化的发展而发展的，它本身也是通过文化的发展而表现出来的。以西方文化与中国文化为例，学者司马云杰认为，西方文化模式主要源于古希腊文化，它是从海上竞争环境中发展起来的，因此一开始就充满了自由竞争的精神。由于海上贸易多有不测，人们为祈求神的保佑而发展为宗教；为了进行物与物的交换，首先必须进行人与自然的交换，于是发展了自然科学技术；自然科学技术发展了，人与自然界的交换成果也越来越多，于是发展了经济与研究经济的学问——经济学（经济学与管理学有十分紧密的关系，经济学研究的是如何把有限的资源合理地分配到多种用途和社会需求上去。管理者实际上是有限资源的受托管理人，其工作是使有限的资源得到有效、合理的使用。从这个角度上说，管理学可称为应用经济学）；经济发展了，为了争而不乱，于是发展了法律。所以，西方文化模式的主要结构不外乎四种基本特质：一是宗教神学；二是科学技术；三是经济科学；四是法律科学。而哲学则是关于人与神、人与自然、人与物、人与社会的思辨。这种文化模式的主要结构规定了人的价值取向是宗教的、自然的、物质的、法律的。而中国的文化模式则主要是在封闭的黄河流域上创造和发展起来的，它的主要结构是个体农业和宗法家庭。以农业为基础，故质朴厚重，富有生命力；以宗法家庭为主体，故尊祖宗、尚人伦、重情感。中国儒家思想可以说是这种文化模式的核心，它的价值取向主要是土地、道德和礼教。这也是历史上中国的经济、法律、管理、科学技术没有得到充分发展的原因之一。

文化与管理的共生性还表现在文化是在一定的社会生产力基础上发展的。管理也是人类文化的一个组成部分，管理水平的提高促进了生产力的发展，也使文化的内容更加丰富。企业文化的形成与发展提高了企业的生产效率，提高了整个社会的生产力水平。同时，企业文化作为一种"亚文化"，其发展也丰富了人类文化的内涵。

4. 文化的管理功能

管理是因文化而异的。在企业国际化、经济全球化的过程中，要想实现有效的管理，管理者具有文化的敏锐性和跨文化技巧是基本条件。为什么所有的管理者都必须进行文化的学习和准备？为什么全球性公司要把文化敏锐性的培养列入其人力资源发展的战略中？美国学者菲利普·哈里斯（Philip R. Harris）认为，文化对管理的作用主要有以下几点：

（1）文化给人以认同感，无论在国内还是国外都是如此。特别是在人的行为和价值观方面，文化的作用更大。通过文化培训，可以提高雇员对组织的忠诚度及组织的效率。

（2）文化的知识可以使人更好地相互了解。当管理者理解了文化的一般性和特殊性之后，他们可以更好地推动跨文化的沟通，协调相互关系，提高生产效率。管理的条文、制度也可以按照当地的特点、标准等加以制定。

（3）文化的认知对发展和影响组织文化十分有用。例如，在跨国公司中，公司文化可以影响当地工作人员和顾客的表现；而且诸如子公司、部门等实体都有自己的亚文化，这些亚文化既可以促进也可以阻碍组织目标的实现以及相互的交流。

（4）文化的洞察力和工具对比较管理的研究十分有帮助。它可以减少管理者在从事领导和管理实践中的文化障碍。那些在异文化环境中经营的管理者，可以在与当地的对手谈判以及处理组织关系的过程中变得更富有成效。

（5）文化的敏锐性可以使人们认识和发展市场需求的多样性，以改变企业在国内外市场的经营战略，特别是在少数民族地区和国外。

"文化是明天的经济"这句富有哲理的话，高度概括了具有经济文化性质的企业文化的功能。企业文化能促进企业良好形象的树立，有助于员工潜力的发挥，使员工同心协力、开拓未来，为提高企业经济效益、推动社会进步起到主动、积极的作用。

总而言之，未来的企业更像一所学校、一个文化团体，在企业工作将不再是单纯的谋生手段，而是学习知识、共享知识、创造知识、造福人类的精神享受和强烈需要。对于企业的管理，也必然仅有一种选择——文化管理。文化管理纠正了科学管理企业"见物不见人"的错误管理方法，能够适应人们高层次的需求。随着知识经济的兴起、人力资源核心地位的确立、第三产业的发展、经济全球化的加快，文化管理将带来高效率与高士气的良性循环，成为企业发展的助推器。

四、企业文化与 CI 策划

CI（Corporate Identity）策划也称企业形象策划或企业识别系统设计，它引入中国已有30 多年的时间。30 多年来，我国许多企业都尝试导入 CI 策划，并取得了一定的效果。

（一）企业形象与企业文化

什么是 CI？应怎样认识和看待 CI 对企业发展的作用？要想了解这些问题，首先必须弄清楚什么是企业形象。企业形象是指企业内外对企业的整体感觉、印象和认知，是企业状况的综合反映。企业形象是企业在与社会公众（包括企业员工）通过传播媒介或其他接触的过程中形成的，包括公众印象、公众态度和公众舆论。企业形象包括理念形象、行为形象和视觉形象三个层次。

企业形象具有主客观二重性、系统性、动态性和相对稳定性的基本特性。主客观二重性是指企业形象作为企业在公众心目中的形象，必然受到公众自身的价值观、思维方式、道德标准、审美趋向、性格差异等主观因素的影响，因此，同一个企业在不同公众心中会产生不同的形象。但同时，企业形象存在的这一事实，又不受企业规模大小、经营业绩好坏等因素的影响，它与企业如影随形，是客观存在的。系统性是指企业实态形象是由复杂的因素组成的，既有公众容易感知的产品质量、功能、形状、色彩、包装，也有企业的标志（企业标志和商标）、服装、旗帜、厂房、店面，也有公众不太容易感受到的企业员工素质、行为规范、风俗习惯，还有公众最不容易感受到的企业目标、宗旨、精神、风气等。这些看似复杂的组成因素之间有着内在的必然联系，它们相互作用、相互依存、互为条件，因此决定了企业实态形象是一个具有很强系统性的整体。动态性是指企业形象受企业生产经营情况、构成公众的人群、信息传播媒介渠道等因素的影响，总是处于一种发展变化之中。稳定性是指企业形象的产生、更新和发展是一个连续的过程，在一段时间内是相对稳定的，这也是人们可以从客观角度认识、了解、分析和把握其基本规律的重要前提。

企业文化与企业形象关系密切。首先，企业形象与企业文化的层次是一一对应的。企业形象构成的三个层次——理念形象、行为形象和视觉形象，与企业文化的精神层、制度层和物质层之间存在着一一对应的关系。其次，企业形象不等于企业文化。这是因为企业文化是一种客观存在，是人类认识的对象本身，而企业形象则是企业文化在人们头脑中的反映，属于人类的主观意识。人类的认识过程受客观条件（如信息传播渠道）和自身认识水平（如知识、经验）的限制，因此，公众心目中形成的企业形象并不是企业文化的客观、全面、真实的反映，两者之间会有一定的差距；有时企业出于自身需要，企业文化的有些内容是不会通过传播媒介向外传播的，或是向外界传播一些经过特别加工的信息，这也使得企业形象与企业文化在内涵上有所差别。最后，企业形象是企业文化在传播媒介上的映象。从认识过程来看，客观对象必须转化为可以传播的信息，才能通过媒介被人类认识，这种在媒介上反映出的关于企业文化的全部信息就构成了企业形象。所以，企业文化是企业形象的根本前提，企业文化决定企业形象。

（二）CI 策划——企业形象策划

任何企业的形象无论好坏，都是客观存在的，并对企业的经营业绩产生某种不可忽视的影响。因此，一些有远见的企业和企业家率先抓住企业形象这一因素，主动将企业形象塑造列入企业的工作日程。美国 IBM 公司于 1956 年在世界上率先导入了 CI，取得的巨大成功将企业带入了一个新的境界。中国第一个导入 CI 的企业是广东省的太阳神公司，1988 年因成功导入 CI，产品很快打开了销路，营业额增加了 200 多倍，仅 1992 年就达到 12 亿元。

目前，我国理论界将 CI 称为"企业形象识别"，同时将"CI 策划"视同于"企业形象策划"。关于 CI 的定义，林磐耸认为，CI 就是将企业的经营理念和精神文化，运用统一的整体传达系统（特别是视觉传达设计），传达给企业周边的团体（包括企业内部与社会大众），并使其对企业产生一致的认同感与价值观。在张德、吴剑平所著的《企业文化与 CI 策划》一书中，更将 CI 简单定义为"通过统一的整体传达系统将企业文化外化为企业形象的过程"。同时，他们认为，CI 是企业形象的塑造过程，而不是企业形象本身；CI 是企业管理的一项系统过程，它涉及企业文化和企业实践的方方面面，有外在的名称、标志图案和商标，还有企业长期内练的精神和价值观。

根据企业形象的三个层次，CI 策划的内容也可以划分为企业理念识别（MI）、企业行为识别（BI）和企业视觉识别（VI）三个层次。

理念识别（MI）是指一个企业由于具有独特的经营哲学、宗旨、目标、精神、道德、作风等而区别于其他企业。MI 是 CI 的灵魂和整体系统的原动力，它对 BI 和 VI 有决定作用，并通过 BI 和 VI 表现出来。行为识别（BI）是指在企业理念指导下的企业组织及全体员工的言行（制度和行为规范）和各项活动所表现出的一个企业与其他企业的区别。BI 是企业形象策划的动态识别形式，有别于企业名称、标志等静态识别形式，是 MI 最主要的载体。视觉识别（VI）是指一个企业由于独特的名称、标志、标准字、标准色等视觉要素而区别于其他企业。VI 的表达必须借助某种物质载体。根据人体工程学的研究，人们获取信息的最主要途径是视觉。因此，VI 是整个企业形象识别系统（CI）中最形象直观、最具冲击力的部分。人们对 CI 的认识往往是从 VI 开始的，早期的 CI 策划也主要是 VI 策划，但它对企业形象和企业文化的影响并不持久和深入，而且脱离了 MI 和 BI 的 VI 本身是缺乏生命力的。

CI 策划是企业文化建设的重要内容。要塑造有特色的企业形象有两种方法：一是建设有特色的企业文化；二是选择与其他企业不同的传播媒介。而现实社会中，规模、实力差不多的企业，其所能利用的传播媒介差别不大，因此，建设独具特色的企业文化就是塑造个性鲜明的企业形象的唯一选择。

第二节　知识管理的趋势

知识管理是 21 世纪管理的最新趋势，也是现在国内外谈论最多的管理话题之一。知识管理是伴随着知识经济而出现的。

一、知识经济兴起与知识管理

早在 30 多年前，极富预见性的未来学家就已经预见到，在传统的经济模式之后，一种新的经济模式会在 20 世纪末到 21 世纪初出现。尽管这些学者使用的概念不尽相同，但基本思路大体一致，那就是在农业、工业两次经济革命之后，又一次新的经济革命很快就会到来，而这次革命不是在土地上或工厂里实现的，而几乎是在大脑里实现的，其核心是知识。如今，知识经济再也不是人们的预测，而是现实了。如果说农业革命是第一次经济革命，工业革命是第二次经济革命的话，那么知识经济可称作第三次经济革命。

（一）知识经济的含义

为了更深入了解什么是知识经济，首先就必须了解什么是知识。国内外对知识普遍认同的解释一般用"3W1H"来概括，即"知道是什么（Know—what）"，"知道为什么（Know—why）"，"知道是谁做（Know—who）"，"知道怎么做（Know—how）"。

"知识经济"中所说的"知识"是一个广义的概念，包括人类迄今为止所创造的所有知识。其中，科学技术、管理科学的知识是最重要的部分。概括地讲，知识本身具有这样的特性：不可替代性、不可逆性、非磨损性、可共享性和无限增值性。知识的这些特性决定了知识与一般生产要素相比有本质区别：在知识经济中，知识已经不是经济增长的"外生变量"，而是经济增长的内在的核心因素。当知识成为主要经济要素后，经济的增长方式会发生根本变化，长期高速增长将成为可能。

在人类历史上，无论哪个国家、哪个地区在哪方面的知识首先得到发展，最终都必将造福于全人类，这就是知识的共享性。知识产品与物质产品最大的区别就在于：知识产品可以同时供无穷多的人使用，而物质产品在同一时刻只能供有限的人使用。

正是由于知识具有以上特性，世界上任何民族、任何种族的任何一种活动都离不开知识，人类经济的发展当然也不例外。目前，知识对经济的作用表现得尤为突出。据统计，目前经济合作与发展组织（OECD）主要成员的知识经济已经超过其国内生产总值的 50%。

知识经济是何时产生的？专家认为，美国微软公司的成功标志着知识经济的正式形成。微软公司是目前世界第一大软件制造商，股票市场价值高峰时曾达到 5000 亿美元。

知识的作用与价值在我国也日益显现。据社会调查显示，社会上高收入阶层，其文化程度普遍较高，有知识、有文化的人才在市场经济中充分发挥了自己的优势。知识在社会经济中发挥着越来越重要的作用，知识经济的时代已向人们走来。

什么是知识经济？国内许多专家学者提出了各种看法。有人认为，知识经济就是以知识为基础的经济，这种经济直接依赖于知识和信息的生产、扩散和应用；有学者提出，知识经济就是知识成为经济的主导因素，处于中心地位，知识替代物质成为战略资源；还有学者认为，知识经济在本质上是以智力资源的占有、配置，以科学技术为主的知识的生产、分配和消费（使用）为最重要因素的经济。

可以看出，这些学者对知识经济的认识在本质上是相同的，即在知识经济中，知识是主要的、核心的和第一要素。如果说在工业社会中，战略性资源是资本，那么在知识经济中，战略性资源则是知识。

在知识经济中，高新技术产业是核心产业，按联合国组织的分类，高新技术主要有信息科学技术、生命科学技术、新能源与可再生能源科学技术、新材料科学技术、空间科学技术、海洋科学技术、有益于环境的科学技术和管理科学技术（又称软科学技术）。

（二）知识经济的特点

知识经济与以往的经济形态最大的不同点在于：知识经济的繁荣不是直接取决于资源、资本、硬件技术的数量、规模和增量，而是直接依赖于知识或有效信息的积累和利用。知识经济是建立在日益发达的、成为未来经济主流的信息产业之上的，它强调产品和服务的数字化、网络化、智能化，主张敏捷制造和个性化商品生产，是能够按照用户需要进行有效生产和服务的经济。知识经济的特点主要表现在以下几个方面：

（1）信息技术的广泛应用。信息技术作为一种技术产品，具有投入少、产出多且资源可重复使用和复制的特点，其产业规模的扩展程度完全取决于对知识的理解和运用。信息技术的运用必将使经济系统在产品、服务、效率、企业形象、生产、流通、交易等概念及操作方面都发生深刻的变化。

（2）经济产值的"轻型化"。例如，用光纤取代铜线，用数字产品取代模拟产品等。由于知识含量的增加，产品的附加值也成倍地提高，人们将这种以知识投入带来优化的经济称为"轻型经济"。在当今经济最发达的美国，其国内生产总值如果以吨位来衡量，几乎同100年前差不多，但其实际价值却增长了20倍。

（3）创新是知识经济发展主要的内在驱动力。知识经济是以创新的速度和方向决定成败的经济，它改变了过去以资源、资本的总量或增量决定的模式。创新优势可以弥补资源和资本上的劣势。加强创新，就可以在未来的市场经济中占据优势。

（4）管理和决策的知识化。随着管理和决策的知识化，知识管理将成为社会企业管理的主要方法。目前，西方国家的一些大公司为尽快获得、掌握和保存最有价值的知识，专门设立了一批新式高级经理职务，即"知识主管"。这些人为公司提供的不仅仅是数据，而是经过提炼和创造的知识资本。

（5）知识经济发展的可持续性。知识经济是以知识为基础的经济，它所依赖的真正的生产资料不再是以资金、设备和原材料为主，而是以人的知识为主。通过知识，一方面可以科学、合理、高效地利用现有的自然资源；另一方面也可以不断探索、开发新的资源。所以，知识经济是可持续发展的经济。

正如世界银行副行长瑞斯查得所说，在知识经济时代，知识是比原材料、资本、劳动力、汇率更重要的经济因素。美国著名管理学家彼得·德鲁克认为："在现代经济中，知识正成为真正的资本与首要的财富。"

知识经济对企业管理的影响主要有以下几个方面：

（1）环境的变化。主要体现在两方面：首先是基础的变化，知识经济是以不断创新的知识为基础的，是典型的知识密集型经济形态；其次是主导性要素的变化，知识经济中主导性要素是人力资源（或称智力资源）。

（2）竞争的焦点。知识经济中竞争的焦点在于谁能创造符合人们新需求的事实标准，引领时代的潮流。

（3）战略的调整。在投资战略上，重点转移到人才培训、激励创新方面，同时，生产和分配向知识产品及服务倾斜；在竞争战略上，注意利用知识产权的武器；在成长战略上，由依靠规模经济促进企业发展调整到大力依靠无形资产的创造和增值来实现企业的成长。

随着生产力的不断发展，人类社会正在逐步从工业文明时代迈向知识经济时代，知识化、信息化正成为社会发展的主流趋势。与知识经济相对应，未来将出现一个全新的管理领域——知识管理。

二、知识管理

（一）知识管理——"第二次管理革命"

随着知识经济的形成和发展，需要有与之相适应的管理模式、管理理论和实践。正如彼得·德鲁克所强调的："因为知识社会是一个组织的社会，其中心器官是管理，仅仅管理就能使今日的所有知识成为有效。"有学者认为，如果说诞生在美国的科学管理引发管理的"第一次革命"，那么在人类走向21世纪之时，全球的企业管理迎来的则是以"人性化"的知识管理为标志的管理的"第二次革命"。

知识管理是知识经济时代的必然要求。这是因为：首先，知识管理是培养企业能力的基础性工作。在知识经济时代，企业内部能力的培养和各种能力的综合运用被看作是企业取得和维持竞争优势最关键的因素。企业竞争的成功不再被看作是转瞬即逝的产品开发或战略经营的结果，而是企业能力发挥作用的结果。加强知识管理，企业员工通过对外来知识的学习，能迅速适应外部环境的变化；通过对内部知识的学习，能增强他们在碰到类似问题时解决问题的能力。企业只有加强知识管理，才能逐步积累、归纳、提升经营过程中的隐性知识，形成一笔宝贵的财富。其次，知识管理是企业在知识经济时代有效、正确决策的基础。在没有知识管理的时候，当员工需要某些知识时，可能得不到或无法及时得到所需的准确知识。若员工得不到所需的知识，那么他做出的决策就可能是"拍脑袋"式的，而且会影响到决策的效率，从而无法适应环境的快速变化；若员工所得到的是过时的或错误的信息，那么他做出的决策就可能是不正确的，将给企业带来致命的影响。

知识资源同其他资源相比有其特殊之处。它具有如下特点：

（1）知识不像其他资源那样是有形的，而是近似无形的，难以计量。知识可以以出版物、数据库内容等形式出现，也可以存在于员工的头脑之中。

（2）企业的知识一部分来自企业的外部，这就要求企业始终对外界保持关注，从浩瀚的知识海洋中敏感而及时地发现对自己有用的知识和信息；企业的另一部分知识则要靠企业自身在生产实践过程中积累归纳形成。知识既不像企业所需要的人力资源那样可以到市场上去寻找，也不像金融资本那样可以到金融市场上去筹集。

（3）知识不会因使用的人多，而使每个人分到的减少或产生任何损耗，而且其发挥作用的范围越大，对企业的价值越大。

（4）一个人是否愿意把自己头脑中的知识拿出来与大家共享，取决于他个人的意愿，不能强迫。

知识资源具有的这些特点，使知识管理与以往的管理具有很大不同，也使得知识管理的意义更加重要。

（二）知识管理的含义

关于知识管理的含义，不同的学者有不同的解释，目前还没有一个被广泛认可的定义。例如，有人认为，知识管理就是以知识为核心的管理。知识管理是对企业的知识资源进行有效管理的过程。下面是一些具有代表性的观点：

"知识管理是对知识进行管理和应用知识进行管理的学问。"

"知识管理是关于有效利用公司的知识资本创造商业机会和技术创新的过程。"

"知识管理是利用组织的无形资产创造新价值的艺术。"

"知识管理是运用集体的智慧提高应变和创新能力，为企业实现显性知识和隐性知识共享提供的新途径。"

以上观点有一个共同点，即强调必须以知识为核心并充分发挥其作用。

从抽象角度讲，知识是人对事物的认识和经验（包括技能）的总和。从信息的角度看，它是一种能改变人的行为方式、能被人所利用的信息。可见，人是实现知识的主体，信息是知识的基础。人的认识可以决定信息存在的价值，同时，人的认识又会因被认识的事物所具有的信息而改变，从而形成不断提高的对事物的新认识，以至于循环无穷。离开了信息，人将无法获得知识。从这个意义上讲，知识管理也是一种对人与信息资源的动态管理过程，是人在企业管理中对其集体知识与技能的捕获与运用的过程。

从结构上看，知识管理可分为人力资源管理和信息管理两个方面。其中，人力资源管理是知识管理的核心内容。具体而言，人力资源管理就是一种以"人"为中心，将人看作最重要资源的现代管理思想。知识经济时代，决定企业经营成败的最主要的因素就是企业员工的知识创新能力。知识管理的目标就是要提高企业所有知识的共享水平和知识创新能力，而良好的信息管理是实现有效的知识管理的基础。信息管理可分为三个层面：最底层是通信网络，用来支持信息的传播；第二层是高性能计算机服务器，这是存取信息、数据的关键环节之一，与信息网络一起为信息管理提供硬件支持；第三层是信息库、数据库系统层，它是信息管理系统的关键层，与计算机服务器一起组成了信息管理系统的高性能信息、数据服务器，为各种信息转化为知识的应用提供了有力的支持。由此可见，知识管理不等同于信息管理，它的含义更加广泛，主要是通过知识共享、运用集体智慧以提高组织的应变和创新能力。对于企业来说，知识管理的实施在于建立激励员工参与知识共享的机制，设立知识总监，培养企业创新和集体创造力。

下面列出在知识管理方面有较大影响的几位代表人物：

（1）彼得·德鲁克（Peter F. Drucker），美国资深经济学家、政治学家、社会学家、管理学家。其代表著作是《后资本主义社会》（1993 年）、《知识社会的兴起》（1998 年），提出了世界正处于"后资本主义社会"即"知识社会"的巨大转变之中，知识管理是管理理论的"第二次革命"等有影响力的、具有前瞻性的观点和论断。

（2）威廉·哈拉尔（William E. Halal），美国乔治·华盛顿大学管理学教授。他在代表作《无限的资源》一书中指出，世界企业正在经历以知识为基础的"革命"。这种革命包含三个方面：一是增强协作；二是非集中化或分散化经营，即把企业分成能够各自对经营结果负责的自我管理单位；三是建设智力基础设施，利用智力设施来为整个企业系统服务，使企业系统能够进行有效的交流和工作。这种革命将创造出生产力更高、盈利能力更强的新型企业。

（3）戴布拉·艾米顿（Debora Amdun），美国马萨诸塞州 Entovation 国际公司的创立者和首席战略家。他在代表作《知识创新战略：智慧的觉醒》一书中，对知识创新的概念、原则和意义做了全面的论述。其主要观点有：随着知识管理的概念以及对企业管理的意义被人们广泛接受和重视，作为创新活动演变的趋势，知识创新正日益受到企业界的关注，并在制定企业面向 21 世纪的创新战略和管理实践中得以贯彻。它通过知识资源的开发，创造新思想并转化为具有发展潜力的商品，为企业未来持续增长奠定基础。

（三）知识管理的特点

知识管理是一个内涵极其丰富的管理领域，不仅管理对象多样化，而且管理角度也是多方面的。综合以上学者的定义，可以总结出知识管理的四个基本特点：

（1）知识管理是基于对"知识具有价值、知识能够创造价值"的认识而产生的，其目的是通过对知识的更有效利用来提高个人或组织创造价值的能力。知识管理的基础活动是对知识的识别、获取、开发、分解、使用和存储。特定的知识管理活动需要投入金钱与劳动力，这些活动包括：①知识的获得，即创建文件并把文件输入计算机系统；②通过编选、组合和整理，给知识增添价值；③开发知识分类方法，对知识进行分解归类；④发展信息技术，实行知识分配；⑤就知识的创造、分离和利用对员工进行教育。

（2）对于企业而言，知识管理是一种全新的经营管理模式，其出发点是将知识视为企业最重要的战略资源，把最大限度地掌握和利用知识作为提高企业竞争力的关键。知识管理把存在于企业中人力资源的不同方面的知识和信息技术、市场分析乃至企业的经营战略等协调统一起来，共同为企业的发展服务，创造出整体大于局部之和的效果。

（3）知识管理不仅是一种新型的管理方式，而且代表了理解和探索知识在管理和工作中的作用的新发展，这种理解和探索更加有效、全面。当企业面对日益增长的非连续性的环境变化时，知识管理是针对组织的适应性、组织的生存及组织的能力等重要方面的一种迎合性措施。本质上，它嵌入组织的发展进程中，并寻求将信息技术所提供的对数据和信息的处理能力与人的发明和创新能力这两者进行有机的结合。个人和组织要适应现代经济日益复杂多变的环境，知识管理是真正的向导。

（4）知识管理产生的根本原因是科技进步在社会经济中的作用日益增大。随着知识经济的到来，知识管理将遍及社会各个领域。它将使大到国家，小到企业、机构和个人，都摆脱传统资源或资本的限制，获得新的竞争优势，进而具有强大的生命力和广阔的发展前途。

（四）如何进行知识管理

对知识进行收集和管理，使每一个员工都最大限度地贡献出其积累的知识并实现知识共享，是企业进行知识管理的主要目标。

在知识管理中，如果从企业对知识的管理范围看，涉及知识的内部管理和外部管理。知识的内部管理包含知识在企业内部的生成、交流、积累和应用四个环节。企业知识的内部管理应该能够营造一个有利于员工生成、交流、验证知识的宽松环境。例如，建立一个企业内部信息网，便于员工进行知识交流；制定各种激励政策，鼓励员工进行知识交流；利用各种知识数据库、专利数据库存放知识、积累知识；放松对员工在知识应用方面的控制，鼓励员工在企业内部进行个人创业，促进知识的应用。知识的外部管理目的是通过企业之间及与其他知识供应商之间的交流、合作等，对知识进行有效的管理，使企业积累更多的知识，获得更大的收益。知识的外部管理应该使企业能够有效地与其他企业进行知识交流、知识共享，有效地与其他专门的知识外部供应商进行合作，与企业竞争者共享知识，共同开拓和培育市场。

从知识管理所涉及的管理过程来看，可以将知识管理分成知识生成管理、知识交流管理、知识积累管理和知识应用管理。知识的应用是知识管理的目的，知识的交流是生成新知识的必要手段，知识的更新是企业创新的动力，知识的积累是企业发展的基础。由于知识发展迅速，知识数量急剧扩大、迅速更新，企业只有通过不断学习、探索、更新，才能拥有最新的知识。企业的知识生成管理的目的在于，促进员工不断学习知识、交流知识，通过不断更新、补充知识，使员工不断超越自我，从而激活员工和企业的创新能力，给企业带来新的活力。

企业如何进行知识管理？这是摆在每一个企业和企业管理者面前的重要问题，也是一道难题。因为知识管理出现时间不久，还没有大量的、成熟的经验可供借鉴。根据国外企业仅有的经验和专家的研究，企业可以尝试从以下几个方面开展知识管理：

（1）企业要消除知识的中间流通环节，尽量减少知识在企业内部的损耗、衰减。

（2）在企业内部消除人员之间知识交流的障碍，实现知识的自由、直接交流。

（3）允许、鼓励企业内的每一位员工向企业及其内部员工贡献自己的知识和经验，最好填充到企业的网络中，使每一位员工的知识都成为企业系统知识平台的组成部分。

（4）企业知识系统平台要建成全方位开放式的，给员工提供便利的硬件和软件设备，方便企业员工随时随地进行知识和信息的交流与共享。

实施有效的知识管理所要求的远不止拥有合适的软件系统和充分培训，它还要求企业的领导层把集体知识共享和创新视为赢得竞争优势的支柱。知识内部共享和知识创新是实行知识管理的两个关键点。如果企业员工为了保住工作而隐瞒信息，如果企业里采取的安全措施常常是为了鼓励保密而非信息公开共享，那么这将对企业构成巨大的挑战。相比之下，知识管理要求员工共同分享他们所拥有的知识，并且要求管理层对能够做到这一点的人予以鼓励。知识管理在刚刚开始实施的时候可能会有一些难度，企业管理者应积极倡导，并制定一些措施，慢慢在企业中形成知识共享和创新的文化氛围。

中国企业无论是为了迎接知识管理的出现，还是要建立与知识管理相适应的管理模式，都需要在以下几个方面进行变革：

（1）建立以人为本、尊重知识、尊重人才的管理理念。

（2）建立企业员工进行交流的设施和环境，逐步做到企业内部的管理手段和设施的计算机化、网络化。

（3）重视企业组织结构和领导方式的转变。

（4）加强对员工的素质培训、技术培训和知识培训。

以"人"为中心的管理思想比农业时代以"土地"为中心、工业时代以"金钱资本"为中心的管理思想更具有科学性，更适应以信息网络为基础的知识经济时代。知识经济时代将人看作是一种最重要的资源，以事就人，使人得其所、人尽其才，从而最大限度地实现知识创新。这既是人类社会进步发展追求的目标，也是知识管理的最高境界和核心内容。认识这一点对中国企业更加重要，希望大力发展工业经济的企业管理者需要彻底转换经营观念，将人力资源视为企业发展最重要的资源，改变过去只用人不培养人的狭隘、落后的观念。

美国雅虎（Yahoo）公司的创业过程在一定程度上证明了"人才是决定企业前途"的关键资源。雅虎当年既没有微软庞大的财力，也没有 IBM 那样成熟的经验和技术资本，甚至不像 Netscape 公司创业时还有克拉克带来的 400 万美元。雅虎的两位创始人杨致远和大卫·费罗（David Filo）当时还是美国斯坦福大学攻读博士学位的穷学生，他们几乎是从零开始的。杨致远，一位 20 多岁的中国移民，与同窗大卫·费罗，29 岁的美国青年合作，为方便查找网上资料而编出了一个专门用于整理网上各个节点资料的程序，并于 1994 年 4 月正式在互联网上推出，可以说从此在信息领域，雅虎重新组织了世界。许多上网的人都是从雅虎起步，进而才较全面地认识了互联网，这就是互联网上的第一批"数字金矿"。1995 年 4 月，雅虎正式在华尔街上市，上市第一天的股票总市价就达 5 亿美元。一夜之间，杨致远与大卫·费罗就名垂青史，步入了亿万富翁之列。而取得如此骄人成绩的雅虎，仅用了一年的时间。它实现资金积累的速度与它在信息世界对人类的贡献都是工业经济时代的企业无法达到的，而其成功的最关键因素就是知识创新能力。

复 习 题

1. 文化管理出现的必然性是什么？
2. 简述企业文化的含义。
3. 简述企业文化的内容和特征。
4. 简述文化的管理功能。
5. 何谓 CI 策划？
6. 什么是企业形象？
7. 企业形象策划包括哪些内容？
8. 简述知识经济的含义及特点。
9. 简述知识管理的特点。

讨 论 题

1. 有人认为，企业文化是漂亮的装饰，对企业实际经营没有多大意义。你是这样认为的吗？为什么？
2. 对于中国当前的大多数企业而言，当务之急是开展科学管理还是文化管理？为什么？
3. 中国企业应如何创建自己的企业文化？试举出几个已经形成了优秀企业文化的中国企业的例子，并分析其企业文化的特点。
4. 试分析知识经济的兴起与文化管理的关系。
5. 试分析跨国经营的发展与文化管理的关系。
6. 你认为企业过渡到文化管理应具备哪些条件？
7. 知识管理对中国的企业管理有何重要意义？
8. 中国企业对待知识管理应持何种态度？
9. 怎样看待 CI 策划与企业文化建设的关系？

作 业 题

一、判断题

1. 管理的发展呈现出两个较明显的趋势：一是文化管理的趋势；二是知识管理的趋势。 （　　）
2. 跨文化管理理论主要研究如何克服异质文化的冲突，并进行卓有成效的管理。 （　　）
3. 基于儒家思想的管理方法在中国台湾和中国香港、东南亚国家的华人企业中非常普遍。 （　　）
4. 文化与管理具有共生性，即管理是伴随着文化的发展而发展的，并通过文化的发展表现出来。

（　　）

5. 知识经济与以往的经济形态最大的不同点在于：知识经济的繁荣不是直接取决于知识或有效信息的利用，而是直接依赖于资本和技术的积累和利用。　　　　　　　　　　　　（　　）

6. 文化管理趋势的出现并不是人们的主观随意创造，而是生产力与生产关系矛盾发展的必然结果，是大工业文明发展到一定时期对管理理论提出的必然要求。　　　　　　　　（　　）

7. 以"人"为中心的管理思想将人看作最重要的资源，这既是人类社会进步发展追求的目标，也是知识管理的最高境界和核心内容。　　　　　　　　　　　　　　　　　　　　（　　）

二、单项选择题

1. 无形资源的管理主要取决于（　　）。

A. 人的因素　　　　　　　　　　　B. 物质因素

C. 组织结构　　　　　　　　　　　D. 技术因素

2. 现代企业文化理论最早出现在（　　）。

A. 中国　　　　　B. 美国　　　　　C. 日本　　　　　D. 德国

3. 企业文化理论相对于科学管理和行为科学而言（　　）。

A. 赋予了新的管理特色，但管理的中心没有变化

B. 对人的研究方法发生了变化，但研究目的没有变化

C. 对人的研究方法没有变化，但研究目的发生了变化

D. 管理特色、管理的中心、对人的研究方法、研究目的都发生了变化

4. 在知识经济中（　　）。

A. 资本是核心要素　　　　　　　　B. 知识是核心要素

C. 文化是核心要素　　　　　　　　D. 技术是核心要素

5. 在企业 CI 策划中，起核心和主导作用的是（　　）。

A. BI　　　　　B. MI　　　　　C. CI　　　　　D. VI

三、填空题

1. 企业文化是在一定的历史条件下，企业及其员工在生产、经营和变革的实践中逐渐形成的共同思想、作风、价值观念和行为准则，是一种具有企业个性的_____和_____方式。它包括价值观、行为规范、道德伦理、风俗习惯、规章制度、精神风貌等内容，而_____处于核心地位。

2. 狭义的企业文化是指企业生产经营实践中形成的一种_____和_____，以及企业全体员工共有的_____和_____。广义的企业文化，除狭义的企业文化内容外，还包括企业员工的文化素质，企业中有关文化建设的设施、_____、_____、_____等。

3. 企业形象具有主客观二重性、系统性、_____和_____的基本特性。

4. 根据企业形象的三个层次，可以将 CI 策划的内容也分为_____、企业行为识别（BI）和_____三个层次。

5. 从结构上看，知识管理可分为_____和_____两个方面。

案例分析

华为企业文化精髓

华为技术有限公司（简称华为）是一家1987年创建于深圳的民营科技公司，是全球领先的信息与通信技术（ICT）解决方案供应商，专注于ICT领域，在电信运营商、企业、终端和云计算等领域构筑了端到端的解决方案优势，为运营商客户、企业客户和消费者提供有

竞争力的 ICT 解决方案、产品和服务。截至 2015 年年底，华为有 17 万多名员工，业务遍及全球 170 多个国家和地区，服务全世界 1/3 以上的人口。

一、公司业绩持续增长

2015 年度，华为运营商、企业、终端三大业务在 2014 年的基础上持续增长，实现全球销售收入 3950 亿元人民币（约 608 亿美元），同比增长 37.1%；净利润 369 亿元人民币（约 57 亿美元），同比增长 32.5%。2017 年，华为业绩继续保持高速增长。

在运营商业务领域，华为 4G 设备在全球广泛部署，已进入 140 多个国家的首都，承建了全球 280 多个 400G 核心路由器商用网络；支撑着全球 1500 多个网络的运营，覆盖了 170 多个国家和地区。2016 年 10 月，《IDC 2016 年 Q2 中国数据中心网络市场份额报告》显示，华为获得了 2016 年第二季度数据中心交换机中国市场销售额第一的成绩。2016 年 9 月，《IDC 2016 年 Q2 全球以太网交换机市场份额报告》显示，华为获得了 2016 年第二季度以太网交换机全球市场销售额第二，中国以太网交换机市场销售额第一的成绩。根据世界知识产权组织公布的数据，华为专利连续数年位居前列。

二、企业核心价值观的神奇作用

华为如此成功，秘密是什么？成功往往由多个因素促成。像许多优秀公司一样，华为的成功源自其企业文化，核心价值观是其文化的重要体现。

1. 以客户为中心是华为最重要的核心价值观

当年起草《华为公司基本法》时，第一稿曾经提出一条"为客户服务是华为存在的理由"，任正非拿起笔就改为"为客户服务是华为存在的唯一理由"。华为在喜马拉雅山珠穆朗玛峰 6500m 处安装全球最高的无线通信基站，在北极圈内部署首个 GSM 网络。它在欧洲拓展 3G 市场时发现，欧洲运营商希望基站占地更小、更易于安装、更环保、更节能且覆盖范围更广。基于这些要求，华为成为首家提出分布式基站概念的公司。这种新式基站使为大型网络设计的无线接入技术也同样适用于小型专用网络。这一创新降低了运营商部署基站的成本，因此迅速风靡欧洲。

2. 艰苦奋斗是华为另一重要的核心价值观

华为强调，唯有艰苦奋斗才能获得机会。公司成立初期，给每位新员工提供一床毛巾被和一个床垫。这样一来，许多加班到深夜的员工就可以在办公室睡觉，而第二天中午他们也可以在公司午休。华为员工秉承艰苦奋斗的精神，以勤补拙，刻苦攻关，夜以继日地钻研技术方案，这形成了华为独有的"床垫文化"。

3. 华为企业文化中的"狼性文化"

任正非说，企业发展就是要发展一批狼。狼有三大特性：一是敏锐的嗅觉；二是不屈不挠、奋不顾身的进攻精神；三是群体奋斗的意识。早期，华为"生不逢时"，其对手爱立信、诺基亚、西门子、阿尔卡特、朗讯、北电网络等百年企业，个个实力强劲，华为不能望其项背。为了生存下去，为了抢夺订单，华为通常想方设法达成自己的目标，在与同城对手中兴通讯的竞争中，即使赔本也要拿下项目。

今天，华为早已告别生涩，内部管理更为规范，变身为一家技术驱动性现代企业，其价值主张也发生了变化，开始重视产业链的构建，与人为友。但华为身上的"狼性"并没有因此退化，它已经化为血液，在华为的躯体里静静流淌。华为内部人说，凡是华为认定的目标，均会不惜一切代价去达成，这一点至今未变。从电信设备到终端再到企业业务，华为是靠着"狼性"走过来的。

（资料来源：根据 http://www.huawei.com/cn/about-huawei；http://www.cb.com.cn/companies/2015_0316/1117979.html；http://www.duibiao.org/2016/news_0205/646.html 的资料整理而成。）

讨论题：

1. 谈谈你对华为文化管理的认识。

2. 华为的核心价值观对其他企业有没有借鉴作用？

参 考 文 献

[1] 丹尼尔·雷恩. 管理思想的演变 [M]. 孙耀君, 等译. 北京：中国社会科学出版社, 1986.

[2] 孙耀君. 西方管理学名著提要 [M]. 南昌：江西人民出版社, 1999.

[3] H 法约尔. 工业管理与一般管理 [M]. 周安华, 等译. 北京：中国社会科学出版社, 1982.

[4] 哈罗德·孔茨, 海因茨·韦里克. 管理学 [M]. 张晓君, 等译. 北京：经济科学出版社, 1998.

[5] 徐国华, 张德, 赵平. 管理学 [M]. 北京：清华大学出版社, 1998.

[6] 吴照云, 等. 管理学 [M]. 3 版. 北京：经济管理出版社, 2000.

[7] 高程德. 公司组织与管理 [M]. 北京：北京大学出版社, 2000.

[8] 王利平. 管理学原理 [M]. 北京：中国人民大学出版社, 2000.

[9] 斯蒂芬 P 罗宾斯. 管理学 [M]. 黄卫伟, 等译. 北京：中国人民大学出版社, 1997.

[10] 周三多. 管理学 [M]. 北京：高等教育出版社, 2000.

[11] W H 纽曼, C E 萨默. 管理过程 [M]. 李柱流, 等译. 北京：中国社会科学出版社, 1995.

[12] MBA 必修核心课程编译组. MBA 管理方法：计划、控制、决策 [M]. 北京：中国国际广播出版社, 1998.

[13] 全国工商管理硕士入学考试研究中心. 管理分册 [M]. 北京：机械工业出版社, 2001.

[14] 刘冀生. 企业经营战略 [M]. 北京：清华大学出版社, 1995.

[15] 赵志良. 攻谍胜略 [M]. 北京：北京出版社, 2001.

[16] 骆守俭. 管理学基础教程 [M]. 上海：立信会计出版社, 2001.

[17] 谭力文, 徐珊, 李燕萍. 管理学 [M]. 武汉：武汉大学出版社, 2000.

[18] 徐艳梅. 管理学原理 [M]. 北京：北京工业大学出版社, 2000.

[19] 芮明杰. 管理学：现代的观点 [M]. 上海：上海人民出版社, 1999.

[20] 郭朝阳, 何燕珍. 管理学概论 [M]. 北京：科学出版社, 2000.

[21] 王伟, 樊懿德. 12 小时哈佛管理学 [M]. 北京：中国友谊出版公司, 1997.

[22] 郭跃进. 管理学 [M]. 北京：经济管理出版社, 1999.

[23] 王方华. 现代企业管理 [M]. 上海：复旦大学出版社, 1996.

[24] 杨文士, 张雁. 管理学原理 [M]. 北京：中国人民大学出版社, 1997.

[25] 韩岫岚. MBA 管理学方法与艺术：下册 [M]. 北京：中共中央党校出版社, 1998.

[26] 高峰. 现代企业家 [M]. 广州：广东经济出版社, 1999.

[27] 周三多, 陈传明, 鲁明泓. 管理学原理与方法 [M]. 3 版. 上海：复旦大学出版社, 1999.

[28] 刘玉玲, 何威. 新编管理心理学 [M]. 北京：中国经济出版社, 1994.

[29] 香港管理专业发展中心. 管理学原理 [M]. 北京：中国纺织出版社, 2001.

[30] 苏东水. 管理心理学 [M]. 上海：复旦大学出版社, 1992.

[31] 约翰 B 库伦. 多国管理——战略要径 [M]. 邱立成, 等译. 北京：机械工业出版社, 2000.

[32] 宋亚非. 国际企业管理学 [M]. 大连：东北财经大学出版社, 1999.

[33] 斯蒂芬 P 罗宾斯. 组织行为学 [M]. 黄卫伟, 等译. 北京：中国人民大学出版社, 1997.

[34] 马丁 J 坎农. 管理学概论 [M]. 张宁, 等译. 北京：中国社会科学出版社, 1992.

[35] 休 J 阿诺德, 丹尼尔 C 菲尔德曼. 组织行为学 [M]. 邓荣霖, 等译. 北京：中国人民大学出版社, 1989.

[36] 胡宇辰. 组织行为学 [M]. 北京：经济管理出版社, 1998.

[37] 奚洁人. 简明人际关系学 [M]. 上海：华东师范大学出版社，1990.

[38] 代凯军. 管理案例博士点评 [M]. 北京：中华工商联合出版社，2000.

[39] 李翔. 管理学 [M]. 北京：中国物价出版社，1998.

[40] 陈荣耀. 追求和谐——东方管理探微 [M]. 上海：上海社会科学院出版社，1995.

[41] 罗鸿. 比较管理学 [M]. 广州：广东高等教育出版社，1998.

[42] 徐渊. 比较管理学 [M]. 上海：上海远东出版社，1994.

[43] 三户公. 管理学与现代社会 [M]. 李爱文，译. 北京：经济科学出版社，2000.

[44] 宋锦绣. 中国传统管理智慧 [M]. 北京：国家行政学院出版社，1998.

[45] 颜世富. 东方管理学 [M]. 北京：中国国际广播出版社，2000.

[46] 拉格休·纳斯. 区域比较管理学 [M]. 张襄英，等译. 西安：西安地图出版社，1992.

[47] 梁战平. 中日管理思想比较 [M]. 北京：科学技术文献出版社，1993.

[48] 朱明伟. 中国管理文化论 [M]. 上海：立信会计出版社，2000.

[49] 单宝. 中国管理思想史 [M]. 上海：立信会计出版社，1997.

[50] 陈建安. 面向 21 世纪的日本经济 [M]. 上海：上海科学技术文献出版社，1994.

[51] 王元. 美德日中企业决策体制比较 [M]. 太原：山西经济出版社，1993.

[52] 孙鲁军，张旺. 韩国：政府主导型的市场经济 [M]. 武汉：武汉出版社，1994.

[53] 帕特·乔恩特，马尔科姆·华纳. 跨文化管理 [M]. 卢长怀，等译. 大连：东北财经大学出版社，1997.

[54] 徐国华，徐杰. 现代生产管理中美日比较 [M]. 北京：企业管理出版社，1993.

[55] 郭建新，扬文兵. 新伦理学教程 [M]. 北京：经济管理出版社，1999.

[56] J P 蒂洛. 伦理学理论与实践 [M]. 孟庆时，等译. 北京：北京大学出版社，1985.

[57] 李权时，等. 经济人与道德人：市场经济与道德建设 [M]. 北京：人民出版社，1995.

[58] 蒋一苇，闵建蜀，等. 古代管理思想与中国式管理 [M]. 北京：经济管理出版社，1989.

[59] 罗国杰，马博宣，余进. 伦理学教程 [M]. 北京：中国人民大学出版社，1985.

[60] 隆内克，等. 小企业管理 [M]. 《小企业管理》翻译组，译. 大连：东北财经大学出版社，2000.

[61] 陈炳富，周祖城. 企业伦理学概论 [M]. 天津：南开大学出版社，2000.

[62] 朱筠笙. 跨文化管理 [M]. 广州：广东经济出版社，2000.

[63] 尹毅夫. 管理学 [M]. 北京：企业管理出版社，1992.

[64] 穆庆贵，陈文安. 新编企业管理 [M]. 3 版. 上海：立信会计出版社，2000.

[65] 约瑟夫 M 普蒂，海茵茨·韦里奇，哈罗德·孔茨. 管理学精要 [M]. 丁慧平，孙先锦，译. 北京：机械工业出版社，2000.

[66] 田杉竞，铃木英寿，山本安次郎，等. 比较管理学 [M]. 于延方，译. 北京：中国社会科学出版社，1992.

[67] 张德，刘冀生. 中国企业文化——现在与未来 [M]. 北京：中国商业出版社，1991.

[68] 张德. 人力资源开发与管理 [M]. 北京：清华大学出版社，1996.

[69] 彼得·圣吉. 第五项修炼 [M]. 郭进隆，译. 上海：上海三联书店，1994.

[70] 约翰·科特. 权力与影响 [M]. 孙琳，朱天昌，译. 北京：华夏出版社，1997.

[71] 约翰·科特，J L 赫斯科特. 企业文化与经营业绩 [M]. 曾中，李晓涛，译. 北京：华夏出版社，1997.

[72] 罗伯特·海勒. 现代企业的成功管理 [M]. 崔军龙，等译. 北京：中国经济出版社，1992.

[73] H 孔茨，西里·奥唐奈. 管理学 [M]. 中国人民大学工业经济系，译. 贵阳：贵州人民出版社，1982.

[74] 吴江. 知识管理：管理研究的新领域 [J]. 管理现代化，1999 (7).

[75] 刘湘丽. 知识管理的运作 [J]. 企业管理，2000 (7).

[76] 何畔. 企业管理的第二次革命 [J]. 经济管理，1999 (11).

[77] 刘磊，等. 知识经济——第三次经济革命 [M]. 北京：中国大地出版社，1998.

[78] 袁泉，王德文. 丰原实现发展与环保"双赢"［N］. 中华工商时报，2001-04-23（4）.

[79] 晓孙. 摩托罗拉如何激励员工［N］. 中国劳动保障报，2000-10-28（4）.

[80] 邢以群. 管理学［M］. 2 版. 杭州：浙江大学出版社，2005.

[81] 全国工商管理硕士入学考试中心. 2004 年 MBA 联考管理考试辅导教材［M］. 北京：机械工业出版社，2003.

[82] 周毕文. 2004 年全国 MBA 联考管理应试对策与模拟试题［M］. 北京：人民邮电出版社，2003.

[83] 周毕文. 2003 年 MBA 联考管理考试应试指南与模拟试卷［M］. 北京：机械工业出版社，2002.

[84] 加雷思·琼斯，等. 当代管理学［M］. 郑风田，赵淑芳，译. 北京：人民邮电出版社，2005.

[85] 张顺江. 中国决策学［M］. 北京：当代中国出版社，2003.

[86] 周毕文，戴淑芬，刘明珠，等. 2003 年 MBA 联考同步辅导教材管理分册［M］. 北京：机械工业出版社，2002.

[87] 周毕文，马力君. 管理实战指南［M］. 北京：清华大学出版社，2003.

[88] 周毕文，余俊生. MBA 联考 300 分奇迹管理分册［M］. 5 版. 上海：复旦大学出版社，2004.

[89] 骆守俭. 管理学基础教程［M］. 北京：中信出版社，2003.

[90] 赵春明. 虚拟企业［M］. 杭州：浙江人民出版社，1999.

[91] 魏江. 管理沟通：理念与技能［M］. 北京：科学出版社，2005.

[92] 周祖城. 企业伦理学［M］. 北京：清华大学出版社，2005.

[93] 陈炳富，周祖城. 企业伦理学概论［M］，天津：南开大学出版社，2000.

[94] 郭建新，扬文兵. 新伦理学教程［M］. 北京：经济管理出版社，1999.

[95] 罗国杰，马博宣，等. 伦理学教程［M］. 北京：中国人民大学出版社，1985.

[96] 李权时，等. 经济人与道德人：市场经济与道德建设［M］. 北京：人民出版社，1995.

[97] 蒋一苇，闵建蜀，等. 古代管理思想与中国式管理［M］. 北京：经济管理出版社，1989.

[98] 韦玮. 摩托罗拉：成功缘于科学的激励机制［N］. 中国劳动保障报，2005-03-19.

[99] 王晶. 探寻快乐工作的秘诀［N］. 经济观察报，2005-12-19.

[100] 李文绚. 可口可乐：员工——企业灵魂［N］. 河北经济日报，2005-07-20.

[101] 郑国清，王道强. 人本青啤：好的企业应当是好的雇主［N］. 市场报，2006-01-04.

[102] 张建宏. 以"薪"留心［N］. 中国旅游报，2006-03-06.

[103] 恽敏. 国内外股权激励发展背景有异实施目的不同［N］. 中国工业报，2005-07-28.

[104] 李明斐，卢瑜佳. 我国企业创建学习型组织障碍研究［J］. 沿海企业与科技，2006（1）.

[105] 许宗生. 浅谈学习型组织的构建［J］. 经营管理，2006（5）.

[106] 张雪平. 圣吉学习型组织理论的内涵及其思考［J］. 学海，2005（6）.

[107] 杨文士，焦叔斌，张雁，等. 管理学［M］. 3 版. 北京：中国人民大学出版社，2009.

[108] 斯蒂芬 P 罗宾斯，玛丽·库尔特. 管理学［M］. 孙健敏，等译. 北京：中国人民大学出版社，2004.

[109] 暴丽艳，林冬辉. 管理学原理［M］. 2 版. 北京：清华大学出版社，2010.

[110] 里奇·格里芬. 管理学［M］. 刘伟，译. 北京：中国市场出版社，2006.

[111] 汪克夷，易学东，刘荣. 管理学［M］. 4 版. 大连：大连理工大学出版社，2006.

[112] 中国注册会计师协会. 经济法［M］. 北京：中国财政经济出版社，2010.

[113] 理查德 L 达夫特. 管理学［M］. 范海滨，王青，译. 北京：清华大学出版社，2009.

[114] 彭丽华. 谈企业组织结构的扁平化建设［J］. 现代管理科学，2003（12）：87-88.

[115] 蔡征云. 中外历史上的股票期权激励经典案例［J］. 中国外资，2010（9）：237.

[116] 孙琳. 从会计制度看俄罗斯企业管理模式的变迁［C］. 第四届中国会计与实务前沿国际研讨会，2004（8）.

[117] 安德鲁·吉耶尔. 企业的道德［M］. 张霄，译. 北京：中国人民大学出版社，2010.

信息反馈表

尊敬的老师：

您好！感谢您对机械工业出版社的支持和厚爱！为了进一步提高我社教材的出版质量，更好地为我国高等教育发展服务，欢迎您对我社的教材多提宝贵意见和建议。另外，如果您在教学中选用了《管理学》第4版（乔忠主编），欢迎您提出修改意见和建议。

一、基本信息

姓名：_____ 性别：_____ 职称：_____ 职务：_____

邮编：_____ 地址：_____

任教课程：_____ 电话：_____-_____（H）_____（O）

电子邮件：_____ 手机：_____

二、您对本书的意见和建议

（欢迎您指出本书的疏误之处）

三、您对我们的其他意见和建议

请与我们联系：

100037　机械工业出版社·高等教育分社·曹俊玲　收

Tel：010—88379718

E-mail：caojunl@126.com